MAMBA NEVER OUT
KOBE BRYANT

漫长的告别

科,比,全,传

张佳玮

著

KOBE 24 1978·8—2020·1

金城出版社　西苑出版社
GOLD WALL PRESS　XIYUAN PUBLISHING HOUSE

中国·北京

图书在版编目(CIP)数据

漫长的告别：科比全传 / 张佳玮著. -- 北京 ：西苑出版社有限公司, 2025. 7. -- ISBN 978-7-5151-0953-4

Ⅰ. K837.125.47

中国国家版本馆CIP数据核字第2025AW0019号

漫长的告别：科比全传

作　　者	张佳玮
责任编辑	王振强
责任校对	王思硕
责任印制	李仕杰
开　　本	710毫米×1000毫米　1/16
印　　张	21.5
字　　数	387千字
版　　次	2025年7月第1版
印　　次	2025年7月第1次印刷
印　　刷	小森印刷（北京）有限公司
书　　号	ISBN 978-7-5151-0953-4
定　　价	69.80元
出版发行	金城出版社有限公司 西苑出版社有限公司　北京市朝阳区利泽东二路3号　邮编 100102
发 行 部	(010)84254364
编 辑 部	(010)64391966
总 编 室	(010)64228516
网　　址	http://www.jccb.com.cn
电子邮箱	xiyuanpub@163.com
法律顾问	北京植德律师事务所　18911105819

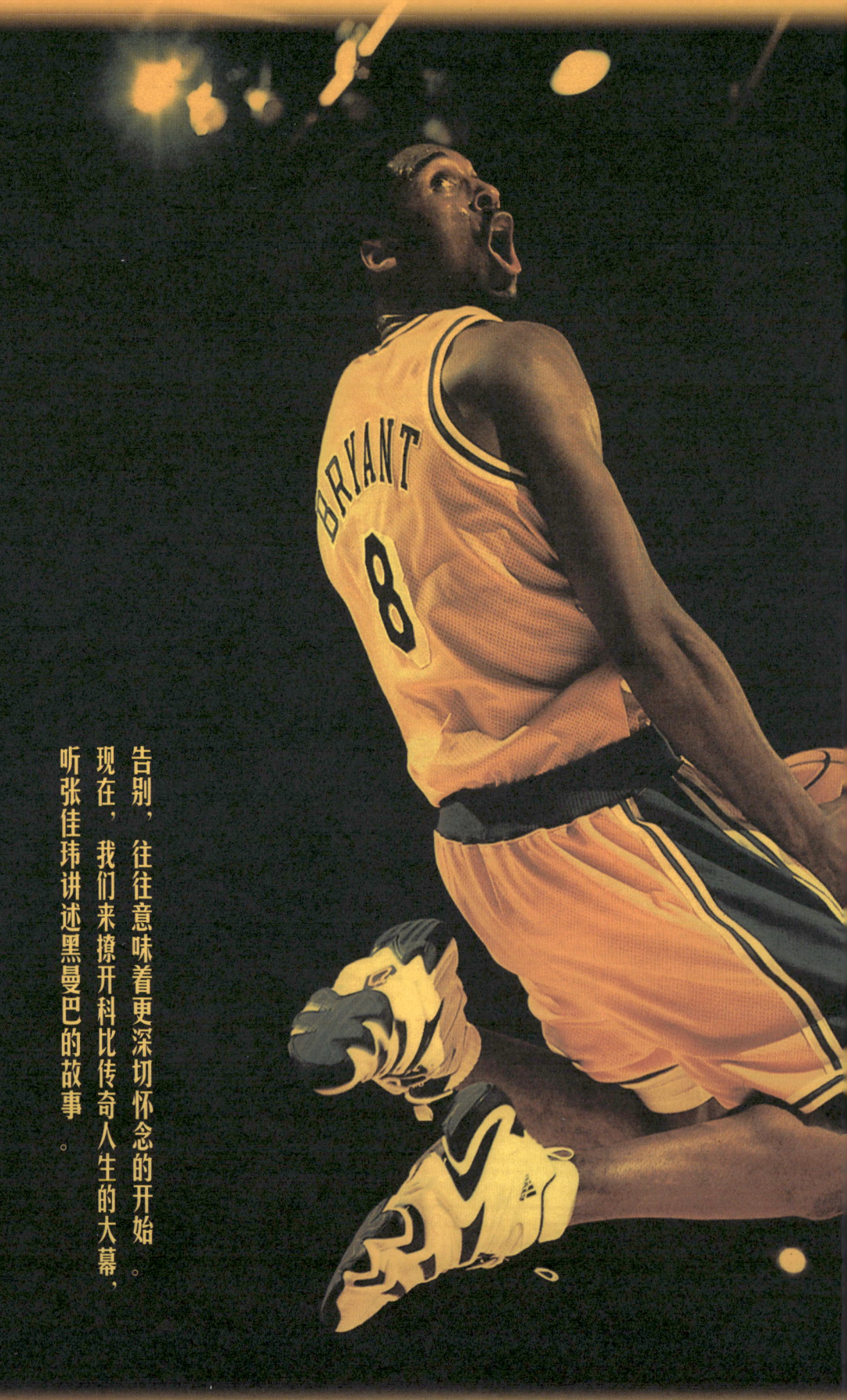

告别,往往意味着更深切怀念的开始。现在,我们来撩开科比传奇人生的大幕,听张佳玮讲述黑曼巴的故事。

自序

科比·布莱恩特拥有篮球历史上，最极端的人生。

独一无二。一言难尽。

他如此极端，简直令人无法对他达成共识。篮球迷，爱他的人或恨他的人，都可以将理由陈述得无穷无尽。

他是美国黑人，却生长在意大利。他技艺如此早熟纯粹，心性却桀骜不驯。他当过天使，也当过恶魔，很得意地自诩黑曼巴。他的技艺华丽轻盈，作风却狠辣凶恶。他的人生有过大幸和大不幸。他有过最好的搭档，也经历了众叛亲离。他经历过最惨痛的失败，也经历过最辉煌的胜利。他是最年轻的巨星，却又是最老的湖人。

每个人对科比的看法，至少会变一次。虽然他的性格始终没有变，二十年如一日，但他的命运曲折，很容易让旁观者对他的看法或成见发生动摇。观看他人生起伏的曲线，胜过千言万语的说道。

一个内核始终不变，而身形随时代动荡，在聚光灯下生活了二十年的人，会经历怎样的命运？

他的篮球、性格与他的人生契合得如此完美。再也没有这么斑驳明丽、仿佛毒蛇般灿烂多变的球员了。

如本书中反复陈述的：

如果不是这样的执拗性格，也许他早就在巅峰期退役了；但同样，如果不是这样的执拗性格，也许他根本无法在 NBA 鏖战这么久。

所以，他的光荣、他的低谷、他的辉煌与幽暗，甚至他的苦境，都是自己奋力得来的。

一个人遵循自己的热爱走到极限，可以制造出怎样的奇迹？

都在他的人生里了。

大概，喜欢科比的诸位，自有一点心结：

内心深处，比起各色顺顺当当、理所当然的天选之子们，更渴望看到一个孤胆英雄，单枪匹马孤军奋战，冲破一切规矩，挑战霸者，带着一身伤病，一身争议，从幽暗深渊中杀出来，殒身不恤，睥睨一世，直遏云天，快意恩仇。

某些时候，他独力压倒了现实，某些时候，他被时间沉埋。这就是执拗，是青春。

他其实懂得一切取巧的法子，但一直在坚持当自己。

他不相信凭自己的努力，对付不了时间和现实；他明白有些事情无可改变，但他总试图去挑战这一切。或者说，他在挑战自己，看自己能够在不可逆转的一切之前，坚持到什么地步。

这就是他的，独一无二的人生。

张佳玮
2025 年 1 月 22 日
恰逢科比对多伦多猛龙得到 81 分十九周年

目录

CHAPTER 1 少年 — 001
01 费城、意大利，以及他唯一的朋友：篮球 / 02 高中 / 03 NBA，高中生

CHAPTER 2 成长 — 015
04 选秀 / 05 "鲨鱼" / 06 所谓洛杉矶湖人 / 07 新人 / 08 乔丹？科比？ / 09 首发

CHAPTER 3 "OK"组合 — 055
10 "禅师"来了 / 11 三角进攻 / 12 第一枚戒指 / 13 野心 / 14 所向无敌 / 15 三连冠 / 16 接管 / 17 黑暗面 / 18 "鲨鱼"东游

CHAPTER 4 黑曼巴 — 131
19 低谷 / 20 对抗世界 / 21 凤凰城，七战 / 22 炼狱中的奋战 / 23 交易？

CHAPTER 5 冠军 — 175
24 安德鲁·拜纳姆，以及科比的新目标 / 25 保罗·加索尔，以及MVP / 26 杀手的嗅觉 / 27 宿命的对决 / 28 重新开始 / 29 "双塔" / 30 伏与起 / 31 61分 / 32 最后的热身 / 33 湖人VS火箭，七战 / 34 西部决赛 / 35 自己的戒指 / 36 "越狱" / 37 阿泰斯特到来的夏天 / 38 一个人的艰难开始 / 39 不败的幻觉与低谷 / 40 花园的绝杀 / 41 年将32岁的绝杀手指 / 42 重新开始的冠军征途 / 43 冲出西部 / 44 王朝的宿命 / 45 第五枚戒指

CHAPTER 6 夕阳西下 — 277
46 结束 / 47 厄运 / 48 "四巨头"的幻影 / 49 宫廷斗争 / 50 倒下 / 51 归来 / 52 日暮途远 / 53 告别

尾声 — 340

CHAPTER 1
少年

01
费城、意大利,以及他唯一的朋友:篮球

02
高中

03
NBA,高中生

01 费城、意大利，以及他唯一的朋友：篮球

1978年8月23日，效力于NBA（美国职业篮球联赛）费城76人、结束了自己第三个NBA赛季的乔·华盛顿·布莱恩特，获得了他的第三个孩子——妻子帕梅拉·科克斯·布莱恩特生过两个女儿后，给了他一个儿子。

乔·布莱恩特，绰号"Jelly Bean（果冻豆）"，似乎天生在吃食上格外在意。看着新生的孩子，他却能想入非非，忆起在餐厅吃惯的"神户牛排"。然后，他给孩子起名叫"KOBE"，日本神户。中间名呢？"Bean"，豆子。

Kobe Bean Bryant，科比·宾·布莱恩特。1978年8月23日出生的这个孩子，名字就这么定啦！

然后，乔·布莱恩特又得继续考虑生计了。

他是地道费城人，出生在费城，高中在费城，大学在费城的拉萨勒，1975年参加NBA选秀，继续在费城打球。他身高206厘米，是个左撇子前锋，没有过人的才华，好在有费城人的爱。

20世纪70年代末，NBA正值乱世纷扰。1976年，一向与NBA竞争市场的ABA刚与NBA合并，费城得到了每一个扣篮都能让全场球迷痴狂的大明星"J博士"朱利叶斯·欧文，乔·布莱恩特也跟着"J博士"，蹭了1977年的总决赛：总决赛六场，乔打了8分钟。这就算是他人生最辉煌的时刻，然后便是无尽的平淡。

那个时代，整个NBA都动荡着。球员们忙于嗑药、酗酒、给教练打电话捏造逃避训练的借口。20世纪80年代即将拯救NBA的两位超级巨星——"魔术师"约翰逊与拉里·伯德，在1978年秋天还只是大学生。乔·布莱恩特，与如今大多数的NBA球员一样，只是NBA这座金字塔的底层劳工。

他不是一个举足轻重、坐在家里便有百万美元合同上门的明星。即便费城人把他当本地一宝，他到底还只是筹码、龙套，是老板们签合同时用来平衡交易的边角料。

1979年，乔·布莱恩特带着没满1岁的科比离开费城，去了圣迭戈快船。

于是科比的天空，从费城的湿润多云，变成了南加州的明媚阳光。他看到了父亲拍打篮球的模样，听到了篮球击打地板的声音。1982年，乔举家去了休斯敦，因为乔又在休斯敦火箭继续糊口了。科比尚不理解职业篮球的残忍，只能看到那些优雅的、经过剪辑的镜头。电视镜头中，20世纪70年代末灯光昏暗的NBA球场，

飞速奔跑的球员，形形色色的髭须与发型，投篮时手指若拨弦般划动。即便去到凶悍壮烈、热血沸腾的得克萨斯州，科比还是会乐于追逐他在南加州的最初爱好：他爱洛杉矶湖人，爱"魔术师"约翰逊。奔放华丽、无所不能的球风，这是他的启蒙与最初的爱。

父亲拍打篮球的声音与他的心跳一起，成为科比最初的旋律。一种说法是，在 1983 年他 5 岁时，科比就说：

"我会去打 NBA！"

也就在那年，他们的故乡费城迎来了 76 人的最后一个 NBA 总冠军，而乔·布莱恩特无法为之庆祝：他的 NBA 生涯结束了。与大多数默默无名的 NBA 球员一样。

5 岁的科比，已经辗转了费城、圣迭戈和休斯敦，因此，他也不介意父亲走得更远。事实上，父亲确实走得很远：

乔·布莱恩特带着全家去了意大利的列蒂，一个人口不到 5 万的小城，开始在这里打篮球谋生。

科比从 3 岁开始打篮球。刚到意大利，无法靠语言交流的他，只好跟当地小孩玩篮球，学踢足球。多年之后，他会承认，论足球队，他喜欢意大利的 AC 米兰。他也学会了讲流畅的意大利语。但在此之前的一段时间，他靠篮球说话，在费城，在南加州，在休斯敦，他还是孩子，却已经惯于离别，并很快融入一种新的生活环境。他习惯了没有朋友的生活。在意大利，他和两个姐姐用英语对谈，这是他们保存美国记忆的方式。6 岁时，他的意大利语已经听不出美国腔。只是，这一口意大利语并没给他带来多少朋友。

人在意大利，但他的心在美国。他的祖父会为他寄去 NBA 录像带，他的爱好便是独自看录像，研究篮球。每年夏天，乔·布莱恩特会带科比回美国，参加各色篮球夏令营。

于是他的童年略显扭曲：暑假，意大利孩子们玩耍时，科比在美国；平时，科比在意大利，靠篮球说话。他唯一稳定的朋友便是篮球，以及祖父隔着大西洋寄来的录像带。他习惯于陪伴父亲与姐姐。他不知道下次迁徙是什么时候。他热爱篮球。他在意大利，一个美国人稀少的国度。于是，他的生活像一块夹心三明治：他被意大利和美国夹在了中间。他不属于任何一端。美国黑人的血液，意大利的色彩，他在沉默中长大。维系他与美国往昔的记忆，只余下篮球。

他看父亲的比赛，看意大利人的比赛。他喜欢看意大利米兰奥林匹亚队的 8 号迈克·德安东尼打球。那是个远射犀利、动作轻盈的后卫,他也打过NBA。老布莱恩特打的是前锋,但科比自小喜爱的是后卫:"魔术师"与德安东尼,都是华丽、轻盈、优美如舞蹈的后卫。

那时节,科比已知道了,父亲在球场上的华丽表演并非出自热爱。那只是一种有条件的演出,是谋生的方式。在NBA郁郁寡欢的父亲在意大利成为球星,于是,拍打篮球的"砰砰"声,继续成为科比生命的背景音乐。

9岁时,科比开始和父亲玩一对一,而且观看各种录像资料,听父亲教导如何在比赛中应付各种情况——乔·布莱恩特从来不是个杰出的巨星,但他见识过NBA最顶级的舞台和球员,他的阅历足够做个好老师。

从10岁开始,科比又能够时常回故乡去了。夏季,飞机穿越云层,降落在费城;他走下飞机,然后坐车去萨尼·希尔篮球训练营。和陌生的孩子们对打时,他带意大利腔的英文有时会遭嘲笑。美国小孩对一切欧洲事物,都有种粗率的轻蔑。于是,科比索性不开口。每一次,他踏入训练营,或微笑,或抿嘴。但大多数时候,他只用球技说话。

1989年,科比跟当时效力波士顿凯尔特人的后卫布莱恩·肖约单挑,还一本正经地觉得自己能打赢NBA球员。很多年后,肖会成为科比在NBA的队友。回忆这段时,肖却只觉得好笑,但肖也注意到了一件事:

科比,11岁的科比,在认真地到处找成年球员挑战,打一对一,而且他真觉得自己会赢。

1991年,乔·布莱恩特决定结束职业篮球生涯。13岁的科比随父亲回到美国。父亲在意大利辛苦拼争到年近四旬,积下的财富,足够让他衣锦还乡,在费城富人区过上好日子,也支付得起科比在劳尔梅里恩高中的学费——那算本地一所贵族高中。1992年,14岁的科比开始高中生涯,而不必如其他美国篮球少年那样,经历贫民街区、枪声、大麻贩子、骗子球探和警察。

在劳尔梅里恩高中,科比算个异类:一个178厘米高的14岁黑人,说起英文带着意大利腔,一脸欧洲式的沉静。意大利已成往事,美国对他而言却更像夏令营。他早已习惯了没有密友的日子。在他的迁移岁月里,篮球是唯一不会背叛他的朋友。

02 高中

1992 年，刚进高中，科比就代表校队打球了，虽然还听不懂队友用美国俚语喊的一些口令。从 9 岁开始与父亲一对一的经历，可以让科比无视绝大多数的对手。

于是，独自带球穿越球场得分，成了他最保险的手段。

他并不为此欣喜若狂，因为从幼年开始，他就习惯在篮球场上压倒所有人。他有一个职业篮球运动员的父亲，比同年龄的任何少年都更早谙熟篮球的秘密：他学习的可是 NBA 级别的篮球啊！

他的球感、技巧、对技巧的运用、反应、运动能力，无不凌驾于同龄者之上。他亲眼看到过，父亲如何用个人技巧玩弄意大利的对手；他知道迈克·德安东尼如何找出投篮空间。他依然保有着最初看球时的记忆："魔术师"如何抓到后场篮板、独自运球推进，然后用一记声东击西的传球瓦解对手防守。

在找不到合适的队友时，科比总是最相信自己。实际上，许多时候，他的对手就是自己：对手根本无足轻重，他在意的，不是干掉对手，而是做出最完美的运球动作，完成最优美的投篮。

校队教练格雷格·道纳与他一对一，输掉了。令道纳惊讶的，并非这个孩子已经拥有的技巧和天分，还在于他对篮球的态度："他求胜的决心和训练的刻苦，超出我的想象。他的生活只有篮球。"

当然，道纳教练没忘了补充一句："也许由于成长环境不同，他和同学交往不多。"

科比有理由不去和周遭交往。当其他的天才选手还为自己的天分和小技巧自得时，他却被父亲早早传授了正确的、职业的训练方法。科比坚持晨跑、跳绳、力量训练，用残忍无比的方式磨炼自己的篮球技艺。相比于其他只视篮球为兴趣的普通孩子，他最初的态度就截然不同。他视篮球为生命。高中一年级，科比代表劳尔梅里恩高中出战。并在之后三年，他统治了宾夕法尼亚的高中篮球界。

1994 年夏天，父亲成了拉萨勒大学队的助理教练。于是，科比每天早上骑一个小时自行车到大学球馆，从早上九点练到晚上九点。所谓的"球场老鼠"，直接结果就是：1994 年秋天开学时，道纳教练对科比的进步感到"恐怖"。

这是此后他常年保持的习惯：在夏季疯狂虐待自己，到秋天，变成一个截然不

科比和篮球的缘分，离不开身为篮球运动员的父亲乔·布莱恩特。

同的球员。1994 年秋天，他代表劳尔梅里恩高中打州联赛。26 胜 5 负让球队拿下分区联赛冠军，然后在宾夕法尼亚高中联赛季后赛，第一场 76 比 70 打败六度蝉联州冠军的里德利中学。当晚，科比得了 42 分。

"我们不用采取任何特殊战术，只要把球传给科比。"道纳教练如是说。

结果就是，第二场，劳尔梅里恩高中惨败了 27 分。切斯特高中用两个人防守科比，然后用慢节奏来控制科比飓风式的全场奔袭。科比全场 37% 的命中率射落 31 分，但他的投篮选择有些问题：他强行出手，破坏了球队的节奏。这是他篮球生涯以来首次大败。

这两场比赛——个人英雄的大胜，继而败北——简直是之后他篮球人生的缩影。

这场比赛，让道纳教练永远记住了一个细节。多年之后，他看电视直播，看到科比开始咬牙切齿、愤怒地四顾时，都能立刻感觉到：

"科比愤怒了，他要开始杀戮了。"

那场比赛结束后，科比在更衣室里跟队友们告别，同时宣布："我们的夺冠工作，从这时开始！"

他是认真的。对其他孩子而言，暑假来临；对他而言，训练开始了。1995 年夏天，科比每天早上五点去训练馆，练到晚上七点才走人。这年夏天，已经长到 196 厘米的科比，有了两个重大收获。

其一，此前在高中联赛什么位置都打的他，决定要打后卫了。"我的未来在 NBA，我的身体条件是该打后卫的。"

其二，他跟比他大半岁的纽约街球能手高德·山姆高德一起打球，学了一招：妖异华丽的大幅度体前运球变向，如今这个动作——单手单侧运球，非持球手忽然伸出外拨交叉变向——就叫作"山姆高德运球"。

多年后，山姆高德将到中国浙江打职业篮球，但那是另一个故事了。

1995/1996 赛季高中联赛，劳尔梅里恩高中开季的 3 胜 4 败之后，是惊人的二十七连胜。那年，科比成了整个宾夕法尼亚的明星。组织后卫罗比·史沃茨如此总结：

"我们出去比赛时，热闹得就像披头士乐队演出似的。"

科比领导球队的方式呢？施加压力。道纳教练如是说：

"科比给球队的每个人，都施加着积极的压力。"

当然，压力积极与否，亲身感受的当事人才能说了算。比如，某个星期二，科比会忽然要求，在训练时加一个三打三，先到 10 分者胜。史沃茨某次上篮失手，导致本方输球，然后呢？

"其他人就都算了，科比却会在接下来 20 分钟一直盯着我，好像我刚输掉的不是训练，而是州冠军。"

科比会不依不饶，跟史沃茨要求：咱俩来场一对一，先到 100 分者赢……事实是，科比从头到尾一丝不苟，经常打出 80 比 0 一类的分数。

"我最好的成绩也就是 12 比 100 吧，"史沃茨说，"他会专注地零封我，一旦我得满 10 分，他会暴怒！"

科比的态度感染了，或者说，震慑了队友们。他们不想输球：科比会杀了他们的。1996 年 5 月 28 日，宾夕法尼亚州总决赛，47 比 43，劳尔梅里恩高中打败了埃里天主教中学，53 年来首次夺得州冠军。

当时的焦点，已经远不是科比在州里的地位问题了。劳尔梅里恩高中的啦啦队还在为冠军奖杯欢呼时，科比已经被记者拉住，开始问另一个领域的问题。

"你向往哪支 NBA 球队？"费城知道，宾州知道，所有的人都知道，这个孩子的辉煌远在未来。眼下的州冠军奖杯，不过是一个小小的十字路口。

因为在这场比赛，劳尔梅里恩高中曾经的 24 号、后来变成 33 号的科比·布莱恩特，在最后一场高中联赛中，将自己的得分固定在了 2883 分。在此之前，宾州的得分纪录是 2359 分。那是 40 年前，不朽的威尔特·张伯伦所创下的。科比在高中后三年带队拿到 77 胜 13 负，他打过球队所有的位置。高中三年级他场均 31.1 分 10.4 篮板 5.2 助攻，成为年度州最佳篮球运动员。他的高中篮球生涯已经完美了。

这就是他和费城的故事，当然有一个小小的注解。在他夺冠当晚，没有几位大学教练到场观赏。因为，早在 1996 年 4 月 29 日，他就已经当着全费城一本正经地宣布了：

"经过长时间考虑，以及听取了许多人的意见后，我决定将自己的才华……直接带进 NBA。"

这是科比·布莱恩特的费城故事，真正的结局。他的父亲终生都跟费城有缘，科比人生前 18 年里，除了意大利，这就是他待得最久的地方。但是，这里结束了。他的舞台，在遥远的加州。

03 NBA，高中生

高中的最后一个夏天，你在做什么？

或者打电子游戏，读书，看电影，旅游，打篮球，游泳，晒得一身漆黑，衣服可以绞出一桶汗来。然后，继续等录取通知书。

然而有些人并非如此。

1974年，高中毕业的摩西·马龙说："妈妈，我不想你再操劳了。"然后他就登上了ABA联盟的选秀台。1989年，肖恩·坎普认为："既然我作弊都没法通过大学入学考试，我干脆去打NBA得了。"然后他被西雅图超音速选中。1995年，森林狼总经理凯文·麦克海尔看到一个和他一样手长脚长的瘦高中生，于是就用第五号顺位签下了他：凯文·加内特。

在1996年之前，NBA的高中生球员，就这么稀少。

在许多孩子刚结束了炼狱般的高中学业，等待进入下一级学府，并开始觉得自己的身板和声音发育得像个男子汉的年纪，有好些人已经把自己放在了NBA的人肉大秤上，等待着资本家们来剥削。选秀大会从来都像是待价而沽的"人肉订购会"，一群衣冠楚楚的大学毕业生里，夹杂盘坐着几位脸上稚气未消的少年。一旦被选中，他们就此踏入成人世界。大卫·斯特恩总裁与你握手，微笑，摆造型，全世界记住你的脸：I LOVE THIS GAME。

但那其实是相当艰难的选择。

就在科比宣布参加选秀之后，立刻，波士顿凯尔特人副总裁詹宁斯在《体育画报》上说："科比不读大学完全是一个错误。"当然，他的逻辑甚是古怪："1995年的凯文·加内特是摩西·马龙以来最好的高中生，但如果加内特去读了大学，他在NBA会更成功。"（很无稽的推论……）

而科比呢？

"他还无法和加内特相比。"

与之应和的是专栏作家们。他们直接朝科比的父母说话："他们在影响科比，他们想让科比挣钱。"声浪如此之烈，以至于乔·布莱恩特主动去找媒体说："我们并不缺钱。"

在征服了高中篮球后，科比决定将自己的才华直接带进 NBA。

媒体所依据的，无非是以往的历史。无论科比如何成熟，他终究是个高中生。摩西·马龙这样的高中生巨星，在 20 世纪 70 年代到 80 年代其实并不多见，彼时著名的高中生球员如斯班瑟·海伍德、达里尔·道金斯等，都没有创出开天辟地的变化。在 NBA 历届总冠军球队里，1995 年之前，高中生球员作为球队主力的，只有 1983 年费城 76 人的马龙。

在 NBA，普遍趋势是这样的：

肯在大学读到大四才进 NBA 的，除了少数如蒂姆·邓肯、格兰特·希尔等性格沉稳的，大多数都是以技术与意识见长、拥有大局观和良好的比赛感觉，但身体素质却并不突出的球员。而高中生入 NBA 的，从摩西·马龙到坎普，从加内特到科比，再到此后的勒布朗·詹姆斯到德怀特·霍华德，个个都是天赋异禀、身体条件匪夷所思的怪物，能跑能跳，飞天遁地。NBA 老板们都不是傻子，看潜力，赌运气。身体素质一般的球员，犹如凡石雕就的成品，再没有下手打磨余地了。而这些禀赋非凡的孩子，譬如美玉，略加打磨，便能够焕发光彩。良材美质，自然令人垂涎。纵然背上了揠苗助长的恶名，那也顾不得了，选！于是，一茬茬能飞善扣的高中生被老板们牵回了家，而那些在大学拼战数年资质平凡的，也只好苦怨爹娘没给个好身板。

但接下来，问题来了：

这些如狼似虎大力金刚似的高中生好苗子，在高中时个个都是队里王牌。拿了球一个人单干那是寻常事，至于角色球员所需要的那些——空位投射、无球跑动、掩护、干脏活累活，他们却兴趣不大，比起队上那些陈年老球痞来相去甚远。拿他们来干蓝领清道夫活儿吧，那是把人参当柴火烧。再加上，高中生球员大多数成长在业余篮球环境中。他们未曾经过 NCAA（全国大学体育协会）那种准职业篮球的熏陶，而且孩子气十足，待人接物，为人处世，都没法老到。

于是，经了第一道坎，一半高中生在被迫成为配角的情况下萎靡了。而另一些侥幸成为主角的，也往往因为未经受大学篮球的熏陶和训练，技术不全面而无法成为登堂入室的巨星。

历史上第一位成为 NBA 巨星的高中生球员摩西·马龙，在单亲家庭里由母亲带大，此后为了不让妈妈受穷，成为 NBA 最可怕的篮板怪兽之一，并且是 NBA 史上前场篮板之王。但这个打法凶狠的老兵，却一向沉默寡言。在 NBA 辗转多支球队，他并不算一个合群的人。

摩西·马龙只是一个缩影。能够扣碎篮板的道金斯，"雨人"坎普，这些高中生球员在技术成长、地位升高之后，其心智并没有随着年龄的增长而成熟。"雨人"

身为20世纪90年代身体素质最可怕的内线怪兽，却在1998年NBA停摆期不思进取地懈怠，直接断送自己本应继续辉煌的NBA生涯。而今这一点已成诸位老板训诫球员时的经典反面教材。

这就是奇妙的悖论。综合所有事例，我们能够看到一条清晰的线。一个富有天分的高中生球员，显然不适合担任配角，但他的成长需要时间。对那些天赋非凡的高中生球员而言，要灌输他们团队精神和与队友融洽相处的概念，又需要有良师与时间。遗憾的是，天赋条件的杰出使高中生球员都能够成为了不起的个体，却未必能够成为伟大的球队团队分子。而他们曾经的经历也使他们或者成为领袖，或者默默无名。他们能够成为各自球队最为夺目的人物，但他们很难率领自己的球队，成为王者之师。

但对科比来说，情况多少有些不同。

他有别于马龙单亲家庭式的孤僻、坎普贫民区混混的不羁。他出身富裕家庭，享受良好教育，早早接受职业球员的训练和观念。他可以避免大多数的高中生球员的陋习——纪律散漫、场外生活芜杂、不稳定的生活习惯。他不去接受大学篮球的洗礼，却有一个深明职业篮球规则的父亲，等于拥有一个最合理的导师。

他自己签了菲利普·莫里斯公司作为经纪公司，和阿迪达斯签了1000万美元的广告合同。从1996年5月开始，科比走遍美国，到每支球队去试训，展示他的天赋。这一切都在告诉世界：这颗费城之星划过了大学篮球张开的怀抱，如果关注他的剧情，请将眼光移到NBA。

整整21年后，他即将踏上与他的父亲一样的道路。

他在费城最后的夏季，处理问题一丝不苟、老辣成熟，但在此后的生涯中，我们时常可以发现，这里体现着他的决绝，他的孤傲，他独自与反对意见交战的偏执，他一言不发的坚忍。这是科比在费城、意大利、南加州、休斯敦到处流浪的少年时期所培养的性情。

他惯于沉默地担当一切，残忍地对待自己和队友。

世界犹如那些不通英文的意大利人。如果无法交流，那就用行动来征服。

据说，迫使科比最后下定决心参加选秀的，也是一个费城人。

1996年夏天，前一季的NBA选秀大会探花、北卡大学的天才摇摆人、费城76人的斯塔克豪斯，在球馆里看见科比独自杂耍，然后对他发起了邀请。

依靠经验和技巧，他先声夺人，但此后，他却全然无法阻挡这个孩子快速绝伦的突破。科比以8比5取胜，打败了这位在NBA首季便场均19.2分的天才。

一个高中生，击败了一个 NBA 球队的王牌明星？

这大概是第一次，科比意识到自己有多么可怕。

从那时起，这个费城的"杀神"便睁开了眼睛，开始丈量自己和 NBA 巅峰之间的距离。

CHAPTER 2
成长

04 选秀

05 "蚕鱼"

06 所谓洛杉矶湖人

07 输入

08 乔丹？科比？

09 首发

04 选秀

1996年春天，当科比宣布要跳过大学，参加NBA选秀大会时，世界各执一词。一方抱怨他的父母："科比还是个高中生，让他过早卷入职业篮球是不对的。"另一面则将他与当时NBA的两位天才俊秀——1994年探花格兰特·希尔、1993年探花"便士"安芬尼·哈达威相比，结论是科比才华卓越，不下那二人。

如今，当你回望1996届NBA选秀大会时，会望见如下伟大成就：4个常规赛MVP奖杯，6个得分王头衔，5次年度防守球员，曾经的NBA历史三分王——这些仅仅是他们之中，最杰出的6名选手的一部分成绩。

参加1996年NBA选秀大会的人员包括：

乔治城大学183厘米的阿伦·艾弗森，篮球历史上最灵异的小个子球员之一，孤胆铁血英雄，当时的大学第一球员。

马萨诸塞211厘米的巨人马尔库斯·坎比，刚拿到了1996年度约翰·伍登奖，是当时NCAA除了蒂姆·邓肯之外最好的大个子。

佐治亚理工大学一年级后卫，从高中时代就纵横纽约街头篮球，大一场均19分4.5次助攻的斯蒂芬·马布里。

康涅狄格的雷·阿伦，大学篮球界最好的远射手、摇摆人，风度最优雅的青年。场均47%的三分球命中率，1995/1996届全美第一阵容。

加州大学的超级一年级生阿卜杜·拉希姆，1995年麦当劳全美高中阵容，大一场均21分8篮板，206厘米，可以打两个前锋位置的天才。

肯塔基大学的安托万·沃克，身高206厘米的大前锋，却号称拥有打遍5个位置的能力和天分，1994年麦当劳全美高中阵容。

洛伦岑·怀特，孟菲斯大学的大前锋，完美的NBA身形，大学两年平均16分10篮板，一致公认为1996届坎比之外最好的大个子。

凯利·基特尔斯，大三、大四连续两年和雷·阿伦明争暗斗的攻击后卫，维兰诺瓦大学的当家射手。

史蒂夫·纳什，加拿大国家队后卫、圣塔克拉拉大学的超级射手、天才组织后卫。

佩贾·斯托贾科维奇，19岁时就已经当了3年职业球员、在希腊联赛纵横无敌的南斯拉夫射手。

选秀前的一般看法是，科比是 1996 届得分后卫中的第三，次于雷·阿伦与基特尔斯。

球探杰森·福伊曼写道："科比很成熟，比许多 NBA 球员都成熟……极为聪明……视野宽广……出色的终结者……了解篮球……在高中篮球界哪怕被三人夹击，还是可以统治比赛……真正的领袖……狂热的好胜欲……高中时打遍五个位置……喜欢乔丹式的翻身后仰跳投……愿意为了篮球做一切。当然，他还不到 18 岁，如果打组织后卫则运球技术不够，并没有一个真正擅长的位置……不应该低于第十二位。"

但有人不这么想。

洛杉矶湖人的总经理、此前公认 NBA 历史上第二得分后卫（仅次于迈克尔·乔丹）、NBA 的 LOGO（标志）人物、睿智的湖人教父杰里·韦斯特，从科比身上看出了其他东西。

一次私下试训中，韦斯特先看中了科比的弹跳，然后迷醉于科比一系列组合拳般的进攻招式。他让湖人与密西西比州大的明星丹特·琼斯单挑，科比将琼斯打得"灰飞烟灭"。根据传说，科比在试训中还干掉了另两个人：前湖人后卫拉里·德鲁，以及迈克尔·库珀。迈克尔·库珀，NBA 历史上最好的外围防守者之一，1987 年 NBA 年度防守球员。

韦斯特下定了决心。这个 30 年前纵横联盟略无敌手、将自己的身影刻上 NBA 标志的后卫，也许是篮球历史上最懂得判断后卫价值的人。他走到科比的经纪人特勒姆身旁，说："我们……会找到办法得到他的。"

特勒姆回过身时，韦斯特已经走开了几步，再未多话。在特勒姆看来，这个湖人大当家，只是说了一句恭维话。那一季的湖人虽在第一轮遭火箭淘汰，但在得分后卫、小前锋位置上人才济济：赛季中连续六场得满 25 分的全明星塞巴洛斯，在与火箭之战中崭露头角的埃迪·琼斯。他们在复兴的路上行得甚稳，没有一个筹码是多余的。

1996 年 6 月 26 日，新泽西大陆航空球馆，NBA 选秀大会。NBA 总裁大卫·斯特恩念出了那个名字："拥有第一轮第一顺位选秀权的费城 76 人选择的是——乔治城大学的阿伦·艾弗森。"

阿伦·艾弗森身着灰色西装上台，戴上了 76 人的帽子。

坎比是第二位，拉希姆第三位，马布里第四位被明尼苏达森林狼选走，雷·阿伦第五位落到密尔沃基雄鹿。

湖人没有动。

科比·布莱恩特第十三位，被夏洛特黄蜂选走。杰里·韦斯特则在第二十四位，让湖人选中了阿肯色大学185厘米、性格刚毅的组织后卫德里克·费舍尔。

根据夏洛特黄蜂首席球探比尔·布兰奇的说法，湖人在选秀大会前一天，已经与夏洛特黄蜂约好："你们用第十三号选秀权选个人，我们跟你们交易。"在选科比前5分钟，湖人才通知黄蜂：

"请你们选择科比·布莱恩特。"

5天之后，杰里·韦斯特给黄蜂打了电话：

"弗拉德·迪瓦茨换科比·布莱恩特……换吗？"

弗拉德·迪瓦茨时年28岁，216厘米的南斯拉夫巨人，已经打了7年NBA，场均12分9篮板3助攻的实用型干才，NBA历史上传球最好的巨人之一……当然也是NBA历史上屈指可数的假摔王。

黄蜂当时刚刚失去了他们的铁血中锋阿朗佐·莫宁，正为内线而苦恼呢。

如前所述，1996年，高中生球员是未知纯度的黄金，是赌博者手里未揭开的牌。摩西·马龙已临退役，肖恩·坎普如日中天——但已经显露出要毁掉西雅图的端倪。凯文·加内特刚结束一年级，特雷西·麦蒂还在准备下一年选秀，勒布朗·詹姆斯只有12岁。命运的脸色无人知晓，培养一个高中生巨星风险巨大。

黄蜂没敢对科比这样的天才高中生存多大指望，于是，他们接过了迪瓦茨，送出了科比。之后的1996/1997赛季依靠着迪瓦茨、安东尼·梅森，以及球队全明星射手格伦·莱斯职业生涯至为辉煌的一年，夏洛特人目睹黄蜂完成史上空前完美的一个赛季。

交换科比，对黄蜂是值得的，至少一开始是这样。

迪瓦茨去了黄蜂，科比来到湖人。但韦斯特并没白白失去迪瓦茨。利用巨人离去后的薪资空间，韦斯特以迅雷不及掩耳之势，签下了奥兰多魔术的"鲨鱼"沙克·奥尼尔。

就这样，一个星期内，湖人搞定了24岁的"鲨鱼"、将要18岁的科比和将要22岁的费舍尔。

当时，显然谁都不知道，这三位将来会围绕湖人展开如何漫长的恩怨。当时，没人讨论费舍尔，偶尔有人讨论科比，大家主要被"鲨鱼"来到湖人这一事实给震惊了。

一种说法是，1996年夏天，科比下飞机踏上洛杉矶土地时，并没多少人立刻认出他。有过路人问起：

在1996年的NBA选秀大会上,科比在第十三顺位被夏洛特黄蜂选中,随后被交易至湖人。

"你是打篮球的吗？"

"是的，先生。"

"你从哪儿来？"

"我在费城的劳尔梅里恩高中……"他差点习惯性地念出他说了多年的辞令，直到望见窗外的碧空，他才想起来，于是，科比笑了笑，"我想，我现在是洛杉矶湖人的球员了。"

05 "鲨鱼"

1996年夏天来到湖人时，"鲨鱼"是个这样的怪物：

1972年3月6日，沙克·奥尼尔生在新泽西的内瓦克。他从小性格开朗，喜欢夸饰自己的强大，喜欢大大咧咧地开玩笑，大手大脚地行动。1990年夏天，在路易斯安那读大学时，他已经有恐怖的216厘米身高，外加134千克体重，同时拥有移山倒海的力量、奔走如风的速度，以及匪夷所思的协调性。大学篮球界根据他的名字谐音，称呼他"鲨鱼"。

那年11月，路州大与澳大利亚来的纽卡斯尔打练习赛。"鲨鱼"一记雷霆贯空的扣篮，路州大的马拉维奇中心发了地震：篮筐支架移了13厘米，篮筐支撑杆断裂。"鲨鱼"为此乐不可支。

他习惯地动山摇，喜欢天崩地裂。他热爱炫目的、夸张的、表演性的、刺激视觉的、爆炸的、华丽的、璀璨的玩意儿。顺便，他对自己有多强大了如指掌。他喜欢像个怪物一样降临人世。

"我喜欢看他们忙碌的样子，然后告诉他们，别跟可爱的'鲨鱼'玩心眼。"

可他又像金刚、哥斯拉一样天真。他勾起右嘴角半邪恶半憨厚的笑成了自己的招牌。他说：

"我希望自己像'小飞侠'彼得·潘，永远永远不要长大。"

1992年，这个长不大的巨人，这条呼风唤雨的"鲨鱼"，参加NBA选秀，被奥兰多魔术选为状元。NBA第一年，他扣碎了两块篮板，81场比赛，场均出场37.9分钟，23.4分联盟第七，13.9篮板联盟第二，3.5盖帽联盟第二，外加1.9助攻和联盟第四的56.2%命中率。二年级，他险些拿到NBA得分王，也就此奠定自己超级巨星的地位。

沙克·奥尼尔——以后人们都叫他"鲨鱼"——让全 NBA 知道了，他们之前对篮球运动的理解是狭窄的。技巧、意识、谋划、算计、对抗，这一切建筑在同一水平线的对决。如果羚羊之间可以用角相斗，那么当犀牛或大象出现时，一切规则便被打破。年轻的"鲨鱼"没有伟大篮球运动员所需的技巧——他压根不需要这个。到 NBA 的第三年，他 216 厘米，147 千克，可以大步流星地跑到前场腾空而起。他像洪荒时代出现的怪兽，让人类面面相觑。即便他的罚球、他的跳投和防守脚步在 1992 年看来犹如笑话，但他笨拙的部分，反而是他庞大体魄的补充说明：他冲进了 NBA，将既成的篮球规则与观念轰得粉碎。

1994/1995 赛季，三年级，"鲨鱼"拿到了得分王，率魔术杀入 NBA 总决赛；1996 年夏天，"鲨鱼"以 24 岁的年纪被评为 NBA 历史上五十大球员之一。

幸而面对时代的秩序，总有一些超凡的人物可以应对，魔术的"鲨鱼"纵横海内，却像小说中身具神力、武技平凡的少年，解不开十面埋伏。1995 年夏天，"鲨鱼"拿到得分王，并且带着天才后卫"便士"哈达威杀进 NBA 总决赛，却被"大梦"奥拉朱旺的休斯敦火箭 4 比 0 横扫。四年级，"鲨鱼"带着魔术到东部决赛，被迈克尔·乔丹无敌的芝加哥公牛 4 比 0 横扫。"鲨鱼"两次扮演了荒野蛮族的角色：咆哮卷地而来，然后，技巧胜于天赋，人类驯服野兽，只好卷甲而去。

1996 年夏天，魔术管理层开始琢磨：他们拥有两个天才——洪荒巨兽般的"鲨鱼"和轻盈如落雪的天才后卫"便士"哈达威。"鲨鱼"开始有发胖倾向，还想要份超大的合同，而"便士"才华锦绣，球风飘逸，相貌俊朗。

魔术的当家约翰·加布里德借助媒体，传达出了这意思：

"沙克，我不能付给你多过'便士'的钱，我们不希望他不开心。"

实际上，"鲨鱼"本来也不想在奥兰多待了。

连续两年败给联盟最巅峰人物后，媒体开始对"鲨鱼"苛刻了。赢家全得，败者遭落井下石，本是世之常例，何况连续两年的戏码都是如此："鲨鱼"是洪荒巨兽，NBA 最强的怪物，但两年分别被"大梦"与乔丹干掉后，"太粗糙""不成熟"，类似的言论排山倒海倾泻而下。

1996 年夏恰逢"鲨鱼"要签新合同了，奥兰多魔术企图压价。"鲨鱼"的确孩子脾气，但他不笨，更不肯低头做小。他是个大家伙。他要大房子，要大舞台。他不想在奥兰多这小得游不开的地方晃荡。要成为 NBA 乃至世界体育之王，世界最大的海，才容得下这头"鲨鱼"。

于是"鲨鱼"西游，签下了 NBA 历史上空前的 7 年 1.21 亿美元合同，来到了洛杉矶湖人。这成了他的球队。

06 所谓洛杉矶湖人

很久以前某年夏天，西班牙航海家经过美国西海岸一片地方，随口宣布一声，说那片海湾上的土地是西班牙的"上帝之城"。1781年，西班牙已成贵胄末裔，教士们依然把这片村庄叫作"天使城"。1850年，在若干张地图上被宰割多次之后，这城市终于归为美国领土，当时仅有1600人居住，名字叫作洛杉矶。

最初，湖人不属于这儿，而归西北多湖泊的明尼阿波利斯所有。明尼阿波利斯湖人，依靠不朽的巨人乔治·麦肯，拿下五个总冠军，制造了NBA历史上第一个王朝球队，然后日益凋零。1959/1960赛季，即NBA历史的第14个赛季结束后，明尼阿波利斯湖人迁移到了洛杉矶。在NBA历史上，从未有过如此巨大的一次割舍：湖人放弃了在明尼阿波利斯辉煌的王朝，去一个全新的城市开拓新的时代。

在湖人最初的洛杉矶岁月，运气实在不太好：九年中七次进入总决赛，却均空手而归，主要是输给宿敌波士顿凯尔特人。最初，湖人将主场由明尼阿波利斯迁移到洛杉矶，更多是出于对市场效应的考虑。湖人老板鲍勃·肖特，借鉴了美国职棒联盟道奇从布鲁克林搬到洛杉矶后取得的巨大成功，放弃了地处西北的明尼阿波利斯，同时也放弃了之前苦寒艰涩的球队形象。在西海岸风光怡人、地近好莱坞的洛杉矶，湖人成了另一支球队：开放、犀利、进攻、酷爱大场面，这才是湖人。

1965年，鲍勃·肖特老板将俱乐部转卖给库克，后者支付了500万美元现金，继承并发扬了肖特的经营思路，使湖人继续着豪强姿态。1967年，湖人搬迁到了新建的拥有17500个座位的大西部论坛球场。在1969年总决赛对阵凯尔特人之战，前6场双方战平时，为了迎接湖人在洛杉矶的第一个总冠军，库克在西部大论坛球场布置了数以千计的气球和彩带。虽然这一庆典最终被凯尔特人后卫老尼尔森的跳射扼杀，然而，湖人的作风豪华依旧。

大卫·斯特恩于1984年接管NBA，这个商人的推广使NBA成为全球知名度最高的体育联盟之一。而湖人富于观赏性的"SHOW TIME"（表演时刻）球风，使他们在20世纪80年代建立新王朝的同时，又成了NBA娱乐化的先锋。到了21世纪，随着体育界巨星地位的提高，NBA获得了更多的花边新闻。1999年，湖人由大西部论坛球场搬迁到了更为奢华、壮阔的斯台普斯球场。这是他们豪门风格的延续。

相比于其他球队，湖人的主场和形象可谓迥异。

湖人在这方面可谓近水楼台先得月。毗邻好莱坞，使得斯台普斯场边大牌影星不断。汉克斯、梅格·瑞恩、阿弗莱克、洛佩兹等往来不绝。至于老牌影帝尼科尔森几乎就是湖人的固定场外教练，比起著名导演斯派克·李对于纽约尼克斯的热情亦不遑多让。这种娱乐和体育的完美结合，使湖人的场内场外同样引人注目。这种大都市—娱乐都会—体育球队的完美结合，在 NBA 堪称史无前例。相比较而言，美国东北的芝加哥、纽约的尼克斯等，或受制于球队经营，或受制于地理因素，都无法达到如湖人般令全球媒体火热跟随的地步。

湖人史上从来不乏明星。对球员的取舍，很大程度上体现出一个球队的倾向。明尼阿波利斯湖人在 20 世纪 40 年代末，幸运地得到了乔治·麦肯，以及在某些传说中可以罚球线扣篮的前锋吉姆·波拉德。麦肯的存在使湖人统治了那个时代。这个 208 厘米的巨人使 NBA 被迫为之修改了三秒区规则。尽管来队上时，他一身老皮袄和厚眼镜片让湖人队员在更衣室里感慨："这人真的只有 23 岁吗？"但他的确完全改变了中锋的传统概念，使中锋的战术作用、攻防理念等都发生了巨大的变化。在波拉德等人的辅助下，麦肯带领湖人六年内五次夺冠，成为 NBA 历史上第一个王朝。

在 1954 年，NBA 开始实行进攻 24 秒规则。而麦肯恰好于此时退役，没有来得及让人们利用这一规则击败他。湖人在经过一段时间的低迷后，开始转换思路。1958 年，湖人拥有了一个状元选秀权。在当时联盟还被比尔·拉塞尔和鲍勃·佩蒂特这些巨人统治的时期，湖人拿下了 196 厘米高的全能前锋埃尔金·贝勒，然后是 1960 年的榜眼，188 厘米的后卫杰里·韦斯特。这是湖人一种新风格的体现：在 24 秒的时期，湖人选择了速度和进攻。

以贝勒和韦斯特作为核心组队，是湖人迥异于时代潮流的选择——那是一个 216 厘米的张伯伦统治数据、208 厘米的拉塞尔统治冠军的时代。联盟中布满了不朽的大个子，张伯伦、拉塞尔、瑟蒙德、贝拉米、佩蒂。20 世纪 60 年代，湖人九年内七度西部称王进入总决赛。他们每一次的对手几乎都是波士顿凯尔特人。他们曾经有过多次和凯尔特人战至第七场的比赛，那些战役在多年以后成为不朽的名战。在随后的几年，湖人继续依靠着贝勒和韦斯特进行着斗争，一次次悲壮地成为败者。在波士顿凯尔特人折戟的 1967 年，湖人却意外地败北给勇士，失去了与张伯伦的费城争夺总冠军的机会。即便如此，湖人依然保持着西部最强大球队的形象。

接手湖人的库克老板在 1968 年做了一个交易——这一交易在几十年后成为湖人的不朽传统：洛杉矶人用三换一的大交易换来了当时联盟的最恐怖怪兽，能够在整个赛季场均得到50分，抓到接近28个篮板，甚至能够一场得100分，能抓55个篮板，能够打出得分、篮板、助攻均20以上的"超级三双"纪录的"霸王枪"威尔特·张伯伦。一时间，张伯伦、贝勒和韦斯特，3个得分王级别的超级巨星云集在一处。这也许是历史上最为奢华的阵容。这一阵容是湖人风格的终极写照：超级巨星阵营，超级中锋压阵。

然而，凯尔特人依然是湖人的梦魇。1969年，凯尔特人依靠后来担任小牛主教练的老尼尔森一个弹起数英尺（1英尺=0.3048米）最后入筐的跳投，以108比106在第七场击败湖人，使韦斯特42分的三双空费，完成了13年11次夺冠。唯一的安慰是：杰里·韦斯特作为失败者，以其坚韧的努力，拿下了NBA历史上第一个总决赛MVP。而在1970年，依靠强悍的防守和坚韧的精神，尤其是第七场带伤步入球场的威利斯·里德，纽约尼克斯又在第七场使湖人败北失去总冠军。1971年，历史上最强的得分手之一贝勒心灰意冷，以37岁高龄退役。然而，造化弄人。依靠着两个188厘米的后卫韦斯特和古瑞奇，以及已显老迈的张伯伦的防守和篮板，湖人在1971/1972赛季完成了三十三连胜，并以69胜13负的空前胜率统治常规赛，终于拿下搬到洛杉矶后，队史第一个总冠军。

1973年和1974年，张伯伦和韦斯特先后退役。前者留下了无数空前甚至完全可能绝后的纪录，而后者创下了湖人的得分队史纪录。韦斯特在退役后从教练做起，并成为湖人管理层的一员。1968年之后最伟大的一次交易随即出现，1975年，当时统治联盟的超级中锋"天勾"贾巴尔转会至湖人。湖人在麦肯、张伯伦之后又一次拥有了伟大中锋。而韦斯特担任了湖人的主教练之后，使湖人重新回到强队之列。然而，他们还是多次败给了超音速和开拓者。这使他们在1972年夺冠后一直远离总冠军。这一切发生改变，是在1979年。

1979年，库克把球队转卖给了杰瑞·巴斯。杰里·韦斯特把主教练位置推给麦金尼斯，而湖人做了队史上第三次伟大选秀——继贝勒和韦斯特之后，湖人选了1979年春天率领密歇根州大在一场创收视纪录的决赛中拿下大学篮球冠军的"魔术师"约翰逊。麦金尼斯和之后接任的韦斯特教练，做出了英明的抉择——他们让这个206厘米的年轻人，担任了球队的组织后卫。依靠着他的臂助，贾巴尔率湖人在1979/1980赛季拿下61胜，自己则拿下联盟至今纪录的第六个常规赛MVP，并杀入了1980年总决赛。1980年总决赛中，湖人对垒拥有"J博士"的费城76人，贾巴尔于第五场中途受伤后第四节拿到14分全场40分。而在第六场开始时，韦斯特德通知"魔术师"：他必须接替伤重的贾巴尔担任中锋。

这是史上最精彩的瞬间之一：20岁的"魔术师"并不单是打了中锋，他在场上担任了所有位置。第六场独得42分15个篮板及7次助攻，使湖人123比107力克76人，4比2，使湖人自1972年后再次夺得总冠军。而"魔术师"则在生涯第一年，就拿下了NBA历史上最年轻的总决赛MVP。

从此开始，湖人进入了"魔术师"的时代：他意味着比贾巴尔更为鲜活的部分——年轻、创造性、活力。

1981年，帕特·莱利上任。这位号称NBA历史上最为风度翩翩、发型最酷的主教练代表了湖人20世纪80年代的形象：潇洒、骄傲、意气风发。

莱利与"魔术师"互相成就了对方，湖人华丽的全场快攻球风及重视整体的发挥使20世纪80年代的大西部论坛球场成为梦剧场。在80年代，湖人与凯尔特人分庭抗礼，拿下了五个总冠军。在1987年夺冠后，莱利更喊出了1988年一定会夺冠的诺言。最终其诺言的兑现使湖人的80年代展示出传奇色彩。当帕特·莱利结束在湖人的教练生涯时，其超过70%的胜率也令人侧目，其战术大师的身份更是无人置疑。

80年代是湖人与凯尔特人对抗的新篇章，而依靠着"魔术师"个人不朽的创造性，以及湖人于1982年选中的状元秀沃西，湖人再次重现了三个巨星的骨架。贾巴尔在80年代后期逐渐将主导权交给"魔术师"，而沃西则稳定地担任着湖人的快攻箭头，并在季后赛有不朽的发挥。湖人以其"SHOW TIME"的华丽球风成为一代人的宠儿，这在大卫·斯特恩将NBA全球化推广的过程中作用巨大。湖人在80年代夺得5次总冠军，并在1991年夏天进入总决赛。这更像一个仪式：旧一代的旗帜"魔术师"亲手把迈克尔·乔丹和他的公牛送上冠军宝座，成就不朽的王朝。

然后就是令人不快的故事：湖人在20世纪90年代中前期的凋零。1991年扶乔丹登基成就公牛王朝的垫脚石后，"魔术师"感染HIV退役，大星坠落。在那令人难熬的岁月中，湖人一度在1995/1996赛季成就了53胜，但在内乱、喧嚣、"魔术师"闹剧般的复出和再度退隐中，湖人只得忍受着平庸，在乔丹、奥拉朱旺、巴克利等宰割天下的时刻，做一旁的看客。

"湖人教父"杰里·韦斯特，显然是最讨厌看到这一现状的人。

洛杉矶湖人喜欢巨星：1996年之前，湖人拥有过史上最伟大四名中锋中的三位（麦肯、张伯伦、贾巴尔），拥有过史上场均得分第三和第四的外线天才（埃尔金·贝勒、杰里·韦斯特），拥有过史上首席组织后卫（"魔术师"）。

湖人喜欢排场：他们在20世纪80年代拥有帕特·莱利，NBA史上第一个成为媒体公众话题的教练。他上《智族》（GQ）封面，他油光闪亮的背头发型被誉为像阿尔·帕西诺，他戴着太阳镜在洛杉矶媒体前扬声高呼："我保证，我们明年会蝉联冠军！"——发生在1987年夏天。这位NBA史上最风度翩翩的主教练，在80年代用NBA史上最伟大的组织后卫，导演了NBA史上最水银泻地、奔放华丽的进攻浪潮，史称"表演时刻"。

湖人需要最明亮灿烂的星辰，需要最具有表演性的球风，需要最大的噱头、最有风头的人物、最伟大的巨人。1996年，"鲨鱼"将这一切需求集于他巨大的身躯中。一如他的经纪人阿马托——此人是洛杉矶人——当年所说："'鲨鱼'太大了，他得要一个更大的舞台。"

也只有洛杉矶这么伟大的前朝巨人，这么华丽的历史，这么纸醉金迷的城市，承载得起"鲨鱼"。

所以，湖人与"鲨鱼"是彼此需要的。

当然，1996年夏天，没人猜得到，那个先"鲨鱼"一步到来的高中生，那个叫科比的孩子，会在洛杉矶留下怎样的声名。

07 新人

1996年夏季，洛杉矶人讨论更多的或者不是科比的球技，而是他和流行歌手布兰迪的恋情。这是洛杉矶人的秉性：浮华绚烂如烟花的事物，总能够博得他们的好感。

韦斯特深明这个万花筒世界的奥妙，于是不免对科比多加注目，随后，他放心了：科比没有像其他年轻人一样，沉醉于洛杉矶声色犬马的生活，他依然每天泡在球馆里自虐。

科比年少时所受的教育，他父亲作为职业球员的修养，完整地移植到了他身上。他比大多数年轻人都要更早适应NBA，适应清晨与夜晚的规律生活。他和队友们打招呼，投入训练，在比赛中不断修改、强化自己的小技巧。父亲所达成的经验与未完成的遗憾，都在教导着科比：如何用正确的方式，当一个职业球员。

因为湖人的32号球衣属于"魔术师"，33号球衣属于不朽的"天勾"贾巴尔，于是，科比无法再穿他高中的33号；"鲨鱼"也得放弃他在魔术时期的32号了。科比一度想要24号，但24号归了老将乔治·麦克劳德。最后，"鲨鱼"穿上了34号，

湖人的33号球衣属于不朽的"天勾"贾巴尔，于是，科比无法再穿他高中的33号。他选择的号码是8号。

科比选择了 8 号球衣。这或者是因为远在意大利的德安东尼，或者是因为他在 1995 年阿迪达斯 ABC 训练营所穿的 143 号——三个数字加起来是 8。

科比入队还不到一周，就为湖人打了供年轻人试身手的夏季联赛：跟同年的新秀德里克·费舍尔一起。那类似于一个新人集体见面会，一个青年联谊晚会。比赛凌乱错杂，孩子们尚不知 NBA 为何物，无非各自随性发挥。在这场没有音乐伴奏的自由舞会中，科比所向无敌。他的一对一技巧，让大多数年长的对手哑口无言。夏季联赛，科比场均 25 分，湖人进入决赛。只是，最后，他在决赛中虽然得了 36 分，还是输给了 76 人的那群孩子。对手的王牌，是 1996 年状元新秀，183 厘米的阿伦·艾弗森。

确切地说，也许那才是科比与艾弗森——多年后领衔联盟最强外围攻击手的、费城的两个儿子——第一次交手。

1996 年 10 月 14 日，赛季开始前的新闻发布会，洛杉矶媒体爱上了科比：他年轻乖巧，谈吐老到。他会微笑着听完你的提问，然后给出"我是个学生，我只想多学点东西，给球队提供帮助"之类四平八稳的话语。他一派积极上进、端正漂亮的形象，虽然不免有点儿程式化。

"鲨鱼"侧头看着科比，也许那是"鲨鱼"第一次真正注意到身边这个侃侃而谈的小子。然后，他用了一种典型的、"鲨鱼"式的夸张语气，半真半假嚷了一句：

"嘿，你这个爱出风头的小家伙！"

那时迪瓦茨已经在夏洛特黄蜂开始了自己的新生活。那时的"鲨鱼"和科比，一个是联盟最贵、最庞大、最地动山摇的巨人，一个是新晋的高中生。他们谁都不知道，这一年对洛杉矶湖人，对整个 NBA 来说意味着什么。

科比和德里克·费舍尔很快混熟了。很奇妙，他俩各方面都有天地之别。科比 198 厘米，高中生，年少成名，才华横溢；费舍尔 185 厘米，大四毕业，大学里学的是通信专业，刚毅持重。他俩作为新秀，注定得并排坐板凳，听"鲨鱼"叨叨：

"我小时候，从没梦到过自己能为湖人打球。因为我小时候老是被人嘲笑啊……以前人家说：'嘿，你在高中打得不错，但你去了麦当劳全明星赛就完蛋了。'然后是：'得，你在路州大是全美明星，可是进了 NBA，你啥都不是。'现在是：'好吧，你电影、广告和唱片玩爽了吧，可是你一个冠军都没拿到。'"最后他总结，"这些事儿，让我对变得强大充满了饥饿感。"

1996/1997 赛季，洛杉矶湖人揭幕战，主角是"鲨鱼"：为湖人出赛的第一战，

1996年11月3日，湖人对森林狼的比赛，科比在等待替补上场。这是他的第一场NBA比赛，出场6分钟，1投0中得到0分1篮板1盖帽1失误1犯规。

"鲨鱼"快乐地 10 投 8 中加 11 罚 7 中，23 分 14 篮板 3 助攻 2 封盖，让湖人完全压垮太阳。费舍尔替补出场，20 分钟得了 12 分 5 助攻。

两天后，"鲨鱼"35 分 19 篮板"屠杀"了明尼苏达森林狼。而科比·布莱恩特，职业生涯首次在 NBA 出场：出场 6 分钟，1 投 0 中得到 0 分 1 篮板 1 盖帽 1 失误 1 犯规。

那天，科比当然不会知道，对面那个穿 21 号、大自己两岁、同样高中毕业进 NBA 的长手长脚"大蜘蛛"凯文·加内特，多年后会如何与他参差交织。

那年秋天，全联盟已经被"鲨鱼"肆虐够了。大家都在谈论"鲨鱼"和湖人那些三分射手。1996 年 11 月 19 日，金州勇士对湖人，全队疯狂包夹，"鲨鱼"19 投 12 中 26 分 12 篮板，但有 7 次助攻。直接受益者：湖人组织后卫范·埃克塞尔 16 投 11 中三分 4 投 3 中 27 分，才华横溢的摇摆人埃迪·琼斯 11 投 6 中三分 5 投 2 中 18 分。

很简单的过程：

湖人拥有了"鲨鱼"之后，没有球队敢四散站开，目送他们可怜的中锋惊慌地用足全力，去抵抗"鲨鱼"这座大山压向己方禁区了——因为，这样的结果通常是：守方中锋眼前一黑，身不由己飞向篮架，看见球从篮圈中落下，扣完篮的"鲨鱼"得意地落下地来，脑海里的唯一念头是："老子又上十佳球了……"所以，对"鲨鱼"的包夹随时随地，范·埃克塞尔和琼斯们，自然会觉得眼前一片清朗明澈，投起三分来也像训练一样愉快。

"鲨鱼"很喜欢湖人以他为中心的打法。他在魔术的基本战术是：他在左侧腰位背身持球，让大前锋切过身旁，然后自己单打。在湖人，他左腰位、右腰位、罚球线、左翼、右翼，都能接到球，射手们在周围，一旦有对手夹击他，便乘机远射。湖人主帅德尔·哈里斯教练，允许"鲨鱼"做任何事：秀传球，表演胯下运球，随便！

那时，一切都挺美好：湖人赢球，湖人打出华丽的比赛，扣篮，全场尖叫，好莱坞巨星观众带头鼓掌——杰克·尼科尔森、金·凯利、辛迪·克劳馥、丹泽尔·华盛顿、丹尼斯·米勒；然后，人群中还可以看见"网球之神"桑普拉斯，看见"拳王"霍利菲尔德。洛杉矶重新成为 NBA 最璀璨的舞台。这座梦剧场大马戏团的主角，就是舞台中心那个咧嘴大笑、庞大绝伦的巨人。他是一切欢乐的来源，是释放紫金光芒的大太阳。

1997 年 1 月，"鲨鱼"嚷嚷："德尔·哈里斯主教练让我干吗，我就干吗！"

德尔·哈里斯也没忘了科比——微妙的是，当年哈里斯在休斯敦当教练时，带过科比的爸爸老布莱恩特，故人之情，无时或忘。

湖人在肆意地发挥"鲨鱼"的天才，对科比的使用则极谨慎。一半是因为他年轻，一半是因为湖人阵容鼎盛，不需要揠苗助长。他们有耐心等待科比成长。哈里斯教练老于世故，不会轻易冒险。他提醒所有媒体，这个刚满18岁的孩子，代表着湖人的未来。在NBA，未来一向是幻影般的词汇，"代表未来"的另一种表述法是——"他不属于现在的阵容"。

无论如何，1996年11月，科比开始打职业篮球：在秋末时分，身披洛杉矶的紫金球衣出入训练馆，乘坐大巴，穿绕美国的各个都市，习惯于各球馆的嘘骂或掌声，而且忍受寂寞。

毕竟大多数时间，他只是在板凳的尽头挥毛巾。

1996年11月6日，在夏洛特对垒黄蜂，科比打了7分钟。他或者第一次感觉到，在机会一闪即逝的NBA，谨慎者势必平庸，偏执者才能生存？他依然没有油滑到懂得去骗犯规、晃动或寻找空当，但他至少展示了他的胆量：他投中了职业生涯的第一个球，一记三分远射。在射中后，他跑回半场，甚至连耍酷和庆祝的动作都没想起来。

那是他数以万计的NBA投篮得分中的第一个。

那晚他得了5分，下一晚他得了10分，然后是2分、2分和6分。在涉及队友和对手时，他还是有些像新人：突破路线、投篮选择、防守时的判断、位置感，这些需要经验来加以消化，他还很生疏。但他的小技巧却很早熟：他的一对一晃动、他的柔韧性、速度和爆发力，他偶尔的大步奔跑和飞翔，可以让斯台普斯的球迷感觉如含了一口蜜糖般甘甜。

职业生涯第一个月，科比便感受到了父亲当年的切肤之痛。十多年前，父亲为一张合同而奔忙的缘由，他感受到了。这是NBA的世界：现实残酷得令人发指。没有人会把宾夕法尼亚第一高中生的少年天才当回事，在NBA，每个人都有大把辉煌的过去。NBA在意的是你当下的表现，一切过往都如黑白旧照片，时光溜走迅速而无情。科比所投失的每个球，都会被放大苛责，唯一可以保护他的，是他18岁的年纪、值得期望的璀璨未来，以及杰里·韦斯特的期待。

1996年冬天，12月始，每个周四，退役已22年的韦斯特，会到训练馆亲自指导科比。身为NBA史上最伟大射手之一，韦斯特所做的指导意味深长。他告诉科比如何选择合适的出手时机——即，投篮之前所需要做好的一切——以及如何防守。这些单独训导的结果是，1997年1月3日，在对阵萨克拉门托国王的比赛中，科比10投6中，10罚9中，得到了21分。1月底，埃迪·琼斯受伤。1月

28 日，科比，18 岁半，为湖人首发出阵。他创了 NBA 史上首发球员的最年轻纪录。

德尔·哈里斯教练 12 年后回忆说，那时，科比会走到他身前，说：

"教练，你给我球，让大家拉开，我可以单挑干掉联盟里的任何球员。"

"教练，我可以背身单挑任何人，你只要给我机会。"

哈里斯教练都无奈地笑了：

"科比，我知道你可以，但我没法把'鲨鱼'轰开，把禁区让给你去单打啊！"

哈里斯说，当时科比虽然点了头，但并没真接受这意见。他不甘居人之下的野心，从这时就萌芽了。

他是从那时就希望"鲨鱼"把一切都让给他吗？我们无从得知。

1997 年 2 月的全明星赛，有别于以往的嘉年华盛会。NBA 五十大球员被评出并云集一堂，迈克尔·乔丹成为首个获得 200 万票以上的入选者，NBA 50 周年，诸如此类。科比尚无入选全明星的资格，但他自有他的舞台：被选入西部新秀明星队，做全明星赛的暖场演出。

1997 年 2 月 8 日，克利夫兰，科比和身在东部新秀明星队的阿伦·艾弗森，又一次碰面。

虽然 20 世纪 60 年代末 70 年代初玩弄 NBA 的两个老阴谋家"红衣主教"奥尔巴赫与雷德·霍尔兹曼各自成为东西部新秀队的主帅，但幼驹横行，老人家无非走走过场做象征性的演出。当晚的少年人大战，东部队上半场便遥遥领先。下半场，西部一盘散沙，科比开始独力行动：在周遭一群同样偏瘦的年轻人环绕下，他仿佛又回到了高中。持球，奔袭，直突禁区。他自由发挥，得到全场最高的 31 分。当然，艾弗森还是带领东部新秀队夺冠，拿了 MVP。

属于科比的时刻，在第二天的扣篮大赛上。经历 20 世纪 80 年代乔丹与威尔金斯的壮丽演出后，90 年代扣篮大赛众星凋零，所依靠的无非是蒙眼扣篮、双手扣篮之类噱头把戏。当晚的科比并没有像多年前的乔丹或"J 博士"一样留下教科书般的传奇扣篮。只是，在五十大巨星的眼皮底下，他还是做了一个足以让老人家们动容的扣篮：

决赛，科比禁区右侧起跳，左手将篮球从胯下转到右手，上升，球在划过一道圆弧后，迅速扣向篮筐，轰的一声，他的身体依然前倾，滑翔，落地。费城前辈"J 博士"带头鼓掌，科比这一扣篮，满分 50 分中获得 49 分。冠军。

关于他和迈克尔·乔丹的最初对比，也许是从这一天开始的。固然在

1996 年，世界为寻找乔丹的接班人奔忙不已，而且已经将格兰特·希尔与"便士"哈达威放到了王座之前，但乔丹并未将权杖交给任何一个人；而那两个天才青年也各自卓然成一家，和乔丹的风格并不类似……在这一晚后，科比的扣篮、身型和微笑都让人多少想起，20 世纪 80 年代那个戴着金项链的芝加哥少年。虽然这两个身影还远未到重合的时刻，但影影绰绰地，他们的确有许多类似之处。

一种说法是，看到科比完成那记扣篮时，乔丹与老搭档斯科蒂·皮蓬互问："我们年轻的时候，能跳那么高吗？"

1997 年全明星后，科比上场时间渐长，但洛杉矶的话题焦点，还是"鲨鱼"："鲨鱼"受伤了，"鲨鱼"拍录影带了，"鲨鱼"又复出啦……1997 年 4 月，湖人 1996/1997 赛季结束，56 胜 26 负，"魔术师"退役以来的最佳战绩。摇摆人埃迪·琼斯成为全明星球员，被赞为有皮蓬般的身手；范·埃克塞尔的三分球惊天动地。前扣篮王塞巴洛斯被换走，得来了前锋罗伯特·霍里。几乎所有主将，从大前锋埃尔登·坎贝尔到后场琼斯和范·埃克塞尔，人人的数据都有了提升。

主要原因当然是"鲨鱼"：出赛只有 51 场，但场均 26.2 分 12.5 篮板 3.1 助攻 2.9 封盖，57% 的命中率。湖人上一次有人取下这样的得分成绩，是 1980/1981 赛季的贾巴尔；上一次有人如此统治篮板，是 1978/1979 赛季的贾巴尔。他让湖人的中锋之梦复苏了。他让整个城市复活了。他一手遮天充当了个超大心脏，让整个湖人元气充沛血液奔腾。现在，这里是他的城市了，虽然只有一个赛季，虽然他只打了 51 场。

反过来，在新秀赛季，科比场均只有 15.5 分钟的时间，得到 7.6 分。

1997 年季后赛第一场，"鲨鱼"刷新了湖人生涯分数新高：湖人对波特兰开拓者，"鲨鱼"得到 46 分，湖人 95 比 77 取下第一阵。对面"世界屋脊"萨博尼斯、拉希德·华莱士和克里斯·杜德利三位内线，合计 14 次犯规。他最得意的事，是自己的 18 罚 12 中：67% 的罚球率不算高，可是对面开拓者全队才 26 罚 14 中。

科比打了他第一场季后赛，1 分钟，得了 2 分。

随后的首轮一帆风顺。"鲨鱼"第二场 30 分，第三场 29 分 12 篮板，第四场 27 分。湖人输了第三场，但还是轻松地 3 比 1 打败开拓者晋级。开拓者受了巨大刺激：联盟防守第七，场均丢 95 分，篮板卓越的球队，硬生生被"鲨鱼"给"屠戮了"？也就从 1997 年夏天开始，开拓者着力于囤积内线群：质量不够数量凑，人多势众七手八脚张网围捕"鲨鱼"。

科比在对开拓者第三场，27 分钟内得到 22 分，一鸣惊人，可惜并没赢球。

1997年2月8日，全明星赛的新秀赛上，科比得到全场最高的31分。

全明星的扣篮大赛上，科比横空出世。

第二轮，湖人遇到麻烦了：他们遇到了64胜18负的西部常规赛第一犹他爵士。

那是犹他爵士史上最鼎盛的一季：约翰·斯托克顿空前绝后地包揽九届助攻王后终于丢了这一冠冕，但那是因为他已经培养了合格替补，不必再事必躬亲；他的黄金搭档卡尔·马龙在33岁高龄终于从乔丹手中抢到了一个常规赛MVP。杰夫·霍纳塞克构成了爵士的第三极。除此而外，布莱恩·拉塞尔、奥斯特塔格、安东尼·卡尔、福斯特，爵士的板凳极尽全面。

爵士与湖人，是风格的两极。湖人永远奔放华丽，依赖联盟最卓越的个人能力。观众注意湖人的啦啦队女郎，喜爱直播时变幻不定的宣传字幕，随着入场音乐高歌，被绚丽灯光迷醉。而爵士和盐湖城的西北霜风一样：冷峻、强悍。他们的篮球充满不知疲倦的跑位、UCLA式进攻、永远不停地背掩护、伸缩进攻。他们的防守和进攻一样强悍、狠辣而老练。

最后，NBA历史助攻王约翰·斯托克顿和NBA历史得分第三卡尔·马龙，二十年如一日策划着篮球史上最伟大的挡拆进攻。

湖人VS爵士第一场，"鲨鱼"16投6中，只得17分。爵士拼着让范·埃克塞尔与琼斯在三分线外15投7中，也要对付他：218厘米、126千克的白胖子奥斯特塔格撑在"鲨鱼"身后，不让他接近篮筐；一等"鲨鱼"接球，NBA史第一抢断王斯托克顿或NBA第一肌肉王卡尔·马龙的包夹就如影随形地到来。"鲨鱼"被钳，湖人全场命中率仅34%，77比93败北。

湖人明白爵士的策略了。

第二场，"鲨鱼"25投10中25分，但湖人外围开火：斯科特三分5投3中，霍里更是匪夷所思地7投7中。湖人三分线外18投11中。可是，爵士很稳，他们继续挡住"鲨鱼"这柄紫金锤当头劈落，任湖人的三分箭矢扎身。

"邮差"马龙31分11篮板，霍纳塞克21分，斯托克顿16分7助攻。爵士103比101险胜，2比0。

回到主场的湖人以104比84血洗爵士，将分数扳到1比2。但是第四场，"邮差"18罚18中42分，拉塞尔29分，斯托克顿11分11助攻。"鲨鱼"得到了34分，但湖人完全守不住爵士迅疾的进攻。爵士3比1领先。

本来，系列赛第三场，"鲨鱼"已经聪明起来，读懂了爵士对他的包夹，可是已经晚了。第五场，"邮差"32分20篮板，斯托克顿24分10助攻。两个NBA五十大球员的老英雄稳准狠地扑灭了湖人的反击，没给"鲨鱼"反击的机会。

本场末尾，科比成了主角。

野心、担当、不惧失败。这是对阵爵士的第五场季后赛里的科比，就像他后面二十年展示给我们的那样。

比赛还剩 1 分 46 秒时，"鲨鱼"对"邮差"犯规，被罚下场，湖人领先，然而军中无大将，全队都紧张得不敢投篮。于是：

双方 89 平，科比在乱军之中捡到球，终止了爵士的进攻。还剩 11 秒。比赛最后时刻双方打平。哈里斯决定了：

"科比，你投这个球！"

18 岁的新人科比·布莱恩特，运球过半场，面对爵士的拜伦·拉塞尔，原地运球，右手持球顺步突破，加速，急停，晃开了拉塞尔——但他重心收的幅度太大，起跳投篮时已经把握不住，球出手，太低了。三不沾。

48 分钟比赛结束，双方进入加时。哈里斯教练抿了抿嘴，拍了拍手。

加时赛一开始，科比左翼三分，又是三不沾。

3 分钟后，科比右翼华丽地大幅变向，突破篮下，抛射打板得分，湖人 93 比 94 落后 1 分。比赛剩 40 秒，湖人 93 比 96，科比再次三分球——三不沾。

又一次三分不中后，爵士 98 比 93 取胜，就此 4 比 1 淘汰湖人。

这是第一次，科比在"鲨鱼"倒下后企图接管比赛，当一回英雄，未遂。

虽则如此，哈里斯教练给了科比足够的信任，"鲨鱼"也对科比的勇气很是推许：

"那阵子，科比是唯一有胆子、站出来投篮的家伙！"

这就是他的新秀赛季：常规赛场均 7.6 分的替补球员，有亮点，也有阴暗。但至少，他熬过来了。他有野心，有担当，在关键时刻，想当英雄；失败了，但还是敢接着投。输掉比赛后，科比在板凳上抿着嘴，眼神灼灼，生自己的气。

放远了看，他之后的职业生涯，在这一晚，全都被预示了。

08 乔丹？科比？

1997 年夏，湖人从老冤家凯尔特人处撬来了身高 201 厘米，有远射、善抢断的小前锋里克·福克斯。一到湖人，他就永远告别了联盟前五抢断手的地位，理由：在这里，你只需站稳外线位置，不必冒险下手。别有疏虞，背后"鲨鱼"就担待了。

首发后场范·埃克塞尔、埃迪·琼斯，首发锋线福克斯、霍里，内线"鲨鱼"。

替补则由科比、费舍尔领衔后场，坎贝尔补上内线。若说 1996/1997 赛季，湖人还只是把"鲨鱼"仓促丢进锅里熬汤，下料不当的话，1997/1998 赛季，湖人聪明从容得多了："鲨鱼"这块经得起千熬万炼的大肥肉，不配些好菜，还对不起他呢。

赛季前，哈里斯教练定了：科比担当第六人。

"鲨鱼"贵体有恙，所以错过了 1997/1998 赛季揭幕战。幸而湖人很争气：击败了斯托克顿缺阵的爵士，剿灭了萨克拉门托国王。第六人科比在第一场就得到 23 分。当然，他还是不算稳定：第二场，科比 10 投 2 中，只得 4 分。幸而，琼斯、霍里等人发挥稳定。第三场对纽约，"鲨鱼"归来：27 分钟 12 投 7 中，17 分 8 篮板 4 助攻，临了还 6 犯下场。首席替补科比只有 9 投 1 中。对面的尤因抖擞精神，得了 29 分 14 篮板。然而，湖人赢了：霍里、福克斯、琼斯、坎贝尔诸将得力，湖人六人得分两位数。

"鲨鱼"赛后，并没因为输给老冤家尤因快快不乐。洛杉矶媒体看到了乌云的金边：

"'鲨鱼'不上场，'鲨鱼'只得了 17 分，诸如此类的情况，湖人依然能赢球！打败的还是纽约！这比'鲨鱼'得 40 分赢球更棒！"

随后，"鲨鱼"复活了。29 分钟内 27 分 19 篮板，屠灭了勇士内线。科比替补出场 24 分钟内 18 投 11 中 25 分。湖人 132 比 97 "血洗"对手。第三场，"鲨鱼" 37 分 12 篮板带领湖人攻陷了达拉斯。两天后，在圣安东尼奥，湖人和马刺 48 分钟内拼到 96 平。加时赛，湖人一鼓作气打出高潮，109 比 100 取胜。"鲨鱼" 34 分 15 篮板 4 封盖。

当然，这一晚有些不同处：湖人的篮板输给了马刺。大卫·罗宾逊 27 分 14 篮板 6 助攻的表现不下"鲨鱼"；而更让"鲨鱼"头疼的，是马刺的 21 号：一个根本不像新秀的新秀。这一晚，那个新秀 19 分 13 篮板 4 助攻 3 封盖，他和罗宾逊联手张起的大网，让"鲨鱼"重新回忆起了职业生涯初期面对包夹时的不舒服。

这个 21 岁的 7 英尺巨人大前锋，是 1997 年的状元秀——蒂姆·邓肯。

这是科比、"鲨鱼"和邓肯这三个搅弄了日后十几年风云的家伙，第一次在球场上相遇。

截至 1997 年 11 月 19 日，湖人开局已有十一连胜。他们不知道失败为何物。他们在圣安东尼奥、休斯敦、犹他这三个艰难的客场赢了球，他们"血洗"森林狼、小牛、勇士时"吃人不吐骨头"。他们这个阵容一路狂舞下去，还能连胜多少场？没人知道了：11 月 19 日击败森林狼后，湖人得到消息："鲨鱼"又受伤了。于是，在一贯送胜利的同城提款机对手快船身上得到第十二连胜后，湖人输给了迈阿密。

但问题并不大："鲨鱼"受伤时，湖人 11 战全胜领跑联盟；他归来时，湖人 24 胜 7 负，依然是西部第一。这一个半月，琼斯、范·埃克塞尔、坎贝尔、霍里、福克斯等，就像 1995/1996 赛季初的魔术似的，穷人的孩子早当家，自种自收，也算逍遥，各自打出身价。当然，星光最烂漫的，是另一个人：

科比·布莱恩特。

这是他的第二个赛季。留起毛茸茸头发的他，成了湖人的第六人，成了球队实际上的一对一执行者。在里克·福克斯、埃迪·琼斯疲惫之时，科比见缝插针，上场夺分。他抢断、跳投、突破，以及——一如既往地——扣篮。

"鲨鱼"受伤后，科比对快船取下了 24 分 5 篮板 4 助攻 4 抢断。在随后整个 12 月，他场均 19.5 分，完全没一点替补的样子。对火箭，他 27 分；对小牛，他 30 分。他这一系列表现，将科比推上了全联盟最烂大街的热门话题：

科比是下一个乔丹接班人吗？

在此之前几年和今后的十几年，NBA 任何一个身长 198 厘米左右、技术全面、飞扬飘逸的摇摆人，都得被放到天平上当作"乔丹接班人"审阅一番，这几乎成了 NBA 最变态的情结。平心而论，比起当时已经出现的乔丹接班人——全面而又理智的格兰特·希尔、轻盈飘逸的"便士"哈达威——科比的确更像乔丹一点点：

身型、弹跳、速度、柔韧性、爆发力，偏执的好胜；能够通过一连串动作，为球迷提供爆炸般的视觉冲击力；对比赛狂热的投入程度——许多人都说，乔丹每一个回合，都像是这辈子最后一次打篮球似的不遗余力，科比亦然。

1997 年 12 月 17 日，疲惫不堪的芝加哥公牛，遇到了没有"鲨鱼"的湖人。迈克尔·乔丹依然不可阻挡：他持续上演着那些匪夷所思的动作——右翼大幅度晃动后远射三分，低位背靠后接后仰跳投，晃动后切入左手上篮。

赛后接受采访时，乔丹笑容满面——不是因为他取下 36 分带领公牛取胜，而是因为，这个夜晚他终于不寂寞了。

全世界都知道，不要去招惹乔丹，他好斗如狂，酷爱凌虐任何挑战他的人。但这一晚，偏有一个小子要跟他斗。

当埃迪·琼斯示意要与科比夹击乔丹时，科比·布莱恩特，这个 19 岁零 4 个月的小子，摆了摆手拒绝了，继续紧张地放低腰胯：科比决定一个人对付乔丹。一个还在为球队打替补的二年级生，独自对抗篮球世界之神。在进攻端，科比在左翼接球闪电般出手投中，科比可以在空切后闪过乔丹蛛网般的大手，接传球后扣篮。

职业生涯第二年，科比，作为非首发的第六人，却被球迷投票成了全明星首发。全明星赛和乔丹分庭抗礼，拿下了18分。

在一对一应对乔丹时，他也被乔丹华美的低位步伐，晃得像孩子一样乱跳，目送乔丹上罚球线；可是在另一端，他会大胆到近乎莽撞地投出三分球，或是模仿乔丹的背靠、晃动、后仰跳投。

这个夜晚，34岁的乔丹似乎遇到了另一个自己：他每在一端做出一个使全场惊叹的动作，另一个自己便在另一端又一次点燃观众。

科比没有能够带湖人取胜，可是对面乔丹得到36分之余，科比自己射下了33分：这是一次无与伦比的模仿秀，是乔丹和自己年少的影子对局，左右互搏。

这场比赛后，科比成了"乔丹接班人"最新一季的时尚之选：一个大城市球队的少年，有奔放绚丽的球队传统，他的身材酷似乔丹。当然，乔丹更扎实，但科比有乔丹少年时的协调性，起跳时都能让人产生飞翔的幻觉，而且招式繁复无尽。与那个时代所有孩子一样，科比的技术细节以乔丹为榜样，洛杉矶的狗仔队捉不到他的负面新闻，在新闻发布会他并不提供如珠妙语，但谈吐健康而合理——这一切再加上他19岁的年纪，于是世界被倾倒：

一个新的、成长中的乔丹。

"鲨鱼"的伤病起了塞翁失马的效果。他养伤期间，琼斯、范·埃克塞尔与科比的发挥，获得了联盟注目。于是，1998年全明星名单公布，这三人加上"鲨鱼"一起入选。科比，还没爬上湖人首发的第六人，却被球迷投票，成了全明星首发。

世界对他的期许之大，可想而知。

1998年初，洛杉矶湖人回到了20世纪80年代末的声势：他们是全明星之队，他们的第六人都会被球迷追捧选进全明星首发，他们是全联盟顶级的热点中心，哪怕还没超越芝加哥，但在西部，没有球队可以夺走他们的荣光了。

1998年2月，"鲨鱼"与科比第一次在全明星赛联袂出场。"鲨鱼"中规中矩地得了12分4篮板，然后休息去了。这一晚，亮点和争议，全归科比。

他踏上赛场时还感到紧张。他是新人，巨星们不会屈身俯就，去对一个新人说甜言蜜语。他习惯了一个人，也不会去和老人家们攀谈。这颗骤然暴亮的新星内心衷曲，也许只有早一年入行的凯文·加内特知晓。多年以后，科比如是回忆：

"在上场前，加内特拍了拍我的肩，说：'跟着我跑，我会给你传球的。'"

的确如此。当凯文·加内特给科比传出一记空中接力让后者扣篮后，科比才真正进入全明星赛的节奏。在比赛的前两节，他甚至又回到了1997年12月的状态：他执意和乔丹一对一。当卡尔·马龙来为他掩护时，他甚至喝令上赛季常规赛MVP："走开！"

那晚他得了18分，而且在比赛的前两节，他和乔丹分庭抗礼。但是，和一年前的新秀全明星赛一样，他依靠个人才华纵贯全场，却极少传球。他仿佛刻意要和乔丹见个胜负，这份锋芒毕露的气息，让西部明星队主教练乔治·卡尔只得将他放回板凳上。最后，乔丹全场23分，得到了全明星赛MVP。

但在比赛结束后，预备接受采访前，乔丹跟科比聊了聊。乔丹，以他一贯的风格，劝勉科比：

"最重要的是要保持侵略性，要狠！"

这一晚之后，全世界都发现了——科比·布莱恩特，便是这么傲气。当被问到他是否预备好成为下一个乔丹时，科比如是说：

"我不在乎。我本来就期待自己变得那么好。"

当然有争议。比如，前一年的常规赛MVP、比科比大15岁的老铁汉卡尔·马龙，依然对全明星上被科比喊让开心存不满：

"年轻人居然要我让开。这运动真是不需要我们这种球员了。"

科比解释了："我都不记得了，我可能确实说过那种话，但没问题啊，我只是尝试打得有侵略性。"

出名的代价是：1998年2月10日开始的24场比赛，科比打得一般——场均12分，命中率37%。科比自己都承认，有队友觉得他自私了。哈里斯教练说：

"科比得学学团队比赛。他没进过大学，没认真学过团队作战。他得减少比赛时间，直到他适应为止。"

湖人开始为科比烦恼了。他的创造性和天赋，他的独断，让球队不知道如何对他物尽其才。科比并不偷懒，他只是依然故我，执着提高自己。

"我从'大梦'奥拉朱旺的录像带里学会了后撤步跳投；底线投篮，则是从奥斯卡·罗伯逊（一般公认为NBA历史上第二伟大的组织后卫）那里学来；从'珍珠'门罗（NBA五十大球员的得分后卫）那里我学会了假动作晃动……"以及，从"魔术师"约翰逊身上呢？——"我学到了真诚热情地打比赛。"

在世界批评科比不肯传球的声音中，"魔术师"站出来支持科比。"人们会忘记科比的低迷。他能调整过来。跟一般球员不同的是，他有足够的基本功。""魔术师"说，"而且他确实像乔丹……他像乔丹一样能跳，他和乔丹一样能突破，能单挑，他还可以跟乔丹似的，在空中调整后投篮，仿佛长了翅膀似的！"

科比的训练师约翰·卡本补充说："科比有时连说话都像乔丹……他每天都在琢磨乔丹的录像。"

是的，虽然只有二年级，但科比有一个私人训练师。他打算每天训练5个小时，一半在力量房里，一半在球场上。这一点，他像极了乔丹：他们都相信训练可以解决一切问题。当然，还有科比从乔丹那里听来的训诫：要狠。

"鲨鱼"也算支持了科比："NBA总冠军球队，大多数都是有两个巨星的'双头怪'。我需要科比跟我组成'双头怪'。"因为，虽然只有二年级，但大家已经公认，科比是湖人最好的一对一球员。没人质疑他的技巧，关键在于，科比如何利用他匪夷所思的一对一能力。

1998年4月，科比在他那俯瞰太平洋的海景房里看球赛录像带。他在看自己的录像带，琢磨自己如何轮转补位，如何寻找到空位队友。

他的每一点成就总伴随着相应的争议，每次蜕变总会留下旧壳供昆虫蚕食。但时代确实在改变了。

1998年2月，查尔斯·巴克利35岁，离开凤凰城一年半，似乎已快要忘记他初到休斯敦时"我要拿篮板王"的宣言。在凤凰城时困扰他的背伤一同来了休斯敦，深冬来临便不时折磨他。1996/1997赛季是他最后一个全明星赛季。1998年，他真的开始老了。

1998年2月，"大梦"奥拉朱旺35岁。前一年夏天，他最后一次成为联盟第一阵容中锋，但在1998年2月，"鲨鱼"已经早早预订了那个位置。这一季的前七场，曾经可以用假动作骗过全世界的封锁，随心所欲的他，有四场没超过10分。在奠定了20世纪90年代第一中锋的宝座后，他也终于像所有中锋巨星一样，在35岁的生死线老去。

1998年2月，德雷克斯勒36岁。这季开始前，他已经约略提及退役的事。他想回休斯敦大学当主教练，在各种场合他都暗示，如果不是1983年波特兰选走了他，他本打算老死休斯敦。有人质疑他的去意，但当他向"大梦"咨询，打算从尼日利亚挖掘几个少年天才过来时，人们就知道"滑翔机"不会再飞了。

1998年2月，大卫·罗宾逊32岁，正在逐渐让出他的领袖位置。他很喜欢身边新来的邓肯：这个年轻人可以代他担负起他不喜欢的低位强攻、对位防守敌方名将、控制防守篮板这一系列的工作。这是他最后一个场均"20+10"的赛季，他也不会在1998年就料想到，邓肯将背负着马刺，在下一个夏天就夺下总冠军，然后开始漫长的十年霸业。

1998年2月，斯托克顿和马龙这对盐湖城之王，合计快70岁了。

1998年2月，帕特里克·尤因35岁。1997年圣诞节前一周，他受伤了。去年此时还是全明星首发的他，只得身披西装，左手托腮做个看客。即便10年以来，他一共只缺过20场常规赛，纽约人依然不依不饶，对他大加非难。1998年，他再未打上比赛。这是他职业生涯第一次大伤，也是他下滑的开始。和"大梦"一样，

科比在他的二年级，打了79场比赛，场均15.4分，年度第六人票选中排行第二。而在季后赛的西部决赛，湖人被爵士4比0横扫。

他再没回到1994年统治联盟的地步。

1998年2月，丹尼斯·罗德曼36岁，正在持续关注他《我行我素》的销量，关注他身披婚纱出席签售活动的反响，关注他泳装照片引来了多少卫道士的斥骂，顺便对着媒体调侃卡尔·马龙。

1998年2月，斯科蒂·皮蓬32岁。他在看台上度过了1997年的冬天，然后在1998年为球队出战。这次伤病使1997年全明星赛成了他的绝唱，但他并不在乎：因为失去了他，公牛在赛季的前两个月挣扎于东部诸强中。他需要让管理层看到他的价值，看到他拿400万年薪是多么荒诞。1998年1月10日，他开始为球队出战，然后公牛恢复到了往昔的神采。但是，他再也没能回到全明星水准。

1998年2月，迈克尔·乔丹满了35岁。这一季的他比以往任何时刻都要艰难：他的腿开始感受到岁月艰辛，重新扯远的三分线让他没有了过去两季的神射手感觉。这是他进入20世纪90年代以来最难的一季，他必须像30岁前那样，极力地突破以博得罚球，尽量逼近篮筐背身单打以保持命中率，而且，自26岁以来第一次全季打到3181分钟。这个2月，公牛追上了步行者，并且开始领跑东部。他完全依赖着自己的心脏、记忆、精神、偏执和好胜在继续统治联盟了。

1983年到1985年进NBA的那一代天骄们，至此慢慢老去了。他们多年的统治开始松动，NBA在绕世界寻找乔丹接班人就是此事的象征：下一个接位的天子该是谁？

1998年春天，湖人打出震惊联盟的16胜2负。1998年4月，"鲨鱼"场均33.8分，乔丹场均32.3分。"鲨鱼"以对篮网的50分开始了4月，然后是稳稳的30分上下。乔丹则在4月初连续41分和40分，随后是对魔术的37分。4月17日，"鲨鱼"对小牛得到43分，次日乔丹以一个44分击灭纽约尼克斯。赛季终了，"鲨鱼"出赛60场，场均28.3分；乔丹82场全勤，28.7分拿到第十个得分王。

但没关系，湖人常规赛61胜21负。"鲨鱼"进了全联盟年度第一阵容。科比在他的二年级，打了79场比赛，场均15.4分，年度第六人票选中排行第二。

1998年季后赛第一轮，湖人3比1淘汰了开拓者。"鲨鱼"如此评价：

"只要我们打聪明点儿，没人能打败我们。"

第二轮，"鲨鱼"摧毁了西雅图超音速。4比1，湖人晋级西部决赛。哈里斯教练又高瞻远瞩起来了：

"'鲨鱼'已经有太多次在家看着别人夺冠的经历了。这种经验越多，越会激励他朝前去。"

"鲨鱼"自己也这么认为：

"乔丹告诉你，学习成功之前，你先得学习怎么失败。这是我的第六个赛季，我想我学到了。我已经准备好成功了。"

超音速主帅乔治·卡尔则干脆地说：

"'鲨鱼'是现在NBA最强者。我想，他比现役任何人都更强力，更有统治力。乔丹也许打得更漂亮更迅速，但从教练的角度讲，我觉得'鲨鱼'可能是最难对付的家伙。在禁区里的威胁，这星球上没人能和他比。"

然而两周之后，西部决赛结束了：与前一年相同，湖人输给老冤家爵士，0比4。湖人替补前锋科里·布朗特觉得自己在做梦：

"横扫？我不是没动过横扫的念头，可我总是琢磨横扫爵士，将来还要横扫公牛……可是，被横扫的是我们！"

德尔·哈里斯教练虚弱无力地说："我们需要通过失败来学习。"但"鲨鱼"已经经历过太多这类故事了。和1995年总决赛一样：他的表现不下于系列赛任何一人，但他遭受包夹后，他的队友没人站出来。科比在对爵士的前两场，合计24投7中：季后赛对他而言，依然太艰涩了。

到此为止，"鲨鱼"经历的横扫，最后都能归结于一个过程。无论是1994、1995、1996年的魔术，还是1998年的湖人，都是这样：庞大、华丽、天分洋溢、才气纵横，用怒扣和三分球居高临下；他们的对手总是老辣、硬朗、沉稳、冷静观察局势，聪明分配球、大心脏远射，一击必中，精确；最后，总会演变成壮阔巨人和精干智者的对决。每一次，"鲨鱼"的球队，都会因为"只有'鲨鱼'一个人"，而输给那些更老辣干练阴险聪明的对手。

09 首发

1998年NBA诸事纷扰。乔丹摘下第六枚戒指后，结束其波澜壮阔的职业生涯，终究没有让追赶者们触及他不朽的背影。NBA球员工会和老板们开始旷日持久的劳资谈判，以便能够为自己多划一些利益的蛋糕。

这是一整个时代的更迭。迈克尔·乔丹占据已久的王座，终于空了出来。NBA提前挖空心思定点培养的乔丹接班人们，终于迎来了太子们争穿龙袍的时刻。随着乔丹的离去，属于他的时代的那些配角也开始黯然退场——仿佛他们当初的星光璀璨仅是为了映衬乔丹的伟大而存在一样。查尔斯·巴克利因为背伤而夕阳西下，"滑翔机"德雷克斯勒随乔丹一起退役，奥拉朱旺开始老去，米奇·里奇蒙德离开了他兴风作浪的萨克拉门托，大卫·罗宾逊把他马刺头牌的角色让给了刚打了一年的蒂姆·邓肯，乔·杜马斯看到格兰特·希尔已经成长便放心地将活塞交托给他，帕特里克·尤因在铁汉了十年之后终于受伤倒下，罗德曼和皮蓬随乔丹的离去而远离了公牛这土崩瓦解的王朝，钢铁一般的约翰·斯托克顿和卡尔·马龙似乎在1997、1998年两度战火纷飞的总决赛中耗力太多，终于也现出一点疲惫来。

1999年，漫长的劳资纠纷。工资帽、奢侈税、转会定例进一步细化，效果不亚于1995年足球界的《博斯曼法案》。这一轮劳资纠纷使休赛期无限制地延长。1998年夏天到了，之后是秋天，随后是冬天。时光踏入1999年，1998年的"休赛期之夏"依然在继续。

这过于漫长的夏天，仿佛在暗示所有人：耐心点等候吧，这个夏季是那么与众不同——时代更迭的黎明到了。

漫长的夏季足以让文·贝克染上酗酒的毛病变成酒鬼，足以让肖恩·坎普从史上首席野兽派暴力美学大前锋变成肥猪。"鲨鱼"没这么颓靡，但也多少发胖了。

1999年春，新赛季开始。冬眠已久的NBA像生锈铁轮，慢腾腾前进。湖人开局很糟糕：前12场6胜6负。湖人不打算再给德尔·哈里斯教练所谓"我们从失败中学习"的机会了。助理教练科特·兰比斯上台担任主帅。

教练动荡完了，继之以球员。首先，湖人大胆招来了丹尼斯·罗德曼。混世魔王花花太岁为湖人打了23场，让湖人起伏不定，只好裁掉。然后，为了给"鲨鱼"松绑，埃迪·琼斯和坎贝尔被交易走了，来的是黄蜂队射手格伦·莱斯。

这意思是：湖人是"鲨鱼"与科比的球队了。

1998/1999赛季，科比终于成了湖人正式的首发。他的技巧有了巨大进步，甚至改换了自己的投篮姿势。20岁的他不只忙于完善自己的进攻，还开始专注于修炼防守。他成了"鲨鱼"之外，湖人首席王牌。常规赛，科比场均19.9分也许只算优秀，令人惊艳的表现则在防守端：他场均1个盖帽1.4抢断，在后卫中鹤立鸡群。

——虽然他的跳投仍不稳定，虽然在关键时刻，他还不太懂得如何应付不同的节奏。

洛杉矶的媒体开始谈论"鲨鱼"和科比的不和：据说"鲨鱼"嫉妒科比。在

1998/1999 赛季的季后赛第二轮,科比的湖人碰到邓肯的马刺。这个系列赛也是他们未来十几年漫长恩怨的开始。

训练中，他俩也的确有过口角和推搡。科比并不像埃迪·琼斯那样好脾气，逆来顺受；而"鲨鱼"在发怒时则像一个大孩子。成为巨星的条件之一是血性和偏执，恰好，这两个人都如此。

但矛盾并不算猛烈。许多时候，失败会引发抱怨和口角，但经过一两场胜利，乌云一扫，自然晴空万里。

"矛盾？没有。"杰里·韦斯特如是说。球队的两个王牌，并不是死党或朋友，但他们的组合开始让联盟各队头疼：

并非所有球队都那么幸运，能拥有两个无法防守的天才。

1998/1999赛季匆匆忙忙的常规赛结束了。湖人31胜19负，其中兰比斯带领着球队打出24胜13负的战绩。他们的进攻联盟前二，可是防守效率只有联盟第23位。"鲨鱼"出赛49场，场均26.3分联盟第二仅次于阿伦·艾弗森，命中率57.6%依然漂亮，但他场均10.7篮板和1.7封盖则是职业生涯新低。科比50场全部首发，场均38分钟内得到19.9分5.3篮板3.8助攻，以及吓人的1.4抢断和1封盖——大家都说，他像驾着跑车在打比赛似的。

季后赛第一轮，"鲨鱼"对面，老冤家济济一堂：1995年横扫了魔术的火箭，36岁的奥拉朱旺；以及新到火箭的、1996年随公牛横扫了魔术的皮蓬。

火箭的老将们在第一场吓了全洛杉矶一跳。巴克利25分10篮板，"大梦"13投10中22分8篮板，皮蓬14分10篮板8助攻。"鲨鱼"被包夹，23投只有11中，27分11篮板4助攻4封盖。幸而格伦·莱斯17投12中，科比加了17分5篮板5助攻，费舍尔20分6助攻。湖人101比100险胜。老火箭的冷刀子划破了湖人的脖子，但离大动脉差了一点儿。

就这一点儿，够湖人活过来了。

第二场，"鲨鱼"和科比醒了过来。科比15投8中19分9篮板5助攻3抢断，封到皮蓬7投0中。"鲨鱼"21投12中28分9篮板5封盖，防到"大梦"10投3中。最重要的是他的7次助攻：他的喂球，让湖人的三分球18投10中。湖人110比98击败火箭，2比0。科比在一开场便接"鲨鱼"传球一记扣篮，稍后便是右手突破后的抛射。第一节末尾，科比一记后转身跳投，让湖人31比12领先。第二节，科比施展了变向运球，在皮蓬面前投中中投——他的节奏比其他人快一个档次。

皮蓬在第三场27投12中37分13篮板4助攻，加上巴克利穷凶极恶的30分23篮板，火箭102比88赢回一场。第四场，"鲨鱼"37分11篮板，防到"大梦"19投8中。科比则24分，上半场连续展示他新练就的右肩翻身跳投。湖人

98 比 88 取胜，3 比 1 晋级。

比赛最后，"鲨鱼"和"大梦"像 1995 年总决赛后一样握手了。4 年之后，"鲨鱼"终于迈过了"大梦"，将这个破灭他总决赛梦想、统治整个 20 世纪 90 年代的伟大中锋甩在了身后。公牛消逝了，火箭倒下了，乔丹和"大梦"这两个 90 年代最伟大的英雄都过去了。

接下来的时代，该属于"鲨鱼"和科比了吗？

西部半决赛，联盟进攻第二的湖人，遇到了联盟防守第一的圣安东尼奥马刺。

又撞上老冤家大卫·罗宾逊了吗？"鲨鱼"回过头，看到了一个没有表情的青年。那是前一季和他一起荣登联盟第一阵容的家伙，本季第一阵容大前锋，23 岁的蒂姆·邓肯。

1989 年，即"鲨鱼"踏进路易斯安那州大学的那年，13 岁的蒂姆·邓肯，站在美属维京群岛的潮汐水线上，呆呆地看着蔚蓝的海水。在此之前，他的理想是成为奥运会 400 米自由泳冠军。可是这年，飓风突袭海岛，游泳池崩坏。邓肯的姐姐崔西亚建议他"去海里游泳"，邓肯摇头："我不喜欢鲨鱼。"

于是，他开始打篮球了。

8 年之后的 1997 年，他从维克森林大学读完大四，在选秀大会上成为状元。一年后，身为新秀的他场均 21.1 分 11.9 篮板，入选了 1997/1998 赛季第一阵容——上次有一年级生入选联盟第一阵，还是 1980 年的拉里·伯德。"鲨鱼"自己，是打到第六季才进的第一阵容。1998/1999 赛季，他场均 21.7 分 11.4 篮板。而且，二年级，23 岁，他已代替大卫·罗宾逊，成了马刺之王。

"鲨鱼"在镜头前习惯大闹大笑、大喜大悲。邓肯是他的极致反面。他的大学教练戴夫·奥多姆初见他时，只觉他嘴唇紧抿，双目圆睁，既不像是生气，又不像是高兴。他看待奥多姆的表情中，唯一能够辨析的是好奇——一只小狗初次看到螳螂那种表情。他的打球风格亦如是：没有"鲨鱼"那刚猛迅疾的扣篮，而是每一步都合辙押韵、端稳中正的路数。他追求稳妥、安全和现实。篮球在他手下，是这样一种按部就班、理所当然的运动。

系列赛第一场，圣安东尼奥。湖人开局很顺利：科比不断地突破埃利奥特，分球找到队友；与此同时，马刺只是呆板地让邓肯在左腰背身要位，接球，单打对方的 J.R. 里德或罗伯特·霍里。湖人一度 24 比 17 领先，但之后，马刺慢慢缓了过来。

因为湖人发现：他们给"鲨鱼"传球阻力重重。马刺利用"双塔"夹击"鲨鱼"，让他无从措手；第二节，邓肯的进攻点移到了右侧，同时，艾弗里·约翰逊和威尔·普度开始更积极的空切移动，接应邓肯的传球。下半场，马刺更直接切断了传球路线，放任科比自己进攻。于是，湖人始终没能找回自己的节奏。

马刺87比81赢下了第一场，"鲨鱼"被防到19投6中，虽然有14次罚球和15个篮板，但进攻状态低迷；科比21分6次助攻，但失误多达7次。罗宾逊因为防"鲨鱼"导致28分钟内就5个犯规，但高效地拿到15分；而邓肯得到25分，外加6个封盖——罗宾逊负责抗住"鲨鱼"的下盘，他就负责从头顶招呼"鲨鱼"。洛杉矶媒体抱怨湖人对邓肯的夹击太慢了，尤其是当邓肯开始从右翼主攻后。湖人主帅科特·兰比斯念叨着：

"第二场，我们的夹击会更有侵略性的！"

第二场，湖人果断改变战略，让科比主攻。全场比赛"鲨鱼"出手11次，科比则25投12中，得到28分，同时，邓肯被夹击，命中率确实下降了。但邓肯的传球，让马刺稳稳地控制着局势。比赛余下8.9秒时湖人还以76比75领先，可他们让马刺完成了一个冷静的战术——此前18投7中的邓肯来执行了：

邓肯接过艾利的传球，一个螺旋转身，绕过湖人的雷德，然后，一个柔和的勾手入筐，让圣安东尼奥主场33293名球迷陷入疯狂。

马刺2比0领先。这一记制胜球成了整个系列赛的缩影。韦斯特经理感叹：

"我也知道，光靠天分不会总是赢家。可是我还是希望关键时刻，我们能看到球队打聪明点儿。"

湖人在第三场下定了决心：他们不想再让马刺全队开火了。他们锁死马刺外围，拒绝夹击邓肯，要看邓肯一个人能把马刺扛到哪里去？邓肯："我喜欢收集瑞士军刀、日本刀、大马士革刀……总之，一切锋利的东西。"

他的锋芒出鞘了：对湖人第三战，他安静地射落了37分。马刺103比91取胜。

然后是第四场，洛杉矶西部大论坛。"鲨鱼"在篮下大汗淋漓，咆哮，愤怒，指责裁判。四场比赛，他61次罚球丢了32次。邓肯不再给他机会继续罚球了：马刺118比107击败湖人。4比0，马刺晋级。马刺的主帅格雷格·波波维奇满脸冷淡，不以为意：

"邓肯一整个赛季都在做这种事。你们还没习惯吗？"

负责防守他的罗伯特·霍里，NBA历史上最冷血的射手，跟着"大梦"拿过1994和1995两个总冠军的天生赢家，知道邓肯的分量：

"他不是'鲨鱼'或科比，可以冲开人群来个扣篮。他只是有许多无声的武器。太多了……我讨厌他那双长臂！"

联盟进攻第二、华丽缤纷的湖人，败给了联盟防守第一、沉静干练的马刺。沉默的、安静的、银白与黑色交织的邓肯，就这样淘汰了爱笑的、喧嚷的、紫色与金色斑斓的"鲨鱼"。这是邓肯、"鲨鱼"和科比漫长职业生涯里第一次生死较量。这也是"鲨鱼"、科比和邓肯漫长恩怨的开始。他们将在多年之后，成为那一代最伟大的三个球员，但这会儿，他们只能彼此对视而已。

1998/1999赛季对科比而言是苦涩的，但赛季过后还是有好事发生了。他录了一盘嘻哈音乐CD，但没发售。在录CD时，他认识了一个美女舞者：瓦妮莎·莱娜。

命运的齿轮，开始转动了。

1999年，瓦妮莎还是个普通的洛杉矶高中女生，和大多数容貌俏丽的18岁姑娘一样，偶尔做做模特。11月，她给一个MV做拍摄工作时，被科比望见了。然后故事开始。

她有拉丁血统，会西班牙语。如果放在得克萨斯，也许她还会是万人争爱的墨西哥式巧克力甜心呢。很遗憾，科比的父母对她并不满意，接着就是旗帜鲜明地反对。

这一次，科比没有顺遂父母的意见。

也许他只是一贯的逆反情绪发作，或者，想摆脱作为一个不成熟少年的姿态。他急于证明自己的独立和成熟，想证明：自己不再是孩子了。

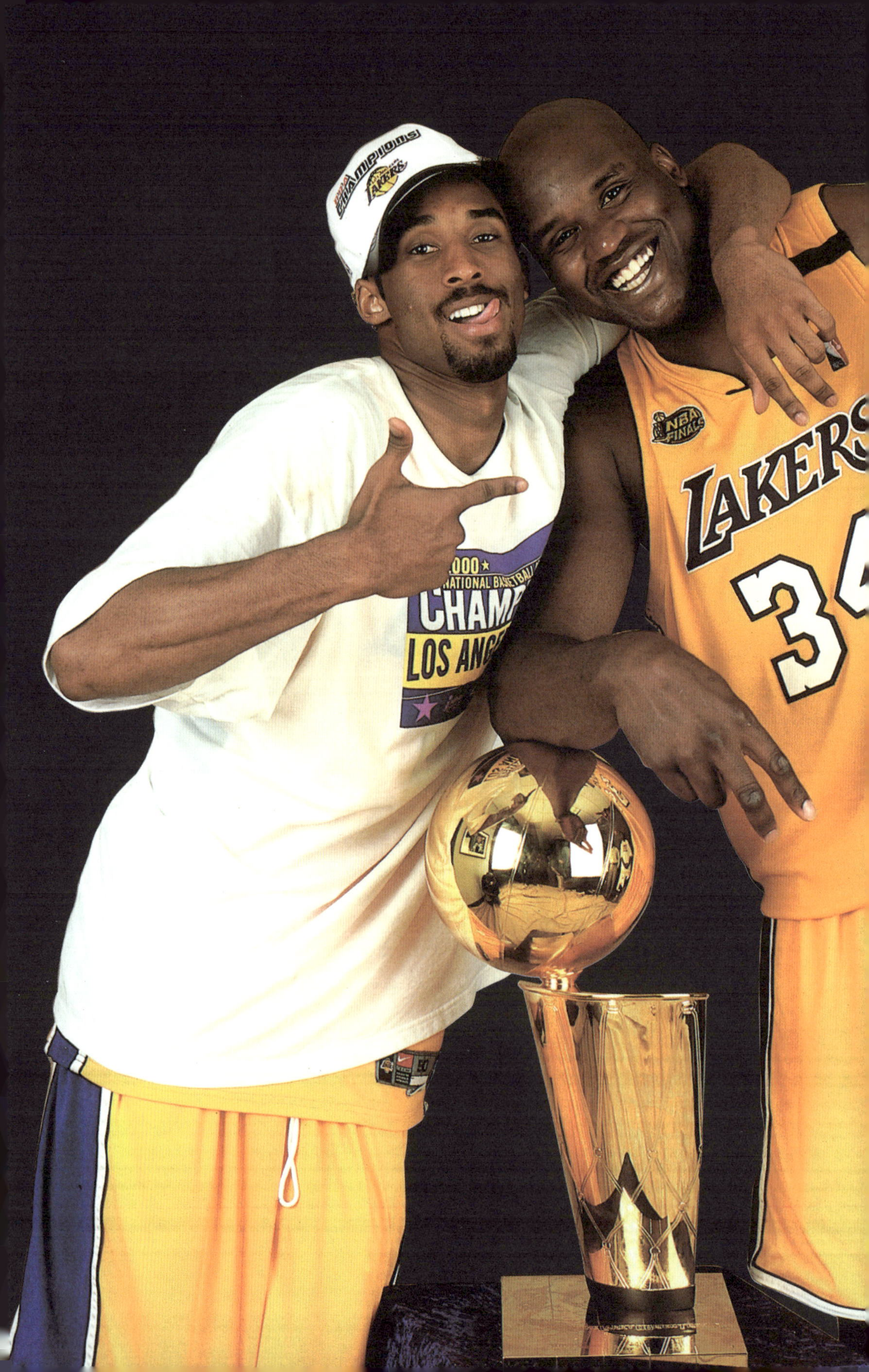
NBA FINALS
LAKERS
34

金城出版社·西苑出版社
燃体育书系

最催泪的青春记忆，最燃的球星故事。
巨星自述，体育名家说球，俱乐部官方授权作品。
做书，我们做最好的那部分。

扫码关注"小燃编辑"
不定期卖萌、讲笑话、答疑、送书，欢迎关注：）
编辑信箱：1730894422@qq.com

扫码关注"金城出版社"官方抖音号
球星自述，大咖侃球。
最催泪的青春记忆，最燃的球星故事。

篮球系列
BASKETBALL

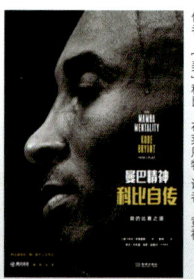

《曼巴精神：科比自传》 作者：[美]科比·布莱恩特 译者：黄玮

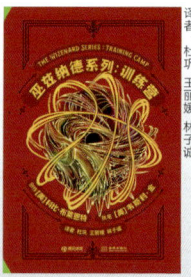

《巫兹纳德系列：训练营》 作者：[美]科比·布莱恩特 [美]韦斯利·金 译者：杜巩 王丽媛 林子诚

《漫长的告别：科比全传》 作者：张佳玮

《乔丹法则》 作者：[美]萨姆·史密斯 译者：孙彦川

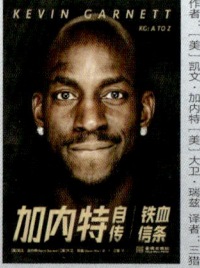

《加内特自传：铁血信条》 作者：[美]凯文·加内特 [美]大卫·瑞兹 译者：三猎

《一生热爱：韦德自传》 作者：[美]德维恩·韦德 译者：三猎

《永不妥协：罗斯自传》 作者：[美]德里克·罗斯 [美]萨姆·史密斯 译者：余晏琳

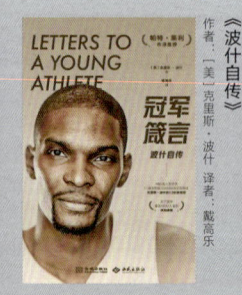

《波什自传》 作者：[美]克里斯·波什 译者：戴高乐

《硬核第六人：伊戈达拉自传》 作者：[美]安德烈·伊戈达拉 译者：林子诚

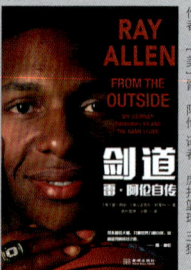

《剑道：雷·阿伦自传》 作者：[美]雷·阿伦 译者：虎扑篮球 三猎

《侠道：韦德传》 作者：张佳玮

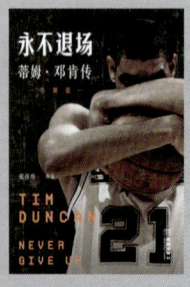

《永不退场：蒂姆·邓肯传》 作者：张佳玮

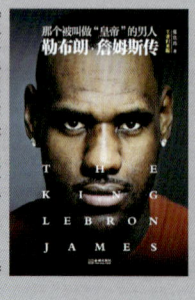

《那个被叫做"皇帝"的男人：勒布朗·詹姆斯传》 作者：张佳玮

《THE ANSWER：阿伦·艾弗森传》 作者：张佳玮

《梦之队》 作者：[美]杰克·麦卡勒姆 译者：于嘉

足球系列
FOOTBALL

- 《那些年，我们一起追的球星Ⅰ》 作者：《天下足球》
- 《那些年，我们一起追的球星Ⅱ》 作者：《天下足球》 
- 《那些年，我们一起追的球星Ⅲ》 作者：《天下足球》 
- 《C罗列传（特装版）》 作者：苗霖 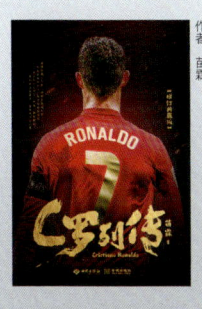
- 《硝烟之子：莫德里奇传》 作者：[西]文森特·阿兹塔拉·[西]何塞·曼努埃尔·普尔塔斯 译者：汪天文 
- 《狼王：托蒂自传》 作者：[意]弗朗切斯科·托蒂 [意]保罗·孔多 译者：朱晓雨、薇梁
- 《我的成长，我的热爱：孙兴慜自传》 作者：[韩]孙兴慜 译者：宋青云
- 《欧文自传：追风年代》 作者：[英]迈克尔·欧文 [英]卡里克·埃格林顿 译者：搜达足球 陈丁睿 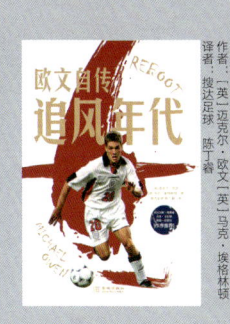
- 《生为红魔：卡里克自传》 译者：夏熙明、张敏烨、容文礼 
- 《我的职业足球之路：穆勒自传》 作者：[德]托马斯·穆勒 译者：吕楠 [德]大利安·沃尔夫 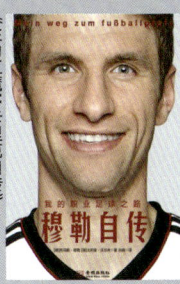
- 《艺术大师：伊涅斯塔自传》 作者：[西]安德烈斯·伊涅斯塔 译者：葛云 贾永华
- 《舍甫琴科自传：从基辅到圣西罗》 作者：[乌克兰]安德烈·舍甫琴科 [意]亚历山德罗·阿尔恰托 译者：小五 沈天浩 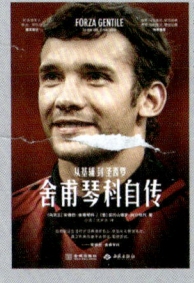
- 《天选之子：卡卡传》 作者：《天下足球》 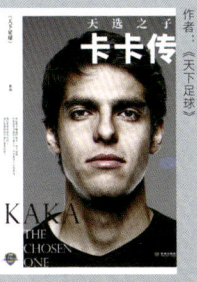
- 《杰拉德自传：永不独行，我的利物浦岁月》 作者：[英]史蒂文·杰拉德 译者：陈文江 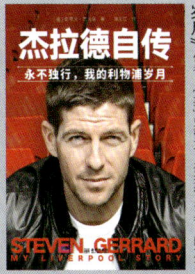
- 《我，就是足球：伊布自传》 作者：[瑞典]兹拉坦·伊布拉希莫维奇 译者：《天下足球》

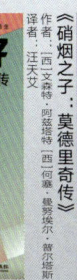

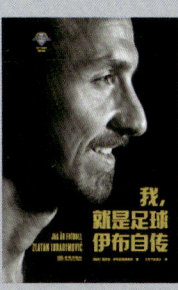

书名	作者
《我的转身·克鲁伊夫自传》	[荷]约翰·克鲁伊夫 译者：陈文江
《我的红白人生：温格自传》	[法]阿尔塞纳·温格 译者：颜强
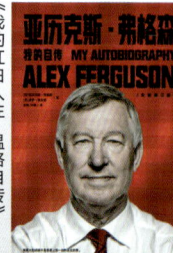 《亚历克斯·弗格森：我的自传》	[英]亚历克斯·弗格森 译者：颜强、田地
 《亚历克斯·弗格森：我的自传》（精装版）	[英]亚历克斯·弗格森 译者：颜强、田地
 《赢家·齐达内传》	[荷]帕特里克·福特 译者：何小毕
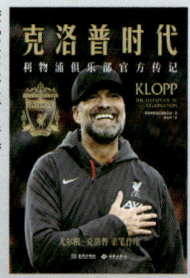 《克洛普时代：利物浦俱乐部官方传记》	英国利物浦足球俱乐部官方授权 译者：何小毕
《曼联俱乐部官方传记：红魔英超三十年》	英国曼彻斯特联足球俱乐部 译者：何小毕
 《曼城俱乐部官方传记》	英国曼彻斯特城足球俱乐部 译者：何小毕
 《红蓝荣耀：巴塞罗那传奇功勋志》	《体坛周报》
《红黑荣耀：AC米兰传奇功勋志》	《体坛周报》
 《皇家荣耀：皇家马德里传奇功勋志》	《体坛周报》
《欧冠之王：皇马十五冠图文史诗》	《体坛周报》
《蓝白王朝：阿根廷三冠史诗》	《体坛周报》著
《冠绝欧洲：欧冠图文全史》	《体坛周报》著
《足球圣殿：世界杯图文全史》（典藏版）	《体坛周报》
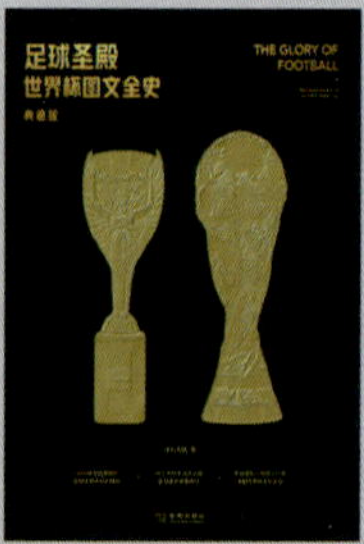 《足球圣殿：世界杯图文全史》	《体坛周报》

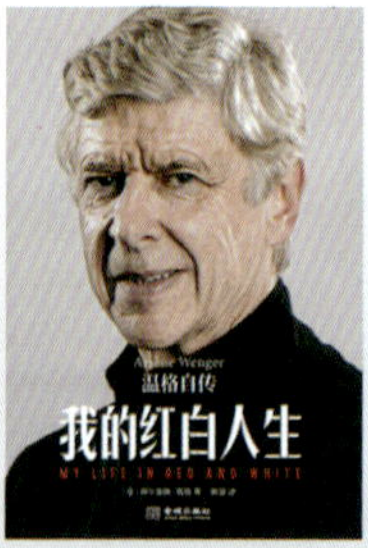

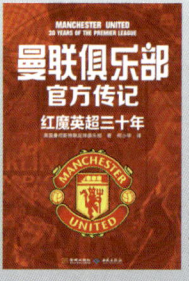

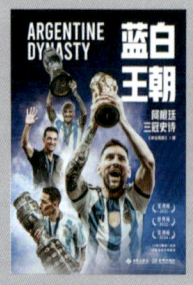

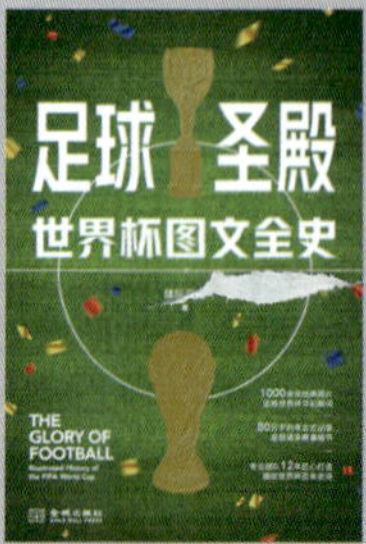

CHAPTER 3
"OK" 组合

10
"禅师"来了

11
三角进攻

12
第一枚戒指

13
野心

14
所向无敌

15
三连冠

16
接管

17
黑暗面

18
"鲨鱼"东游

10 "禅师"来了

有时候，你会怀疑，科比有预知能力。1996 年被湖人选中时，科比跟老爸乔说："有一天，我会为菲尔·杰克逊教练打球。"老爸觉得诧异：那会儿，杰克逊正在芝加哥公牛，与乔丹携手创造历史呢。1999 年 2 月，科比打电话给温特教练，请教三角进攻怎么打。4 个月后，温特教练跟着杰克逊一起去了湖人，真正开始传授湖人三角进攻了。

1999 年夏天，湖人罢黜了科特·兰比斯，请来了"禅师"菲尔·杰克逊。这算是"鲨鱼"的老冤家：1995 年，魔术淘汰了他执教的公牛；1996 年，他执教的公牛横扫了魔术。往远了说，他和湖人也着实有怨：1991 年，"魔术师"最后一次率湖人进总决赛，被他统辖的公牛击败，白白为乔丹的王朝开启做了垫脚石。远溯到 1973 年，"禅师"做球员时，跟随纽约尼克斯拿了自己第一枚戒指，击败的对手正是湖人，队上主将正是此时湖人当家教父杰里·韦斯特。

新仇旧恨，到此都搁下了。1999 年，湖人只有一个念头："禅师"有 1991—1993 年、1996—1998 年两个三连冠合计六枚总冠军戒指在手。普天之下，屈指算来，无人比他更适合统帅湖人了。

等等，"禅师"是个什么人呢？

1945 年 9 月，"二战"结束的秋天。欧洲固然是一片废墟，美国却乐得恢复日常生活的秩序。父母们不知道这一年所生的孩子将背叛自己，经历垮掉的 60 年代，为肤色高歌，而后成批去往越南作战。查尔斯和伊丽莎白夫妇在这年秋天有了个叫作菲尔的儿子，以继承杰克逊的姓氏。在蒙大拿，恪守教义至今仍是美德，何况这对夫妇在福音教会任职，父亲甚至是一个教会监督员。

菲尔·杰克逊与他的两个兄弟以及妹妹一起，在严谨的父母、不断默诵的教义、严格准时的祈祷声中长大。

父母深知声色犬马的坏处，生怕孩子们与"二战"归来、身心疲惫的大兵们同流合污，于是严格控制着一切。蒙大拿多云的天色下，菲尔·杰克逊度过了自己的童年——犹如中世纪宗教画一样晦暗的色调，没有电影、没有电视、没有舞会。少年的生活无比沉闷。于是，当他去北达科他州的威利斯顿高中读书时，这个毛发旺盛、双臂奇长的青年才第一次在声光变幻的影院中看到电影，第一次——羞涩地——参加了舞会。在此之前，和所有教会家庭的孩子一样，阅读占据了他生活的大部分时光。

20世纪60年代的美国人穷极无聊，随着猫王的曲子摇摆臀部，鲍勃·迪伦的口琴四处飘摇。《阿甘正传》已经描述过，孔武有力的人或者站街宣传种族理论、驾车横穿美国喝杜松子酒，或者去踢橄榄球打篮球。菲尔·杰克逊高中时骨瘦如柴，然而和所有憋坏了的美国年轻人一样，多余精力无处发泄，棒球场、田径场、篮球场到处钻。入了北达科他大学后，运气颇佳，遇上了比尔·费奇——此人在20世纪80年代和拉里·伯德一起为凯尔特人揽下过几尊冠军——于是颇得了些好调教。年到二十，菲尔有了203厘米身高，胳膊长如猿猴。靠着这点天赋，在大学里很是风光。离开了父母，青年逆反情绪一犯，就开始跟随潮流：留起大胡子，学驾摩托车，假模假样地找小酒吧喝酒抽烟。幸好对于1967年的NBA而言，这些都不算事。费奇对菲尔钟爱有加，到处跑腿向球探介绍菲尔。介绍方式如下：他指挥菲尔坐在1950年产的别克轿车后座，两手向两边伸展，同时开车门——"看，他胳膊就这么长。"

1967年大学毕业，菲尔被纽约尼克斯选中。纽约的老大雷德·霍尔兹曼，20世纪60年代除了"红衣主教"和"秃鹫"汉纳姆外首屈一指的人物，论起独断专横来不逊色于前两位，在球队理念上又格外偏执。霍尔兹曼崇奉防守立队的方略，早在莱利把尼克斯锻造成钢筋水泥队之前20年，他就招来一群铁匠，把麦迪逊花园熔成一座坚城。菲尔是白人，拥有白人所有的缺点：速度、弹跳、投射技巧上都相当糟糕。但他有长臂，有在那个时代不算差的身高，还有一身横练筋骨、不怕死的劲头。霍尔兹曼热爱这种气质：他重用的人物是嘴里垃圾话不停、加里·佩顿的前世沃尔特·弗雷泽，是瘸着腿上阵打总决赛的威利斯·里德，是NBA历史上最不屈的硬汉德布歇。菲尔·杰克逊愣头愣脑，舞动胳膊如赖汉弄棒，正合纽约风格。于是，他在纽约站住了脚，身披18号，在板凳上观看比赛，一旦召唤便生龙活虎蹦上场去，与数条比他壮硕的大汉互相推搡。这种不要命的精神为他谋得了饭碗，但也早早损害了他的健康。1969/1970赛季，25岁的他躺在病床接受脊柱手术，眼睁睁看着尼克斯打出队史最伟大的一季，扳倒湖人摘下总冠军——当然，他也没闲着。这一年养伤时光他编制了一本尼克斯夺冠图集，记录下了夺冠的历程——从他之后的故事来看，将这些图片编辑成书籍的尝试，只是牛刀小试。

重归尼克斯后，他继续不遗余力地为纽约观众提供具有视觉冲击力的场景：飞身鱼跃救球、冲撞、蹦跳、贴身防守、凶猛犯规。每场比赛前，他飞驾自行车或摩托车气势汹汹杀入球馆，与弗雷泽一起留蓬勃的大胡子，离经叛道地信奉禅宗，不亦乐乎。他赶着时代潮流，成了一个嬉皮士。这一切的叛逆行为似乎是为了弥补在那沉重的宗教气氛中度过的少年时期。1973年，他随着纽约尼克斯拿到了一枚总冠军戒指。身着18号的他热情地跟防每个湖人队员，从比他矮半头的17号帕特·莱利——当时显然没多少人能料到，这两个毛发茸茸的家伙会在日后成为所处时代最伟大的两名主教练——到比他高半头的威尔特·张伯伦。

怀揣着这宝贵的戒指，他退役了，那是1980年。他做了一年评论员，但那显然不合乎他的个性——这个宗教家庭出来的小子身体里有无穷无尽的过剩精力。1982年，他去CBA（美国大陆篮球协会）当了主教练，如此玩了五年，略有小成。芝加哥公牛召唤了他，他去了。给道格·科林斯做助教。那是芝加哥公牛建队21年的时候，队上已经有了伟大的迈克尔·乔丹，以及1987年选来的斯科蒂·皮蓬——但当时，那还不过是一支企图进入季后赛的队伍。芝加哥的一切都年轻而新鲜，对于新来的这位大胡子助教，公牛并没有表示反感。

道格·科林斯资质平庸，在其执教公牛的20世纪80年代与21世纪初执掌华盛顿时都已毕露无遗。庸人多躁。1988年12月17日，公牛被雄鹿拉开14分，科林斯暴跳如雷，被请上看台。菲尔·杰克逊接过了指挥权。他在场边大声向队员们指出了防守时的问题，鼓励队员们放手攻击。这是此后19年时间，不断出现的菲尔式训导。霍勒斯·格兰特后来谈及此场比赛时说："他解除了一个困束大家已久的牢笼，我们不再感到紧张。"然后公牛赢下了这场比赛。

道格·科林斯的任期没有就此结束，他又苟延残喘了半年，直到夏天。1989年夏，菲尔·杰克逊成为公牛主教练。然后，我们所熟悉的一切随之到来。

在他执教的第一季，变化立竿见影。乔丹与皮蓬的角色逐渐有所转化。1988/1989赛季一度打组织后卫取三双成瘾的乔丹开始更专注于得分，而皮蓬则成为球队的组织轴心。公牛自1972年以来首次达到55胜，东部决赛与活塞鏖战到第七战方败下阵来。这只是开始，1990/1991赛季，公牛队史最高的61胜，所向披靡地杀溃所有对手。总决赛对上统治20世纪80年代的湖人，首战被帕金斯的一个远射击败——按照通俗的剧本，这应该是1995年魔术被火箭横扫、2007年骑士被马刺击灭的同样开场。但菲尔·杰克逊没让迈克·邓利维得意。公牛连扫四局，夺下了队史第一个总冠军。乔丹点燃了雪茄烟，像个孩子一样紧抱着总冠军奖杯17分钟之久。

对于菲尔·杰克逊来说，这是一个黄金般的开始。他似乎天生拥有点石成金的能力，在第二季时便解开了缠困公牛多年的魔障。对他胜利哲学的研究从此而始，而他也乐得宣扬他的那套东西：他的助理教练老温特的著名战术，三角战术。

1990年到1992年的两季，乔丹的场均得分在不断下滑——相应地，公牛取得了 61 胜和 67 胜。斯科蒂·皮蓬在 26 岁时已成为继乔丹之后、NBA 最顶级的摇摆人，他的全面技术使他已经可以操持球队最多的球权，并运用自如。1992 年总决赛，公牛与里克·阿德尔曼率领的开拓者会面。20 世纪 70 年代，开拓者队长阿德尔曼与尼克斯痞棍菲尔·杰克逊也曾短兵相接，20 年后再见，各自已是银发灰鬓。这一次，70 年代的嬉皮士依然占了上风：第六场第四节，开拓者一度领先 15 分。菲尔·杰克逊换下王牌们，改让一群替补上场，使人以为他试图放弃比赛；然后，谦谦君子阿德尔曼方寸大乱，开拓者忽然崩溃。公牛反败为胜，取下第二冠。

到 1993 年击败太阳完成第三冠后，公牛建成了王朝。菲尔·杰克逊站在乔丹身边目睹他踏上神坛，而他自己则在 48 岁时，完成了恩师霍尔兹曼都没有完成的伟业。乔丹如是说："在公牛队里，我们最该感激的是菲尔。要不是他，我不知道公牛会成为一支什么样的球队。菲尔每天都和我们相处在一块儿，为我们制订了统一的目标，他自始至终都了解我们每个人的优势、弱点和思想状态，他是公牛唯一了解我们的人。"

关于对菲尔·杰克逊的评价，至 1995/1996 赛季又提高了一层。他带领着公牛连续两年徒劳无功，没有人会责怪他，因为他们失去了乔丹。而在乔丹归来之后，队上却多了丹尼斯·罗德曼。这家伙在前一季刚刚毁灭了自己效力的马刺，听任罗宾逊被"大梦"羞辱，皮蓬的下巴还留着与他对撞时留下的疤痕，每一个芝加哥球迷都记得这厮以前怎么对乔丹拳脚相加。

可是，菲尔·杰克逊处理好了这一切。

1996 年 4 月，当公牛击败雄鹿取下常规赛第 70 胜时，乔丹、皮蓬与罗德曼沉静地互相拥抱在一起。菲尔·杰克逊远远站着，身旁是托尼·库科奇——仅仅一年前，他和皮蓬还水火不容。公牛的更衣室里发生过什么，永远没有确切的答案，但在那个初夏之夜，菲尔·杰克逊超越了 NBA 五十年历史上的所有逝者与伟人。1972 年，比尔·沙曼的湖人 69 胜，1967 年，汉纳姆的 76 人 68 胜，以及凯尔特人的 67 胜，这一切都被甩在了身后。公牛在那一晚披上帝王的金袍，高踞于所有历史伟绩之上。冠军顺理成章，人们接受了公牛王朝回归的事实，世界对菲尔的巫术习以为常。从 1996 年开始，你必须开始认真考虑一个严肃的话题：

菲尔·杰克逊离 NBA 史上最伟大的教练还有多远？

这个曾经的嬉皮士在年过五旬之后依然驾着摩托车出入，一脸大胡子有少年时风采。很可惜，他偏得不到杰瑞·克劳斯——公牛有人管这个胖子总经理叫吸血鬼——的青睐。随着公牛的伟大末日渐次逼近，克劳斯不大愿意功劳尽被所有人占尽——因为当他暗地会谈托尼·库科奇，谈论由他成为公牛新领袖时，遭受了球迷的质疑。1997年，克劳斯的继女结婚时，公牛所有助理教练携家眷出席，而杰克逊连邀请都没接到。1998年，情况恶化。克劳斯公开描绘了杰克逊的许多阴谋，把这个大胡子描述成一个邪恶的阴谋家。当这个胖子恶狠狠地吼出"我可不在乎他明年是不是会82胜0负，反正你得走"时，一切开始归入倒计时。

这就是结局：1998年夏，公牛第二次三连冠达成之际，世界对王朝顶礼膜拜。而菲尔·杰克逊，收拾起了行装。乔丹宣布退役，皮蓬远走休斯敦。杰克逊离开了芝加哥，关上了门：所有的流言蜚语留在了身后，一个王朝结束。从这一点而言，他与比尔·拉塞尔一样聪明。拉塞尔在1969年摘下自己第11枚总冠军戒指后退役，没有给人打败他的机会。菲尔也不会赖在辉煌的功碑上做他人的垫脚石。他狡猾地逃走，发誓永远不做教练。当然，和嬉皮士讲信用不那么可靠。一年之后，这个誓言就破了。

他自己承认，催促他当教练的是纽约的老教练雷德·霍尔兹曼——20世纪70年代为尼克斯拿下队史仅有的两枚戒指那位。霍尔兹曼的观念直抵根本："篮球有啥麻烦的，又不是火箭科技。进攻时找空位队友，防守时盯着球，可以了。"霍尔兹曼的专长在于人：调动人。

"禅师"的路数，最核心的部分便是：驾驭人心。

大概因为父母都是宗教人士，"禅师"明白如何控制思想，"禅师"做篮球教练，也懂得驾驭人心。他很少主动干预，总爱玩儿高深莫测。他做教练喜欢跟球员保持距离。送点书让球员自己琢磨，许多时候拒绝透露自己的真实想法，比赛中长时间不暂停，大多如此：让队员觉得琢磨不透，让他们自己去思考解决问题。

1993年乔丹退役后，公牛上下人心起伏，不知道未来何往。某场会战尼克斯前，"禅师"忽然不动声色地宣布取消训练。球员们登上了去纽约的旅途，没来得及高兴。半路，"禅师"忽然停车，喝令车上唯一的女性，一位随队工作相当年份的球队助理下车，"你被解雇了"。不解释，无理由，突如其来，全队瞠目结舌。这件事情的原委至今未明。用当时公牛一个球员的话：

"我们刚开始习惯某种生活，他就会逼迫我们做些改动。总而言之，他就是希望我们人人都提心吊胆，不知道他的所作所为是什么意思，最后只好一切听命于他。"

为了方便驾驭球员，"禅师"特别不喜欢球队工作人员和球员过从甚密。最理想状况，莫过于大家不通声气，如此才好任他拨弄。因此，"禅师"可以不惜做点小挑拨离间，让球员间互不信任，云山雾罩，最后拒绝反抗，懒得思考，觉得只要唯他马首是瞻便罢了。也因此，"禅师"的话从来虚虚实实，如今已到了无人当真

"禅师"来了,在坐拥乔丹和皮蓬拿了六个总冠军后,他又拥有了科比和奥尼尔两位超级球星。

的地步。但他无所谓：如今他说一句话，送一本书，大家都在绞尽脑汁，算他的话外之音，这就是他目的所在了。

在 NBA，驾驭好巨星，意味着总冠军。湖人有巨星，可是他们总是输给更老辣的对手。因此，需要这么一个心理教师，来解决一切问题。

对"禅师"自己来说：1999 年，他手握六枚总冠军戒指，可还在遭受质疑。每一次公牛夺冠，世界都要照例嘲讽一遍。讨厌他的人认为他是投机者："他因为身边有乔丹才夺冠！"

所以，他选择在湖人重新开始，更像是一次自我挑战。虽然湖人和公牛类似——拥有联盟最顶尖巨星所在的队伍，已经有了优秀的底子，只待一个大师来略加点拨，但至少，"禅师"希望证明：没有乔丹，他也可以夺冠的。

他来到了洛杉矶。又一次，在乔丹与皮蓬之后，他再次得以执教一对超级巨星。

11 三角进攻

1999/2000 赛季前，湖人的阵容做了小小的调整：32 岁的格伦·莱斯依然是第三王牌。因为没钱招揽大前锋查尔斯·奥卡利，他们只好把 20 世纪 80 年代湖人夺冠老臣、36 岁的 A.C. 格林请了出来。"禅师"还把公牛后三连冠的老后卫罗恩·哈珀给招来了。虽然他已经 35 岁了，但"禅师"喜欢高后卫。198 厘米的哈珀、198 厘米的科比、201 厘米的里克·福克斯——嗯，这和公牛哈珀、乔丹、皮蓬的外围隐约相似了。因为"禅师"希望复制公牛的外围防守：

"防守上，我们要重视对球施压。我们得让对手犯错误。"

最后，还有"鲨鱼"和科比共同的老熟人：当年身披魔术球衣，一起打过总决赛的布莱恩·肖。此时距离当年科比首次遇见他，坚持要跟他打一对一，已经过去十年了。

"禅师"到来之后的第一堂训练课。他走到球场中心，挥手召集球员。大家打量他，默不作声。"禅师"说：

"知道你们自己的问题吗？"

沉默。

"你以 65 英里（1 英里 =1.609344 千米）时速开车，听音乐，手机在响，你在吃汉堡，你在清理衬衣上的番茄酱。你抬头，发现眼前是红灯，你闯过去了。就这样：你们生命里的事儿太多太复杂了。"

这就是"禅师"的开场白。

"禅师"自己后来承认："对这球队，我最初没什么构想。他们以前有过不少教练，但始终没融成一个体系。不过，我大概不会让他们打华丽的表演篮球了。"

"鲨鱼"的地位呢？

"'鲨鱼'会是球队的第一选择。但因为他的罚球，他不会是唯一的选择。关键时刻，我们需要一个人来接管比赛。"

众所周知，湖人可以接管比赛的，除了"鲨鱼"，就是科比了。

"禅师"开始兜售他经典的"三角战术"。

早在 1990 年，"禅师"就在公牛推行了三角战术。其实这套路 1962 年就由特克斯·温特老爷子整理出版成书，但被"禅师"一兜售，倒成了他走江湖的金字招牌。1990 年开始推行时，新到公牛的列文斯顿说这玩意"复杂透顶"，主力控卫帕克森跟芝加哥记者解释了半天后说："算了，我也说不好，你还是看温特的书去吧。""禅师"自己承认："乔丹不需要这进攻战术，毫无疑问这东西限制了他。但我们得搞这战术让别的球员得到进攻机会。"1994 年，"禅师"忽然炒掉了他的助理教练约翰尼·巴赫，理由之一：巴赫私下里鼓励乔丹"有时可以别太按照三角进攻行事"。

三角进攻的法则说来很简单——单边三位球员每人拉开一定间距，围绕低位禁区攻击手展开三角，弱侧二人接应。说来说去，重视的是：拉开空间、强弱侧转移、避免对方夹击。

这套进攻的要求是：每个球员，都要根据当下情况，随机应变；有全面的传、跑、投的能力；当然，重要的是一个王牌攻击手。在公牛的三角体系里，没有正统的组织后卫（皮蓬作为小前锋负责持球发动），没有正统的低位得分手（乔丹作为得分后卫成为低位背打王牌）。大家都不能黏球。

1996 年，克莱门斯教练曾在小牛教导过三角进攻，失败了。"他们人人都想当老大，多持球。"而三角进攻最忌讳单一持球。说白了，三角进攻，更像是"禅师"的手段：从巨星手中将球权拿出来。

因此，"禅师"让他的球员学习三角进攻，与其说学习一种套路，更像是学习一种打球态度。

"禅师"的老助理教练温特爷爷说：

"很久以前,'禅师'就经常做梦,幻想'鲨鱼'在他手下打球。他总对我说,'鲨鱼'太适合三角进攻了,他很想执教'鲨鱼'。三角进攻需要一个统治级中锋。'鲨鱼'是进攻的第一点。他接到翼侧启动进攻的一传,然后可以一对一单打,或传给空切者。"

实际上,按照温特的看法:1967年张伯伦在费城、20世纪70年代初张伯伦在湖人、1971年贾巴尔在雄鹿,都打过一点儿三角进攻。"鲨鱼"在这套体系下会成为第一接球点。与以往魔术或湖人的"'鲨鱼'接球,其他射手围观"不同,三角进攻下,"鲨鱼"有更多的机会或单打或传给空切者,或弱侧配合。

温特教练担心的是科比:"他足够敏捷,投篮、运球都很好。但就跟乔丹一样,他个人进攻能力太出色,反而会不太愿意做平衡三角进攻需要的传球。"

1999年秋天,"鲨鱼"不那么高兴。先是"禅师"认为,"鲨鱼"153千克的体重太大了。"鲨鱼"回了嘴:"我练举重练得自己肌肉多了呗!不管我体重多大,任何大个子我都不放在眼里。""禅师"平心静气,回了段话:

"我当然知道,'鲨鱼'是联盟中被侵犯最多的球员,所以他想体格再大点也无可厚非。可是他两年前的膝伤让我担心,还是体重轻一点好了。"

然后是洛杉矶媒体追问:"'鲨鱼',你和科比的关系如何了?"

"鲨鱼"一咧嘴:"这事太平常。我肯定'魔术师'和'天勾'以前打球时也吵过这种事儿。我知道巴克利以前和'J博士'也拌过嘴。我们在一起打球越久,越能够彼此学习。如果我跟他有隔阂,我就会说出来——我又不是藏着掖着的人!"

此前,1999年8月,"鲨鱼"出现在了科比的生日派对上。全洛杉矶都松了口气:至少他俩冷战的传说刻意消停一阵了。但进入新赛季呢?

科比在1999年季前赛对华盛顿时伤了手腕,休息了六个星期。等他归来时,发现湖人状态好得令他吃惊。

1999年11月2日揭幕战,"鲨鱼"23分13篮板2封盖,让湖人在盐湖城开门红;次日在温哥华,他28分10篮板4助攻3封盖打灭了灰熊。在波特兰输了一场后,他对小牛30分20篮板出了口气。进入11月下半段,"鲨鱼"开始爆发:在凤凰城,34分18篮板8封盖;对公牛,41分17篮板7封盖,对猛龙,37分19篮板3封盖。再战爵士,39分18篮板。对勇士,28分23篮板。12月1日,湖人打完1999/2000赛季第16战,12胜4负。

让联盟更恐慌的事:科比归来了。

12月8日,湖人在国王身上输了一场,然后是浩浩荡荡的连胜。1999年

12月11日到2000年1月12日,湖人十六连胜,成绩达到恐怖的31胜5负。

"这些没啥了不起的,宝贝儿!""鲨鱼"说,"都只是数据罢了!"

打完前36场,"鲨鱼"场均27.8分联盟第二,57.6%的命中率联盟第二,14.5篮板联盟第一。费城76人主帅、"鲨鱼"的老冤家拉里·布朗已经做出预测:

"他们会夺冠的。科比打得很棒,莱斯打得很棒。'鲨鱼'?他根本就像非人类。"

"鲨鱼"确实已经无人可敌。曾经的对手们——"大梦"、尤因、罗宾逊——纷纷老去。如今的世界流行以大前锋充当中锋。对阵活塞,他兴味索然地干掉了206厘米高、93千克重的杰罗姆·威廉姆斯,在他头顶拿到22分24篮板。活塞主帅金特利如此辩解:

"不公平。'鲨鱼'午餐吃的东西都比杰罗姆重!"

2000年1月4日和5日,1998年状元中锋奥洛沃坎迪连续撞上"鲨鱼",结果他和替补221厘米100千克的克罗斯,连续两晚上合计被"鲨鱼"吃了78分34篮板。"鲨鱼"放倒他们,就像犀牛撞翻两把小凳子似的。三角进攻给了他足够的活力,让他不必担心包夹,肆无忌惮地虐待全联盟的大个子们。

这就是"禅师"带来的一切:他给"鲨鱼"带来了三角进攻,他让"鲨鱼"减了体重,让"鲨鱼"的封盖和防守更敏捷。他让湖人这群少爷们紧张起来。2000年1月4日对快船,湖人上半场丢了61分,"禅师"中场只说了一句话:"我在找哪几个球员对防守还有兴趣的。"下半场,湖人把快船冻结得只得37分。最后,他始终没让"鲨鱼"得意。里克·福克斯说:"'禅师'一直告诉我们,季后赛才是检验我们表现的时刻。"

2000年1月14日,湖人的十六连胜断在了印第安纳。第二天,"鲨鱼"在明尼苏达26分19篮板7助攻5封盖地发了通脾气,然后在西雅图又折了一阵。1月14日到2月1日,湖人3胜6负。

"鲨鱼"生气了。

2000年2月4日,"鲨鱼"29分钟内25分5封盖屠灭了爵士。3天后,35分13篮板8助攻击败了掘金。随后是对森林狼的37分16篮板,全明星赛来了。

这大概是他玩得最欢的一次全明星赛:22分9篮板3封盖,一条龙快攻,撂起大腿秀胯下运球,全场笑到人仰马翻。末了,他和邓肯分享了当夜的全明星MVP奖杯。这是他个人的第一个全明星MVP。同时,这也是NBA历史上第二次由两人分享全明星赛MVP,像极一个意味深长的伏笔——21世纪开始的春天,是这样两个将统治未来七年NBA的巨人,分享了"明星中的明星""王中之王"的头衔。

全明星赛后,湖人迎来了连续六客场。在芝加哥,"鲨鱼"29分20篮板;在夏洛特,他18分14篮板。然后是对奥兰多的39分16篮板,对费城22分16篮板和夸张的9次助攻,在新泽西35分13篮板。湖人继续着连胜步伐。2000年3月6日,为了庆祝他的28岁生日,"鲨鱼"在对快船的比赛中将他的霸王之勇发挥到了极致。

45分钟内,他抓了23个篮板。35投24中,22罚13中,职业生涯最高的61分。赛后,快船的克罗斯被问及如何评价"鲨鱼",克罗斯只剩了摇头。最后,他代表全联盟发出了心声:

"对这家伙,我们能说什么呢?"

与此同时,科比在四年级,真正成长起来了。

1996年入行之后,科比习惯了近于自虐的训练。一年级扣篮王,二年级在常规赛与全明星赛和乔丹单挑,三年级成长为明星得分后卫。1999年夏天,他又度过了一个疯狂的夏季。而且,他还是保持本色:不跟队友多接触,赛后看录像,或和高中时的朋友们打电话。

2000年1月,31胜5负的湖人遭遇了一波2胜2负。"禅师"组织了一次会议。当天,福克斯、费舍尔、布莱恩·肖、"鲨鱼"和哈珀坐在第一排,科比坐在最后一排。

"禅师"先说了段"如果你自私,三角进攻就无法运转"之类的话,然后看球员自由发言。无人说话。当"禅师"预备结束会议时,"鲨鱼"说话了:

"我觉得科比太自私了。这对我们赢球造成了障碍。"

满房间的人都在点头。里克·福克斯补了一句:"这情况,我们经历过多少次了?"

"禅师"看着科比。整个房间里没有人支持他。最后,科比平静地回应了。他说,他关心球队里的每个人,他只想为赢球贡献力量。

"禅师"没满足于这次会议。他知道,矛盾已经暴露了,但并没解决。此后一周,湖人1胜4负。"禅师"去跟"鲨鱼"与科比分别谈了。

对"鲨鱼",他要求"鲨鱼"担当领袖。"领袖应当激励全队,而不是拆散球队。"

对科比,他直来直去:"你得融入团队。""禅师"唱完黑脸,老哈珀就会过来温和地劝勉科比——作为跟乔丹拿过三连冠的老将,他的话,科比听得下去。

2000年2月，湖人的情况开始好转。里克·福克斯如此说科比：
"他不再把比赛当成个人单打秀了。"

与此同时，科比的防守，开始让全联盟刮目相看，老派教练拉里·布朗都啧啧称赞："科比是年轻一代的榜样。每年他都在学习稳固，如今他不单是个花式扣篮手了，他是个扎实的NBA球员。"

这是科比的奇怪之处。他不同于其他基本功差、脑子不灵光的球员。他聪明、扎实、聪慧，很懂得怎样的篮球才是合理的。但他偏执好胜的性格，让他时常偏离轨道。

微妙的是，科比在球场外也变得低调了。"鲨鱼"已经锁定了常规赛MVP，世界在称赞"禅师"的手段，很少有人真正意识到科比的成长。世界在赞美多伦多猛龙新晋的明星、大科比一岁的"扣篮王"文斯·卡特，在讨论费城那奔走灵动的阿伦·艾弗森。

当科比被媒体问到，自己是否在意"被'鲨鱼'和卡特的阴影覆盖"时，科比回答得很完美："很好啊！我可以好好阅读比赛，没人会重点研究我。大家怎么会觉得我在嫉妒呢？我嫉妒'鲨鱼'吗？'鲨鱼'嫉妒我吗？我在嫉妒卡特吗？我才不在乎呢。'鲨鱼'打得匪夷所思，我是最希望他打得顺心如意的球员。卡特？他打得好，我非常非常高兴。我爱他的打球风格。"

科比在各个角落悄然伸展着自己的意志，不只是球场上。1999年他续签了6年7100万美元合同，跟阿迪达斯、雪碧都继续合作，然后买下了米兰奥林匹亚篮球队的一半股份。2000年3月，他代言了阿玛尼，上了《福布斯》的封面。21岁，他已经是个成功的青年了。

他不想讨论未来。

"我不喜欢讨论十年之后。有些目标，你愿意去分享；有些最好还是藏起来。我现在的目标是夺冠，当然，其他目标，我还是不说出来的好——人们会惊讶的。"

他的野心藏得很好。福克斯认为，科比真正开始融入球队了。"他似乎意识到，在联盟扬名立万之前，他得尽量融入球队。"但科比当然拒绝承认自己在刻意融入球队。

"我前几年也一直这么做，只是今年大家的反应不太一样！"

他在努力修复和"鲨鱼"的关系。强调自己并不自私。他认为自己和"鲨鱼"合不来，似乎因为他们太相似了。"我们都是进攻者。我们都想得40分。我觉得我现在想到办法处理这事了。"

"鲨鱼"也就大大咧咧道："我和科比没事！我们了解彼此，我们在三角进攻中各司其职。科比认为,以前的球队进攻是,'鲨鱼'在禁区,其他人看情况。那样的进攻太容易被对方看破,很难奏效。"

科比说他最喜欢的书是《好奇的乔治》,因为:"他总是在寻求新的探险,一如我似的。"科比总是尝试新东西。实际上,他开始尝试变得残忍。2000年3月9日,金州勇士的拉里·休斯在科比面前得了41分。13天后,科比再次遇到休斯,首节就盖了他两个帽,让休斯前7投只有1中,科比自己第一节就得到18分。最后因为湖人大胜,科比早早地休息了,赛后还对"禅师"抱怨:

"我希望分差能接近点,我好留在场上,多折磨休斯一会儿。"

他的野心无比庞大,虽然他拥有一个21岁青年可以拥有的一切,但是:

"大家都说我成功了,可是我根本没接近自己理想中的境界。"

但他终于,还是露出了一点儿野心:

"如果'鲨鱼'跑来告诉我:'科比,我不想一个人每晚独撑比赛,你会帮我吗?'我会说我准备好了。如果'鲨鱼'不这么说?嘿,我才21岁。当我28岁时,'鲨鱼'多大了?呃,40岁?"

然后,科比大笑了几声,遮盖了刚才这个不大好笑的笑话。

"我想,属于我的时光会到来的。"

"鲨鱼"一定知道,身边有这样野心勃勃的一个天才,是多危险——当初,"便士"在他身边崛起,终于取代了他魔术首席的地位。但他也知道湖人队史上伟大中锋乔治·麦肯的例子。他知道很久之前,吉姆·波拉德和麦肯不合,但他俩场下吵闹,场上合作,为湖人建起了第一个王朝。

"鲨鱼"知道科比在等"属于我的时光",但他自己28岁了,需要一个总冠军。

所以,就彼此打趣着,各取所需吧。

1999/2000赛季落幕,湖人取下了惊人的67胜15负,联盟第一。如果不是赛季最后两场全败,湖人本可以追平1971/1972赛季张伯伦、韦斯特创下的69胜队史纪录。无所谓了,这是属于"鲨鱼"的一季:

出赛79场,场均40分钟联盟第四。57.4%的命中率联盟第一,投中956球联盟第一,全季336个进攻篮板、742个防守篮板和总计1078个篮板联盟第二,场均3次封盖联盟第三。最后,29.7分,职业生涯第二次得分王。

"鲨鱼"第三次入选联盟第一阵容,毫无意外。第一次入选联盟第二防守阵容,却是匪夷所思:以往的他,一贯被认为防守懒散、防不了挡拆、对付不了快节奏。28岁,他的防守也终于得到了肯定。

1999/2000赛季的科比常规赛场均22.5分6.3篮板4.9助攻。入选年度第二阵容，年度防守第一阵容——这是第一次，他凶猛的防守得到了承认。

科比出赛 66 场，场均 22.5 分 6.3 篮板 4.9 助攻。入选年度第二阵容，年度防守第一阵容——这是第一次，他凶猛的防守得到了承认。

之前 1999 年 3 月，湖人对费城，科比面对艾弗森（AI）被劈了 41 分。8 年后科比说，"我希望 AI 感受到我的不爽，我要让所有嘲笑我被 AI 打了 41 分 10 助攻的人闭嘴，他说我们谁都防不住彼此，我不相信。我就是要我得 50 分，你得 0 分！"

他开始着力于防守：1999/2000 赛季，科比防守巅峰期。以选票第三入了年度防守一阵；年度防守球员选票第五。

那时他单防背身很是了得，手很快，很善于抓挠抄盖。重心下得低，步子勤谨，碎而且密。弱侧起步之后封盖、半绕前骗对方传向另一侧然后急速绕后补位、先积极向一侧迈步迅速移到另一侧……他的步伐细碎，比一般翼侧球员快得多。他能不停从持球者的左前方到右前方到身侧迅速旋转，从不同角度，干扰持球者的行进节奏，也能把他们哄到陷阱里去。他就像一面在你面前 180 度来回转的活动屏风。

最后，"鲨鱼"成了 1999/2000 赛季 NBA 常规赛 MVP。121 张第一选票中，他获得了 120 张。这是空前绝后的垄断。从未有一个常规赛 MVP 达到过如此众望所归的境地——得分王，篮板第二，盖帽第三，67 胜，全明星赛 MVP，61 分。2000 年，所有的荣耀都归于他。这是他人生最完美的一个春天。

科比在一旁，看着这一切。

2000 年季后赛第一轮，"鲨鱼"被吓了一跳。

对手萨克拉门托国王，有一些老熟人：1993 年状元、曾经差点和"鲨鱼"搭档的大前锋克里斯·韦伯，1996 年与科比交换去了夏洛特黄蜂的大胡子中锋迪瓦茨。里克·阿德尔曼教练将这对双子塔改造成了指挥航向的灯塔，组成了史上最华丽的高位策应体系。国王的球风一如他们的球衣色彩：暗紫色的清澈线条，白色的明朗背景，清新明快。他们的篮球几乎是零身体接触，用传、切和投来作为刀刃，游刃有余地划开对手的骨骼。

"鲨鱼"在第一场 33 投 21 中 46 分 17 篮板 5 封盖轰垮了迪瓦茨，证明了湖人新人换旧人的成功。湖人取胜。第二场，他 23 分 19 篮板 6 助攻，再次率领湖人击败国王。2 比 0。可是国王并非易与之辈：虽然只是西部第八，他们在常规赛却拥有场均 105 分的联盟第一进攻。

在萨克拉门托的两战，湖人全败，科比分别得到 32 分和 35 分，但无济于事：

比分瞬间扳至 2 比 2。湖人外围阻不住国王的快速传切和奔袭，韦伯更靠他灵敏如蛇的意识，咬住湖人大前锋好大一块肥肉不放：36 岁的 A.C. 格林，208 厘米却只有 106 千克的霍里，一个老一个瘦。

但是国王的球风优雅之余，失之刚硬。季后赛又太考验经验。回到洛杉矶，"禅师"看着"鲨鱼"和科比：

"今天你们得为了胜利而打球，不能想着避免输球。"

"鲨鱼"制造了惊喜。32 分 18 篮板 4 助攻 3 封盖，迪瓦茨的拈花妙传终究被他的刚猛打破，科比得到 17 分。第五场湖人大胜国王 27 分，3 比 2 晋级。

"这样挺好。""鲨鱼"冷哼着，"我们不想创造丢人的历史！"

好消息是：去年横扫湖人的马刺，没能越过首轮。邓肯受伤，马刺钝极，败给了太阳。

然后，西部半决赛，湖人轻松地 3 比 0 领先太阳。第三场战罢，"鲨鱼"重提第一轮，言谈间霸气流溢："其实对手并不重要。如果我们输球，那就是我们自己阻挡了自己。"

这一晚，他 37 分 17 篮板。第一场他 37 分 14 篮板，第二场他 38 分 20 篮板。简而言之，他完全摧毁了太阳内线。第四场湖人败北，莱斯承认：

"我们琢磨波特兰开拓者太多，忘了还得继续对付太阳了。嗯，看了国王和太阳对我们的比赛，我能想象开拓者会怎么对付我们。"

第四场上半场，湖人丢了 71 分。中场休息，"禅师"任湖人诸将彼此抱怨，然后走进更衣室，将一罐佳得乐饮料砸上了墙。粉碎之声吓到了全体球员。赛后，"禅师"表达了愤怒：

"我知道，漫长的赛季，你们已经厌倦团结作战了。但为了冠军，你们必须想法凝聚起来！"

湖人在第五场击溃太阳晋级。西部决赛，他们将对阵波特兰开拓者。

两年之前，波特兰开拓者被湖人淘汰。那时他们便知道：称雄西部，必过湖人这一关。1999 年夏，开拓者杀奔西部决赛，被马刺横扫，于是他们继续招兵买马，来对付"鲨鱼"和邓肯这两位西部的魁首。他们揽来皮蓬，招到 20 世纪 90 年代最杰出得分后卫之一史蒂夫·史密斯，以及史上首位德国全明星施莱姆夫。于是他们的首发是：1996 年度新人"小飞鼠"斯塔德迈尔、史密斯、皮蓬、拉希德·华莱士和伟大的萨博尼斯。而他们的板凳则是施莱姆夫、邦齐·威尔斯、布莱恩·格兰特和小奥尼尔。

除了斯塔德迈尔和萨博尼斯，每个人都可以兼打两到三个位置；做一个排列组合题，他们阵容的可能性多到令人发指。1999/2000赛季常规赛，开拓者59胜，场均打满18分钟的球员多达九人。他们拥有可怕的车轮战法，有大批锋线群。

湖人的大前锋不够强势，而且怕快攻。开拓者则有"小飞鼠"的速度，有皮蓬和拉希德·华莱士这样的运动健将。对付"鲨鱼"？他们有欧洲历史上第一中锋、221厘米130千克的"世界屋脊"萨博尼斯——虽然萨博尼斯已经跳不动了，他们还有拉希德·华莱士这联盟顶级的内线单防者来补防。而这两位还都是挡拆大师，都能拉到三分线跳投，让"鲨鱼"鞭长莫及。加上格兰特、施莱姆夫、小奥尼尔，开拓者大可以拼着犯规来和"鲨鱼"鏖战。

"鲨鱼"在第一场纵横无敌：25投14中，27罚13中，41分11篮板7助攻5封盖0失误，湖人1比0。但这场之后，皮蓬找到了感觉。

说到对三角进攻的了解之熟，这世上也许再没人胜过皮蓬了——他曾经作为公牛的三角进攻启动者，拿了六枚戒指。第二场，他一个人就破坏了湖人的三角进攻运行。他的表现，一如1992年查克·戴利描述的一样："完美的填空者。"球到内线，他未卜先知地出现在"鲨鱼"身旁张臂包夹，让湖人的进攻展不开；当"鲨鱼"把球传回外线，皮蓬又准时补位回三分线。"禅师"不由感叹：

"我总以为，防守者一次性只能防一个人，也许一个半。可是皮蓬的防守啊，到处都是他。"

开拓者以29分大破湖人，取下第二场。至此，湖人危险了：他们的两个主场一胜一负，主场优势已失；他们要去波特兰打两个客场；他们在季后赛前两轮的四个客场，战绩是一胜三负。

"禅师"干了什么呢？

"练瑜伽。""禅师"说。

霍里百思难得其解："练瑜伽？拉伸和呼吸？我这辈子每天都在干这个！"

这就是"禅师"。他始终不动声色，让球员和对手都猜他不透，只觉得既然他如此镇定，一定胸有成竹吧？四年级后卫费舍尔认为："若去年我们落到这田地，一定紧张透了。可是看看'禅师'，他这么放松自信，我们就想，看来没什么好忧虑的啦！"

"禅师"去找到了科比，给了他一个任务："你开始防守皮蓬。"

第三场，"鲨鱼"打满48分钟，17投10中26分12篮板3助攻3封盖。科比则用"禅师"所谓"让我想起了我执教过的另一个得分后卫（很明显，指的是乔丹）"的后仰跳投，射落25分。但当晚的主角是36岁的罗恩·哈珀。下半场，开拓者天才洋溢但性情刚烈的前锋拉希德·华莱士，盖了哈珀一记投篮，然后咧开大嘴，肆意嘲弄。哈珀回嘴不得，只好微微一笑——他有点儿口吃。

"我五岁起就开始听这类话了。他说什么，我都不会恼。"哈珀说。

比赛还有不到 30 秒时，双方战至 91 平。科比执行完三角进攻战术，一记传球切到哈珀手中。哈珀毫不犹豫起手：底线，离筐 19 英尺（1 英尺 = 0.3048 米），跳投出手，命中，制胜球。湖人 93 比 91 赢下第三战。哈珀对拉希德笑了笑。

"打到我这种年纪的人，自然能投中这样的球。我总是那种被遗忘的人。这跟在芝加哥时一样。我只是继续追求第四枚戒指而已。"

湖人 2 比 1 领先，"禅师"大获全胜：他的镇定，他找来的旧部，他的三角进攻战术，让湖人赢下了这关键一战。顺便，开拓者的问题暴露出来了一点：他们人多势众，足以来场车轮大战。可是决生死之时，该用哪套班子，哪一个王牌呢？第三场哈珀射中球让湖人领先时，开拓者还有最后一击的机会，但战术运作失败了——科比断下了球。

第四场，湖人半场落后 5 分。第三节开始，莱斯突破上篮打三分挽回颜面。双方在第三节僵持，忽然之间风云逆转——皮蓬和史密斯失去了进攻节奏，二年级替补后卫邦齐·威尔斯气势汹汹企图接管比赛，未遂。开拓者自己内乱。莱斯趁乱出手，单节射落 12 分。湖人本来的 3 分优势瞬间达到 10 分。哈珀一笑：

"队员得知道自己的角色，不是每个人都能当巨星。"

湖人的巨星依然有巨星样子：第四场"鲨鱼"照样被七手八脚包围，但他自有办法。妙处不在于他 25 分 11 篮板 3 助攻，而是他 9 罚 9 中。"哈哈哈！我觉得我今天跟皮特·马拉维奇似的！"他指的是联盟历史上技巧最华丽的大师"枪手"。湖人连破开拓者两个主场，3 比 1 领先。

可是开拓者下了狠心。

他们人多势众，没有核心，但每个人都不怯场。将每个球员的天赋发挥到极限，其势依然可观。

第五场，"鲨鱼"31 分 21 篮板，但是每次接球都遭遇开拓者两人甚至三人包夹。开拓者每个人都在效法皮蓬，在禁区和三分线间穿梭。莱斯只有 8 投 1 中，哈珀也熄灭了，A.C. 格林则被拉希德·华莱士领头痛击。湖人败北。3 比 2。然后是第六场："鲨鱼"打满 48 分钟，助攻 5 次，但在开拓者的三人控制下，17 投只有 7 中，10 罚只有 3 中。而且，由于拉希德等人的勇猛冲刺，湖人后场篮板也失守了。湖人再败，3 比 3。科比独得 33 分，但无济于事。

福克斯再次愤怒了。"我们又要习惯性崩溃了吗？"他在更衣室怒吼。"禅师"在门外负手听着，对温特教练说："总得有人说出这段话的。"

于是被迫要打第七场。

论到湖人的实际优势，只有"鲨鱼"和科比这两大王牌。哈珀第三场的绝杀、莱斯第四场的远射，偶尔可以做调剂，但毕竟只是角色球员。他们的长处，还有"禅师"的调度：第三、四场，是他带给湖人冷静，让湖人等到开拓者自己暴露缺陷。

但是纯论天赋？开拓者实在有太多武器了。

莱斯在第七场尽显他的不稳定：助攻哈珀跳投得分，自己射中一记三分球。这两球后，他就熄灭了：此后17分钟，他一无所获。这场比赛后，温特教练如此论述：

"他以前习惯持球在手——队友掩护——他投篮，而如今他需要更多的无球移动。所以，他着实不习惯。"

于是，又只能耍"鲨鱼"和科比两个人了。

"鲨鱼"被三人围夹，无法脱身。"禅师"描述开拓者"他们对'鲨鱼'所做的防守，没有其他球队可与之媲美"。科比断断续续地跳投。湖人以落后15分进入第四节。

这是背城借一，无路可退了。

"禅师"叫暂停，让全队放弃给"鲨鱼"喂球。"'鲨鱼'身边围了四个人。别勉强了。你们自己攻击吧！"

他看了看科比。他知道，科比按捺已久的野心，一直在等这句话。

科比领衔外线球员开始攻击：他们觑准了开拓者对"鲨鱼"的疯狂包夹留出的空间，他们知道开拓者不会允许"鲨鱼"在篮下接球，因此只能从外部击破之。科比在此时，初显他后来的巨星资质：金鼓齐鸣、磨牙吮血的时节，常人汗出如浆，奔避不迭，而巨星却越挫越勇。第四节开始，斯蒂夫·史密斯投篮，科比飞起，左手将球盖下。另一端，肖射中远射：还差10分。

悬崖边上，湖人一点儿一点儿逆了回来。他们自己最清楚：

每逆转一分，开拓者的信心就会凋零一寸——他们没有"鲨鱼"或科比这样的王牌。

科比弧顶接球，投篮假动作，让过皮蓬，急停中投，72比75，落后3分。

魔术的老伙计布莱恩·肖在左翼射出一记跳投，得手。双方打平。15分的分差抹尽。开拓者已经接近混乱。他们不知道该对付外面来的科比，还是继续遏止内线的"鲨鱼"。腹背受敌，军心涣散。科比左翼运球，绕掩护，突破中路，胯下运球晃动，中投，83比79，湖人领先4分。

季后赛西部决赛抢七大战,科比 25 分 11 篮板 7 助攻,助湖人 4 比 3 淘汰开拓者,迎来自己的第一次总决赛。

下一回合，科比面对史上最伟大的防守者之一皮蓬，低身运球，右手，胯下换到左手，忽然变向突破，踏进内线第一步。所有眼睛都在盯着他，等着他进攻。

然而，科比没有单挑：他将球高高抛起。

开拓者诸将愕然转身，看见一个乌金交加的大怪物腾空而起，霹雳一声，将球按进了篮筐。那是"鲨鱼"。科比在关键时刻，传球给了"鲨鱼"，里应外合的一球，85 比 79。胜局锁定。全场金色的球迷尖叫起立，开拓者队员互递着"你觉得我们还有机会没"的眼神……"鲨鱼"圆睁双目张开大口，朝科比狂奔而去，而科比伸手附耳，享受全场欢呼。

那是"鲨鱼"职业生涯经历过最危险的一刻，但他和科比联手，赢了这个回合。湖人 89 比 84 跨过了开拓者，"鲨鱼"全场 18 分 9 篮板，科比 25 分 11 篮板 7 助攻。湖人 4 比 3 淘汰开拓者，抵达总决赛。"鲨鱼"的第二次总决赛。科比的第一次总决赛。

12 第一枚戒指

"鲨鱼"很熟悉 2000 年总决赛的对手：印第安纳步行者，雷吉·米勒的印第安纳步行者。1994 年横扫过魔术，1995 年被魔术 4 比 3 击败的印第安纳步行者——他的老对手。

自 1994 年首次横扫魔术以来的七个赛季，步行者 5 次闯进东部决赛，3 次以 3 比 4 败北，一次是 2 比 4，这一次，2000 年，他们终于进了总决赛。

对科比而言，这一切则很陌生——他第一次踏上总决赛的舞台。

鏖战多年之后，印第安纳步行者很老了。他们的领袖、截至当时的历史最伟大三分射手雷吉·米勒，已有 34 岁了。自 20 世纪 90 年代以来便一起拼杀的战士们，终于有人撑不下去，特拉维斯·贝斯特和杰伦·罗斯这两张新面孔钻进了首发阵容。这是他们迟暮时光最后一次冲击总冠军的机会。

可是他们的心依然没老。东部半决赛，雷吉·米勒被队友马克·杰克逊激将了一句"你还是别穿超人 T 恤，以免侮辱超人"，于是对费城第一战就射落 40 分。

米勒是站在"鲨鱼"对面的那个人。虽然这两个人的对比鲜明——联盟最瘦削 VS 联盟最壮硕，联盟最好的远射手/罚球手 VS 联盟最差的罚球手，但他们都爱贴身穿超人 T 恤，都是铁一样的战士，是各自球队的灵魂。"鲨鱼"的巨大躯体轰开对手阵营、地动山摇般怒扣,米勒那推开防守者—绕掩护跑动—接球远射,各自堪称历史上最招牌式的进攻手段。

这也是科比和杰伦·罗斯的对决。前者是"鲨鱼"的羽翼,后者是步行者的常规赛头号得分手:米勒34岁了,需要一个自信的射手来为他分担任务。但步行者后卫马克·杰克逊却认为,真正的对决,是莱斯和戴尔·戴维斯。

步行者没有开拓者那么华丽的内线群,但他们也有斯密茨、戴维斯、萨姆·帕金斯和克罗希尔。他们打算像当年似的,用224厘米的巨人斯密茨对付"鲨鱼"。

总决赛第一场,44分钟,"鲨鱼"31投21中轰下了43分19篮板3封盖。他和科比联手制造了一波16比6的高潮,直接甩开比分。他把整个步行者的内线吞吃殆尽。这是惯常的"鲨鱼"式统治能力表演。湖人取下第一阵,1比0。科比在他的第一场总决赛里,14分。

值得一提的是,科比去对位了步行者组织后卫马克·杰克逊。他是个2号位球员,但禅师希望借重他的低重心碎步弹簧腿,不停地变换角度和位置,阻挠对方的组织者。"得分后卫科比却去对位组织后卫"这个细节,是后来科比防守生涯的主旋律。

在第二场,"鲨鱼"扮演的角色稍微不同一点儿。

"鲨鱼"跟媒体说话时欢欢闹闹信口胡扯,但他在队内说话时,却很像他继父的军人口吻。比如说,他会对湖人管理层说:"我要个射手。"看到布莱恩·肖来了湖人,他会说"这是我以前的部下"。他不像乔丹那样是个严厉的君王,也不像"魔术师"似的擅长演讲鼓舞士气。A.C.格林总结:

"重大时刻,他要说点什么,就是简短直接。当他说话时,我们都听着,因为他并不常说话。"

他的领袖地位,早在他1996年驾临湖人时就已确定。费舍尔说:"领袖地位分两种,一种是以表现争得的,一种是大家给予的。1996年他就被给予了领袖地位,但今年,我们都自觉服从他,因为他确实当得起这个。"

总决赛第二场,"鲨鱼"像个领袖。第二节,科比踝部扭伤下场,湖人暂停。"鲨鱼"环视队友,用军官的口气说:

"一会儿,他们一定会用黑帮似的防守来围我。我把球传给你们时,兄弟们,为我投中几个三分球吧。"

全场比赛,湖人三分球15投7中,其中莱斯一人6投5中。第四节,湖人领先8分。湖人暂停,还没休息过一分钟的"鲨鱼"把队友聚在一起:

"兄弟们,我要休息一小会儿。看你们的了,明白?"

他只休息了两分钟，他必须休息。因为步行者正在用前无古人的方式对付他。第一场"鲨鱼"31投21中但6罚1中的成绩，让伯德心生一计。所以第二场，步行者一等湖人发球就抱住"鲨鱼"，以便让他罚球。全场比赛，"鲨鱼"罚了创历史纪录的39个球——只举一例：1962年3月2日张伯伦单场100分之夜，出手63次，罚球32次。而这一夜，"鲨鱼"出手18次，罚球却是39次。

虽然他39罚只有18中，布莱恩·肖却明白其中的难处。"我们都在一边，看着步行者对他拳打脚踢，而他必须克制烦躁和愤怒，一次次地罚球。他能够忍耐这一切，是因为他太想赢了。"福克斯的说法："'鲨鱼'有过失败的经历。是失败将他一直带到了这里。"

第二场，"鲨鱼"40分24篮板4助攻3封盖，几乎独自将湖人撑到111比104的胜局。湖人2比0。

总决赛第三战，步行者回到主场。科比因伤不能出战，布莱恩·肖代替了他，10投只有3中。莱斯、哈珀、格林这三大首发合计25投10中。科比不在，戴尔·戴维斯可以肆意干扰"鲨鱼"，尽量不让他接球。沉寂两场的米勒也醒了，和罗斯并肩合取54分。最后，"鲨鱼"13罚只有3中。

尽管风势如此偏倒，"鲨鱼"依然逆风劈浪而行。全场他休息了一分钟，24投15中轰下33分13篮板。他带领湖人硬生生将一度落后18分的危局，拉到了第四节只落后4分。步行者赢了第三场，大比分1比2。但是用福克斯的话说：

"我们得到一点信心了。现在，看他们怎么对付我们了。"

13罚3中的"鲨鱼"赛后被问："为什么你无法搞定罚球呢？""鲨鱼"答：

"我想每件事儿都有理由。我比赛风格就这样。如果我罚球有80%，那就太可怕了。这至少让我显得挺合群。如果我罚球跟米勒那么准，你们都没啥问题可问我了吧？"

那么，莱斯的太太克里斯蒂娜批评"禅师"，嫌"禅师"不给莱斯出场时间，"鲨鱼"怎么看？"鲨鱼"乐了："莱斯（Rice）的姓不是米饭的意思吗？可落在我手里了。"

"是呀！我昨天吃了点米饭（莱斯）配鸡块。我也想配点肉汤，但肉汤让人发胖，我在减肥呢！"

步行者听在耳朵里。"鲨鱼"很轻松？那就给他点压力吧。

第四场，步行者的进攻光芒四射：命中率50%，三分球19投10中。而科比带着二级脚踝伤，只休养了5天就出战，上半场只得了6分。但是下半场，科比的精神超脱了伤病的束缚：带着4次犯规，他刀尖舞蹈似的拼满了第三节。湖人队医

总决赛第四场，忍着脚踝伤复出上场的科比成为英雄，助湖人120比118赢球，大比分3比1。伤病从来不是科比的阻碍，反而是他爆发的动力。

维蒂看呆了:

"正常人带着这种伤,根本连打球都不能!"

第四节,"鲨鱼"咆哮着在印第安纳的捕鲨队环绕之下,硬劈下14分,把比赛拖入加时。然后在加时赛还剩2分33秒时,36分21篮板的"鲨鱼"第6次犯规,被罚下了。

那时,如果给康塞科球馆上空安个读心仪,全场两万球迷的心脏大概都这么念:

"干掉湖人!接下来我们还有一个主场,3比2,然后回洛杉矶靠雷吉的三分球偷一场,我们就是冠军啦!"

接下来发生的事,每个洛杉矶电视媒体从业人员都能倒背如流。

"禅师"取消了三角进攻,让湖人全体拉开。球?给科比。

科比罚进两球,在米勒头顶一记急停跳投,被斯密茨盖掉,布莱恩·肖一个跑投弹筐而出,科比用受伤的脚踝发力跃起……捞到前场篮板,施展那著名的、"魔术师"所谓的"乔丹式的滞空",反手将球放进了篮筐。科比全场第28分。

湖人120比118赢球,3比1领先。

36分21篮板的"鲨鱼"承认了:

"科比是今晚的英雄。他是我高大的小兄弟!"

很多年后,"禅师"承认:那一晚,带着脚踝伤奋战的科比,让他想起了迈克尔·乔丹。疼痛、伤病可能加剧的恐惧,反而让他兴奋了起来。他热爱挑战,然后征服。三年前,"鲨鱼"被罚下时,科比对爵士投出了三个三不沾;这一晚,他的血气没有变,只是他的能力,让他足以胜任这一切了。

"如果'鲨鱼'跑来告诉我:'科比,我不想一个人每晚独撑比赛,你会帮我吗?'我会说,我准备好了。"

"我想,属于我的时光会到来的。"

这是他的一小部分野心,在这一晚实现了。

虽然只有一小部分。

步行者赢回了第五战:120比87的血洗。米勒32分领衔全队,步行者全队命中率57%,三分球20投10中。"鲨鱼"的35分11篮板徒劳无功。"禅师"很熟悉这戏码:1993年总决赛,3比1领先的公牛第五场输给了太阳;1996年总决赛,3比0领先的公牛被超音速连扳两场。1998年,3比1领先的公牛第五场也输给了爵士。但是,"禅师"还是发了话:

"我难以想象,拥有冠军之心的球队,怎么可能输33分?"

2000年6月19日，科比拿到了自己的第一个总冠军。

"冠军之心"这词，"鲨鱼"听着刺耳。1995 年，他的魔术就是火箭"冠军之心"的祭品。2000 年了，他不想再重复这个故事。他也知道：雷吉·米勒是只不死鸟。一旦给他机会，他什么都做得出来。

在魔术，在湖人，他的队伍都已错过太多机会了。他不想再等了。

2000 年 6 月 19 日，总决赛第六场。"禅师"决定做出调整。老哈珀对付雷吉·米勒，科比则对付对方的组织后卫马克·杰克逊。老将 A.C. 格林则去防守高自己 20 厘米的斯密茨。此举立竿见影：科比的防守效果，尤其出人意料。198 厘米的他，身高与速度都在老杰克逊之上，当然，老杰克逊经验丰富，百宝囊里招式众多，但科比用狂热的斗志制约着他，钳制了步行者的进攻源头。

第四节，科比连续给"鲨鱼"传球，里克·福克斯和罗伯特·霍里纷纷射中关键三分。莱斯射中系列赛最高的 16 分。科比最后两场 47 投只 12 中，但比赛最后 2.5 秒，他的罚球锁定了胜局。116 比 111，湖人取胜，4 比 2 击败了印第安纳步行者，获得 2000 年总冠军。"鲨鱼"在第六场只有 12 罚 3 中，但 32 投 19 中，41 分 12 篮板 4 封盖，独自扛起了一切。

总决赛六战，"鲨鱼"场均 38 分 16.7 篮板，毫无悬念的总决赛 MVP。至此，1999/2000 赛季，他包揽了全明星、常规赛、总决赛 MVP，在此之前，只有 1970 年的威利斯·里德、1996 年的迈克尔·乔丹达到过如此的大满贯成就。如果加上得分王，那更是只有 1996 年的乔丹，才有过如此的垄断。

完场哨声响起时，"鲨鱼"和科比拥抱在了一起。1994 年被步行者横扫、1995 年被火箭横扫、1996 年被公牛横扫、1997 年被爵士 4 比 1 淘汰、1998 年被爵士横扫、1999 年被马刺横扫……在这些惨败之后，终于有了一个极端的、统治的、完美的胜利。"鲨鱼"热泪迸发：

"我控制着这感情长达 11 年——3 年大学，8 年 NBA。现在，它终于可以出来了！"

冠军，天顶，巅峰。和乔丹一样，28 岁时，他终于达到了这一步。

他从咆哮的猛兽变成了隐海的巨鲨。2000 年夏，当他在总决赛的巅峰舞台上以摧枯拉朽之力横扫天下时，全世界都不寒而栗。当一个不符逻辑的怪物懂得战斗的真理时，你如何去限制他？一串串的七英尺大汉像腊肠一样挂在他的身上，然后被他闪过、撞开，速度与体魄完全在另一个级别。NBA 所有捕鲨网在 2000 年夏天宣布破灭，"鲨鱼"举起了总冠军奖杯。

他夺得冠军的方式，也如同他打球的风格：聪明地利用了他的巨大躯体，他的巨大心脏和人格。"鲨鱼"是蚩尤一般的巨兽之王，一样的逆天而行。

2000年,他是NBA真正的霸王了。

而科比呢?因为第二场的受伤和第三场的缺席,对他而言,总决赛不尽如人意,但第四场,他神奇的发挥,为湖人挽住了一切。夺冠之夜,他比画着自己的左手无名指,又举起右手食指。"禅师"后来说,他如此解读:

"那意思是,科比觉得,这只是他众多总冠军中的第一个,而已。"

他的野心,一个总冠军是填不满的。

他想挑战世界巅峰。

于是,当世界被"鲨鱼"征服时,科比却在想挑战"鲨鱼"了。

13 野心

2000年夏,格伦·莱斯离去,湖人找来了老前锋霍勒斯·格兰特——"禅师"1991/1993赛季三连冠的老伙计,"鲨鱼"1994/1996赛季期间魔术的老搭档,了解三角进攻,又熟"鲨鱼",顺便还能解决大前锋羸弱的问题。故人相逢,如一碗温润的汤。

但伊塞亚·莱德尔的到来,就像是一口甜辣交并的烈酒了。这厮是个混世魔王。在森林狼,在开拓者,在老鹰,他总是在加盟球队的第一年上演卓越表现,第二年达于巅峰,然后开始在警察局耗日子,然后是急转直下的第三年,最后被扫地出门。

湖人指望他成为"鲨鱼"和科比之外,湖人的第三点。但是,这家伙实在不稳定。

"鲨鱼"稳坐霸王宝座。2000年夏天,他终于可以享受人生巅峰的快乐了。湖人多续了一份3年8800万美元的合同,让他可以在湖人留到2005年。他跑回学校去读书,以完成妈妈露西尔1992年的念叨:"我知道外面有好多美元在等他,可是,拿了学位,我们就有依靠了,他总能找份工作了吧……"他去读完了学分。他去迪士尼录了个广告,在几个音乐录影带里露了他的大嘴笑脸。最后,他对媒体许诺:

"赢一个冠军就像有辆劳斯莱斯。可是,一辆可不够噢!"

与此同时,科比将婚期推迟了。他没时间。他22岁了。对别人而言,这个年纪，一切才刚开始；但对他而言，他等不及了。

这年夏天，科比疯狂地训练，每天投进 2000 个 15 英尺以外跳投。他的野心在增长。2000 年夏天的"鲨鱼"是古往今来最恐怖的怪物之一，可是经历 2000 年总决赛第四场的科比，很明白自己想要什么。

2000 年总决赛的另一个坏范例："鲨鱼"在第二场罚球 39 次。这是全 NBA 的共同想法：用大量的犯规来进行"砍鲨战术"。鉴于这个非人力所能阻挡的阿喀琉斯有其脆弱的踵部——罚球，所以送他上罚球线好了，总比任他肆虐禁区要好。当"鲨鱼"大量罚球时，湖人需要一个外线终结者。科比知道，"鲨鱼"离不开他。

2000 年之前，科比的定位是：全能的摇摆人；弹跳速度俱佳；得分后卫中顶尖的运球突破能力；步伐细密，重心控制好；极擅长靠华丽的大幅度变向或急停急走摆脱对手；防守端则得到了全联盟认可。只是，他的跳投不算稳定。

高中时期，科比的投篮出手点高，双臂张开幅度大，弧度偏平。2000 年春天，科比投篮出手颇快，但出手点靠前，还有身体前倾。所以他的长距离投篮，一直不算稳定。

2000 年夏天之后，一切都变了。

科比练出了新的投篮姿势：起跳高，身体挺直，高出手点，较以往更靠后；肘与手腕保持直角，哪怕在运动中急停出手，投篮姿势依然优美而稳定。这是他辛苦雕琢而得的，可以无视对手的防守，在任何地方强行出手。

2000/2001 赛季开赛。11 月，科比场均出手 21.5 次，12 月，他每场出手到了 25 次。12 月 6 日，在金州，他 35 投 18 中射落 51 分。12 月 12 日，湖人 105 比 109 输给了雄鹿。赛前，科比与对手的后卫、自己的同届生雷·阿伦斗了嘴。仿佛赌气似的，科比当晚出手多达 31 次，8 次命中得 25 分。

赛后，"鲨鱼"表示不高兴了："像我们这样的球队，应该尽量让每个人都融入进攻，至少我会这么做的。"

因为那晚，他这样的霸主，只出手了 21 次。

赛季前两个月，湖人战绩寻常，前 26 战 17 胜 9 负，西部第四。科比场均 29.3 分联盟第一，命中率 46%，可是场均投篮，多达 23.2 次。"鲨鱼"身体不算太好：左踝不舒服，左脚踵发酸，场均 25.6 分，命中率 55.5%，但场均只有 19.5 次投篮。

1999 年的争端，隐约又出现了。"鲨鱼"的立场很明白："你得明白，把球交给我才是对的。我有 60% 命中率。我能吸引包夹。然后我传到外围，让外围轻松投篮！"

科比回应了"鲨鱼"的质疑："许多人希望我和上赛季一样打球，但那样就不是我了。你看，我有两种方式：一种是如大众所说，打简单篮球，每场20分7助攻。或者，我可以展现侵略性，直达我的极限。"

科比认为，质疑他的人，都是在针对他："为什么文斯·卡特和阿伦·艾弗森包揽进攻时受人赞扬，我却要被苛责？就因为我是高中生？我得做双倍于他人的活儿才能获得认同。"

当全世界都屈服于"鲨鱼"的霸王之姿时，科比却执意去挑战。纽约媒体幸灾乐祸地认为："本来，洛杉矶湖人以为他们找到科比，是为'鲨鱼'找到了一个皮蓬。事实证明，科比想当的是乔丹。"

里克·福克斯旁观者清，明白这一切："科比会一直攻击你，直到生吞你为止。"

科比和乔丹在这一点上，极为相似。他们偏执地好胜，狂热地想击倒对手，击倒还不够，一定要将对手撕碎，开膛剖肚，掏出对手的心脏，让对手看个清楚，不留余地。但他俩有一点不同。福克斯说，乔丹喜欢在一切事情上压倒其他人，而科比则专注于征服自己。他会击倒其他竞争者，是因为那些人，恰好和他处在一个轨道而已。

2000年的那个冠军，奠定了"鲨鱼"的雄威，却也点燃了科比的野心。那年夏天，杰里·韦斯特离开了湖人，米切尔·库普切克接任总经理。没有韦斯特的神机妙算，湖人没人可以束缚这两个怪物了。

"鲨鱼"在2000年12月对阵太阳一战得到18分，当晚科比38分。赛后，"鲨鱼"半开玩笑地对"禅师"说："我希望球队交易我。"

"鲨鱼"说话，一向半真半假。科比给了回应。他通过ESPN（娱乐与体育节目电视网），聊到自己的自由度问题，他认为："只要'鲨鱼'罚球率到70%，那就没问题了！"

"禅师"又装起糊涂来。他没去调停王牌们的争执，只是指责湖人的防守。上赛季，湖人场均丢92.3分，本赛季前1/3比赛却要丢到97.5分？防守只排联盟第24位？这是不可原谅的。他偶尔也指责科比，但不是指责他出手过多，而是："科比没有很好地引导莱德尔学习三角进攻。"

科比并未谦让："我又不是他的保姆！如果让我给别人创造机会，我能；如果要指责我没照管好一个球员，我责任太重了吧！"

"禅师"知道，他很难驯服科比："他是个22岁的孩子。他有时会把'我'提到'我们'之上。所以我只好慢慢告诉他,什么才是重要的。"

全联盟在坐山观虎斗,他们为"鲨鱼"的窘境而窃喜。拉里·布朗老爷子说:"科比无疑是联盟前五的球员,但'鲨鱼'?他是历史上最有统治力的球员之一。"湖人经理库普切克却认为,不妨让科比抖擞他全部的天赋看看。"20世纪80年代,湖人的得分王换过好几个。80年代初是'天勾',1987年是'魔术师',1988年是斯科特——那又怎么样?重要的是他们夺冠了。"

问题是,"鲨鱼"作为二当家,湖人还能蝉联总冠军吗?"等着瞧吧。""鲨鱼"说,"我只知道一件事:你要让一条大狗去守大院子,你得给那大狗一点大骨头吃。你得喂饱他们。你不能让他们干坐着,屁事不干。"

2000/2001赛季就这样在你来我往的争执中流逝着。科比偶尔31投8中,偶尔26投20中,上演着联盟顶尖得分手的演出。对于质疑之声,他只简单地回答:"我想为球队取得胜利。"

很多年后,"禅师"回忆这一年时,说他做了个决定:科比和"鲨鱼"吵?

嗯,很好,那就任他俩自行其是吧。

"禅师"了解"鲨鱼"和科比:虽然一个大大咧咧,一个好胜如狂,但骨子里,他俩都抵触他人的干预,逆反心理强得仿佛青春期少年。所以不必去劝,就任他们彼此折腾。久而久之,他俩都不是笨蛋,会自己得出结论,知道怎么相处的。

2001年春天,经历过无数争吵和反思后,多多少少,科比的桀骜之气渐渐消减。他和"鲨鱼",似乎慢慢形成了一种认知:他们不喜欢彼此,但他们也知道,要夺取冠军,他们谁都离不开对方。

2001年初春,《体育画报》杂志的球探报告如是说:

"'鲨鱼'屁股一坐回板凳,科比就不在意其他球员了。他立刻就接管了比赛,俨然湖人是他的球队。但'鲨鱼'在场时,科比还是经常传球给'鲨鱼'的。好像他们已经达成了一种默契:如果有配合,他们就完成。但如果有另一个方案——比如,'鲨鱼'没必要传给科比,或科比没必要传给'鲨鱼',他们就会选那个更自私的方案。"

这个报告的结尾:

"我很怀疑,为什么湖人不多用'鲨鱼'+科比的二人转。他们一起在强侧拉开二打二时,根本无人可挡。"

2001年春,"鲨鱼"的脚趾、踝、膝等的酸痛又开始折磨他。他错过了2001年全明星赛。同时,科比在3月也被零星伤病折磨。湖人的战绩一低迷,他俩都明白过来:要夺冠,那实在不是斗气的时候。

2001 年春天，组织后卫德里克·费舍尔回来了。因为脚伤，他缺席了赛季前 62 场。他归来时，湖人 41 胜 21 负。两个月后，霍里如是评价：

"那只猫回来了，一切都正常了。"

费舍尔只是一个 185 厘米的五年级组织后卫。他靠积极性和骗进攻犯规弥补防守能力不足，他远射时很大胆。然而，他和科比是同级生，一起经历过漫长的板凳期。科比信赖他，"鲨鱼"喜欢他。有费舍尔负责调配球，"鲨鱼"和科比都觉得可以接受。

费舍尔归来后，湖人 7 胜 5 负。然后从 4 月 1 日开始，湖人发力，八连胜结束赛季。或者是因为前途略显坎坷，"鲨鱼"和科比略带孩子气的争吵暂告平息。56 胜 26 负，这就是湖人 2000/2001 赛季的结尾。这个赛季的有趣结尾："鲨鱼"场均投篮 19 次，28.7 分；科比 22 次，28.5 分。

"鲨鱼"打了 74 场比赛（缺席 8 场中有 1 场是为了回母校领学位。"从此我有学位了，可以找个正经工作啦！"），57.2% 的命中率联盟第一，场均 12.7 篮板、3.7 助攻和 2.8 封盖。联盟第一阵容中锋，常规赛 MVP 选票第三。科比打了 68 场，场均 28.5 分 5.5 篮板 5 助攻，年度第二阵容。

战绩上，湖人比前一年的 67 胜差了许多。但 2001 年 4 月 1 日之后的全胜纪录，却足以让联盟震动。那是风云变色、席卷西部的前奏。

在季后赛开始前，科比做了件事：

他两年前认识的那个叫瓦妮莎的姑娘，那个有拉丁血统、说西班牙语、如果放在得克萨斯准会成为当地巧克力甜心的美女，始终没得到科比父母的好感。但科比决定自作主张。

2001 年 4 月 19 日，科比结了婚，没有邀请队友，没穿结婚礼服。有媒体认为，这次婚姻犹如儿戏，不负责任。乔·布莱恩特夫妇同样没有出席婚礼，他们采取了一种最为极端的方式来反对这件事：他们和科比分居，搬回了费城老家。

即便是他的婚姻都有着他的个人色彩。突兀，随性，在喧嚷的争议声中自行其是。22 岁，科比有了自己的家庭，仿佛是迫不及待证明他的独立人格。他和妻子在洛杉矶逛街，为妻子买下 1350 万美元的豪宅。他想成为一个独立成熟的男人。

14 所向无敌

季后赛首轮，湖人遇到去年大战七场的冤家开拓者。湖人挟着4月全胜的风雷之速，略无迟疑地碾过开拓者，毫无余地。3比0。第一场湖人106比93轻取。第二场湖人106比88血洗。湖人甚至派"鲨鱼"去投技术犯规罚球——何等的轻蔑，何等的嘲弄？第三场湖人99比86晋级之夜，科比滑冰般溜过开拓者板凳："那，你们被开除了！"

开拓者景况不佳——全明星赛后15胜17负，皮蓬在跟球队闹矛盾。这让湖人应对起来实在是游刃有余。系列赛结束，科比说皮蓬依然是他心目中的英雄，但他却以场均25分对13.7分压倒了皮蓬。"鲨鱼"则公开地说："没人可以阻挡我。"他3场一共得到81分，抓到47个篮板，34罚21中。"鲨鱼"又开怀了：

"我是个篮球手，可我也是橄榄球手。我还是个冰球手，除了我不滑冰！"

"鲨鱼"和科比怎么忽然从左右互搏变成了史上最可怕组合呢？费舍尔摇了摇头：

"赢球解决所有问题，就这样。"

很奇妙的是，科比和"鲨鱼"都很期待季后赛到来。对他人而言，紧张惨烈的季后赛却能给他们内心的平静。

他们终于可以暂时抛弃各类恩怨，不再为常规赛的鸡毛蒜皮争闹，专心为胜利而战了。

他们不是不懂如何配合，他们了解胜利的法则。只是，他们一个年少气盛不愿久居人下，一个方为霸王最恨被忽视。他们的争强好胜，一小半出于各自对胜利的渴望。因此，当他们需要胜利时，其他一切都可以放在一边。湖人击败开拓者后，已是从4月开始的第十一连胜。开拓者主帅邓利维悲观地预言：

"我想不出哪支球队能击败他们。"

2001年5月，"鲨鱼"和科比好像定了协议。"鲨鱼"负责统治主场，科比在客场上演魔术。当然，大多数时候，是他俩联手统治比赛。

"如果'鲨鱼'跑来告诉我：'科比，我不想一个人每晚独撑比赛，你会帮我吗？'我会说，我准备好了。"

科比真的准备好了。

西部半决赛，对手是常规赛55胜的国王。那是克里斯·韦伯职业生涯的巅峰期，是史上最才华奔溢的队伍之一。第四场，湖人119比113击败了国王。4比0，湖人连续第二轮横扫。前一年，湖人咬掉国王用了五场，击败开拓者用了七场。2001年，全部是横扫。

第一场，在洛杉矶观众面前，"鲨鱼"让在这里打了7年球的迪瓦茨颜面扫地：他拿了44分21篮板，科比29分；第二场，"鲨鱼"43分20篮板。NBA历史上第一位连续两场季后赛40分20篮板以上的球员。他没能阻止迪瓦茨的中投和妙传策应，但他雄霸内线，让国王球员每次走到篮下都心口发闷眼前发黑。科比27分。

湖人挟2比0优势去到萨克拉门托后，迪瓦茨领着兄弟们围剿"鲨鱼"，可是外围门户洞开。科比华丽转身侵袭篮筐，让人眼花缭乱的一对一摆脱后投篮，第三场，湖人103比81血洗国王，科比36分。

"鲨鱼"当然已经无人可敌。他在第三场宣称，即便是史上第一防守者、十一枚戒指在手的比尔·拉塞尔来防他也不行。"他入行时才100千克出头？太轻了！"他庞大的身躯如紫金锤，劈开迪瓦茨、波拉德、韦伯的包夹。迪瓦茨朝媒体和裁判抱怨道：""鲨鱼'经常三秒违例！""'鲨鱼'经常使胳膊肘砸人！"但无济于事。

前太阳后卫安吉指出：

"你不能只是包夹'鲨鱼'，你是要凶恶地包夹他，你需要勇气，你知道会挨几下肘子——实际上，没人愿意去防'鲨鱼'。"

迪瓦茨的亲身感受：

"他用肘子稍微捅一下你，裁判眼里看来动作很小，你就受不了。他太壮了，轻轻一下就能让你失去平衡。没人可以防住他。没人。"

第四场，国王终于限制了"鲨鱼"。第四节"鲨鱼"被罚下时只得了25分10篮板，国王刚喘了一口气，科比却打出了职业生涯季后赛最华丽的比赛之一。

——1997年对爵士，2000年对步行者，每次"鲨鱼"被罚下场，科比都试图接管。

——但这一晚，属于科比。

华丽的弧顶变向突破，抛射不中后高高跳起，前场篮板补中。

助攻弱侧费舍尔投中三分。

抓到后场篮板后一条龙突破，追身中投得分。

弱侧神出鬼没地抄球，追身中投得分——科比露出了杀气。

弧顶连续用变向晃动闪开国王防守干将克里斯蒂，在迪瓦茨头顶扣篮——就是5年前，那个与自己交换的迪瓦茨。

"鲨鱼"默认了：在客场，主动权属于科比。他可以在反击中自主支配球，他可以独自单挑。科比甚至去嘲讽了国王的王牌克里斯·韦伯，在一次被犯规后去和216厘米的迪瓦茨对视。他喜欢对手的怒火。

每次得分后，科比都用力地咀嚼口香糖，恶狠狠地摇头微笑：

"你们太烂了！"

单是击败对手，没法让他过瘾。他必须挑起对手的怒火，看对手冲他恶狠狠地冲来，他才有继续凌虐对手的动力。

第二节，科比一个华丽的变向晃开克里斯蒂，面对国王两大内线抛射得分，追加罚球。"鲨鱼"在板凳上开始为他叫好："上啊，哥们！"第三节，"鲨鱼"内线接球后，等着科比走位，回传，科比用一个妖异的高手位抛射得分。似乎被这个球激励了，科比明白了："鲨鱼"允许他自行发挥。

比赛最后时刻，科比运球穿越国王的双人夹击，在底线施展一个匪夷所思的后转身，横向滞空，右手送出球打板得分，投中本场个人第15球。全场比赛，科比打满48分钟，29投15中，得到48分16篮板3助攻。

"人们总说我俩不能共存，但'鲨鱼'和我都知道如何成就彼此。"科比说。

科比也许并不把国王当作对手，他真正的对手依然是"鲨鱼"，是湖人的王权，是联盟第一的头衔。用国王克里斯蒂的话："他弹速惊人，就像个高跷棍似的。"他苦练的中投，他闪电般的第一步，他华丽的一对一，他的杀气，国王难以应付。在第四场"鲨鱼"被罚下后，费舍尔读出了科比的眼神：

"他为这一刻准备良久，他知道属于他的时候到来了。"

是的，科比简直是在等待"鲨鱼"给他让出位置。四年前，哈里斯教练说，他没法轰走"鲨鱼"，把位置让给科比——但这一晚，这一切成真了。

国王的里克·阿德尔曼教练哀叹：

"我被他们完全锤倒了。湖人会夺冠。他们有两个顶尖球员。你刚开始挡住一个，另一个就会来找你付出代价。"

淘汰国王，到西部决赛时，湖人已经十五连胜——2001年常规赛的八连胜，季后赛的七连胜。对手是圣安东尼奥马刺，1999年横扫过他们的对手，联盟防守最好的球队。蒂姆·邓肯和大卫·罗宾逊组成的"双塔"在等他们。

结局出乎所有人意料。

西部决赛马刺VS湖人第一场，湖人速度极快：科比在反击中就不断提速，不等马刺落好"双塔"的防守位，甚至都不等"鲨鱼"，就肆无忌惮地出手。马刺被

季后赛首轮3比0横扫开拓者，次轮4比0横扫国王。进入季后赛模式的科比和"鲨鱼"放下争执，变得无人可敌。

追跟湖人跑往返；可是，马刺外围并不以速度见长，能慢不能快。他们唯一有速度的外围德里克·安德森，还在养肩伤呢！

科比上半场依靠守转攻的突击得到17分，下半场，"禅师"让他担当湖人的主攻：反击中，科比有权自己带球决定反击；阵地战，"鲨鱼"甚至到罚球线让出空间，允许科比突破；马刺必须严防"鲨鱼"，空不出别人来夹击科比，于是，科比在罚球线一带自由自在地中投和突破。下半场，科比28分，全场45分。"禅师"赞美道：

"他顺着进攻节奏而行，没去刻意投篮，机会自己去找了他。"

马刺在第四节一度将分差追到10分，但科比用一记空接扣篮、一记前场篮板补进、盖掉"小将军"的上篮后一记弧顶三分，锁定胜局。他的灵巧和速度，超出马刺所有外围球员一个次元。湖人队友霍勒斯·格兰特，乔丹前三连冠的老队友，都为此目瞪口呆：

"这是乔丹级的演出。"

这本该是"鲨鱼"和邓肯的对决——第一场"鲨鱼"22投11中28分11篮板，邓肯则是28分14篮板6助攻5封盖，巨人们打个平手。但科比出现，破坏了平衡。

也就此奠定了之后比赛的基调。

第二场，邓肯打出了壮丽的40分15篮板3助攻4封盖表现：他使出了浑身解数，背身勾射、翻身跳投、面框突破罗伯特·霍里之后翻身扣篮，第四节，他甚至有一个起跳、弯腰、空中晃过两个人之后的换手上篮。但科比继续轰击马刺外线，28分7篮板6助攻，而且在关键时刻，当"鲨鱼"再次吸引马刺全队夹击时，科比在弧顶瞄了半晌，射中了关键的三分球。

湖人88比81，2比0领先，马刺两个主场全破。

忽然之间，一组剑拔弩张的系列赛大局已定。大卫·罗宾逊，"鲨鱼"的老对手，做了一个黯然的结论：

"'鲨鱼'和科比在这儿……湖人就像把两瓶毒药放在你面前，让你挑选。"

这话耳熟吗？1999年总决赛期间，"小将军"也曾骄傲地说道：

"跟我们交手，你得自己选一杯毒药服下。你太在意'双塔'，我们的射手会伤了你。太在意我们的射手，'双塔'会一整晚扣篮不停。"

第三场，德里克·安德森复出了，但为时已晚，而且状态不佳：之后的两场比赛，他合计10投0中。

湖人111比72血洗了第三场，"鲨鱼"35分17篮板，科比36分；随后是111比

82 的血洗，科比 24 分，"鲨鱼" 26 分 10 篮板，费舍尔 13 投 11 中 28 分。湖人 4 比 0 横扫马刺。

"鲨鱼"张嘴嚷嚷了："科比是我的偶像！他是联盟里最好的球员，比其他人好一大截儿呢！"

他的老习惯了。如果没最后那句，也许这段话还像真的。但这么一说，倒像大哥哥在刻意吹嘘小弟弟。"鲨鱼"不会承认他低于任何人——他的傲性使然。

如此说辞，更像是大度的、暗藏机锋的和解。

到此地步，湖人所在意的已非冠军，而是历史了。1983 年改变赛制以来，1989 年活塞、1991 年公牛、1999 年马刺三队，在总冠军征途上有过 15 胜 2 负。哪怕空前绝后的 1996 年公牛，总决赛时也有过一场败绩。而回首湖人征途：2001 年 4 月 1 日之后，他们便再不知输球是何滋味。八连胜，然后 3 比 0 击败常规赛 50 胜的波特兰开拓者前锋群，4 比 0 击散常规赛 55 胜的萨克拉门托国王，西部决赛更将西区第一的马刺 4 比 0 横扫。当者披靡，纵横决荡。大卫·罗宾逊断言：

"东部的球队根本不可能是他们的对手。"

"鲨鱼"的总决赛对手：费城 76 人。

2001 年的湖人一路横扫，挟十九连胜之势来到总决赛。而他们的对手费城 76 人伤兵满营，一群钢铁硬汉防守加阿伦·艾弗森独力擎天，4 比 3 险胜猛龙、4 比 3 拿下雄鹿，艰难杀到总决赛。挑战湖人？雄鹿败北时，主帅乔治·卡尔曾经忠告：这就是一场"钢铁工人 VS'禅师'"的比赛。76 人主帅拉里·布朗甚有自知之明："这就是大卫 VS 歌利亚。"

大卫 VS 歌利亚，也许正适合两位王牌的对比。1996 年状元，联盟历史上最矮常规赛 MVP、得分王的阿伦·艾弗森扮演大卫，对阵歌利亚——1992 年状元，联盟历史上最庞大、最魁梧、最类似洪荒巨兽的怪物"鲨鱼"奥尼尔。乔丹退役之后，连续三年，得分王自他们二人中决出。他们是全联盟攻击力最恐怖的两个人，可是方式却又是两个极端——一者以速度、敏捷、小巧取胜；一者以力量、步伐与体格取胜。

2001 年 6 月，歌利亚俯瞰着大卫。全世界在为不败的湖人唱赞歌。世界相信湖人不是去战斗，而是去例行公事地赢一轮比赛。媒体歌颂着湖人横扫费城，因为如此一来，湖人就将破掉 1983 年费城的纪录——18 年前，费城上一次总决赛之旅，创造过季后赛只输一场（在东部决赛）夺冠的纪录。1983 年，摩西·马龙和

"J 博士"的费城曾经横扫过"魔术师"的湖人。

但是传奇出现了：

2001 年总决赛第一场，尤其是，湖人开场一波 16 比 0，第一节过半便 18 比 5 领先。湖人替补已迫不及待地庆祝胜利。胜利已在手边，横扫指日可待。

可是英雄出现。

第一节后半段，艾弗森独得 10 分。第二节，他在科比头顶一记跳投开局，76 人 24 比 23 反超。费城人用防守陷阱围捕猎物，然后是不断划过天空的长传，总在你一眨眼间，艾弗森已经完成快攻跑回半场。湖人单节 6 个失误，优势被费城不断蚕食；第二节，76 人中锋盖格尔忽然开了天眼得了 8 分。而阿伦·艾弗森完全不可阻挡，左右翼侧游弋跳投出手如风，任何对位者的跟随都像慢动作重播。盖格尔跳投使 76 人 41 比 40 领先，随后艾弗森接管比赛：包揽了 76 人上半场的最后 15 分，全是他招牌的华丽晃动后得手。一记三分球，76 人 56 比 48 领先半场。

仅仅上半场，艾弗森就轰下了 30 分。他一个人压倒了无敌的湖人。拉里·布朗摇了摇头：

"上半场的他，是你可以想象的球员极限。"

第三节，艾弗森助攻杰梅因·琼斯扣篮，一记跳投加一个奥尼尔头顶的上篮，继续拉大分差。抢断得手，一记上篮，再一记后仰跳投，斯诺跟进上演一个打三分。费城在斯台普斯中心以 73 比 58 领先 15 分。

穆托姆博以犯规为代价阻止"鲨鱼"的肉搏计划，到第三节终于塌陷。"非洲大山"坐上板凳后，"鲨鱼"所向无敌，半节轰下 14 分。另一边，菲尔·杰克逊出招了：一个和艾弗森一样梳着地垄沟头、一样身高的小伙子出场：泰伦·卢。

"我尽力不让艾弗森接球。因为一旦他得到球，作为世界上最好的切入手，根本无法阻止。"卢说，"我们反正就是尽力不让球到他手里。"

这个勤勉的小伙子不惜一切代价地跟着艾弗森。76 人的进攻熄火。湖人蚕食了巨大的分差，以 77 比 79 仅落后两分进入第四节。第四节还余 1 分 57 秒时，"鲨鱼"接科比传球扣篮得手，94 比 92，第二节以来，湖人首次领先。斯诺还以一记跑投。此后双方连续投失。比赛进入加时。

势头重新倒在湖人一边。整个球馆的金色火焰又开始升腾：大比分领先，被艾弗森的神勇所慑转而落后，奋起直追进入加时。"鲨鱼"勾手得分，科比上篮得分，"鲨鱼"罚中。湖人 99 比 94 领先。拉加·贝尔被包夹，时间即将走完。

那时，76 人似乎大势将终。但是——

贝尔用左手投进了一记勉强的跳投，时间还余 2 分 19 秒。转折点再次到来。

艾弗森两次罚球得手，76人98比99只落后湖人一分。湖人叫暂停。下一回合，泰伦·卢投篮失手倒地，76人抓到篮板，艾弗森反击。卢站起身来时，看见艾弗森起手一记三分球。101比99，76人以一波动人心魄的7比0反超。时间还余1分19秒。

"那真是伤人见血的一刀。"湖人教练席上的菲尔·杰克逊赛后说。

湖人福克斯传丢，76人进攻。底线，艾弗森和泰伦·卢一对一。切入，急停，拉球后撤步。泰伦·卢失去重心，倒在地板上。艾弗森起手跳投，103比99领先。

然后回过头，跨过泰伦·卢，跑回半场。时间还余47秒，整个斯台普斯中心被这一击直中咽喉。大局已定。

费城76人，在全世界一边倒的"横扫"声中，在洛杉矶的心脏，剜走了第一场胜利。

在阿伦·艾弗森的48分表演之下，湖人的季后赛全胜纪录，至此破灭。

季后赛以来所向无敌的科比，此场22投7中只得15分。"鲨鱼"面对年度防守球员穆托姆博，轰下了44分20篮板5助攻。纵横西部的"OK组合"，忽然之间，又变成了"鲨鱼"为主、科比为辅的格局。

但这一败给湖人的两个收获：他们知道该用泰伦·卢来防艾弗森了；他们在"鲨鱼"身上找回了对付76人最好的武器。

他们的信心毫无动摇。他们相信：第一场仅仅是意外，是属于阿伦·艾弗森一个人的逆天奇迹。他们需要做的，只是稳稳地解决费城。

值得一提的细节：艾弗森横勇无敌，但全场比赛，科比防艾弗森时，艾弗森18投7中；湖人其他球员（包括泰伦·卢）防艾弗森时，艾弗森23投11中。科比那场3个封盖，全都送给了艾弗森，还逼着艾弗森投了起码三个没碰到篮筐的跳投。AI面对科比投中的7个球，除了一次是科比换防过来补位、一次是吃穆托姆博的掩护外（湖人防掩护不换防），每一次科比都是跟到位了。他还多次用他快速的左横移，让艾弗森无法施展舒服的右手突破，多次把艾弗森逼到翼侧。只是艾弗森确实太强了。

这也是连续第二年总决赛，科比去对位对方个子最小的球员。

第二场，湖人先声夺人。科比第一节得到12分，"鲨鱼"第二节得到12分。艾弗森被湖人围追堵截，当他企图快攻，湖人就用霍里或格兰特提前包夹限速；当艾弗森在半场进攻接球，湖人全队逼他向左，然后把他向底线陷阱压去。于是艾弗森29投仅10中，23分。科比第二场找回手感，31分，但"鲨鱼"依然是真正的统治者：19投12中28分只是寻常，20篮板9助攻8封盖的准四双成绩才真正令人震撼。

第三场，湖人领先10分进入半场。但艾弗森和穆托姆博分享了全队第三节21分中的16分，拼命追上。湖人第四节重新领先9分后，艾弗森、贝尔和斯诺的三后卫阵形重新开始绝地反击，但霍里突如其来的单节12分搅了好事，艾弗森全场30投12中35分12个篮板的努力，就此化为泡影。科比32分，"鲨鱼"30分12篮板3助攻4封盖。

一如2000年底，拉里·布朗老爷子所言："科比无疑是联盟前五的球员，但'鲨鱼'？他是历史上最有统治力的球员之一。"

"鲨鱼"没再给费城机会。

"'鲨鱼'，你怎么对付穆托姆博？"

"有本事就来挑战我，正经点儿来跟我打，别玩虚的。我就要这个。把我当世嘉游戏机，来跟我对打呀！"

"你觉得，比起1995年对抗'大梦'时，你成熟点了吗？"

"我夺第一个冠军前，我失败过7次，呃，8次？你知道，这只是让我成长。现在我是个老兵了。我不想当个假绅士了。"

第四场，艾弗森继续35分的表演，但穆托姆博无力抵挡"鲨鱼"。湖人第三节一度领先20分，艾弗森再次带队反扑将分差追至7分，此后"鲨鱼"扣篮、肖三分球解决问题。科比将舞台留给了"鲨鱼"，自己19分10篮板9助攻的全面表现。"鲨鱼"34分14篮板5助攻。第五场，艾弗森第一节便得11分，但此后76人抵挡不住"鲨鱼"和科比的联手出击。科比26分12篮板，"鲨鱼"29分13篮板5封盖。湖人稳稳取下108比96的胜利。

这天是2001年6月15日，周五。在费城人面前，湖人取下自4月以来24场比赛的第23场胜利。季后赛15胜1负，总决赛4比1。湖人以历史上最居高临下、最摧枯拉朽的优势，取下了2001年总冠军，蝉联NBA之王。

比赛结束，已经是周五深夜了，"鲨鱼"上了球队大巴，怀抱着他的第二座总决赛MVP奖杯。

"闻到了没？没闻到？这是胜利的滋味儿啊！"

上一年，"鲨鱼"用史上最具统治性之一的个人表现——总决赛场均38分17篮板——夺冠，证明他是联盟历史上最有统治力的球员之一。这一年，他完成了卫冕，而且他的球队展现了历史上首屈一指的统治力。福克斯说：

没有意外，科比和"鲨鱼"率领湖人4比1战胜费城76人，以统治级的表现赢得两人的第二个总冠军。

"让人满意的不只是我们赢了冠军,而是我们统治了冠军。我们常规赛不大顺,但一旦找到自己,就所向无敌。"

"鲨鱼"并没忘记顺便压了一下科比。如果说,西部季后赛一路横扫之间,科比正逐渐逼近"鲨鱼"的王者地位,那么总决赛科比41%的命中率和场均25+7+6的表现,显然为"鲨鱼"让开了路。西部决赛,"鲨鱼"还在念叨:"科比是我的偶像!联盟最好的球员!"总决赛,"鲨鱼"用总决赛MVP奖杯证明:他依然是这个世界上最好的球员。

于是,他可以居高临下评价科比了:"他是我们成功路上很重要的一部分呀!"

"人们总以为我俩彼此仇恨?不是那回事。不然我们怎么可能蝉联冠军呢?"

"鲨鱼"赢了冠军,他的球队是联盟最有统治力的帝王之师,他把持着这个时代。第一个冠军让他坐上王座,第二个冠军则确认了他的统治。"鲨鱼"念叨着第三个戒指:

"我很贪婪的哟!"

2001年6月15日这一夜,他是一切的胜利者。他抱着总决赛MVP奖杯坐在大巴上,坐在科比前一排。他俩开了几句玩笑,然后各自看着窗外。

"鲨鱼"当然知道,身后这个22岁男孩,想要自己手里这个奖杯。他们吵了一整年,最后联手夺冠了。很滑稽,但他们知道彼此的强大。他知道,科比的野心有多可怕,他想要总决赛MVP,想要NBA王权的真正象征。

可是宝贝儿,我不给,你不能抢。

15 三连冠

2001年夏,"鲨鱼"蝉联冠军这年,NBA实行了个规定:允许了实行区域联防。

"鲨鱼"立刻口出怨声:"在NBA打球的都是爷们。一个成熟的男人根本不需要联防。如果你打不了人盯人,你就不该在这儿。"

他说得对。联盟就是要限制他。他的缺点就是太强大,触犯了周遭人的审美习惯,触犯了商业利益。历史进程中,中锋被不断套些枷锁、拔掉牙齿、割掉爪子、蒙上眼睛:这是一个把运动朝戏剧不断转变的过程,如果反派过于强大,就得被不断修改,直到被万年不死的主角踩在脚下。

2001年夏，湖人没续约哈珀和格兰特。两位老将离开，萨马基·沃克、老将里奇蒙德补进。湖人很清楚：只要"鲨鱼"和科比还在，角色球员尽可以随意调换。哪怕规则改换，哪怕"鲨鱼"已经逼近30岁。

2001/2002赛季开始前，"鲨鱼"给他的右脚趾做了手术——他可怜的脚趾、膝和踝要承担150千克体重来往奔跑，确实辛苦。

科比将这一切看在眼里。

2001/2002赛季前两个月，"鲨鱼"依然是往日的"鲨鱼"：揭幕战对开拓者，"鲨鱼"29分18篮板5助攻5封盖，科比29分7篮板4助攻。对爵士，"鲨鱼"31分，科比39分。对太阳，"鲨鱼"36分6封盖，科比24分9助攻。对魔术，"鲨鱼"38分18篮板，科比28分8助攻。湖人前17场比赛16胜1负，战绩遥遥领先全联盟。

但问题依然存在。

湖人的大多数球员，包括"鲨鱼"，都多少有些自得。他们拿了两个总冠军，在2001年夏天所向无敌，季后赛一共只输了一场球。他们觉得自己只要乐意，可以随时击溃对手，于是不妨偷个懒。

而科比则不然。在洛杉矶整个"我们很强大，我们要度假"的氛围中，他依然急不可耐地想证明自己。比赛中，他总是最凶恶积极的那一个。

2002年1月14日，湖人对战灰熊。"鲨鱼"缺阵，科比接管比赛了。

那晚，他遇到灰熊的两个新人：小他两岁的西班牙大个子保罗·加索尔，与他同岁却刚从杜克大学毕业的防守大师肖恩·巴蒂尔。当晚，在大学篮球界被认为早熟到完美的巴蒂尔，遭遇了NBA生涯第一场噩梦：

当时还没留起大胡子的加索尔，一开场连得10分，科比开始愤怒了：突破之后跳步扣篮，底线突破后在加索尔手边上篮，侵略如火，无所不能。加索尔一直在试图指挥队友补位。几次徒劳地举手之后，加索尔看看巴蒂尔，摊摊手，瞪眼睛，一脸的表情都在说："我们防到位了呀！"

科比打了34分钟，得了恐怖的56分。下半场，他每次咄咄逼人地得分后，都会跟全队击掌，露出恶狠狠的表情：下排牙齿前伸，双目如炬。微妙的是，他的球鞋上写着34——那是"鲨鱼"的号码。

他在想什么呢？

2002年全明星赛，科比独得31分，拿到自己第一个全明星赛MVP。

3月，"鲨鱼"复出。

他还是可以一高兴就每晚40分。2002年3月前半个月，他33分12篮板、

36 分 14 篮板、40 分 12 篮板、28 分 12 篮板、40 分 8 篮板，一连串的华丽演出。湖人取得 8 胜 1 负的好战绩。

没人敢看轻湖人。热火前锋克里斯·加特林认为："常规赛对他们来说只是热身。他们凌驾于其他球队太多了。"但比尔·沃顿却觉得："'鲨鱼'和科比还是无敌的，但你可以试着压倒其他球员。比如，国王和小牛的进攻武器之多，足以把湖人角色球员干掉。"

但拉里·布朗这么描述：

"去年，'鲨鱼'身体在巅峰，所以湖人无敌。但今年，他的状况似乎不那么好。"

的确，"鲨鱼" 30 岁了。

联防规则的实行，让全联盟内线面对他时可以喘口气了；而他已经越来越懒得离开篮下，所以全联盟对手都知道：用高位挡拆和跳投来干掉他。虽然"鲨鱼"轻蔑地认为跳投型球队都是软蛋，但国王的确在朝六十胜前进。

科比并不跟"鲨鱼"斗气。这一年，他的策略是："鲨鱼"在场时，他让"鲨鱼"开心地打球；"鲨鱼"不在场，他接管比赛。里奇蒙德说，科比在训练和比赛中，用各种方式，暗示他是湖人的王牌。

"他并不针对任何人，也不是恶意，只是习惯这么表达自己而已。"

2002 年 4 月常规赛结束，湖人 58 胜 24 负。"鲨鱼"和科比双双杀进 NBA 年度第一阵容。"鲨鱼"继续常规赛 MVP 选票第三，场均 27.2 分联盟第二，但因为脚趾的伤，他场均 10.7 篮板和 2.0 封盖都是职业生涯偏低水准。而科比场均 25.2 分 5.5 篮板 5.5 助攻，以及职业生涯当时最高的命中率 47%。

这是科比职业生涯第一次年度第一阵容。

那年的常规赛 MVP，属于马刺的蒂姆·邓肯。那是 26 岁的邓肯第一座常规赛 MVP 奖杯。

"鲨鱼"一再表示，自己对常规赛 MVP 没兴趣。何止 MVP，他连常规赛都懒得搭理。"我是 MDP！"然后他解释，"也就是最有统治力球员。不要跟我谈论奖项！"

季后赛到来，湖人再次遇到老冤家开拓者。第一场拉希德·华莱士在湖人内外点火，25 分 14 篮板 4 记三分球，打得沃克和霍里晕头转向，但科比 28 投 10 中 34 分，"鲨鱼"稳稳地 17 投 10 中 25 分，湖人防到开拓者其他球员命中率只有 37%。第二场，科比 21 投仅 5 中，但"鲨鱼"统治内线，31 分 14 篮板，压倒对

2001/2002赛季的全明星赛，科比独得31分，拿到自己第一个全明星赛MVP。常规赛结束他还第一次入选了年度第一阵容。

面拉希德31分11篮板，湖人再胜，2比0。第三场"鲨鱼"和科比各7次助攻串联起全队，92比91有惊无险过关。

2002年西部半决赛，湖人四年里第三次遇到马刺。首战，NBA两位最伟大的巨人对决：邓肯去防了"鲨鱼"。结果是他们都筋疲力尽："鲨鱼"22投9中，23分17篮板——当然，他的手腕因为一场"家庭小事故"缝了针；邓肯26分21篮板5助攻4封盖，但30投只有9中。双方僵持到最后一分钟，邓肯中投得分，马刺只差一分了，但"鲨鱼"接到霍里的吊传，一记地动山摇的扣篮，科比一个急停跳投得到个人第20分，锁定胜局。马刺80比86输掉首战。

第二场，马刺88比85取胜，邓肯27分17篮板，但过程无比戏剧：马刺一度建筑起了21分的优势，但湖人进行了山呼海啸的逆转。在湖人追分过程中，除了安东尼奥·丹尼尔斯和鲍文，邓肯回过身，几乎看不到其他队友跟上。比赛最后一分钟，邓肯被夹击，传给罗斯上篮得分。科比在最后一秒走步失误，湖人没能追回。但马刺的波波维奇教练觉得不妙："湖人的反击证明了他们有多专注，而那会很可怕。"

带着1比1，马刺回到了圣安东尼奥主场，大卫·罗宾逊复出了——然而，科比爆发了。

第三场还剩6分半时，湖人81比80领先。之后，科比连得7分，带领湖人打出一波11比2结束比赛，科比全场31分。赛后，科比很淡然："我周围的一切事物发展，仿佛都变得集中了；如果你在比赛中情绪起伏太大，你很容易忽略掉细节。"

"禅师"觉得，科比这段话仿佛在冥想。他真的已经让自己达到这种境界了吗？

第四场，马刺第四节还剩6分钟时领先10分，但湖人开始了反击：比赛剩15秒时，双方85平。科比运球意图突破，被马刺的布鲁斯·鲍文戳掉，湖人的费舍尔捡起球，抓紧时间，强行投篮，不中，眼看马刺要守成这次进攻了，然而科比飞身向前，抓到前场篮板，补进。湖人87比85领先，赢下第四战，3比1领先了。

"鲨鱼"赛后，当然又夸了一通科比。他很知道：邓肯足以和自己分庭抗礼了。他依然是湖人的王牌，但如果没有科比，马刺实在没那么好对付。

第五场，洛杉矶。邓肯得到了34分25篮板4助攻2封盖，但湖人93比87赢球。伤未痊愈的罗宾逊，18分钟内没有得分，深感歉疚："今晚我理应多帮助蒂姆才是。蒂姆就像个超人似的，他在做一切。我只能说，湖人很棒。""鲨鱼"21分

11篮板，科比26分8篮板5助攻。湖人4比1淘汰了马刺。

连续第二年，科比成了马刺的真正杀手。马刺"双塔"合力，足以压制"鲨鱼"，但无法分心对付科比：这就是湖人"OK组合"的恐怖之处。

"简直就像两瓶毒药里选一瓶，逼自己喝下去似的。"

2002年西部决赛，连续第三年，湖人遇上了萨克拉门托国王。

2001/2002赛季的国王很奇妙：天才指挥家前锋韦伯因为膝伤，只打了54场比赛。可是塞翁失马，指挥塔迪瓦茨的传球，催醒了25岁的塞尔维亚同胞佩贾·斯托贾科维奇，他天下一绝的远射融汇水银泻地的普林斯顿体系，加上后卫毕比的鬼魅演出，让国王上演恢宏戏剧，全队7人场均得分在10以上。61胜的战绩领衔西部。那是国王的巅峰岁月，他们曲水流觞、弦歌乐舞的进攻繁盛之极。

湖人VS国王，联盟最强的明星组合VS联盟最遍地开花的套路。这是"鲨鱼"VS迪瓦茨：湖人两代中锋连续第三年相遇。巨大的、暴力的、凶恶的"鲨鱼"，对上睡眼惺忪、演技无敌、满脑子奇思妙想的指挥官迪瓦茨。

湖人赢了第一场：虽然国王的韦伯28分14篮板6助攻表演神勇，替补鲍比·杰克逊25分钟内射落21分，但代替佩贾首发的土耳其人特科格鲁8投0中。科比30分，"鲨鱼"26分。1比0。但第二场前，科比得了腹泻。洛杉矶电台称：有一个新泽西人潜入萨克拉门托，给奶酪蛋糕下了点药。动机很明确：东部冠军很可能是新泽西篮网。他们想提前把湖人干掉。

第二场，科比硬撑着21投9中，毕竟力不从心。"鲨鱼"接管比赛，上半场已砍落23分。但是迪瓦茨不动声色地对付了他：

他绕前防"鲨鱼"，他忽然闪开让"鲨鱼"坐空，他不等"鲨鱼"撞过来就演出他的奥斯卡演技坐倒。"鲨鱼"半场被吹第三次进攻犯规。"禅师"气急败坏从板凳跳出来：

"迪瓦茨在演戏！"

然后被吹了一次技术犯规。

"鲨鱼"被迫小心翼翼。下半场他只得了12分。全场35分。国王96比90赢了第二场。1比1。

第三场前，"鲨鱼"警告队友："别太早把球给我，我要看清裁判怎么对付我才行。"他蓄力不发，迪瓦茨的目的达到了。第三场第一节，国王一口气32比15领先，湖人再未追及。"鲨鱼"20分19篮板，但又被吹了5次犯规。湖人1比2落后。

三年以来，从所未有的窘境。

"鲨鱼"很生气："打败我们，只有一种办法——作弊！我对这种蝇营狗苟的事可没天赋！"迪瓦茨不动声色。他希望"鲨鱼"继续急下去。

科比在这时候，展示了他的成熟："1比2落后？挺好，这样我们就不无聊了。"

第四场前，霍里建议"鲨鱼"别在意哨子："打自己的比赛，让他们吹去！"首节科比被克里斯蒂盯住了，一分未得。第二节，湖人已经落后了24分，大比分1比2，主场落后24分。自2000年西部决赛第七场落后开拓者15分以来，这是最可怕的险境。

"鲨鱼"愤怒了。

他不管大脚趾的伤痛，无视迪瓦茨、韦伯、波拉德的干扰。投不进，他抓到前场篮板继续。云梯攻城般的坚韧。科比在后三节找到手感，得到26分，领着湖人追到了最后时刻。迪瓦茨罚中一球，湖人97比99落后，还剩最后一次进攻。

科比突破篮下，上篮不进。"鲨鱼"抓到自己本场第18个篮板，补篮，不进。球被拍出三分线外，一双手捡起了球。

那是湖人大前锋罗伯特·霍里。时钟上还有0.6秒。

国王全队知道将发生什么。迪瓦茨巨大的身躯朝霍里飞去。来不及了。霍里起手投篮，球划过迪瓦茨指尖。

罗伯特·霍里都干过什么呢？

——1995年总决赛第一场，尼克·安德森四罚不中后，火箭和魔术打加时。霍里在"鲨鱼"面前两记三分，让"鲨鱼"开始绝望。

——1995年总决赛第三场，是这个家伙在格兰特头顶一记跳投，绝杀了魔术。

——2001年总决赛第三场，是他的一记底角三分让湖人甩开了76人。

这个爱恨交加、恩仇纠结的家伙，投出的这记三分球在空中仿佛飞了一百年。

然后穿网而入。绝杀。湖人完成24分超级逆转，100比99击败了国王，2比2。迪瓦茨如此形容这记投篮："幸运。"但这确实是记拯救了湖人整个系列赛的绝杀。第五场，幸运降临在国王身上：92比91，最后时刻科比右翼绝杀不中，国王险胜了湖人。

3比2。主动权依然在他们这边儿。

于是进入第六场。

赛前，凌晨，"鲨鱼"接到了电话：来自科比。

"大家伙，我需要你。明天我们一起创造历史吧。"

这是那三年，他俩关系的终极写照。他们彼此怒视，吵吵嚷嚷，平时互相扯后

2001／2002 赛季，湖人和国王进入季后赛西部决赛。整个系列赛无比曲折艰难，打到第七场的加时赛才分出胜负。

腿。但到了生死之际，却深知只有对方才是值得依靠的。他们知道要压倒彼此是多么困难，也明白彼此只要通同一气，是多么恐怖。

第六场，洛杉矶斯台普斯球馆，国王 3 比 2 领先。湖人在悬崖边奋死搏击，一步不退。双方以 75 平进入第四节，湖人猛然发威。迪瓦茨的远射、特科格鲁的跳投，都无济于事。比赛结束前 4 分半，国王以 90 比 89 领先时，还在做着奔向总决赛的梦。但随后 3 分钟，湖人已经反超到 99 比 96。从此国王再未领先，直至终场。

106 比 102，湖人取胜，比分被扳成了 3 比 3。"鲨鱼" 41 分 17 篮板，科比 31 分 11 篮板。这俨然是他俩的胜利。

国王主帅阿德尔曼并不满意："我们队的人竭尽全力，但还是没能赢球；'鲨鱼' 4 次犯规，我们的大个子一共 20 次……这场比赛跟过去几场有相当大的不同。"韦伯的口吻充满冷嘲："我听说，冠军们注定要继续当冠军呀。"

"鲨鱼"回应："老子在联盟待 10 年了，只冤过大概 5 次裁判。"

然后他又补了句："国王队？我看他们是皇后队吧。"

当然，这场比赛，事后留下了巨大争议。

在比赛结束前 6 分 51 秒，"鲨鱼"勾射得分。从此直到比赛结束前 52 秒"鲨鱼"上篮命中，整 6 分钟，湖人除他之外，没有谁在运动战中投中过球——但这不妨碍他们把国王击败了。在此期间，科比、霍里、福克斯等人轮流罚球。湖人第四节罚足了 24 个球，全场罚球 40 比 25 领先国王。

2008 年，当值主裁判蒂姆·多纳西因为操纵比赛入狱时，提及了这一场：

"裁判 A 和 F 是联盟的人。2002 年西部决赛，联盟想让比赛进入第七场……"

无所谓了。第七场，湖人加时险胜，112 比 106。"鲨鱼" 51 分钟内 35 分 13 篮板 4 封盖，科比 30 分 10 篮板 7 助攻。科比在最后用裹着纱布的小指罚中锁定比赛的两球，全场 11 罚全中；"鲨鱼"则是极为争气的 17 罚 13 中。湖人 4 比 3 淘汰国王，连续第三次打进总决赛。

赛后，"鲨鱼"和科比并肩接受采访。那一瞬间，他们像是亲密的伙伴。"鲨鱼"念叨说，他打得很带感情。科比听着点头。被问到是否打过更美妙的系列赛——每一回合都性命攸关——之时，科比笑了起来："这系列赛真是有趣极了！"

最艰难的对手跨越了。2002 年总决赛，对手是杰森·基德率领的新泽西篮网。

2002 年总决赛第一战，基德 23 分 10 篮板 10 助攻的三双，篮网防到科比

16投6中只得22分。可是"鲨鱼"愉快地游了出来，36分16篮板4封盖，湖人99比94轻取。第二场，"鲨鱼"14罚12中。每次罚中，他都将右手悬在半空，瞪圆眼睛："噢噢！这是献给阿德尔曼的！"40分12篮板8助攻，湖人106比83血洗新泽西。2比0。

回到主场的第三场，新泽西摆出了联防，时常摆出三四人去尾追"鲨鱼"。比赛还剩6分44秒时，篮网94比87领先。"禅师"叫了暂停，然后，用他的话说："'鲨鱼'展现了影响力。"

"鲨鱼"温柔地发表了演说。他提醒队友一路走来有多么艰辛，而现在是控制比赛的时候了。福克斯心悦诚服："伟大的舞台，属于他的时代。"

最后半节，湖人打出19比9的高潮，106比103击败篮网。基德30分10助攻的努力付于流水。科比36分，"鲨鱼"35分11篮板4封盖。湖人3比0。剩下的故事没有了悬念。第四场，"鲨鱼"34分10篮板4助攻2封盖，科比25分5篮板8助攻，湖人113比107取胜。湖人4比0横扫篮网，成为2002年总冠军。

这是NBA史上第五次出现三连冠——1952—1954年麦肯率领的明尼阿波利斯湖人，1959—1966年八连冠的凯尔特人，乔丹的公牛在1991—1993年、1996—1998年那两次。这些都是名垂青史的王朝球队。

而"鲨鱼"，30岁，取下了连续第三个总决赛MVP。历史上只有乔丹实现过三连总决赛MVP的壮举。2002年，当老迈、伤病、规则等一系列不利因素袭来时，"鲨鱼"还是宣告了天下归他所有。他纵横宇内略无对手。他是王朝，是霸王。

NBA有这么一种人，可以凭只手之力来改变天下大势。人们崇敬他的伟大，也目测出他的极限。在他走过的奥兰多、洛杉矶和迈阿密，每一座城市都能够享受总决赛圣战的洗礼。30岁时，"鲨鱼"就有了三个冠军，自己的王朝。

"现在，我要准备结婚去啦！"

科比在一边，看着这一切。总决赛，他打得很好，尤其是他关键时刻的表现：总决赛所有第四节，科比场均8.8分，命中率达到63%。"禅师"也没忘了夸他："我们依赖着科比的成熟、领导力，以及他接管比赛的能力。他和'鲨鱼'真是一对啊！"

直到这时候，科比还没忘了西部决赛那支可怕的对手。"我肯定，萨克拉门托正在努力呢，他们正想努力夺走我们拥有的一切。我们会等着他们的！"

事实上，努力要夺走湖人一切的，不只是国王。

16 接管

2002年夏天,"鲨鱼"忙着过快活生活,在广告、唱片、电影的世界里巡游,顺便给右脚大脚趾做了手术,宣布要缺阵赛季第一个月。

"等我回来,全联盟都会有麻烦啦。""鲨鱼"打着哈哈,"但是,先让布莱恩特副将军接管一下吧!"他自己抱着3个总决赛MVP奖杯,琢磨结婚。他和未婚妻香妮·尼尔森孩子都有两个了。小他3岁的艾弗森和小他6岁的科比都在前一年结婚了。"不能拖啦。"

科比则走了另一个极端。

2002年夏天,科比给自己加了7千克体重,苦练了背身单打和远射。他整个身体都变宽了。曾经轻灵秀逸的他,成了一个肌肉怪。

他的风格也开始变了。刚入行时,他是个轻盈飘逸的攻击手;湖人第一个冠军时,他是个全能突破手,外加防守干将;后两个冠军,他是凶猛的面筐攻击手,还有高难度的中投,用繁复华丽的招式打球。

但2002年秋天,"鲨鱼"缺阵那段时间,科比打得如火焰般灼热。

2002年11月8日,波士顿花园,凯尔特人对湖人。科比咬牙切齿地看着对面的保罗·皮尔斯。

——保罗·皮尔斯,201厘米的小前锋,大科比一岁,晚他三年进NBA。当世除了科比,没有一个摇摆人可以跟他比得分技巧。2001年3月13日,皮尔斯代表凯尔特人对战湖人,全场19投13中,得到42分。赛后,"鲨鱼"揽住一位记者,怒吼道:

"把我的话记下来!我的名字叫作沙克·奥尼尔,而皮尔斯是真理!把我的话记下来,一点都不要漏!我知道他能打,但我不知道他这么厉害!保罗·皮尔斯是真理!"

2002年,皮尔斯进了全明星。凯尔特人主帅奥布莱恩说他"并不做让观众兴奋的事儿——但他所作所为都很有趣"。凯尔特人的助理教练莱斯特·康纳举了20世纪80年代NBA的两位得分王级小前锋做比较:

"皮尔斯身上,有一点儿范德维奇,有一点儿英格利什。他得分如此迅速,如此高效,你光看比赛以为他打得一般,看一眼数据发现他得了30分了!"常规赛,

连续三个赛季夺得总冠
军,科比和"鲨鱼"联手
成就了湖人王朝。

皮尔斯场均26分7篮板3助攻，然后与安托万·沃克一起，带着凯尔特人队杀进东部决赛。

科比喜欢跟这样的人对决。回到2002年11月8日，当晚一开场，科比如有神助，一口气在皮尔斯头顶投中了8个球。暂停时，所有队友都同情地看着皮尔斯，问他是否需要帮忙。皮尔斯怒吼道：不要！我要防他！我搞定！"

比赛最后，科比得了41分，但用了47次投篮，投丢30个球，创造了一项不算光彩的NBA历史纪录，最后9次投篮全失。皮尔斯自己得了28分。凯尔特人加时获胜。

那场比赛后，科比说，他跟皮尔斯在比赛中间抽空聊了几句。

"我跟保罗说，这样的比赛就像老年间的故事。我们是历史的一部分，是伯德与'魔术师'那种历史的一部分。那些古老的游魂依然在球场的椽子间飘荡。"

很多年后，皮尔斯说，科比最可怕的，便是这份执着。

"你得理解，科比就是用不停地投篮累垮防守人，他的职业生涯就是让对手逐渐丢失防守信心，而他攻击不停。他就靠这么打拿了五个冠军戒指。"

科比独挑球队大梁的前12战，湖人3胜9负。他不可谓不努力。开赛季五战，他单场篮板没低于过10次；对快船和开拓者，他分别是33分15篮板12助攻和33分14篮板12助攻，连续三双。对凯尔特人，他41分；对勇士，他45分；对火箭，他46分。可是湖人总是赢不了球。

2002年11月底，"鲨鱼"复出，一派轻松：

"好了好了，'鲨鱼'老爹回来了，一切都会好起来的，对吧？"

三周之后，2002年12月13日，湖人的战绩是10胜15负——"鲨鱼"和科比合力，也只让湖人6胜6负而已。

事实是：湖人老了。福克斯、霍里和肖满手冠军戒指，轻裘肥马，已经不复1999年对胜利的饥渴。他们也厌倦了给"鲨鱼"与科比做队友。湖人的角色球员防不住快攻，射不进三分——2003年1月4日，湖人败北太阳之战，三分线外21投仅有2中。

12月6日，湖人打了场经典之战：他们一度落后小牛30分，科比前三节只得6分。一种说法是，当时发生了以下对话，"鲨鱼"无法理解：

"你怎么了？"

"队友们抱怨他们没机会投篮，那就让他们投吧。"科比说。

"鲨鱼"把这话告诉了"禅师"，"禅师"跟科比沟通了。于是第四节，科比8投全中，单节21分。湖人第四节打出44比15的超级高潮，105比103制造了神奇逆转。但这一战后，湖人角色球员们开始窃窃私语："这个球队，到底怎么了？"

2002年12月26日，"鲨鱼"和香妮结婚了。可是湖人依然水深火热。

2003年1月，"鲨鱼"忍不了了。他公开发言：

"给我八个想赢球的队友，就这么简单！"

2003年1月7日，湖人战西雅图超音速。开场，科比还给"鲨鱼"吊传，但之后：

科比接"鲨鱼"传球，弧顶三分得手。

科比再次接"鲨鱼"传球，再次三分得手。

觉得手感不坏，于是第二节后半段，科比试探性地又一个三分。西雅图派欧洲人拉德马诺维奇来对位，科比看拉德马诺维奇站位靠后，抬手又一个三分。

全场洛杉矶球迷都在尖叫，科比性起，又一个三分球，接着又一个——仅仅第二节最后三分钟，他就是四个三分球。

下半场，西雅图并没长记性，于是科比又一个三分球，平了球队历史纪录。追身反击中，科比绕掩护，抬手又一个三分球——他进入了迷醉状态，展开双臂飘摇着。

超音速继续夹击"鲨鱼"，于是科比投进自己第9个三分球。全场球迷都在高唱科比的名字。第三节末尾，科比横向运球摆脱，第11个三分球——到此为止，他14投11中，平NBA历史纪录。

这是他2002年夏天苦练的结果：比以往出手点更高、更靠后、更不易防守的投篮姿势。第四节，拉德马诺维奇已经知道科比只想投三分了：面对高他10厘米的防守者，科比左手运球晃动，然后强行拔起，又一个三分球——创NBA纪录的单场第12个三分球得手。全场45分。

当然，并非每个人都高兴的。

2003年2月，"禅师"因为肾结石摘除手术，暂时离队。2003年2月28日，湖人在败给西雅图后，更衣室里没人能阻挡"鲨鱼"发威。

当晚，科比27投10中得到34分，而"鲨鱼"13投7中。联盟首席中锋生了气，对着西雅图那些唯恐天下不乱的记者大声倾吐：

"我很生气吗？当然，我当然生气了！但我也不知道，别问我这些问题，我根本就找不到答案。别问我为什么他们不把球传给我，我也不清楚，去问其他的家伙吧……我的出手次数应该不止13次，你们把这一点写下来，我需要更多的出手次数，而不只是13次！邓肯从来都不需要向他的队友要球，为什么我就非得这么做？"

科比解释说：

"当我们落后20分时，比赛便显得艰难。'鲨鱼'看上去不太对劲，他似乎正被伤病困扰……"

这次争端后，科比并不打算太给"鲨鱼"面子。2003年2月，科比在连续9场中得到40分以上。这9战中，湖人7胜2负。湖人战绩重新抬升。

他们不是第一次吵了。2001年"鲨鱼"吼出"把球传给我"时，他是洪荒巨兽般的中锋，科比是一个联盟第二阵容后卫。而2003年，"鲨鱼"的脚趾和体重泥沼般缠他的腿，科比却在创造一系列得分纪录。指望科比自觉妥协，实在不可能。2003年3月，"鲨鱼"又一次发出了求和信号。3月27日，击败亚特兰大老鹰后，"鲨鱼"高呼：

"科比就是MVP！我们拥有他真是太幸运了！"

3月28日，湖人对阵华盛顿奇才。科比最后一次对决迈克尔·乔丹。当晚，40岁的乔丹20投10中，得到23分，而24岁的科比面对防守他的斯塔克豪斯，29投15中，得到55分。

2003年4月，湖人闻到了季后赛味道，习惯性苏醒了。7胜1负结束常规赛，将战绩抬到了50胜32负。

"鲨鱼"出赛67场，场均27.5分11.1篮板3.1助攻2.4封盖。他的罚球率神奇地达到了62%。联盟第一阵容，以及第三次第二防守阵容。科比场均得分首次压倒"鲨鱼"，联盟第二的场均30分。

季后赛第一轮，湖人迈过明尼苏达森林狼的路径殊不顺利。首场科比39分、"鲨鱼"32分，让湖人旗开得胜。可是第二场，"鲨鱼"和科比各27分，怎奈替补合计16分，湖人被森林狼119比91血洗，凯文·加内特35分20篮板7助攻威风八面。第三场，"鲨鱼"28分加科比的30分依然败在了加内特的33分14篮板之下。

第四场第三节后半段，森林狼74比63领先。那时，似乎他们将要赢下这场，3比1领先湖人了。但是，用"鲨鱼"的话说：

"我们需要这场比赛，我们的背已经贴到墙了，退无可退。"

第四节变成了加内特与"OK组合"的对决。比赛最后剩35秒，加内特中投得手，95比96，但"鲨鱼"抓到前场篮板后得手，湖人98比95领先。加内特再次翻身跳投，但科比两个罚球锁定比赛。湖人102比97取胜。2比2。加内特竭力得到了28分18篮板5助攻，但是："鲨鱼"34分23篮板6助攻，科比32分——

2003年1月7日，湖人战西雅图超音速。科比投中创NBA纪录的12个三分球。这得益于他夏天的苦练：比以往出手点更高、更靠后、更不易防守的投篮姿势。

这就是所谓的"王牌组合"。

森林狼错过了最好的机会，第五场湖人没有留情面。科比32分，"鲨鱼"27分，加内特得到23分16篮板但无济于事：湖人120比90大胜森林狼，3比2。科比很得意：

"这种比赛就要看经验了。我们很了解该怎么处理，如何给对手施加压力。"

加内特依然硬气："我们在洛杉矶赢过球，我们可以去赢第六场。"可是第六场，科比在第四节得到14分，全场31分8助攻，"鲨鱼"24分17篮板9助攻。加内特得到了18分12篮板5助攻3抢断，但没法子，森林狼85比101败北。

"我很失望。"加内特低着头，"我们在系列赛里做了足够多的事儿，我们给了湖人许多麻烦。但他们在需要的时候可以瞬间提升水平。"

桑德斯教练则说了另一个细节：第六场，科比与"鲨鱼"合计得到55分，送出17次助攻，就是说，"他们球队得了101分，但有89分是与那两个人有关系的"。

但你可以从另一个角度思考：湖人需要科比和"鲨鱼"得到55分送出17个助攻才能赢球——其他人呢？

2003年西部半决赛，洛杉矶湖人连续第三年，五年里第四次，遇到了圣安东尼奥马刺。老熟人"双塔"又过来了。

但这一年的湖人不再是以前的湖人；同样，这一年的马刺，也不同了。

西部半决赛第一场，科比得了华丽的37分，但湖人82比87败北。理由？湖人另外四大首发加起来也就投了40个球，"鲨鱼"出手20次，科比出手多达38次。对位科比的布鲁斯·鲍文极其狡猾：他几乎是诱惑科比跳投，但绝少犯规——全场比赛，科比只罚了两个球。双方你来我往僵持到最后半节，马刺一波7比0甩开了分差，"鲨鱼"被罚出场后，湖人再没机会了。邓肯28分8篮板7助攻。

邓肯认为吉诺比利是大功臣：他得了15分，三分球3投3中，外加4个抢断，马刺替补得分远超湖人，28比4。邓肯如此说吉诺比利：

"在我们需要的时候，他是个伟大的推动机。"

第二场，鲍文让科比得到27分，24投9中，与此同时，自己得了27分——射中创马刺队史季后赛纪录的7个三分球。马刺114比95大破湖人。鲍文带着一副"我一点都不开心"的表情说：

"这是我打过最好的比赛！"

吉诺比利连续第二场发威：他在第一节就得到10分，让马刺31比18领先，全场17分全队第二。邓肯只出手10次，12分13篮板7助攻，帕克27分钟里9投5中得到16分。马刺多达六人得分两位数。

1999年以来第一次，马刺2比0领先湖人了。

马刺的防守大师，那邪恶又狡猾的布鲁斯·鲍文，起到了作用：科比两场比赛用了65次投篮只得到61分。

布鲁斯·鲍文是个地道的草根球员，使用一切狡猾的招式。总是站姿标准，屈膝抬臂，而且动得比对手积极，看上去紧张不已，一直在抽搐：平步、前后步、抬手遮眼、挥手干扰、小跳不停，时常摇摆脑袋，跟队友交流。这动作不好看，让你觉得他鸡毛当令箭，咋咋呼呼特紧张，但这就是他的风格。

鲍文很明白：篮球的防守，全仗细节；每一次对手突破成功与否，其实在突破前一瞬间，双方的步子站位，已经决定了七八成。他和斯托克顿一样，表情呆滞得像戴了副面具，但手脚或其他部位正扼在对手最难受的区域。这大概就是他此后在职业篮球历史中的形象。

和之前那些无恶不作的前辈一样，鲍文有着异乎寻常的聪明，混合着阴险细密的狡猾。如何在上场时间中分配体能，如何和队友沟通，如何确定在各种突发场合应该做什么，他的一举一动都精确而有分寸。他几乎不犯错误，极少赌博，不尝试那些有风险的勾当。随时随地在寻找队友，尤其是邓肯的帮助。他不给对手任何可乘之机，了解不同的对手最痛恨的东西是什么，也了解如何在全场比赛中，保持让对手痛恨的状态。在做坏事方面，他就像一个心理学家。

对假动作的判断力、对投篮者的干扰、预判对手的跑动线路、无球防守时可以轻松延阻对手的要位、尺子刻度一般精准细密的防守步伐，以及柔若无骨般的身体。在赛前，他研究对手，解读对手的偏好。比赛中，他逼迫对手往协防陷阱里走，做出最准确的紧逼，逼迫对手到不舒服的地方接球。他有许多疑似的身体接触，但很少犯规，因为他太了解裁判、对手和NBA的规则盲点了。

当然，湖人毕竟是王者之师。

第三场，科比39分，湖人110比95击败马刺。第四场，湖人在第二节一度落后16分，但"鲨鱼"和科比疯狂冲击禁区，"鲨鱼"29分17篮板5助攻4封盖23罚17中，科比24投10中但17罚14中35分，湖人扳回，2比2。这场比赛之后，全美媒体开始动摇了：

马刺被扳平了，他们会如过去两年那样动摇吗？邓肯在第四场36分9篮板5助攻，他还能打出几场这样的表现呢？

"马刺队友辜负了邓肯，"已经有人这么说了，"而且错过了干掉湖人的最好机会。"

第五场,马刺上半场已经 56 比 38 领先湖人达 18 分,第三节更一度领先到 25 分,但湖人的反击又来了:第三节结束,湖人将分差追到 16 分;第四节中段,科比的右底角远射让湖人 77 比 87 只落后 10 分。此后,"鲨鱼"的罚球、科比的强投三分,湖人 84 比 90 落后。

"鲨鱼"再统治后场篮板,科比右翼擦板中投,湖人 88 比 90 落后。

马刺的崩溃,似乎就在眼前。

比赛最后 24 秒,湖人 91 比 95 落后。罗伯特·霍里,无数次拯救过湖人的罗伯特·霍里,左翼三分线外接球。

但这一次,霍里投丢了。"鲨鱼"捡到前场篮板,得分造罚球。

比赛最后 5 秒,马刺 96 比 94 领先。科比运球到底角,投篮假动作,鲍文起跳封阻,科比转身传球给霍里,空位无人防守。霍里起手投篮。

马刺主场球迷静默了一秒钟,然后……爆发出了巨大的欢呼:球蹦出来了!37 岁的罗宾逊飞身而起抓住后场篮板。马刺赢下第五场,3 比 2。

一向负责绝杀对手的罗伯特·霍里,浪费了两次埋葬马刺的机会——仿佛是命运的启示一般,湖人王朝的幸运不再了。

第六场,湖人回到了洛杉矶。去年,他们也是这样 2 比 3 落后着国王,进入第六场。

邓肯首节 15 分,但第二节几乎消失;"鲨鱼"上半场轰下 21 分,湖人半场落后马刺 4 分。第三节一开始,科比后仰跳投,比赛打成 54 平。随后是邓肯和"鲨鱼"你来我往的单挑,直到 64 比 62。

那时,似乎只要湖人"OK 组合"中任何一个人施展一点神威,他们就能把系列赛扳到 3 比 3。第四场,他们逆转了 16 分;第五场,他们险些逆转 25 分。

但是,马刺诸将,这一次站住了。

鲍文上步贴身,靠身高优势尽量干扰科比的调整投篮动作,使之难以流畅。犹如土行孙抖出了捆仙绳。而科比几乎是越挫越勇,要在一对一场合干掉鲍文。

而"鲨鱼",正被邓肯和罗宾逊困住。

与此同时,马刺那一边,外围已不再是费里、"小将军"、波特、安德森这些老式枪手,而是法国人帕克、阿根廷人吉诺比利和斯蒂芬·杰克逊这些 2001 年招募入行的新锐肉搏士兵,他们很坚强。

当然,还有身为领袖的邓肯自己。

邓肯在第三节带队拉开分差,湖人无力反击。110 比 82,马刺完成 28 分的

再次在季后赛碰到老辣的马刺，这次科比和他的湖人打得异常艰难。第五场输掉天王山之战后，马刺拿到了赛点。

血洗。

湖人在主场败北。"鲨鱼"努力了：31分10篮板，科比得到20分，但邓肯37分16篮板4助攻。马刺4比2淘汰湖人，晋级西部决赛。

"如我们所知，蒂姆·邓肯是个梦幻般的竞争者！"马刺主帅波波维奇教练的嗓子都哑了，"第五场和第六场，他的专注度简直让我们震惊。他一个人拉着我们赢了这两场！"

过去三年，战无不胜的霸王"鲨鱼"摇着头说：

"马刺更强……今年属于他们。"

那时谁都不敢断言，"鲨鱼"和科比，"OK组合"的湖人王朝，至此结束了。只是，邓肯和"鲨鱼"的角逐，终于有了一次转折。马刺摆脱了湖人魔咒，邓肯跨过了"鲨鱼"，并且最终夺下2003年总冠军。

反过来，湖人到了要仔细考虑一下的时候了。

很微妙，2002/2003赛季，大概是多年来第一次，科比的得分超过了"鲨鱼"，某种程度上，他终于成了湖人的主宰。但与此同时，湖人并未能四连冠。当然，2003年的湖人本是强弩之末，强极则辱，但纽约媒体不失时机地提出了一个问题：

"科比成为首席王牌的话，湖人还能夺冠吗？"

17 黑暗面

2003年夏，科比和阿迪达斯的合同结束。他与耐克签约，成为乔丹之后又一位当家巨星。本来，锦绣前程即将铺开，可是戏剧性的变故来了。

依时间顺序，事件如下：

2003年6月30日，科比为了进行膝部手术，于当晚十点到达科罗拉多州的一家酒店。

7月1日，一位19岁的酒店前台雇员向鹰郡治安官报告科比对她进行了性侵犯。

7月2日，科比被带到医院进行了未透露内容的检查。

7月4日，鹰郡治安官签署了对科比的逮捕令，这时科比已返回加州。科比同日飞回了鹰郡会晤警方，在缴纳了 2.5 万美元的保释金后被释放。

7月6日，科比被捕一事被公开。

7月18日，地方检察官赫伯特正式向法庭递交对科比的性侵犯起诉书，不过，科比只承认和那个女孩通奸，并说自己"无罪"。

8月6日，科比第一次出庭。

10月9日，科比第二次出庭，原告律师在庭上透露了一些案发当场的细节，但最终听证会还是因为被告律师的质疑而被延期。

忽然之间，科比的形象彻底崩溃了。和当初犯强奸案的拳王迈克·泰森一样：世界并不在意你犯案的细节，只需要你的名字出现在报纸头条，和罪案、法庭一起出现，就麻烦了。科比当然要危机公关：他握着妻子瓦妮莎的手出席新闻发布会，流泪，送给妻子价值 400 万美元的钻戒。

糟糕的是，在被讯问时，科比曾问警方，是否能私下了结，他称，"鲨鱼"以前曾用这种方式解决过问题。当这句话后来公诸于众时，"鲨鱼"便被赤裸裸地放在了世界——尤其是他的妻子香妮——之前。

不难想象，"鲨鱼"多么愤怒：他就这样被出卖给公众了。

无论与"鲨鱼"如何闹争议，在 2003 年之前，科比的媒体形象都还是完好的：还不到 24 岁，笑容温暖，以礼待人，不会口无遮拦。2002 年 3 月，专栏作家希莫斯说："科比是个我们可以带回家并介绍给自己爸爸的好男人。"

当然会有媒体抱怨，认为他给出的姿态，都是设定好的商业形象。但没关系，NBA 本来就是个商业联盟。摆一张好脸，并不是问题。

但 2003 年夏天之后，一切都变了。

他是个父亲，女儿六个月大了。他居然卷入了强奸案指控，据说还出卖了"鲨鱼"。忽然之间，科比幽暗的一面展示了出来。

耐克、可口可乐、麦当劳、斯伯丁篮球都紧张起来：他们每年给科比 2000 万美元的场外收入，不想看到自己的金童就此毁灭。但他们没法控制各类负面新闻。在任何一个媒体热点时刻，许多先前不显形的故事，都会翻出来。SFX（全球最大的体育营销与经纪公司）有人匿名说话："科比私下里待人傲慢冷酷。"类似的言论，显然让 NBA 都开始不爽：他们不希望自己培养的超级巨星被人看作是个坏蛋。

"禅师"只好说些话，类似于："科比是个聪明的年轻人。他会从中学到教训的。"

科比对洛杉矶媒体的说辞是："你们了解我，你们知道我绝不会做这类事。"

但《体育画报》的论调则是："问题是，科比很少将自己的真面目表露给大家，所以，我们并不了解科比的真面目是怎样。"

忽然之间，一切都开始对他不利了。

本来出事前，2003年夏天的湖人算是挺完美的："鲨鱼"给1997、1998这两年的冤家——犹他爵士的卡尔·马龙打了电话，他知道史上最伟大的大前锋之一年近四十，正为少一枚冠军戒指而遗憾。

"来洛杉矶吧，我们一起统治世界。"

马龙来了。斯托克顿的球衣退役仪式留在了身后，卡车音响里播放着盐湖城人的叽叽喳喳，"魔术师"慷慨地说："给你吧，大家伙，32号现在印着你的名字。"而马龙憨厚地微笑："在憧憬这么久后，我很荣幸可以穿上湖人的32号球衣，我也能感受到'魔术师'的尊重。但是，应该让32号继续挂在横梁，毕竟永远不会再有一个'魔术师'了……我还是穿11号好了。"

他签了两年合同的同时，加里·佩顿也来了：20世纪90年代最伟大的组织后卫之一，历史上防守最好的组织后卫。佩顿兴高采烈地把儿子带到发布会，不断地说："如果夺冠了，我们会顺理成章再打一年，是吧，卡尔？"马龙微笑。当记者顺着这个问题问时，他说：

"我更想只签一年合同，然后……想听到他们说：'我们希望你回来。'"

此前一季，佩顿场均20.4分8.3助攻，马龙场均20.6分7.8篮板4.7助攻。他们老了，但依然是明星。两位老将是20世纪90年代惨遭公牛王朝镇压的受害者，他们不在意举世喧嚣，却在乎那一点点的光芒——总冠军的光芒。

"这是'鲨鱼'、科比和'禅师'的队伍。我们都知道这一点。"

佩顿、科比、马龙、"鲨鱼"，这是古往今来罕见的伟大阵容。世界在讨论的不只是他们要夺冠，而是半开玩笑地议论："他们能否拿到常规赛82全胜？""鲨鱼"笑笑：

"卡尔和加里说得好：让对手自己选毒药喝——多有趣啊！"

但是……

"鲨鱼"并没和科比和解。科比因为鹰郡那事迟误了训练营时，"鲨鱼"已经开嚷：

"全队都齐啦！我就和费舍尔、马龙、佩顿一起打球啦！"

2003年年底的形势：科比还有最后一年合同，他说，自己可能在2004年跳出合同转为自由球员——"鲨鱼"的合同则是2005年续签。

在"鲨鱼"和"禅师"看来，这似乎意味着，科比想让湖人在他和"鲨鱼"之

2003/2004赛季湖人的阵容无限美好,马龙和佩顿的加入让湖人有了古往今来罕见的阵容。

间做一个选择。"鲨鱼"不喜欢他的姿态。"鲨鱼"怨科比自私,科比认为"鲨鱼"在嫉妒。霸王不想把权柄让给任何人,包括曾经的小弟,天才不想再让自己上升的趋势受到压制。可是这对冤家之间终于也有两个老家伙出来和稀泥了。佩顿和马龙异口同声:

"媒体别指望从这挖出什么来了。我们就想打篮球。"

在这两个人若即若离的冷战间,2003/2004赛季,湖人前25场获得20胜5负。多亏了卡尔·马龙:在场上,他为篮下提供了技术活;更衣室里,他负责调停这两张王牌。科比则继续空中飞人。他的官司,让他必须不时杀奔科罗拉多州赶听证会,之后赶飞机回球馆,直接上场。

赛季深入,湖人没那么顺当了:随着"鲨鱼"、马龙、科比等人各自零星受伤,湖人在2004年1月受挫,31胜19负进入全明星赛。

多年后,"禅师"说,为了对付科比,他去问过心理咨询师。回答是:别批评他,给他积极反馈;不要公开伤害他的自尊。"禅师"明白,科比处于高度的自我保护状态,一旦感受到压力,便会发泄不满。

2004年1月底,科比在车库被玻璃窗割伤手指。同一个月,"禅师"对库普切克经理表达了他的意愿:

"我教不了科比了。"

"禅师"当时并不知道,湖人已经不打算跟他续约了。2004年2月11日,湖人宣布"禅师"将不会续约。科比的表达是:

"我不在乎。"

连续第二年,"鲨鱼"作为替补中锋出阵全明星——他坐惯的首发位置,被姚明占去了。为了一泄心头愤怒,"鲨鱼"在全明星砍了24分11篮板,获得个人第二座全明星MVP奖杯。

挟着这股愤怒,2004年全明星赛后,湖人一波12胜4负。"禅师"认为,科比打得更随意了:"他更随波逐流融入比赛节奏,而非自己接管比赛。"但是好景不长,一个月后,是非又来了。2004年4月11日湖人对国王,此前三场科比72投24中遭遇了媒体的热烈抨击。于是,他忽然不出手了。上半场,他只出手了1次,全场13投3中,得了8分。

"我没刻意回避投篮,"他说,"国王的防守很好。"

某个湖人队友匿名跟《洛杉矶时报》说了句"我们不知道如何才能原谅他"。据说,科比对此极为愤怒,在训练场上一个个追问:"是谁如此说他?是谁出卖了球队内部的情绪?"

当然没有答案。

两天后，科比29投14中得了45分，又一天后31投14中得了37分。他在球队与法庭之间赶场的郁闷，他无处发泄的怒气，都在这里面了。

2004年4月到来时，湖人的问题还是很多：佩顿的远射和跑位不适合三角进攻，科比跟球队还是不合拍。于是"禅师"被迫改了一些套路，多制造一些挡拆进攻。"鲨鱼"和马龙这合计72岁的内线，敏捷度已不够，所以福克斯说："我们很难像以前那样保持侵略性了。"

湖人还是很强大，但四巨头并没产生珠联璧合的化学反应，而且他们有一点老了。佩顿、马龙和"鲨鱼"不妨归为"老将"之类。比起当年的魔术、1999—2002年那飞扬跳腾、才华凌人的湖人，这支湖人更依赖经验、资历和稳定性了。

赛季最后一场，湖人对决开拓者。比赛剩1.1秒，湖人落后3分。科比扬手一记三分球，将比赛拖入加时。第二个加时赛最后，科比又一个关键三分球，双杀。湖人击败开拓者，拿到赛季第56胜，锁定太平洋区第一的宝座。

这是本赛季科比被媒体谈论的话题之一：仿佛每次媒体谈论起他上法庭的事，科比总能打出漂亮比赛。他的训练时间支离破碎了，但并不妨碍他的手感。

这个赛季，"鲨鱼"每场出手数是职业生涯最低的14.1次，以联盟第一的58.4%命中率得到场均21.5分11.5篮板2.9助攻2.5封盖。他的出手和得分都是职业生涯最低，连续第二年落后科比一步，是湖人第二得分手。当然，他依然是联盟第一阵容中锋。科比也依然入选第一阵容，场均得分跌到了24分。

季后赛首轮，湖人遇到21世纪首次打季后赛的休斯敦火箭。第一场，湖人72比71险胜——科比19投4中，"鲨鱼"17投8中20分17篮板，而姚明11投4中10分11篮板。第二场的"鲨鱼"面上无光：任姚明19投8中21分，自己9投3中7分。幸而科比救场得36分，湖人击败火箭，2比0。

第三场，火箭双后场弗朗西斯和莫布利合计48分，加上姚明18分10篮板，火箭取胜。"鲨鱼"25分11篮板但14罚仅5中。第四场，马龙神勇的30分13篮板，湖人加时取胜。第五场，湖人大破火箭，4比1晋级。顺便结束了火箭长达五年的"弗朗西斯—莫布利"时代。

然后，连续第二年的西部半决赛，湖人遭遇了马刺。

"鲨鱼"首场的19分13篮板5封盖无法激起湖人的进攻，马刺88比78防守之战取下第一阵。第二场"鲨鱼"21投15中32分15篮板，可是托尼·帕克30分5助攻让佩顿颜面扫地，马刺再胜，2比0。

40岁的卡尔·马龙站出来了。

史上最伟大的两位大前锋在第三场鏖战，马龙防到邓肯14投4中，自己13分6篮板5助攻3抢断的全面表现。"鲨鱼"13投11中轰下28分15篮板5助攻8封盖的战绩，湖人104比81大胜马刺，1比2。第四场，马龙再次让邓肯13投5中。"鲨鱼"28分14篮板4封盖，加上科比恐怖的42分，湖人再胜，大比分2比2平。

神奇的是，科比在第四场的42分6篮板5助攻，是他在科罗拉多接受完审判后赶回来的表现。这个赛季，每逢上完法庭赶回来打比赛，他总是状态神勇。篮球成了他的安慰剂。只要他还能在球场上击败对手，那么一切似乎都还没问题。

第五场，天王山。

时钟走到最后27秒。科比前场左翼接球，抬头看到记分牌70比71。马龙为他掩护。6年前全明星赛，科比拒绝了他的掩护，但这一刻，科比运球，绕过马龙，面对换防过来的老队友罗伯特·霍里，起手投篮，72比71。

但是，这并没有成为绝杀。

马刺边线送出一传，邓肯罚球线上接球，"鲨鱼"紧逼，邓肯横向运球。马龙发觉不对急来补防。就在罚球线上，面对着四条长臂，邓肯侧身把球一抛。球还在空中时，霍里已经张开了手臂。

马刺73比72反超，球场沸腾。湖人暂停，计时钟还有0.4秒。

后来的事，就是众所周知的传奇了：两个巨人耗到灯尽油枯之时，大卫出现，扔了颗石子。德里克·费舍尔，1996年与科比一起入行的后卫，接球瞬间出手中投，哨响球进。湖人74比73绝杀马刺。史上最神奇的瞬间之一。

趁着这一记绝杀的神奇，湖人连扳四场，4比2淘汰马刺，闯进了西部决赛。

逆转马刺让"OK组合"醒来了：报了去年的一箭之仇，证明了湖人依然强大。最后是时代定律：1999年以来，湖人和马刺谁先被淘汰，另一方必然会拿到总冠军。

西部决赛，湖人遇到了常规赛MVP凯文·加内特领衔的森林狼。森林狼VS湖人的西部决赛第一场，第三节末，湖人一口气打出11比0锁定胜局。"鲨鱼"27分18篮板5助攻，科比23分，卡尔·马龙得到17分11篮板，而且防到加内特只有16分10篮板。老马龙很得意：

"你得尽量让加内特每次拿球都很吃力，哪怕他不拿球，你也要站在他周围，不让他抓篮板。当然他也很棒啦：都被防到这样，还拿了两双。"

第二场比赛，森林狼赢球，但后卫萨姆·卡塞尔受伤了，只打了43秒。接着湖人在主场两战全胜。第五场，加内特防了湖人几乎所有球员，包括体重几乎是他一倍

第五场天王山之战，费舍尔终场 0.4 秒完成神奇一投拯救了湖人。科比扑向奥尼尔欢乐庆祝。借着本场的神奇发挥，湖人最终 4 比 2 淘汰马刺进入西部决赛。

半的巨无霸"鲨鱼";森林狼 98 比 96 取胜。但第六场,湖人第四节逆转,4 比 2 淘汰了森林狼,晋级总决赛。

饶是如此,取胜的湖人依然藏着许多隐忧:德文·乔治被派上首发小前锋,随后 3 场比赛 20 投 4 中,三分线外 11 投 1 中。

森林狼的全场紧逼防守令湖人头疼。当球无法到前场时,湖人只能靠科比投篮。湖人赢的 4 场中,科比平均出手 18 次;输的 2 场,21.5 次——当球队不利时,就逼迫他更多投篮。

森林狼的疯狂包夹让"鲨鱼"从接球到得分都不舒服。实际上,第二到第五场,他的投篮数:10、10、10、11。第五场,他 11 投 6 中 17 分 13 篮板后,没好气地抱怨:

"看看球队都是谁在出手!"

他指的是 19 投 8 中的科比。

最让人担忧的情况:东部一位教练认为,湖人已经没有杀手意念了。"以前,他们落后 10 分,就会愤怒起来,最后结果通常是他们 20 分优势"血洗"你。如今,你从一开始就打击他们,湖人就会退缩了。"

"禅师"的说法:"我们现在又胖又懒。"

而他们 2004 年总决赛的对手,却又瘦又勤奋。

2004 年夏天,底特律活塞在总决赛等候湖人。三位"鲨鱼"的老熟人在等他。

从波特兰东渡底特律,五年之中第四次和"鲨鱼"相遇的拉希德·华莱士;他的替补,1996/1997 赛季"鲨鱼"在湖人的替补埃尔登·坎贝尔;最后是拉里·布朗——1994、1995 年带领步行者和"鲨鱼"死斗,2001 年带领 76 人败给"鲨鱼"的老头儿。

拉里·布朗是个"老复印机"。在活塞,他将步行者和 76 人的格式又套了一遍:一个古朴稳定的后卫(当初步行者的马克·杰克逊,76 人的斯诺,如今活塞的昌西·比卢普斯),一个灵活游走的得分后卫(步行者的米勒、76 人转型的艾弗森,如今活塞的联盟第一空切中投手汉密尔顿),一个高大擅防守的小前锋(步行者的麦基,76 人的林奇,如今活塞的普林斯),高大、投射精准、一对一防守优秀的大前锋(76 人的科尔曼,如今的拉希德),一个篮板王、盖帽王级别的内线怪物(76 人的穆托姆博,活塞的本·华莱士)。他们构成了 2004 年的活塞,历史上最精干、凶狠、硬朗、顽固的蓝领钢铁军团之一。

本·华莱士是这个军团的形象代表:世界谈论科比、艾弗森、纳什等 1996 年黄金一代时，很少注意他也是 1996 年入行的。一个选秀大会上无人问津的蓝领，一个号称 206 厘米，实际只有 203 厘米左右，靠扫帚头发支撑形象的钢铁男人。他的罚球比"鲨鱼"还差，进攻技巧不值一提，但他名下有大堆的篮板王、盖帽王、年度防守球员。草根、顽强、拼斗、防守，这就是活塞。

第一场，"鲨鱼" 16 投 13 中 12 罚 8 中得到 34 分 11 篮板，可是除他之外，湖人全队 57 投 16 中——包括科比 27 投 10 中。活塞两个华莱士的内线长人阵外加外围的绞肉机防守，让湖人的进攻停顿了。

第二场，科比轰下 33 分，一个关键三分，将湖人拖进加时，最后 99 比 91 取胜，1 比 1。"鲨鱼" 29 分。可是第三场，科比被活塞的"长臂蜘蛛侠"普林斯缠住了：13 投只有 4 中，得到 11 分，"鲨鱼" 14 投 7 中 14 分。湖人被活塞 88 比 68 大破。1 比 2 落后。

第四场，湖人知道不能再输。可是对面拉希德·华莱士的态度却像在度假，独自在走廊里哼歌。第四场，科比 25 投只有 8 中。可怕的不在于他投丢球的次数，而在于他投丢球的方式：科比想自己接管比赛，因此不遵循三角进攻，不利用挡拆。下半场，"鲨鱼"终于忍不住怒吼："给我球！"

"鲨鱼"全场 21 投 16 中 36 分 20 篮板，可是湖人以 80 比 88 再败。拉希德 26 分 13 篮板，赛后他依然轻声哼歌："嗯，我真是讨厌你呀……"

洛杉矶记者问科比："第五场怎么办？"科比答：

"别担心。"

记者又去问"鲨鱼"：

"科比的信心是否损害了球队？"

"鲨鱼"冷笑一声：

"你问了个狡猾的问题，哥们，我没有答案。下个问题，谢谢。你们今天不可能从我这里得到答案，哥们。我这方面可是老手了，哥们。至少今天你得不到答案。"

第五场，马龙因伤缺阵。湖人没能创造奇迹。"鲨鱼" 13 投 7 中 20 分，科比 21 投 7 中 24 分。湖人 87 比 100 败北。活塞 4 比 1 取胜，拿下了 2004 年 NBA 总冠军。昌西·比卢普斯成为历史上最草根的总决赛 MVP。

——这也是 1998 年乔丹之后，第一个既非"鲨鱼"、又非邓肯的总决赛 MVP。

底特律活塞达成了大卫击倒歌利亚式的胜利，历史上最伟大的蓝领奇迹。而洛杉矶则有许多事要处理了。

18 "鲨鱼"东游

在斯台普斯球馆，科比和"鲨鱼"的衣橱在直角的两端。这也许是命运的暗示：他们总是离得最远的那两个。比赛之后，观众散场。他们像演完戏的台前情侣，各自离开，仿佛走在平行线上，永不相交。

他们之间没有友谊，就像猛虎不会停步去啃食青草。他们是湖人的双队长，外加一个里克·福克斯。但科比和"鲨鱼"不会每天坐在一起，为了球队未来讨论。他们都敏感而好胜。霍勒斯·格兰特说过，"当一支球队同时拥有两位具有统治力、个性十足、渴望成功的球员时，难免会有些摩擦。""鲨鱼"张扬地宣示自己是超人，而科比在球场上则热爱模仿乔丹，甚至是庆祝手势。他们都有本事在不高兴时使整个球队形同地狱。当他们的组合无法带来胜利时，彼此的暴戾情绪便会伺机而动。

如果追本溯源，"鲨鱼"对科比的情绪，其实类似于他少年时对其他孩子的抵触。那些灵活的、小巧的孩子都喜欢捉弄他，辱骂他，嘲笑他。也因此，他总是要夸饰自己的强大，来展示压倒性的优势。他讨厌被科比骑在头上，讨厌被任何人骑在头上。

而科比则从来不相信任何既定的权威。

2001年出版的传记《"鲨鱼"的回击》中，"鲨鱼"如是评价科比："伟大的小兄弟。"与他的关系"犹如一段漫长艰难的旅程，而且还在继续"。2003年败北马刺，王朝终结，余音袅袅。2004年四巨头的败北则是时代的正式结束。他俩的旅程终于到了尽头。

2004年夏天，"禅师"离职。科比在2004年合同到期。此前，他高调宣布了他考虑去快船。这意思很简单：

他不想再给"鲨鱼"做手下了。

2004年夏，32岁的"鲨鱼"还剩一年合同。然后他发现，湖人管理层忙着围绕科比说话。"鲨鱼"生气了。

"交易我吧！"他吼道。

三年之后，即2007年夏天，媒体披露了当时的真相：湖人老板杰里·巴斯亲自从意大利打电话告诉科比："'鲨鱼'走定了，我不愿付那么多钱给他。"

你可以这么理解：对 2004 年的湖人来说，科比 26 岁，"鲨鱼" 32 岁。既然水火难容，那么单看年龄便可取舍。湖人开始兜售"鲨鱼"，他们跑去问达拉斯小牛问价：

"'鲨鱼'换德克·诺维茨基，如何？"

小牛老板马克·库班答：

"门都没有！"

可是，东边有人宣布接盘了：迈阿密热火的帕特·莱利，"禅师"之前湖人队史上最伟大的主教练，20 世纪 80 年代湖人王朝的缔造者，接了"鲨鱼"。

于是 2004 年 7 月 14 日，一切尘埃落定。32 岁的"鲨鱼"去了迈阿密热火，而湖人获得二年级小前锋卡龙·巴特勒、曾被认为有"魔术师"资质的拉玛尔·奥多姆、已经老去的铁血前锋布莱恩·格兰特，外加一个第一轮选秀权。

很简单，这是一次王朝级别的交易。湖人在 1948 年获得麦肯，1968 年获得张伯伦，1975 年获得贾巴尔，1996 年获得"鲨鱼"，这四位历史级中锋都令湖人登上过联盟巅峰。只是，前三位终老湖人，成为光映史册的巨人，而"鲨鱼"，一届常规赛 MVP，三届总决赛 MVP，史上最伟大的中锋之一，却中途被卖走了。

如此这般，与湖人的 7 年情仇结束，"鲨鱼"去了东海岸。

"鲨鱼"东游，湖人的两大巨星联手创造了湖人王朝后，终于还是分道扬镳。

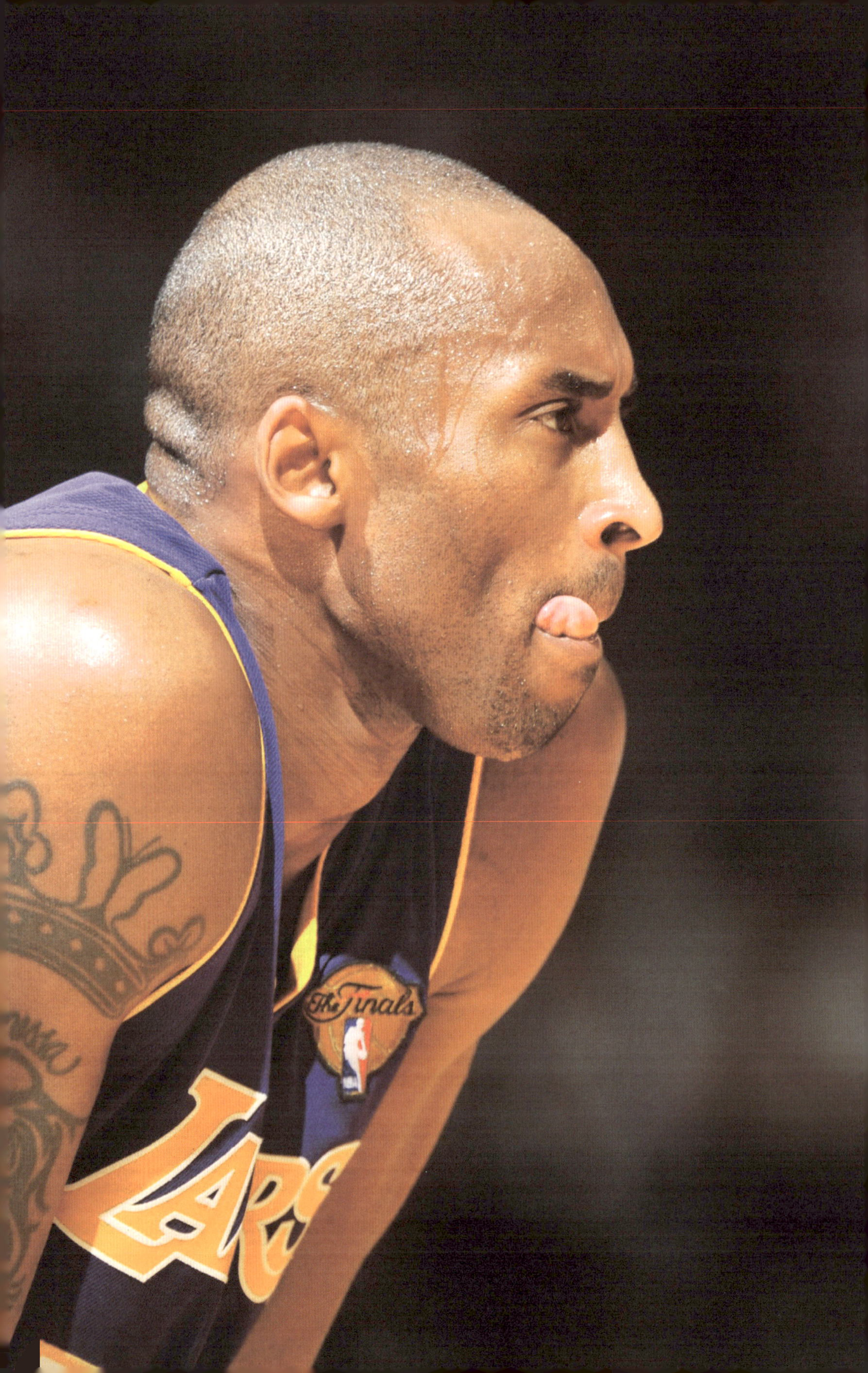

CHAPTER 4
黑曼巴

19
低谷

20
对抗世界

21
凤凰城,七战

22
炼狱中的奋战

23
交易?

19 低谷

2004年夏天,"鲨鱼"东游。这也是湖人的最后选择。他们不愿意给一个32岁的中锋顶级薪水了,他们选择科比。一如1996年抛弃迪瓦茨得到科比一样,2004年他们也可以放弃"鲨鱼"。对科比来说,与"鲨鱼"的漫长争斗,最终获得了胜利。但他自己的情绪,则无人可知。

2004年7月16日,科比正式宣布他与湖人续约,得到了一份为期7年、价值1.6亿美元的天价合同。9月1日,法院正式宣判科比无罪,科比的性侵犯案诉讼到此结束。

湖人属于他了。但他得到手的湖人,却已不是2004年夏,与冠军只差一个卡尔·马龙的王朝球队了。

首先,加里·佩顿离开了,这或者倒并无大碍——佩顿并不适合湖人进攻体系已是一目了然。但接下来,科比失去了卡尔·马龙,而且原因堪称诡异。2004年11月24日,养伤期间的马龙穿着他在盐湖城时代便惯常的牛仔服去湖人主场看球。瓦妮莎问道:"牛仔,近来在猎艳吗?"她问了两次,马龙在第二次回答:

"我正在寻找可爱的墨西哥女孩。"

讲西班牙语的瓦妮莎以为此话是在针对自己(墨西哥人讲西班牙语),于是把此事告知了科比。此后,出现了不同的故事版本。科比的版本是,他第二天打电话给马龙,想把事情给解决,但他失败了。而马龙给《洛杉矶时报》的说法是,科比第二天打电话来,只是反复地威胁他。

与科比以往的大多数事故一样,沟通没成功。他俩去洛杉矶的电台做节目,继续唇枪舌剑。马龙坚持说是误会,而科比把话题引到了马龙养伤时间太久上,于是战线拉长。当初在更衣室里,经常调解"鲨鱼"与科比纠纷的卡尔·马龙终于厌倦了。在科比表态和马龙断绝私人来往后,马龙干脆退役了。

和2003年夏,因为一句话而伤及"鲨鱼"一样,2004年初冬,这场是非继续损害着科比的球场形象。一部分媒体相信,是科比逼迫马龙退役的,虽然马龙退役对他而言并无好处。

墙倒众人推,当他的形象已渐抹渐黑之后,以往的故事逐渐被翻起。"禅师"在离开湖人后出版了自传《最后一季》。不在其位,不谋其政,他足以满足公众的好奇心。在那本书里,关于科比和"鲨鱼"的故事,有以下的经典段落:

"去年春天,一次球队会议。队长之一里克·福克斯对科比和'鲨鱼'抱怨:'这一赛季我们所以糟糕,是因为你俩都表现得脱离了我们球队,于是我们的状况如此糟糕……'当'鲨鱼'打算就这点谈他的责任时,科比干脆地打断了'鲨鱼':'停止你的絮叨。'于是我插了进去:'科比,你至少得和他承担同样的责任。'"

"我始终关注科比什么时候才能真正成为一个……嗯,一个成年人。"

"当我试图说服科比,别再朝场上的队友们大呼小叫时,他对我说:'这都是废话,他们的紧张焦急都是你造成的。'"

"科比得了25分,用了27次投篮(2004年总决赛)。他不切入篮下,却执意面对普林斯采取那些高难度跳投。他并不知道如何更正确地进攻。"

"我对他说:'你不能那样传球。'他则回答:'好,你最好教那群家伙们如何跑好进攻战术。'"

"我劝奥尼尔做一些事时,他会不乐意,会抱怨,但最后会执行;而科比,他嘴上答应,但到了场上,依然我行我素。"

总决赛败北、"鲨鱼"的离去、马龙的退役、菲尔·杰克逊的自传,2004年对科比来说,是无比黑暗的年份。他并无用嘴回击一切的习惯。他终于拥有了他的球队,他指望用表现来回击所有的质疑。

但结果确实不那么美妙。

湖人新来的拉马尔·奥多姆,曾经是天才少年,1995年就和科比搭档过了。他的命运相当不好:12岁时母亲过世,父亲没把他当过儿子;高中转学3次,进NBA时被洛杉矶快船——当时NBA历史上最倒霉的球队——选中。他天赋异禀,有208厘米身高,肩宽手长协调好,高中里打组织后卫,可以打5个位置,左撇子。背身、面筐、远射、突破、篮板样样来得,传球视野宽,举手投足优美。可是,他从性格到打法都不太稳定——还特别爱吃糖。

2004年12月14日,湖人败给了超音速。科比开场凶猛,得到全队20分里的15分,全场35分。比赛后半段,他追击一向不睦的同届生雷·阿伦,盖了他一个帽,低头怒视。背后,超音速的刘易斯捡着球上篮,科比都不在乎,他只想表达对雷·阿伦的怒气。之后,超音速派出108千克的彪形大汉雷吉·埃文斯来对位科比时,科比口中不停:

"我能搞定他!我已经很强壮了,已经有103千克了!"

第二天,雷·阿伦说起了这件事。他认为,科比想证明自己,科比想让世界知道，没有"鲨鱼"，他依然很棒，却因此忽略了其他人：

"他并不爱说话，他那些垃圾话，是为了说而说。他希望别人意识到他有多强大。"

鲁迪·汤姆贾诺维奇教练带湖人打了半个赛季，中途离职。湖人颠簸起伏，思路震荡。科比依然拥有超卓的个人能力。他的进攻能力依然所向无敌：全联盟最丰富的进攻手段，新发展出来的后仰三分。赛季场均27分6篮板6助攻的全面表现。似乎一切都与以往差不多。

但胜利却每每从指缝间溜走了。

"鲨鱼"换来的拉马尔·奥多姆和巴特勒都有着上佳发挥，然而，湖人却并没有一套完整的运转体系。一如刚失去"鲨鱼"的奥兰多魔术一样，科比并没有明确自己的定位。在进攻端，他想如"魔术师"一样包揽一切，结果耗尽了体力，导致了防守端出现历年最差的表现。

2004/2005赛季的科比，似乎急于证明自己似的，心态变化巨大。偶尔一节独自横行，偶尔一节完全不投篮持球组织。他仿佛极想同时证明自己的强大、无私和无所不能。他在和媒体所塑造的、妖魔化的科比·布莱恩特搏斗，于是，他场均有高达4次的失误。

科比确实拥有联盟中最超卓的个人技巧，但2004/2005赛季，他打完职业生涯第九个赛季了，却发现有许多事，自己得从头学起。以往，他习惯与"鲨鱼"一起夺冠了，从没尝试过从头做起，带一支平凡的球队，从低谷往上爬。2005年夏天，湖人面目模糊。而在场外，科比继续承受自2003年夏天以来媒体的抨击，罪名是"自私""拙劣的领导能力"，诸如此类。

2004年圣诞大战，NBA特意安排了迈阿密热火对阵湖人，不言而喻，这是要看"鲨鱼"和科比的好戏。"鲨鱼"在第四节被罚下，但迈阿密挺住了：他们在加时里赢得了比赛。"鲨鱼"的新搭档，小科比四岁的"闪电侠"德文·韦德得到29分10次助攻。科比得到了42分，但最后时刻，他企图追平比分的绝杀没找准篮筐。

"我最后没能找到投篮的平衡。"科比说。

"鲨鱼"却很快乐。

"没扣篮，没上篮得分，"他如此评价湖人，"每个人都是，尤其是那个人。呃，那个人嘛，我不想说他的名字。"

至于那个错失的绝杀？

"那个嘛，我知道不可能进。这叫作沙克·奥尼尔的命运诅咒。"

那是迈阿密的第十一连胜。而且，一如"鲨鱼"所诅咒的，湖人在常规赛最

2004/2005赛季是科比离开"鲨鱼",作为球队领袖的第一个赛季。职业生涯以来,他第一次常规赛结束后便偃旗息鼓。

后21战2胜19负。开赛时一度9胜6负的好局被葬送，2004/2005赛季，湖人34胜48负太平洋区垫底，直接跌出季后赛。这是科比离开"鲨鱼"，作为球队领袖的第一个赛季。职业生涯以来，他第一次常规赛结束后便偃旗息鼓。

27岁时，科比·布莱恩特度过了职业生涯迄今最糟糕的一个夏天。

20 对抗世界

2005年夏，"禅师"归来了。

——往前推半年，没人想到他还会回来。

如果他们是性格单纯的一对师徒，那么，"禅师"的自传《最后一季》，已该割断了他和科比之间所有可能的后路。幸而他们都是见过世面的家伙。

"禅师"与湖人老板吉姆·巴斯谈判，确认了自己将得到更多的权限，于是，他回来了。一个首要举措是：2005年选秀大会，在"禅师"的要求下，湖人以第十位选秀权，选下了高中生中锋，218厘米的安德鲁·拜纳姆。

2005年秋天，当"禅师"与科比在一个酒店大厅重逢时，科比走向"禅师"："噢，你在这里。"

这对曾经无法相容的冤家拥抱了。然后是照相，对坐聊天。

"我一直都很喜欢在菲尔的手下打球，我们的确有过分歧，而且看上去也并不是很和谐，但是在大部分时候，我们都是在同一条船上的。"科比说。

他们彼此很给对方面子，至少在外界面前。科比训练时，带着平时不多见的微笑，而"禅师"则对媒体强调，科比有能力竞争常规赛MVP，湖人拥有科比便可能竞争总冠军。

他们在训练中掺杂了许多交流：当"禅师"提醒科比防守端有问题时，科比会放大音量，叫道："OK！"

在经历了2004/2005赛季的低谷之后，科比或者相信了：只有"禅师"可以给他带来冠军。于是，他们彼此妥协了，遗忘了过去的仇怨。就像"鲨鱼"和科比彼此称兄道弟的那三个赛季。

2005年11月7日上午，科比·布莱恩特结束了新赛季的第三场比赛。31投16中，没有一次三分球出手，他取下了37分。湖人20分大胜掘金。

2005/2006 赛季的前三场比赛，他场均取下 36 分以上，命中率接近 50%。

27 岁的秋天，科比又一次发生了变化。他开始表现出信任队友，放弃投射三分的企图。内线腰位的持球，背身脚步轻盈晃动，随即迅速而协调的后仰跳射。整整十年前，另一个身材相似的身影重复着同样的动作，并在赛季末取下 72 胜，叼起不可一世的王朝雪茄。

他真的开始像职业生涯晚年，那个克制而高效的乔丹。

当时，远在金州的前队友德里克·费舍尔这么说：

"我真希望他可以从压力中解脱出来。科比，他可以重新成为杰里·韦斯特看中的那个在宾州打球的孩子，可以表达对篮球简单的热爱。"

"那就是当时的我，"科比回忆以前时如此说道，"我的成长和成熟的过程，和一般人没区别。我争取在职业生涯结束时，每人回顾我的生涯时说：'是的，他的确有过坏的评价。但绝大部分的时候，他都能很优雅地处理一切。'"

然而，媒体没有放过他。2005 年秋天，当他显示出优雅、从容和克制时，媒体认为他无非在改善形象，以便揽回丢失的那些广告合同。

"他不想显得他是个坏蛋。"这是一个基本动机。

难以避免的一个话题：科比追索的道路究竟是什么样的？他在走着一条充满传奇色彩的道路，而这漫长的故事，几乎时时刻刻，都流散着另一个人的光芒，如影随形。2005 年常规赛开幕战，对掘金射中压哨投篮后，他跪下来，敲打地板。他很清楚地知道这个动作会让人们想起谁：那是 1995 年刚复出的迈克尔·乔丹做过的动作。

科比当时在想什么？

他从来不会刻意谈论自己的形象，但不代表他不在乎。恰恰相反，他对他人的评价极其在意，他甚至可以通过不投篮或刻意的整节传球来展示，他时时刻刻注意到媒体和周遭舆论的存在。许多时候，他表现出来的也许并非自己，而是希望自己成为的那一类人。在意大利留居的岁月使他的性情与黑人迥然有异。他不具有美国人性格里粗莽、热血、漫不经心和奔放的性情。即使有时表现出的热血沸腾，都像是刻意的表演，比如，和"鲨鱼"的狂热拥抱。

在乔丹的 23 号球衣成为全世界图腾的辉煌时代，可以想象，那个背影永远地刻入了科比的记忆，而且永远在那里。科比很追求完美的仪态，比起其他 NBA 球员的粗莽，他的球风和表情简直有欧洲式的贵族风度。但骨子里，他依然希望轻松而沉默地，依靠强大的能力击倒对手。

2003 年，他握着妻子的手，对媒体谈论自己的忠诚。不仅是需要对媒体，也需要对自己有一个交代。某种对于优雅风度和自我完美主义的执拗俘虏了他。他需要让自己觉得，自己是完美的。而他的完美标杆，只有一个人。他一直在追随着那个人的步伐，无论如何否认。

对他而言，总冠军、荣誉，甚至篮球本身，也许都并非决定性因素。他需要的是自身形象的完整，在自我暗示的意识之中，那个不断遵循偶像的道路前进的历程，并适时改变风格。勒布朗·詹姆斯出现之前，好像还没有哪个高中生会那么频繁而狂热地在夏季训练，然后，走过那么多曲折的弯路，来逼近自己心目中的风度。

2005年，科比也许是这个星球上技艺最娴熟、最优雅的篮球选手了。他完美地扮演着自己，用理想主义的标准。福克斯当年说过，科比和乔丹相似，都偏执好胜。但乔丹有着美国人的典型优缺点：疯狂的好胜心，暴怒状况下的歇斯底里，赌博的胆识，以及永不消灭的热情。而科比·布莱恩特更在意征服自己。他比乔丹更完美主义，以至于他释放在镜头前的激情，有时却并不是纯出自然。

他是这个星球上最接近王座的王子。他有着前朝帝王的全副气度和本领。对乔丹的模仿曾经模糊了他自己，也模糊了他的目标。一直随着23号的步伐和媒体的论调亦步亦趋。那附体的阴影已经成了他的灵魂。那对优雅和传说的梦想使他成了今天的布莱恩特。

2001年以来，他与"鲨鱼"的争执，他的法庭诉讼，都在慢慢改变他的形象。他不再是个优雅完美的王子，无法似水无痕地征服一切了。世界需要他露出残忍本性来。

2005年11月，科比忠实底执行着低位进攻者的模式，甚至是过于忠实。赛季前8场，他的进攻克制甚至谨慎，一共只有6次三分出手。然而，二周过后，球队却是4胜6负。93比96败北公牛后，科比生起气来：

"我真不想投那么多球。其他球员都得在进攻端做点贡献才是。"

于是，他作为三角进攻低位发起点的命运到此结束了。4天后，对阵西雅图，科比变成了另一个人。他随心所欲发挥自己的进攻能力。三分5投4中，全场34分。超音速无力抵挡，任他"胡作非为"。

就此，魔鬼的瓶口打开了。

那一赛季的湖人，后卫是平庸无能的斯马什·帕克。他们可以依赖的进攻组织者，是才华横溢，然而精神不太集中的奥多姆。于是，2005年12月开始，湖人开始了孤注一掷地委托：他们把球交给科比，然后，任由他一个人来解决问题。

2005/2006赛季,队友进攻的孱弱逼得科比开启杀神模式来一个人解决问题。在12月20日对阵小牛的比赛中,他三节射落62分。

这就是"禅师"的安排了。不需要如2004/2005赛季那样组织球队，也不必强做低位点。尽情发挥自己的得分能力吧，科比，整个湖人为你担任配角！

于是，那个冬季开始炫人眼目。历史上屈指可数的单人杀戮游戏，在全美国的各个城市上演。2005年12月12日，湖人对小牛，科比43分。四天后，对奇才，41分。

12月20日，湖人主场再战小牛，科比开场捡到前场篮板后中投，随后是右翼试探步后再中投。后场捡起球后，科比一条龙推到前场，晃动后翻身上篮，再连两个中投——半节时间，他得了10分。

似乎手感不错啊。

于是科比底线突破，空中晃过高他半头的迪奥普上篮。再次抓到前场篮板，他迅速摆脱丹尼尔斯，然后空中撞开迪奥普，打三分。

速度、力量、技巧，全部体现出来了。

之后是他一系列罚球，然后是面对丹尼尔斯的强行三分球——他招牌的半后仰高出手点滞空投篮，是无视对手防守的。

科比在第三节用一个华丽的突右晃左假动作晃飞约什·霍华德，中投得到自己第46分。反击中穿过霍华德和诺维茨基，翻身上篮48分。半分钟后，两个罚球，他得到自己第50分。第三节剩26秒，科比一个滞空中投，个人第58分，球进哨响，加罚。科比罚中第59分。第三节结尾，科比右翼切出，扬手三分；个人第62分。湖人95比61领先。

科比将右手放在耳边，然后一拳捶在自己胸口，连捶五下。他没有笑容，只有愤怒：三节比赛62分，一个人得分胜过达拉斯小牛。第四节他不打了。

世界沸腾了。这种杀神附体的姿态，只有1986/1987赛季的乔丹、20世纪60年代的威尔特·张伯伦与埃尔金·贝勒曾经现出过。令人感到刺激的是，每天你收听关于湖人的新闻，都可能听见40分、50分，甚至60分。2005年到2006年的冬天，科比VS世界的游戏在全美国到处上演。一切"一个人无法战胜一支球队"的陈腔滥调，在这个冬天消失了：

科比可以对抗一切。

他还乐此不疲！

于是，2005年12月28日，科比对孟菲斯灰熊的45分甚至都不怎么显眼了。2006年1月6日对费城，科比29投19中48分。第二天，41投17中，50分。再过两天，32投14中，45分。又两天后，在波特兰，41分。科比的表现，仿佛一个巡回演出,全美国球迷都在谈论:"今天我们去看科比得 40 分、得 50 分吧!"

这一年,科比开始雕琢起他独一无二的投篮姿势。2000 年夏天,他练成了高起跳、高出手点、略带后仰的滞空中投,专门用来应付对方的高强度防守。他的右手突破急停跳投和左手突破急停跳投,动作甚至全然不同——左手突破急停跳投比较顺势,收球即可;右手突破急停跳投时,他通常会从双脚平行起跳,空中扭转到右肩靠前(还经常要踢右腿保持平衡)。

他可以从球场任何角度,随时出手投中球。

他华丽的大幅度变向运球面筐突破,是 2000 年之前就纵横天下的。

2002 年之后,他的射程远到几乎无限。而 2005 年,他一身横练肌肉,外加那无可封盖的后仰投篮,令他可以用背身碾压对手:

——比他高的人,速度没他快,一个横肩直接碾过去。

——比他重心低的人,科比可以左右翻身随意中投。

2005/2006 赛季湖人对快船,年轻的利文斯顿在左底角面对科比,锁了科比的右脚,科比试探步一次,试探步两次,然后强行拔起投中了。

同一场比赛,右翼,科比突破,急停抬头看一眼篮筐,再胯下变向突一步,出手:起跳时右脚后左脚前;空中扭了右肩,右脚前左脚后,出手了。

大多数右撇子投篮手都是双脚站平,右脚略靠前,这样才能保持投篮时双肩面筐。但科比极擅长横移之中,急停,沉肩时左肩左脚在前,空中拧身面筐强投。

这不只是神奇的投篮手感了,还有平衡、协调与控制力。

科比自己在 2014 年轻描淡写地说过,那是学猎豹。他看 *Discovery* 节目,发现猎豹高速奔跑时,也会靠尾巴维持平衡。他觉得:

"我能用右脚当尾巴。"

故事在 2006 年 1 月 22 日,有了一个短暂的停歇——并非句号,只是,那一天之后,有许多争论、许多事或者可以暂时告一段落。

那一天,多伦多猛龙成了丑陋无比的配角。

的确,经历过那段时间的人们都会有这种恐慌。每天上网点开新闻,都会盼望——或恐惧——看到科比得到 50 分、60 分……他总会得一个匪夷所思的分数的。世界都在期待。就在那一天,成真了。

这可能是彩色电视转播史上,经历过的最伟大的得分盛宴,除了某些人——在 1962 年 3 月 2 日,在费城的赫西体育馆度过夜晚的那些老人们,那晚,他们看见张伯伦得了 100 分。

科比左翼突破，空中舞动，开始本场的杀戮。罚球线接球，传球假动作后翻身跳投，第二球。一个中投得手后，又加上两次碾压篮下之后的打板上篮。但那场，湖人不算争气：第二节，科比突破，飞翔扣篮得到自己第19分后，湖人还以39比52落后；实际上，上半场，科比得到26分，湖人却还是落后猛龙14分。

于是，杀戮继续。

一次袭篮，一个左翼突破后在对方四条手臂上的中投，让科比得到自己第30分。然后是连续的长距离追身跳投，一次比一次远：科比得到41分。右翼持球后，科比运球到底线，投篮假动作，一次，两次，然后强行起跳，空中扭身，被对手犯规，出手，球进哨响。43分。罚球，44分。下一个回合，科比右翼起手三分球，47分。左翼底线突破，滞空换手上篮，第49分——湖人只以81比85落后了。再两个扣篮和两个中投后，科比得到59分。

湖人已经反超了。

观众的角色转移了。与猛龙的比赛成了次要。他们开始明白，这即将成为四十年来最壮阔的个人得分表演。

于是，"M-V-P"的呼喊开始。

18997个声音在祈祷，每次科比拿到球，每次他起跳投射便会使人海发生骚动，而每次他投失都会引发嘈杂的惋惜声，每次他投中或者制造犯规，山呼海啸的赞美声铺天盖地而来。这是整个斯台普斯对他发出的顶礼膜拜之声，他们恍若置身梦剧场，在观看地球上最伟大的表演。

之后，是科比继续独舞：底线突破，滞空，横向飘移的出手，61分。罚球，然后是两个强行三分球。等科比在左翼投中个人第72分时，比赛已经变成了狂欢。科比突破中骑马射箭得到第74分。

拥有着如克里斯·波什、杰伦·罗斯、迈克·詹姆斯这样球员的多伦多猛龙，彻底成为配角。更糟的是，他们只能配合这场表演。当所有人意识到科比已经开始狂飙突进时，猛龙却无可奈何。这支列身于NBA的球队，就这样被轻易遗忘。所有人都在等待着极限，而那和他们关系不大。

一个月前，"禅师"在与小牛之战第四节，将科比留在了板凳上。为此，有媒体说，"禅师"可能让科比错过了创得分纪录的机会。本场最后时刻，"禅师"对一个助理教练说，他想把科比调下来。"我觉得你做不到，"该教练说，"他已得到77分了。"于是"禅师"听之任之，直到比赛余4秒时，多伦多人给了他一个换人的机会，他才让科比下场，送上庆祝的拥抱。

81分。

2006年1月22日，81分。科比·布莱恩特在篮球世界的一切之上。

48分钟，每分钟1.7分，事实上，科比只上了42分钟，那么每分钟1.9分。湖人122比104，后来居上解决掉多伦多猛龙。

46次投篮，有28次，飞速运动的球找到了篮网的中心，包括13次远在三分线外的出手，7次中的。

对于他而言，糟糕的是，他的罚球纪录在62次连中处终结了——20罚18中。

到后来，这一切成了简单的数据堆砌：

2222211113221222223332132221122211133221111111……

上半场，科比"仅仅"得了26分。紧随而来的，是第三节的27分，第四节的28分。一列飞驰的火车，在地心引力作用下在险峻的高速公路上呼啸而前，不可阻止。

他，科比·布莱恩特，赛后坚持说这是"一场伟大的胜利""胜利是最重要的事情"，是否有人在意他的话，这无以揣测。然而，这一场他的得分令人难以忘怀，远甚于他其他那些突袭不止的夜晚。

这一晚，科比的对手不是猛龙，而是和史上所有那些未曾得到过70分的伟大巨星们：迈克尔·乔丹、拉里·伯德、多米尼克·威尔金斯、阿伦·艾弗森、特雷西·麦蒂、文斯·卡特、沙克·奥尼尔、杰里·韦斯特、卡尔·马龙、鲍勃·麦卡杜、奥斯卡·罗伯特森、贾巴尔、皮特·马拉维奇、乔治·格文、伯纳德·金，等等。

然后，是埃尔金·贝勒的71分，大卫·罗宾逊的71分，大卫·汤普森的73分，威尔特·张伯伦的72分、73分、78分，100分。

这些名字和数字之上，如今列上了他的名字。科比·布莱恩特，81分。他凌驾于一切之上，所有的纪录为其所颠覆。

2006年1月22日，科比·布莱恩特在篮球世界的一切之上。

除了威尔特·张伯伦的100分。

把除了张伯伦之外的世界甩在身后的2006年，差不多可以说，科比达到了他个人技巧的巅峰。

实际上，也可能是整个NBA个人能力的巅峰。

在进攻端，你已甚少看到他早年的大幅度侧拉运球。他也并没有德文·韦德、勒布朗·詹姆斯那样犀利的第一步，可以用一个反向垫步便划过对手的身侧。低位技术的增长，力量的加强，他更懂得用肩膀做一些细微的动作。他的左右手难分伯仲，甚至可以用左手投三分。于是在运球时，他的肩膀晃动轻缓却合理，可以在极小空间内把对手让在身后。

到27岁，他的弹跳力与速度已不及2001年，但他的力量、柔韧性和协调性，却逐步达到联盟顶级。他的舒张、重心控制随心所欲，于是，在无球跑动或启动时，他的变速、重心高低变化都可以让跟防者觉得在跟随一条蛇。

配以他夏季每天 2000 次的投篮练习，以及他经年累月的一对一自我雕琢。在进攻端，几乎没有他做不出来的动作。到最后，遇到不同防守，他的身体便像条件反射般转换到进攻状态，其速度之快甚至不需要调整。无论是背身单打、面筐切入、无球跑动后接球绕掩护寻求攻击，他都有无数花招可以展示。他的射程远达半场的任何地点，而且，他拥有惊人的体能——否则，无法支撑每场 30 次甚至 40 次的投篮。

他的身体条件几乎纯出于他对自己的虐待。他可以在一个夏季增重 20 磅（1 磅 =0.4535924 千克），下一个夏天又改换另一种体形。他的球感和节奏感胜于同位置的其他人一筹。他的控球能力甚至可以胜任组织后卫。在任何一个技术环节，他都足够杰出，而在将之融会贯通时，他便成为联盟独一无二的技巧展示机。

当然，科比的问题，从来不存在于技术领域。

81 分之后，他仿佛到达了一个绝顶。张伯伦的百分纪录非人可及，他自己的纪录，却已经足以证明他 NBA 历史上最顶级得分手的地位。自那以后，仿佛是觉得"在这方面，我已没有必要刻意说明"一般，他的得分浪潮暂时结束了。

科比又开始了另一种努力。2006 年 2 月，他没有一场投篮达到 30 次。他开始在比赛的前三节频繁助攻，然后在第四节火力全开。但在 2 月，湖人 5 胜 8 负。于是，3 月，他重新拿出已藏的利刃。连续 4 场 40 分开外的轰击，整月 7 场 40 分以上的个人秀。4 月，8 场比赛中他 5 次 40 分以上的表演，包括对凤凰城的一场 51 分，和对开拓者的一场 50 分。

因为科比的盖世神威，很少有人在意新人拜纳姆。2005 年夏天，湖人用第 10 号选秀权摘下了拜纳姆，中断了他去康涅狄格校园的梦境，扔给他一件紫金球衣，让他成为洛杉矶陪骂团的成员之一。事实是，这一年，整个湖人都在接受质疑，除了飞天遁地、有的夜晚投出 40 记球、有的夜晚得到 50 分甚至 60 分的科比。

18 岁的拜纳姆，入行时还有婴儿肥，膘肥体健却不知运用。他骨架庞大，但还没来得及像卡尔·马龙似的，往里头填塞满当当的肌肉。而且那时他还小，还热爱吃意大利腊肠比萨，狂吃汉堡王和百事可乐——海岸另一边，33 岁的"鲨鱼"已经谨慎地远离这些了。

但是，湖人依然保持着耐心。

这个孩子单纯，但并不算笨。他知道最基本的利害，比如，当被问到是否吸烟、饮酒时，他的反应激烈无比："绝对没有！"

2005/2006赛季，湖人以45胜37负结束常规赛。科比场均35.4分，获得职业生涯第一次得分王，全季6次单场50分以上。自从1986/1987赛季乔丹那场均37.1分的伟大赛季以来，从未有过这样一个令人恐慌的赛季。史蒂夫·纳什蝉联了常规赛MVP，但科比当季的个人表现无人可出其右。

虽然，不幸的是在常规赛MVP选票榜上，他只排第四。

对他来说，2005/2006赛季是宣泄般的一季。以往所积累的、对失败的怨恨，全部在这一季奔流而出。洛杉矶湖人，确切地说是科比·布莱恩特队，被他一手扛进了季后赛。2005年夏，负面新闻堆积如山，但他穿过了这一切，而且把这一切变成了动力。

他每晚的那些出手像刀子一样砍在质疑他的人身上。而且，与以前一样，他拒绝从口头上回应任何抨击。查尔斯·巴克利对他81分之夜只助攻2次非常不满，于是整个2月他场均6次助攻。

他得到了他以前所想得到的一切：一个人负载一支球队，所有人围绕他打球，无限的出手权。当然，这意味着他回到了高中时期，他一个人对抗世界，那是他最喜欢的感觉。他是舞台中心的歌舞者，所有人为他伴舞……在NBA历史上，能承载这样大的压力者屈指可数，但的确，湖人居然就这样挺过了一个赛季。

他终于达到了凌驾NBA舞台如驾驭高中的场合，至少在个人能力这一领域。而这正是他年少时期，独自在意大利的球馆中训练所幻想达到的境地。

21 凤凰城，七战

2004年到2008年，毫无疑问，德安东尼的太阳是联盟最值回票价的球队。他们的比赛瑰丽无比，21世纪以来，也许唯有2001年行云流水的国王堪与媲美。在2005年和2007年的初春，他们已经接近1985年"魔术师"统领的、"表演时刻"的湖人，或者1986年那支可以把比赛变成舞会的凯尔特人。

史蒂夫·纳什，离开达拉斯小牛时，他不过是一个优秀的组织后卫；但是，在到达太阳后，他连拿两个常规赛MVP。他冉冉上升，如今已经毫无疑问地到达NBA历史上十大组织后卫之列。

纳什当然伟大，但德安东尼为太阳所编制的体系确实在联盟前所未有。美国式的快攻代表老尼尔森，在金州和达拉斯推行的政策是，重视攻防转换速度、大量挡拆后的突破分球，鼓励寻求错位进攻和大胆出手。

太阳却大有不同。

德安东尼在太阳推行的体系，是欧洲人惯用的 V 字进攻。略加留意即知：小牛、勇士的远射大多是弧顶，而太阳则更重视两翼。太阳由得分后卫和小前锋接近底角三分线站位，大前锋（马里昂或迪奥）或中锋（斯塔德迈尔）在高位和纳什挡拆。由于射手拉开了底角，纳什、斯塔德迈尔或马里昂总有非常宽裕的活动空间；而对手试图包夹总会漏出底角的三分射手，于是纳什或迪奥可以轻松地分球。许多人诟病斯塔德迈尔的背身强攻不佳，但他却练出了一手稳准的中投；马里昂也不是一个单打好手，但 2005/2006 赛季，他却可以每场 20 分。原因非常简单：纳什是一个伟大的分球手，一个杰出的射手。阵地战中，只要有射手拉开空当，他和内线任何一个队友的挡拆都可以分合自如。

德安东尼的过人之处，是他不但将 V 字进攻用于阵地战，而且在快攻场合，太阳的摇摆人们也不会如达拉斯人一样急于轰击篮筐，而是整齐迅速地向两翼落位。于是，你经常可以看见马里昂中宫直进地完成快攻扣篮，而对手的跟防者却在两翼回过头来，面露无奈之色。当然，这套体系必备的条件如下：内线选手挡拆后的攻击力、伟大聪慧的组织后卫、两翼射手的威胁度。太阳的进攻并不像老尼尔森那样讲求不要命的速度，更重视的是空间和默契。对付大多数防守体系并不强大的队伍，可以令对方毫无还手之力。

2006 年夏天，西部季后赛第一轮，科比所要面对的就是这个对手。

常规赛，对太阳四战，科比分别拿到 39 分、37 分、43 分和 51 分。以一人之力摧毁太阳那并不高明的防守，对他而言全然不在话下。只是，这四阵，湖人却只落得 1 胜 3 负。

科比已经过了需要靠得分证明自己的时刻，"鲨鱼"在迈阿密正乘风破浪。科比知道，自己想要的是什么——自从"鲨鱼"离开之后，他唯一缺的，便是可以令洛杉矶安心的胜利。

真正戏剧性的却是，科比对面的德安东尼，1973 年入行 NBA，1977 年回到意大利米兰，身披 8 号，成为米兰队史得分王的德安东尼，后来在贝纳通开始其教练生涯的德安东尼，是科比在意大利的篮球偶像。

也是他背上所披的，8 号球衣，最初的模板之一。

在这个系列赛，科比发生了惊人的变化。

湖人失掉了第一阵，102 比 107。其实，直到最后时刻，湖人都有胜机。在落后 4 分时，科比突破被撞倒。太阳的蒂姆·托马斯承认，当时他打了科比的头，却逃过了判罚。此后，纳什的一记远射解决了比赛悬念。"禅师"在开始教练生涯以来，首次输掉了季后赛开门战。

令人惊讶的在于，科比全场仅有 21 次出手，也没有过多地持球。他把精力集中到了防守端，迫使太阳的拉加·贝尔 7 投仅 1 中。湖人输球了，但进攻套路出奇地流畅，"禅师"在赛后非常平静地说：

"至少队员们获得勇气了。"

湖人发现，太阳并不是强到无法追赶。第二场，湖人让凤凰城鸦雀无声：第二节，他们一度领先达 17 分，长达 7 分半钟，太阳一分都未得。

科比仅仅出手 24 次投中 12 球，29 分。对常规赛动辄 50 分的他，未免过少，但他抓到了 10 个篮板，送出 5 次助攻，在防守端过于积极以至于吃到 4 次犯规。他把精力留在了防守时：大声指挥队友的防守站位，亲自去对位贝尔、纳什，给夸梅·布朗传球。

太阳全场命中率低至 43%，上半场仅有 34%。

"我们得跑起来！"德安东尼说。

但这恰是湖人不打算让他们做到的。湖人压制速度，让奥多姆和夸梅·布朗发威——奥多姆 12 投 9 中 21 分 7 篮板 5 助攻，夸梅·布朗居然得到 12 分。难以想象：曾经连"鲨鱼"都不肯放在眼里的科比，愿意让 NBA 历史上最水的状元夸梅·布朗投篮。

第三场，湖人 99 比 92 再胜一局。他们始终保持慢节奏，科比的数据平淡无奇：18 次出手 17 分。然而，他有 7 次助攻和 4 次抢断。湖人不再由他执行个人攻击了。这让太阳措手不及：他们本以为，回到斯台普斯球馆，科比会开始展现他的攻击力。

"我更喜欢这样。"得完 17 分的当夜，科比如是说。夸梅·布朗得到 13 分 11 篮板 5 助攻 3 封盖，他对此的评价是：

"人们得多给科比点赞誉了。他给了球队所需要的一切，他展示了杰出的领袖能力。"

这几乎是第一次，自从"鲨鱼"走后，科比的"领袖能力"获得了赞誉。

以往的科比是怎样的？得分手、防守者、一对一击败任何对手的杀戮狂人。在 2005/2006 赛季，大多数时候，科比是一个卓绝的个人。他的独舞扯动着湖人的前进。但忽然间，在季后赛，他变成了一个防守端魔鬼，一个无私的天使，一个团队领袖。

这究竟是菲尔·杰克逊变的戏法，还是科比自己醍醐灌顶后的顿悟？

"他是个冷血杀手，"德安东尼说，"而现在，他打得非常聪明。"

说他是冷血杀手则事出有因。如众所知，NBA的绝杀与足球场上的点球决胜一样残酷：在最后一个时刻，你站上了决斗的舞台。时间像蜡烛一样燃烧殆尽，你必须给出一个答案。杀或者被杀——平分的局面并不是那么多——成王败寇，历史会记住胜利者。季后赛的绝杀与常规赛截然不同，这是另一个舞台。

在1997年的第一次季后赛中，科比对爵士投出那著名的压哨三不沾。但在2000年，他便开始了他的绝杀史。2000年西部半决赛第二场，最后时刻，科比对上当时还染着黄头发的杰森·基德。当时还留着毛茸茸头发的科比从中场运球，变换运球节奏，伴做右突，随即压低重心变向，运球至弧顶左侧，距筐15英尺起跳中投，球命中，湖人以97比96击败太阳，并领先季后赛。这也是他季后赛的首次绝杀。

2002年西部半决赛，与马刺的第四场比赛。最后5秒时，湖人与马刺战平。在之后一场投出0.4秒神奇一球的费舍尔射球失手，科比抢得前场篮板，单手上篮命中，使湖人87比85击败马刺。

他一向是个冷血杀手，还不包括2003年他从法庭赶回后绝杀掘金那样的故事。菲尔·杰克逊在自传中说，科比在高中时甚至会把力气留到第四节来进行逆转。显然，他对于扮演孤胆英雄无比上瘾。他喜欢把命运操持在自己手中，把时间留到最后一秒，然后一击致命的故事——这是他和乔丹、伯德最像的地方。当所有人都为之紧张的时刻，他却甘之如饴，甚至热烈期盼。

对太阳的第四场，德安东尼不希望看到的故事发生了。科比又变成了那个冷血杀手：绝杀还不够，他一口气完成了两次绝杀。太阳犯了两次同样的错误：纳什运球推进到左侧，太阳其他人按惯例散开，而湖人立刻造包夹——德安东尼忽略了，湖人在防守上虽不擅长防挡拆，但其包夹一向很有效。纳什连续两次被包围，第一次是常规赛时间将终时，湖人众将包夹后断下球，科比接球直接切入前场，底线钻入后诡异地抛射得分，使比分胶着进入加时赛；如果说，这个球还不算绝杀的话，那么第二次：终场前，纳什又一次在前场左侧被包围，争球失手后，科比持球推进前场，在弧顶进行晃动，顺利地找到节奏，然后起跳。太阳补防的时刻，科比已经出手：篮球离开指尖，一道弧线直坠篮筐。第一次，第二次。洛杉矶人仿佛在看电影：那两个投篮如同命运锁定般追进篮筐，一个追平比分，一个一击致命。99比98，科比左手握拳，被队友们包围；他绝杀了太阳，将大比分超出到3比1。

那时，科比与湖人的晋级似乎近在眼前。

然而，凤凰城并非砧上鱼肉。

回到主场后，太阳竭尽全力开始提速。开头三板斧使过，湖人的阵容其实依然是那几个人。太阳在第五场114比97血洗，第六场，科比接过大局，全场35投20中得到50分。当晚，他简直在蹂躏对方的巴西后卫巴博萨。一个典型的回合是这样的：

科比左腰卡住身型要位，压制巴博萨。球传过来，科比跳步接球，落地的同时右脚往后一拉，卡身位。这是科比典型的厉害处——非常善于卡身位，然后立即就翻身。

巴博萨立刻跳后一步，防科比右肩翻身。科比背身接球在手，左脚中轴脚，右脚立刻旋转，左肩直接翻身面筐，右脚一个试探步，巴博萨重心在右，急忙往左撤，防科比右手运球突破。

——科比直接起跳中投。解决。

非常细微，非常之快。在直播时，绝大多数球迷只来得及看到科比背身接球右脚往后一点，一个转身右脚再一点，中投。一气呵成。只有慢动作才能明白，为什么当事人巴博萨被晃得像个笨蛋。

这是科比最可怕的地方：他能以极高的速度，完成精确无误的动作。力量、速度、精确度、细节。

然而，湖人只有科比一个人。太阳在允许科比个人强攻的同时，加快速度，全队与之对砍。第六场常规时间还剩3分38秒，双方100比100平。纳什罚中两球后，科比抖擞神威，在24秒将终时三分得手，再加一个上篮，湖人105比102领先。

那时，他们离晋级只差一步。

纳什三分出手不中，前场篮板被马里昂捡到，传给蒂姆·托马斯。托马斯三分球命中，105平，双方加时。太阳躲过一劫，没再给湖人机会：126比118，湖人再败一局，科比的50分被浪费了。

于是被迫进入第七场。

即便败北，科比本也可以享有更悲壮的方式。只是，湖人第七场败北的过程，让人觉得湖人先前的奋战，只是偶然。湖人以15比32落后第一节，第二节以30比28重振。科比上半场13投8中得到23分。中场休息时，"禅师"告诉科比改变策略：

"下半场，多给奥多姆和夸梅·布朗传球！"

科比的湖人在季后赛被太阳4比3逆转出局。但他上演了第四场两次绝杀这样的高光时刻，也就此蜕变成为防守王牌、组织者、最后时刻的操刀者，成了真正的领袖。

科比这么做了，但湖人没能赢球。科比赛后很失望：

"如果想逆转，我们得让每个人都参与进来。"

"太阳有一大堆天才，火力充足。他们持续掀起高潮攻击我们。我们无从抵挡。"

湖人成就了太阳的大逆转奇迹，在第七场轰然崩溃，90比121，3比4被太阳淘汰。就此结束了失去"鲨鱼"之后的第二个赛季。

但对湖人来说，这个系列赛的价值或者在于：科比在其职业生涯以来，第一次完全脱离了得分手的角色。他成为防守王牌，他成为组织者，他成为最后时刻的操刀者。对太阳的三场比赛，简单而言，科比做出了牺牲。事实证明这种转变在对垒太阳时是正确的，两场胜局可以作为证明。但科比自身的损失巨大：他克制着自己的投射及自由攻击走位权，必须时刻保持着对局势的观察和阅读，判断低位队友的状态，并在防守端不断地提醒队友。做一个团队至上者并不是他擅长的角色，但他做得很棒。

对他来说，纵横杀戮的时代结束，转型开始了。

而另一边，"鲨鱼"没忘了报复。

2004年夏天，"鲨鱼"离开湖人，是负了口气的。虽则一贯顽童声气，信口胡诌逗弄记者惯了，但与科比决裂之后，"鲨鱼"是真铆足了劲。莱利在2004年秋天开季前承认，"鲨鱼"确实在减肥上花了大工夫。而"鲨鱼"也自吹自擂一番："不吃面包，不喝碳酸饮料，只吃炸鸡肉。"除了带着一个健康的身躯奔赴赛场以便与科比争一日之雄长之外，"鲨鱼"还早早表明了态度：

"这是一支韦德的球队……他是'闪电侠'，他是这个队的老大，我是他的跟班。"

"便士"、科比之后，"鲨鱼"找到了第三个天才后卫。

2004/2005赛季，热火杀奔东部决赛，血战七场才被上赛季冠军活塞按倒。"鲨鱼"在MVP选票中仅次于异军突起的纳什，并一如既往地拿下联盟第一阵容中锋席位。离开他的科比从联盟第一阵容跌到联盟第三阵容。而"鲨鱼"身边的韦德成为联盟第二阵容后卫，并在东部决赛里杀得活塞胆战心惊。

而一如他在湖人与魔术制造的效应一样，热火从42胜一跃到59胜，除了韦德一跃成为联盟最强后卫之一外，达蒙·琼斯和埃迪·琼斯等人也老树新花了一把。连一贯平庸的哈斯勒姆也摇身一变成为铁血大前锋。

2005年底，热火主帅斯坦·范甘迪被杯酒释兵权，帕特·莱利复出。顶着一头锃亮秀发的莱利左搂"鲨鱼"右抱韦德,驱着热火直向冠军走去。"鲨鱼"开始伤病了?没关系,只要他季后赛还在。"鲨鱼"开始垂老了?没关系,只要他季后赛还能发威。"鲨鱼"被人防住了?没关系,只要他还能够出现在赛场上。

2005 年,莱利同样面对着 1996 年的魔术、2004 年的湖人所面对过的抉择。"鲨鱼"合同已满,并在他合同的最后一年率热火 59 胜、培养出韦德并继续霸占着联盟首席中锋之位。莱利需要"鲨鱼",但必须为此付出巨大的代价。当你给一个在湖人最后三年每年休 15 场的 33 岁胖子提供几年顶薪合同时,总难免想象到他的将来——"鲨鱼"慷慨地说,他只要 2000 万美元一年。于是莱利签下了 5 年 1 亿美元。这是他的赌博,只是希望"鲨鱼"能够撑久一点,再撑久一点。在合同终了之前,能够晚一点成为垃圾中锋。因为,这是一个无法交换的合同。

然后,就是"鲨鱼"的报复:

德维恩·韦德在 2006 年初寻找到了自己——在这个联盟优待外线球员的时代,依靠他节奏感极佳的突破脚步、惊人的爆发力、聪明的无球跑动和任何地点持球均能直扑篮筐的冲击力,在 12 月,他场均能攻得 12 次罚球。从 1 月开始,他的攻击变得锐不可当。"鲨鱼"在内线的牵制使他能够从任何角度一对一强行钻入,而低位的小球能力及变向无球跑动,配合"白巧克力"杰森·威廉姆斯的传球,以及沃克偶尔的突分,韦德如鱼得水。2006 年初,韦德场均接近 30 分并送出 7 次助攻的表演——同期能做到这一点的只有勒布朗·詹姆斯,热火一度 22 胜 6 负。他们早早地把持住了东部第二的霸权——前方的活塞过于遥远,并且能够在接下来的时间中,调整自己的节奏。

对"鲨鱼"来说,韦德的意义在于,他可以继续拿来吹嘘,以及向科比施压:

"嘿,我是韦德的球迷!韦德是最好的!这是韦德的球队!"

和 2002 年他向科比说的话何其相似?

韦德在 2 月拿下东部月最佳球员,并且拥有极高的 MVP 呼声。然而,热火在保持胜利节奏的同时却开始保留。在常规赛的最后一个月,除了"鲨鱼"之外,热火所有首发球员的上场时间均有所减少。与活塞五大主力每场都打 36 分钟、直到季后赛开始前才急匆匆开始休息相比,莱利更懂得如何把持节奏。东部第二,确保直到东部决赛前的所有主场优势。莱利把握着热火的方向,"鲨鱼"在 2006 年 2 月和 3 月找回了那个所向披靡的自己,"白巧克力"则在季后赛前从绵延已久的伤势中恢复了过来。2006 年 4 月,"鲨鱼"和韦德带着饱满的状态,迎来了季后赛,并一路冲破东部,晋级 2006 年总决赛:

对手是达拉斯小牛。

小牛2比0领先热火，但韦德在之后的4场比赛中，仿佛1993年总决赛的乔丹一样不可阻挡。总决赛6场，韦德场均35分。除了1993年的乔丹和2000年的"鲨鱼"，也许再难找到一个在总决赛舞台上，还能如此恣肆捭阖的家伙了。

"鲨鱼"年少时，托起了"便士"哈达威与科比这两个超级后卫，却在最终垂垂老矣之时，将韦德这个怪物托起，并取下了个人第4个总冠军。"白巧克力"在被诟病了8年之后，终于作为主力后卫戴上了总冠军戒指。加里·佩顿在奔忙了16年后，终于和忙碌14年的铁汉莫宁一起，成为冠军阵容的一员。而一代枭雄帕特·莱利那曾经油光水滑的大背头，此时已经银丝浸染，61岁的他举起自己第5座总冠军奖杯时，依然雄姿英发。

"鲨鱼"满意透了：科比在西部首轮被淘汰，而他则戴上了第4枚冠军戒指。他俩的赌气固然前路漫长，但至少在2006年的夏天，他得以踩了科比一头。

虽然，这还只是他俩漫长拉锯的又一个小段落，而已。

22 炼狱中的奋战

2006年夏天，FOX体育台专家查理·罗森说，科比·布莱恩特"私下里傲慢地蔑视队友能力"，对队友极其苛刻，并且喜怒无常。

你会说，这些性格——自私、苛刻、高傲、带有些微神经质的暴躁——我们同样可以在其他巨星身上找到：比如乔丹，比如伯德。然而，在球队无法赢球的时候，这些缺点会被放大。胜利可以将一切缺点合理化，这就是NBA。

从1996年到2003年，科比的形象一直保持得很好。当然，他和"鲨鱼"争执不下，但那是球队内部的事，在公众舞台上，他是个谨言慎行、谈吐得体的天才。但2003年夏天的官司将他拖入了泥淖，2004年"鲨鱼"走人后，科比更成了恶人。"禅师"《最后一季》里说他难以教导。加上卡尔·马龙退役……忽然间，他就成了全民公敌。

科比似乎也不乐意再掩饰了。

2006年夏天，科比的人生似乎开始转往另一个方向。他开始不忌讳成为反派。他攥着黑曼巴毒蛇出现在封面上，冷酷地摆出一脸"与世界为敌"的架势。这不是他第一次摆酷，只不过这一次，向世界复仇的他采取的方式，与之前不同。

他说，他手握黑曼巴蛇，只是想像那条毒蛇一样，"飞速行动中依然准确攻击"。但你相信，仅仅如此吗？

2003年闹官司时，《体育画报》曾经质疑科比的形象："我们真的了解他吗？"2006年夏天，科比摆出了黑曼巴的面相，那意思：

"我根本不在乎你们是不是喜欢我。"

以及，他将号码换回了高中时期，一度穿过的24号。8号科比·布莱恩特的时代结束了，24号科比·布莱恩特的时代开始了。

2006/2007赛季，科比因膝盖手术休养，错过了开幕两战，湖人二连胜，奥多姆俨然"魔术师"一样无所不能。而在科比回归后，换上24号球衣的他便听任死敌雷·阿伦在他面前连续两场轰下30分和32分，而科比自己两场合计只得38分。在他复出的前五场比赛中，湖人2胜3负。

科比的出手选择苛刻到消极的地步：对明尼苏达森林狼，他甚至只出手了7次。

2007年11月，科比的膝盖并不活动自如。在11月底败给雄鹿的比赛中，他23投7中，三分线内9投仅1中。在11月，他无法做出往昔随心所欲形同鬼魅的突破切入，相比于乔·约翰逊与韦德不断刷分的壮举，2006年11月的科比，像是前一季与太阳鏖战七场时的延伸——一个合理的、低调的摇摆人。

但湖人却在11月打出了10胜5负的战绩。"禅师"说："伟大球队与好球队之间的差距是，后者可以在连败开始之前就终结它。"与之相对应的，11月，科比平均26分，每场出手"仅仅"17次。

科比忘记怎么得分了吗？

12月1日，湖人遇到了正以13胜3负领跑NBA的犹他爵士……此前几天，爵士刚击败了湖人，全能防守者"AK47"安德烈·基里连科，在第四节防得科比三投不中，只靠罚球得了2分。

科比是不会轻易忘记的。对爵士的第三节，科比面对NBA最好的防守者之一基里连科，9投9中，10罚10中，30分。两位湖人的球童大喊："我们看到了8号的影子！"前三节，科比劈下了52分，击垮了爵士。然后是第四节，他坐回了板凳，看着队友们例行公事般地打完比赛。

——只要他乐意，他还是科比。

两周之后，失去奥多姆的湖人遇到火箭。一开场，姚明的神勇一度使火箭以29比10领先到了使比赛悬念灭绝的地步。但湖人在第三节习惯性来了个大追杀，然后在第四节挽回了13分的分差。加时，第二个加时。科比在第二个加时赛，所有人弹尽粮绝之际，扣了一个篮，拿到了自己的第 53 分。湖人自 2004 年以来首次赢下了两个加时的比赛。休斯敦媒体注意到了：比赛最后，只有科比还能奔走跳跃。他很精确，很狡猾。他把子弹留到了最后。

之后的六周，湖人只败了 4 场。2006 年 12 月，科比场均 31 分。

科比变得聪明了。

众所周知，科比的问题，从来不存在于他的技巧环节。他的纯技巧已经达到他的身体素质可以达到的巅峰。只是，即便在他所向无敌的时刻，他的投篮选择，他的判断和决策，总会有些问题。换言之：科比是知道怎么打合理篮球的，但他常会被情绪左右。

2006/2007 赛季，科比的变化在于：他主动地、无私地交出了控球权。这是 2006 年对太阳七场系列赛的延续：他知道自己应该相信队友了。

从另一个角度讲，科比成熟了。

"禅师"一如既往地展现出他的魄力——在 2006 年 11 月对雄鹿一战中，为了破解对方的联防，湖人投出破队史纪录的 37 个三分却依然败北。"禅师"把所有主力骂了一遍，斥责布朗和拜纳姆"表现差得可怕"，说奥多姆"完全失去注意力"。败北爵士后，他要求联盟的裁判给予年轻的拜纳姆更多空间。这些无非是表象，但在湖人击败马刺的比赛中——你需要了解击败不是背靠背情况下的马刺是多么艰难的事情，湖人不再畏缩地用三分解决问题，他们正面开战，加强防守，强攻内线，用一个个罚球和联盟最完整的伟大球队抗衡，并且在第三节轰了马刺一个 37 比 22。奥多姆赛后说："这是我成为湖人队员以来，打得最完美的一节防守。"

卢克·沃顿在 2006 年年底变成了优秀的翼侧三分手和三角进攻的好策应者，以及球队的完美黏合剂。2005 年从奇才过来的、永远的"沦落状元秀"反面教科书夸梅·布朗，现在成为联盟屈指可数可以一对一限制邓肯和姚明的内线单防者。19 岁的拜纳姆出场时间不多，却像一条小"鲨鱼"似的在篮下横冲直撞。奥多姆似乎也开始专注了。

二年级，拜纳姆已经习惯于健康饮食，而且不时追悔以前怎么总吃垃圾食品。湖人找来了贾巴尔，教他勾手。对于这项与打板投篮一样即将失传的技艺，拜纳姆却表现出了兴趣。大概他头脑简单，被"天勾"一通天花乱坠的描述侃晕，而且读了几本老前辈的自传，就着了道儿，乐不可支地表示：

"嗯，我觉得这种投篮超级有效！我很乐意开始用它！"

2006/2007 赛季伊始，拜纳姆担任了几场首发。他依然不够壮，无法在抢篮板时挤开对手，但他已经有了帕特里克·尤因那样熟练地接球、回传队友、二次要

2006/2007赛季，科比将号码换回了高中时期一度穿过的24号。8号科比·布莱恩特的时代结束了，24号科比·布莱恩特的时代开始了。

位再接球的动作，这使他有别于联盟里许多黑洞型的、有去无回的中锋。他开始和夸梅·布朗分享上场时间，而且留意观察联盟其他的巨人。当他人问及他是否想当"鲨鱼"时，他却说："我的偶像是邓肯！"然后，他还发挥了自己的观察能力："NBA是腿的比赛，邓肯的腿……嗯，我要让腿变得强壮，我在内线的根基就能更坚实！"

以上是2006年冬天到2007年初春的故事。科比变成了一个无私的球员。他让卢克·沃顿和奥多姆更多掌握球权。他在防守端竭尽全力——虽然膝伤在制约着他的步伐。他可以游刃有余地应对对手，信任他的队友，给他们空间；而自己则尽力融入三角进攻中。做无球跑位，快速分球，在弧顶为乔丹·法玛尔这样的新人做掩护。

但进入2007年1月之后，局面开始变化。

卢克·沃顿、奥多姆和夸梅·布朗在2007年春天到来前先后受伤，科比试图更多地处理球，继续组织起球队的攻势。2007年1月5日对丹佛时，科比全场9次出手只得8分，但送出10次助攻。进入2007年2月，伤病对湖人的影响越发剧烈。科比试图组织的努力，就像一个孩子在海浪来临时，不断修复他的沙塔。湖人在全明星赛前后一波六连败。进入2007年3月，又是一波七连败。包括连续4场，合计被对方赢了近100分。

雪上加霜的是，湖人管理层原先允诺的"07计划"，这年并没实施。2007年2月，一度有传言，新泽西篮网肯用杰森·基德来交换拜纳姆，但湖人不肯出手。

你当然有权力怀疑：洛杉矶人是在让他们的超级巨星牺牲黄金年龄，给这个孩子做成长的保姆？

"禅师"却希望拜纳姆可以远离这些纠纷。2007年3月，他说："我希望安德鲁能和其他那些年轻球员们玩在一起，这样他的生活可以不只是篮球那么单调。"

队友受伤，没有新援，科比再一次陷入了挣扎之中。在球队队员伤病频频的时候，他必须改换一种模式来帮助球队了。

于是进入波澜壮阔的春季故事。

2007年3月16日，波特兰开拓者的年轻人颇为无辜，但他们的球迷通过电视看到了七年前在西部决赛出现的噩梦，而且更为惨烈。科比·布莱恩特为年度最佳新秀强势候选人布兰顿·罗伊烙下了终生伤痕：对开拓者，科比全场39投23中，三分12投8中，包括各种不可思议的后仰出手、隔人三分、穿越三到四个人的防守扭曲身体的上篮。65分，甚至不需要重看录像，在统计表上看到这一数字都令人战栗不已。加时赛最后时刻,科比在右翼底角接球,面对双人夹击;科比运球向底线突破,右肩翻身,出手:三分球命中,锁定胜局——根本匪夷所思。

两天之后,湖人对阵明尼苏达森林狼。里基·戴维斯 3 月初曾在科比头顶得到 29 分,这一晚遭遇了报复:科比 35 投 17 中,三分 9 投 4 中加 14 罚 12 中,蛮不讲理地拿到 50 分。

3 月 22 日,孟菲斯人眼看着科比 37 投 20 中 18 罚 17 中得到 60 分,一周内第二个 60 分。连续第三场 50 分开外。

这样恐怖的故事,只有 1961/1962 赛季,那个场均 50 分的张伯伦可以随意展现。

3 月 23 日,俄克拉荷马。黄蜂全体意识到:他们正在被全世界关注,他们有可能像被科比砍了 81 分的多伦多猛龙似的,被写入耻辱历史。科比上半场已经得到 27 分,第三节一发不可收拾,一口气拿下 17 分:带着 44 分进入第四节,令黄蜂风声鹤唳。24 号的阴影如此巨大,以至于黄蜂第四节杯弓蛇影,派出两个人防守科比,拼尽全力阻绝他拿球,并庆幸科比第四节只得了 6 分。饶是如此,科比依然完成了连续四场 50 分,带队四连胜的豪举。3 月 25 日,科比"仅仅"33 投 15 中得到 43 分。5 天后,科比对火箭 44 投 19 中得到 53 分时,全联盟都习以为常了。

这也是 2006 年 1 月那场 81 分的疯狂之后,又一次,科比展示了,他是联盟独一无二的孤胆英雄。

回头看科比·布莱恩特的整个职业生涯,这一次连续的 50 分浪潮更像是又一次戏剧性的起伏。高中生入行——少年得志——冠军与荣耀——科鲨分裂——低谷——胜败参半。大趋势便是戏剧式的扬抑扬抑,从未止歇。往远看,2004/2005 赛季,科比经历了失败的赛季,几乎至于谷底。而下一年取下 81 分以及赛季得分王便是潜龙飞升。这一次 50 分浪潮,加了之前 16 战 13 败的背景,便是又一次悲壮豪迈的名战了。

"禅师"曾经在自传事件上与科比交恶,提到过科比上高中时喜爱"前三节放水,到第四节由自己力挽狂澜"。然而,也许科比的确更喜欢"与全世界为敌"的情境。当踏入绝境或者貌似绝境的时刻,他便能够爆发出最强的力量,这甚至成了他的爱好。

对于他这种等级和经验的球员而言,日复一日对自己近于虐待的训练早已使技术精熟,而进攻端经验、技巧应用等早已不容置疑,能影响到他进攻效果的除了战术布置,无非是心理情绪。卢克·沃顿的复出使球路清晰,对手的羸弱,"禅师"在布置战术时对他个人进攻的侧重,夸梅的存在使掩护质量提高,这些都不是重点。湖人处于绝境，周围所有人或因伤毫无状态，或本来就不堪大用时，科比也终于进入了自己最习惯、最喜欢的状态：已入绝地，反而无须瞻前顾后，无须俯首地图，驱策天下大局，只需要信马由缰。

"禅师"说："你，随便吧。"

于是我们看到了历史上绝无仅有的表演——是的，绝无仅有。

2007年3月的科比·布莱恩特进入一种奇妙的状态。诚然他的防守比起2000年的无所不在，已经弱了一截，但在进攻端的感觉和技巧，已经远非对位防守他的任何人可以理解。那是迈克尔·乔丹在早年未臻圆熟，而晚年没必要展示的态度。

科比·布莱恩特在2007年3月中旬展示的，是过去时代的风貌：在这个无球跑动、掩护、高位挡拆遍地开花，大个子们越来越多地投三分球和做掩护，而挡拆已成任何战术必备的时代，科比这种英雄式的单挑、华丽个人技巧的演示，就像是黑白电影一样典雅又诗意，却又带着另一种澎湃而出的杀气：执拗，轻度神经质，欲望强烈，敏感，杀气弥天。

在经历了与"鲨鱼"合作时的争夺出手权、个人发挥，2004/2005赛季的大包大揽最终失败，2005/2006赛季的多种风格尝试后，科比在对太阳的七战系列赛一度找到了自己的角色，这也是"禅师"的抉择：他让科比学会了使全队顺畅运转的比赛方式。于是，我们在某些比赛里看到了一个新的科比：他克制着自己的投射及自由攻击走位权，时刻保持着对局势的观察和阅读，判断队友的状态，并在防守端不断提醒队友。在队友能够流畅进攻时，他更多地选择信任队友，信任奥多姆和沃顿，由他们来组织进攻，而自己充当三角进攻中运转的一环。而在需要他接管比赛的场合，他便用冠绝联盟的个人能力，上演对爵士的52分、对火箭的53分之类的夜晚，并且取下胜利。

简而言之，放弃一些个人的长处，信任队友。在需要的时刻火力全开，接管比赛。

他也许依然是那个桀骜、任性、蔑视队友并且孤傲的科比·布莱恩特。在他进入得分节奏后，他还是经常陷入一种"我一个人单挑全世界"似的境地，然后不顾一切地开始向那些轻视他的人复仇。但2007年常规赛将终时，将满29岁的他比任何时候都渴望球队获得胜利，并且身体力行。他会在赛前给图里亚夫打个电话开玩笑刺激他，使后者拿下职业生涯最高的23分，他也会与"禅师"亲密握手，仿佛他和"禅师"之间的龃龉根本不存在……"禅师"已经说，他会继续留教两年。即使湖人的管理层依然显得无能，但"禅师"依然有时间来教科比许多东西——

2007年年初，科比用一长串的50+得分大杀四方。这也是2006年1月那场81分的疯狂之后，又一次，科比展示了，他是联盟独一无二的孤胆英雄。

对于 2007 年的科比而言，也许仅仅是一念的变化，就能够对联盟局势产生决定性影响。

你可以说他变无私了、变懂事了、变成熟了，又或者他什么都没变，依然那么执着、偏激、狂热地追求胜利和自我。

2007 年 3 月 16 日到 3 月 25 日，湖人依靠科比的个人神勇五连胜，一扫之前 23 战 17 败的颓势。但他们在 4 月重新崩溃。4 月 12 日，同城大战中，科比前 30 分钟得到 40 分，但后 18 分钟只得 10 分。最后 6 投全失，湖人被快船 118 比 110 逆转。快船的马盖蒂幸灾乐祸："科比打了 48 分钟，体力不足了。"

科比则坚称："体力上我感觉很好，我自己能够坚持下来。我没感觉到双腿沉重，一点也没觉得累。他们采用双人和三人夹击我，所以占据了优势。不过主要是我们最后没能打出战术，而他们做到了。"

毫无疑问，科比是 NBA 历史上最喜爱，也最擅长做孤胆英雄、上演单枪独骑力挽狂澜戏码的人物。但 81 分、两个得分王之后，人们要求的不是他再去破乔丹的季后赛 63 分纪录，而是取得胜利。对于一个将满 29 岁的球员而言，胜利才是最重要的——而这恰是对他的考验。对科比、艾弗森和加内特而言，让他们一场取下 30 分犹如探囊取物。但作为领袖，带着一支队伍去夺取胜利，似乎要麻烦得多。

直到科比又一个 50 分演出击败超音速，湖人才咬定了西部第七——对手又是凤凰城太阳。

这简直是宿命，作为 2006 年夏天，太阳与湖人恩怨不断、血肉模糊的七场大战的续篇。无论是双方教练的安排，或者是联盟暗使手脚，或者纯粹命运使然，他们又站在了一起。与上赛季一样，两队拥有同为 1996 年入行的、NBA 历史上最杰出的个人攻击手之一（科比）以及最伟大的团队组织者之一（纳什）。美国媒体一边倒地认为比赛会在第五到六场之间结束，太阳将晋级。

相比于伤病累累的湖人，太阳有巨大的优势。他们是联盟最好的三分队伍，拥有最好的挡拆和无球跑动技巧。而湖人则是联盟最不会防守挡拆的——拜组织后卫和奥多姆的迟钝所赐——球队。太阳的板凳上有着年度最佳第六人的当然人选巴博萨，以及大批射手。对于湖人羸弱的外围防守而言，这将是巨大的考验。同时，本季德安东尼减少了马里昂的攻击比重，让斯塔德迈尔更多地拥有阵地进攻权。这显然会让湖人内线头痛。

几乎毫不费力地，太阳 4 比 1 干掉了湖人。科比傲兀的个人能力并未获得任何优势。除了第二场得 15 分外,其他四场他平均 37 分,包括第三场漂亮的 45 分。只是,他没有足够的臂助,双拳难敌四手。而 2007 年 2 月,湖人拒绝用安德鲁·拜纳姆去换伟大的组织后卫杰森·基德。

于是,发生了 2007 年夏天的故事:在极度不满、真相爆出、分裂、争执之后,孤立无援的科比跟湖人提要求了:

"交易我吧!"

23 交易?

2007 年 5 月 28 日,即科比·布莱恩特结束他第十一个 NBA 赛季四周后,他终于开口说话了。在纽约,史蒂芬·史密斯电台秀的一次采访,科比的言论如闪电,疾旋过洛杉矶上空:

湖人,请把"湖人教父"杰里·韦斯特请回来,或者,干脆把他,将满 29 岁的科比·布莱恩特,交易走。

虽然三小时后,他就收回了交易请求,但两天之后,在 KLAC 电视台调频 570《石油与金钱》栏目中,科比用一段诚挚得出乎采访者意料的对话,告诉了世界:

他并不只是像凯尔特人的保罗·皮尔斯或森林狼的凯文·加内特一样,在用自己的地位对管理层施加压力。他的确在考虑离开洛杉矶。

对他来说,这是近 29 年人生的岔路时刻。命运如骤雨,从各方面对他侵袭:2004 年和沙克·奥尼尔分手以来,他独自带领湖人的第三个赛季,连续第二次在季后赛首轮便被淘汰;球队的伤病;关于他个人领袖能力的质疑;2006 年奥尼尔在迈阿密拿下自己的一枚总冠军,然后获得了回首对洛杉矶与科比大肆嘲笑的权力。2005 年到 2007 年,他几乎已经确立了自己 NBA 个人能力的首席地位,但讽刺的是,球队却在伤病中不断失败。最后,2007 年 2 月,球队拒绝了最后一个通过交易以补强球队实力的机会:洛杉矶湖人放弃用 20 岁的中锋拜纳姆作为筹码,去交换联盟顶级控卫之一杰森·基德。

2007 年夏季,科比可以一对一迎接世界上任何篮球运动员的挑战,但他终于发觉,他真正的对手,也许并不在篮球场上。

2007年夏季,科比可以一对一迎接世界上任何篮球运动员的挑战,但他终于发觉,他真正的对手,也许并不在篮球场上。

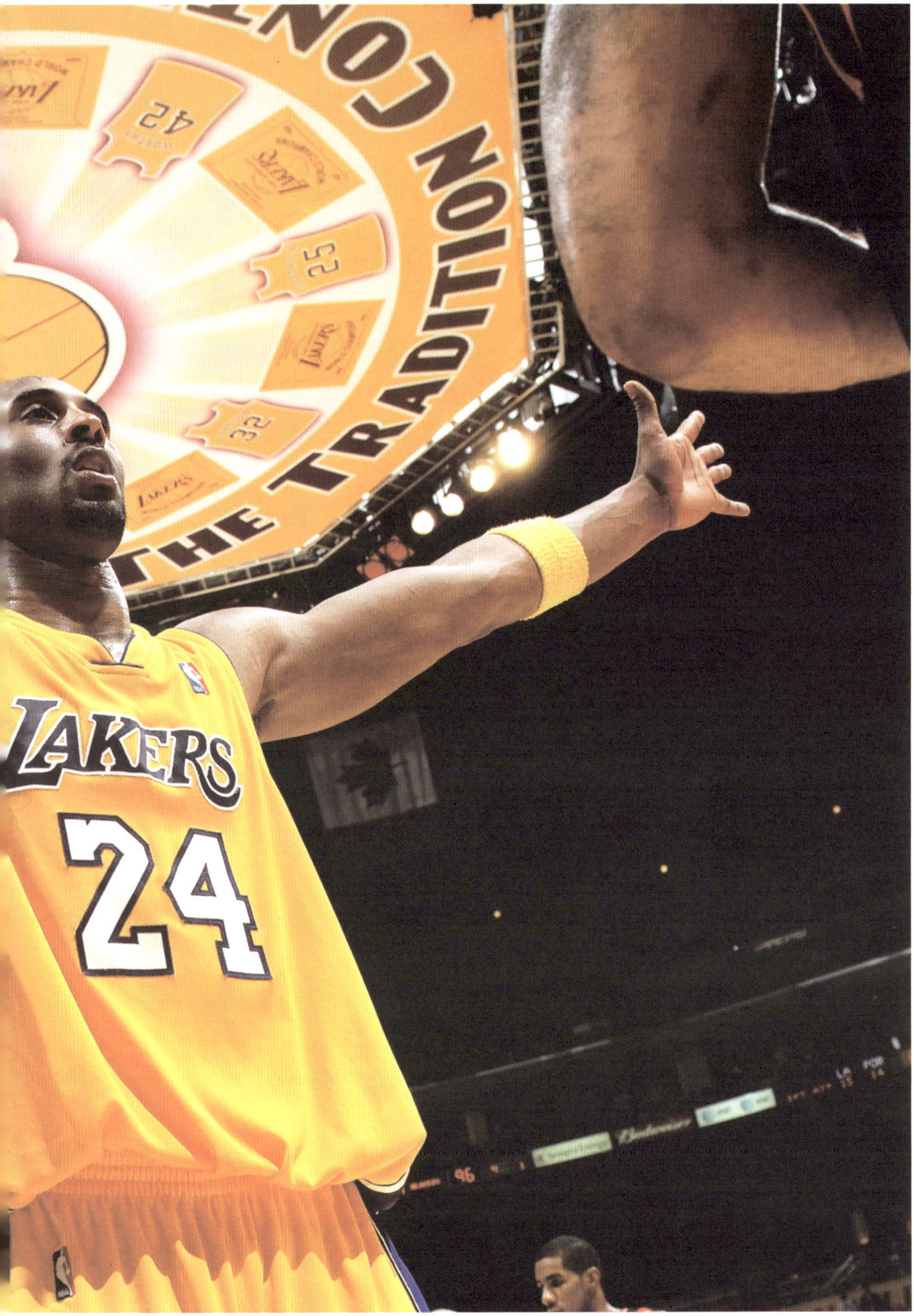
THE TRADITION
42
25
32
LAKERS
24

2007年2月，转会交易截止前，湖人派发了大量免费的承诺，似乎真要召一个巨星来。然后，湖人又限定了大量非卖品。后来，队里就充满了不知道回传的投篮狂埃文斯，在任何一支NBA球队都打不到首发的斯马什·帕克，拥有西雅图所有夜总会VIP卡、滑雪都会受伤的拉德曼诺维奇，NBA历史上最烂状元夸梅·布朗，才华横溢但经常走神的奥多姆。湖人老板巴斯先生，一直鼓吹着所谓"07计划"：

他们会为科比带来一个优秀组织后卫，带来一个内线巨人。

但在2007年夏，湖人唯一做出的变换，是送走了斯马什·帕克（他的NBA生涯几乎立刻就结束了），迎回了科比的老哥们德里克·费舍尔。

到2007年夏，一些事实才浮出水面。早在2005年，湖人老板杰里·巴斯便给了主教练菲尔·杰克逊另一种全然不同的嘱咐。这个瞒天过海的计划是这样的：

巴斯希望湖人不要在球队开销上破费太多，他希望湖人能通过一个漫长周期来完成重建。于是，科比成了湖人年纪最大的球员：一群少年在失败中汲取经验，成为湖人重建的筹码。而科比却在独自等待"以我为核心组建球队"的允诺成真。科比如此独自奋战三年，然后发现，自己奋力杀贼，管理层无心回天。科比觉得，自己受了欺骗。

另一件事。

2004年，奥尼尔离开湖人之前，杰里·巴斯亲自从意大利打电话告诉科比："'鲨鱼'走定了，我不愿付那么多钱给他。"这是巴斯老板的决定，可是此后的三年，科比却独自接过了"逼走奥尼尔"的罪名。他留在湖人的动力之一，是巴斯2004年夏天的允诺：

"我们会竭力让湖人保持在夺冠球队的行列中，以你为核心建设球队。"

因为这句承诺，他，科比·布莱恩特，把自己当作湖人的一员，当作了斯台普斯的主人。

2007年5月30日，科比在访谈中声音都哽咽了：

"对于那些说我把'鲨鱼'赶出洛杉矶的传言，我真的非常不快，之前我可以不在乎，但现在我再也不想忍受了。管理层是一团糟。我曾经只想让球队能争夺总冠军。但现在，我却只被当作替罪羊。"

于是，科比愤怒了。

他从来不是一个聪明圆滑如奥尼尔般，玩弄媒体于股掌之上的交际大师。他热爱洛杉矶，却不知何去何从。固然，在2006年之后，他的"黑曼巴"广告形象深入人心，他在媒体上神情冷峻扮演堕落天使，但科比的确不擅长演戏：他的许多夸饰，都能让人一眼看破。

相比 NBA 其他的媒体公关大师，科比并不算擅长表演。2003 年，《体育画报》便说过，科比的许多形象，一望而知，乃是包装过的。事实上，他也从来很难掩盖自己的轻度神经质、偏执、好胜与完美主义，哪怕在他成为巨星之后，这些习惯依然难以尽改。

所以，2007 年的夏季崩乱，若以时间顺序分析，则如下：
2004 年夏天，奥尼尔离开湖人前，巴斯电话告知科比："鲨鱼"必走无疑。
巴斯向科比许诺：围绕他建设球队。
湖人管理层告诉媒体：科比不想让"鲨鱼"留在洛杉矶。
2005 年夏天，巴斯告诉菲尔·杰克逊：湖人需要一个长周期来重建——意味着重建可能不以科比为核心。
科比背负起"赶走'鲨鱼'"的罪名。
2005 年到 2007 年，湖人年轻化，并不全力争取冠军。
2007 年 5 月底，科比在极度失望中寻求杰里·韦斯特的回归，或者被交易，随即收回言论。

"我爱这支球队，真的爱它。我也喜欢这个地方，我想永远待在这里，但是现在，我需要知道这些湖人内部消息，而我现在真的是愤怒到了极点。我感到我一直想寻求外援的事情像是一个笨蛋，因为湖人有个长期计划，而我却毫不知情，根本不知道。我希望那些高层承认他们当初承诺我的事情是跟我现在所想的毫不相同的。"

在那绝望的夏季，科比如是说。

5 月 28 日，科比说他希望韦斯特回归，或是自己被交易；3 小时后他否认了这一点，说自己不想被交易。6 月初，他又对 ESPN 电台说，他想被交易。4 个小时后，他再次重申：湖人是他的球队，他哪儿都不去。

然后？6 月 7 日，《洛杉矶时报》来问他的态度，他说道：
"如果问我是否想被交易？那我的答案仍然是'是的'。"

那几天，科比的唇齿也的确折磨够了全美国的媒体。芝加哥公牛和达拉斯小牛的管理层数着筹码，只等科比挂牌，便来叫价；洛杉矶人草木皆兵，每天早晨醒来都会听见不一样的结果。全美国都在做拼图游戏：各种交易的拼盘层出不穷。在漫长的 4 个月中，芝加哥人和达拉斯人都持续幻想着科比身穿己队球衣的身姿，而且眉开眼笑。

从 2007 年 10 月开始，肥皂剧进入了高潮。美国人甚至已经接受"科比即将离开洛杉矶"的事实，洛杉矶也似乎不再强硬于"科比不交易"。余下的悬念无非是科比花落谁家，穿几号球衣之类。

队友奥多姆被提问时只是耸一耸肩，然后指着球队管理层的窗户。"我们不是办公室里的家伙，我们的工作是在球场上。这些想法，只能影响我们在球场上的发挥。"

至于湖人内部是否在谈论这些问题？"完全没有！这只会损耗我们的斗志！"

公牛和小牛继续紧锣密鼓。公牛完全无视麾下众将的情绪，孜孜不倦地打听科比的筹码，而达拉斯人张牙舞爪地做拼盘游戏，俨然队上没有一个非卖品。甚至，萨克拉门托人也被卷入交易流言。倒卖科比是 2007 年 10 月 NBA 的主题词，是考核球队管理层工作业绩的风向标。无论哪家都多多少少喊了一个价，然后对西海岸那个家伙投以远目。许多年后，一个传说中，湖人私下里，甚至跟克利夫兰骑士问过价：

"你们肯用勒布朗·詹姆斯交易科比吗？"

而科比自己，却对此不发一言。

NBA 历史上，很少有球员能够造成如此轰动的交易。实际上，NBA 历史上最轰动的几笔交易，都和洛杉矶有关：1968 年，费城接受了四换一，放张伯伦西奔洛杉矶；1975 年，雄鹿又一次四换一，贾巴尔光临湖人。伟大球员在经年寂寞之后另寻良木栖居乃是常事。而科比，在湖人经历了三个孤胆英雄式的赛季，以及一个被欺骗的夏季之后，他的形象如水墨初干的画卷：强悍不羁，孤傲沉静，如黑曼巴一样森冷。而与此同时，他被背叛的往昔、他隐忍的现实又证明，这种形象和咖啡巧克力饼干外面的苦味一样并非天成：

在他沉静冷傲的另一面，是一个不擅长处理阴险狡诈伎俩、性格执拗的 29 岁年轻人。

他没有玩弄管理层的机略和手腕。于是他成了天煞孤星。绝世杀神都是众叛亲离之后炼成的。

2007 年夏天，科比交易流言纷扰之中，NBA 发生了另一个大动荡：2006/2007 赛季，洛杉矶湖人的死敌波士顿凯尔特人，经历了队史上极其糟糕的一个赛季，事实上。1985/1986 赛季，凯尔特人打出了 NBA 历史上最绚烂的赛季之一，但随后远离了冠军——之前的 30 年内他们 16 次夺冠，但此后的 20 年他们俨然在弥补当年为 NBA 制造的精神创伤。1986 年他们选中了天才比阿斯，然后遭遇了此人的猝死，1994年队长刘易斯训练时猝死，麦克海尔退役。1998年他们选中了伟大的保罗·皮尔斯，这个至今仍是联盟中进攻技巧最为娴熟多样的小前锋在2002年一度让凯尔特人看到了复兴希望，但此后丹尼·安吉开始那乌托邦一样的伟大计划：凯尔特人日复一日做着猥琐的交易，用当打之年的人去换来年轻人排到板凳的尽头。

2006年之秋，一代枭雄"红衣主教"——也许不堪忍受波士顿任人鱼肉——辞世。凯尔特人开季几乎创连败纪录，然后皮尔斯——能打哭基里连科的皮尔斯——连同队上三个首发一起养起伤来。

2007年选秀大会之夜，凯尔特人，用5号选秀权、德隆特·韦斯特，以及从森林狼交换来的斯泽比亚克，从超音速换来了雷·阿伦。这样一来，他们拥有了30岁的皮尔斯和32岁的阿伦两位联盟顶级外线射手，以及一个年轻待成长的伟大内线，一群少年人。

只放弃一个三年级的年轻人，一个没太大意义的合同（斯泽比亚克）和一个5号签，得到一个历史级射手。这其实不算是兑换未来。凯尔特人所失去的很少。但这是一个新思路：阿伦不可能打替补。即，凯尔特人不打算再让皮尔斯带着孩子们操练了。

这阵容足够在东部杀入季后赛，但要冲破公牛、骑士、热火和活塞的包围，似乎还差那么一点点。

2007年7月底，他们对凯文·加内特动手了。

2007年7月31日，31岁的凯文·加内特被明尼苏达森林狼，交易到了波士顿凯尔特人。交易极为宏大：戈麦斯、杰拉德·格林、阿尔·杰弗森、西奥·拉特利夫、特尔菲尔、一个2009年的首轮选秀权，简直是用一整套阵容，去换凯文·加内特一个人。

"但这是值得的。"凯尔特人的名宿乔·乔·怀特如是说。

继1996年夏天，聚齐巴克利、"大梦"奥拉朱旺与"滑翔机"德雷克斯勒的火箭之后，事隔十一年，全联盟又一次看到了如此鼎盛的超级明星阵容：

30岁的皮尔斯依然是联盟最好的外围攻击手之一，是联盟低位攻击最强的摇摆人。

32岁的雷·阿伦是当世最好的射手。

31岁的凯文·加内特，来凯尔特人前，刚拿到又一个篮板王。他们都将是名人堂球员，都在巅峰期末尾，而且他们的岁数加起来比十一年前的巴克利、"滑翔机"和"大梦"还要年轻七岁。

世界很势利。就在 2007 年 7 月 30 日,拉斯维加斯给凯尔特人开出的夺冠赔率是 1 赔 90。

就在凯文·加内特交易完成后,赔率瞬间变成了 1 赔 5。媒体呼啸而来,包围了他们。皮尔斯说,加内特到来,让他觉得"自己好像成了个新人,又一次重新开始 NBA 生涯了";雷·阿伦说,与皮尔斯和加内特并肩作战"是一种荣誉……同时,很快乐"。

除了加内特、皮尔斯、雷·阿伦、朗多与帕金斯外,凯尔特人的其他队员包括:

——四年级生托尼·阿伦。在俄克拉荷马州大念到大三时,他已经是全美最难以阻挡的突破手之一,可惜他不会投篮。他的教练承认他只有一个缺点了:"最后 8 分钟时,如果对方索性收缩篮下,他就没办法了。" 2005 年他进了 NBA,缺乏组织能力和投篮,然而他野兽般的体格、狂热的防守积极性、断球嗅觉和奔袭突破中映出的新鲜气味,又让偏老的凯尔特人闻之开怀。顶尖防守,凶恶抢断,殒身不恤的突破,以及加速回防的无限循环,让里弗斯又爱又恨:"他抢前场篮板太热衷了……倒是好事,但如此这般回防不力,会导致球队和对手打快速往返的……"

——新人格伦·戴维斯,一个胖墩墩的、灵活的、仿佛玩具绒毛熊的肉球。206 厘米,140 千克。嘴唇翻动华丽,好胜,懂得说垃圾话,能用一大堆让你深觉猥琐的动作完成得分。大家叫他"大宝贝",因为他确实就像个巨婴。

——詹姆斯·波西,31 岁的老将,可以打两个前锋位置的猛男。突破凶恶,防守残忍,有一手定点三分球。他为自己所到的每个球队提供激情,活像一台嘈杂的电锯,有那么不灵光的时刻(犯规、失误),但是在噪声中刺击到任何对手的肌肤,都会血光迸现。

——莱昂·鲍维,二年级的大前锋,203 厘米。篮下突击的小坦克,惊人的得分爆发力,无所畏惧,而且有"越看见大个子越兴奋"的奇怪激情。

——布莱恩·斯卡拉布莱恩,206 厘米的白人红头发前锋。如果你在街边看到他,一定不会觉得他是个 NBA 球员。温暾,和善,肉墩墩的。有一手三分球,有极好的脾气,以及飞机工程师执照,超级高智商。

——埃迪·豪斯,老牌流浪射手。

2007/2008 赛季开始前的秋天,凯尔特人全队去意大利。里弗斯教练做了件极为聪明的事:他要求全队都不带手机。于是,全队在意大利一起活动,一起出去吃饭,一起出去看电影。意大利人惊讶地看着十来个两米左右的大汉,在街边嘻嘻哈哈。他们要听加内特讲笑话,他们打趣斯卡拉布莱恩的学究气,他们轮番推推闹闹。他们还孕育了自己的口头禅:"Ubuntu"——起源于班图语,大意为"在一起"。

当回到美国后，神奇地，他们成了一个完美的团队。从季前赛开始，每场比赛前，作为替补的詹姆斯·波西和埃迪·豪斯会站在记分台前，和每个首发球员问好。豪斯会跟队员们拍打握手，而波西则会熊抱每个首发。

回到湖人这边。

就在 2007/2008 赛季常规赛开始前两天，"禅师"证明，公牛与湖人，确实已经就科比的交易事件展开了实质性的接触。只是，公牛不愿意为了科比，一口气送出罗尔·邓、本·戈登、泰勒斯·托马斯以及乔金·诺阿——能不能再打个折扣？

毕竟，这里面包括了 2007/2008 赛季的最后，公牛的四个首发球员呢。

"我们都听到了。那是交易的一部分，我们知道芝加哥已经采取了实际性的行动，不过现在肯定不会发生什么。"

很难知道"禅师"在想什么。他轻描淡写地说，希望这件事可以以一种比较平静的状态解决，因为他不想因为这件事而毁了球队的整个赛季。

"我不会理会这些事情，"科比说，"我现在还是湖人球员，我在为即将到来的比赛做准备。"

在所有场合，"禅师"都在强调，湖人是科比的家。只有他明白，科比对湖人的感情有多么复杂。

他了解科比的偏执、好胜和完美主义。科比说要离开湖人，可是，科比不会容许自己以一个失败者的形象苟延残喘到其他队。

在悬而未决的交易流言中，2007/2008 赛季开始了，湖人并无显著变化，首发阵容的唯一变化是，他们迎回了冠军旧将德里克·费舍尔。在科比夏季的愤怒之后，湖人管理层似乎也没怎么变化……于是，迎来了常规赛第一战。斯台普斯球馆，湖人对火箭。

洛杉矶球迷已经知道了科比想要离开的事实。他们用嘘声填满了球馆，以表示对这位头牌巨星的不满。爱之深，责之切。过去十一个赛季科比带给他们多少欢乐，他的离开便会留下多少的伤痛。但到了第四节，嘘声变成了欢呼。

科比前三节得到 27 分，最后一节，完全恣意地疯狂攻击，他和费舍尔两个人努力把 10 分的分差强行逆转。第四节，他独得 18 分，直到最后，他才被巴蒂尔的一记远射绝杀。

对嘘声有什么看法？

"我知道那些嘘声为何而来，但他们真的不知道具体情况，因为我始终闭紧了嘴——实际上我也必须如此。球迷不必为此忧虑，他们只需注意观看球赛就好了。幕后的事，总该留在幕后。不过，看到球队在最后时刻能够醒来，真的挺不错。"

三天之后，凤凰城，战事令人大跌眼镜。被认为已陷入危机、即将崩溃的湖人，第一节便 33 比 20 领先太阳，第三节，32 比 17。8 次抢断，43 个后场篮板，13 投 8 中的远射，湖人以 119 比 98 血洗了太阳队。

科比只出手 15 次，得 16 分。但他抓下 11 个篮板，以及 3 次抢断。

"在这样的大胜中，每个人都做了足够多。我们不必考虑太多。休息，为第二天的训练做好准备，比赛时表现得和训练场上一样努力，然后我们就逐渐成为一支更好的队伍。"

他终于开始谈论球队。也就在那一天，当公牛终于同意把罗尔·邓送到湖人时，科比使出了最后的撒手锏：他不走了！2004 年与湖人续约时，他曾拥有一个霸王条款：当他不满意交易时，有权单方否决交易。

换言之，科比动用自己独一无二的权力宣布：他不离开湖人了！

又两天后，湖人对决犹他爵士。第四节，湖人一度领先 7 分。当 NBA 顶级盖帽大师安德烈·基里连科切入试图扣篮时，科比起跳，在空中用一个漂亮的左手盖帽，硬生生阻遏住了"AK47"的努力。这个动作如此夸张，以至于所有人瞠目结舌。爵士的追击就此被熄灭，而科比，除了这个盖帽外，19 投 13 中得到 33 分。

重要的是，这场比赛前，他对《洛杉矶时报》所说的话。他几乎已经断绝了被交易的可能。

"我想专心打球。"他说。

这意味着，他交易的闹剧就此告一段落。他要留在湖人了。

他并未得到如他所愿的大交易和实力补充。那么，科比，求胜若渴如他，为什么会选择了留在这样一支连续两季首轮出局的队伍？

我们说，其中有他与"禅师"的彼此信赖，有他对洛杉矶的眷恋，有他不希望作为一个失败者离去的自尊心。

令他欣慰的是，他拥有了一个新的巨人。

科比否决了自己的交易，
紫金仍然是属于他的颜色。

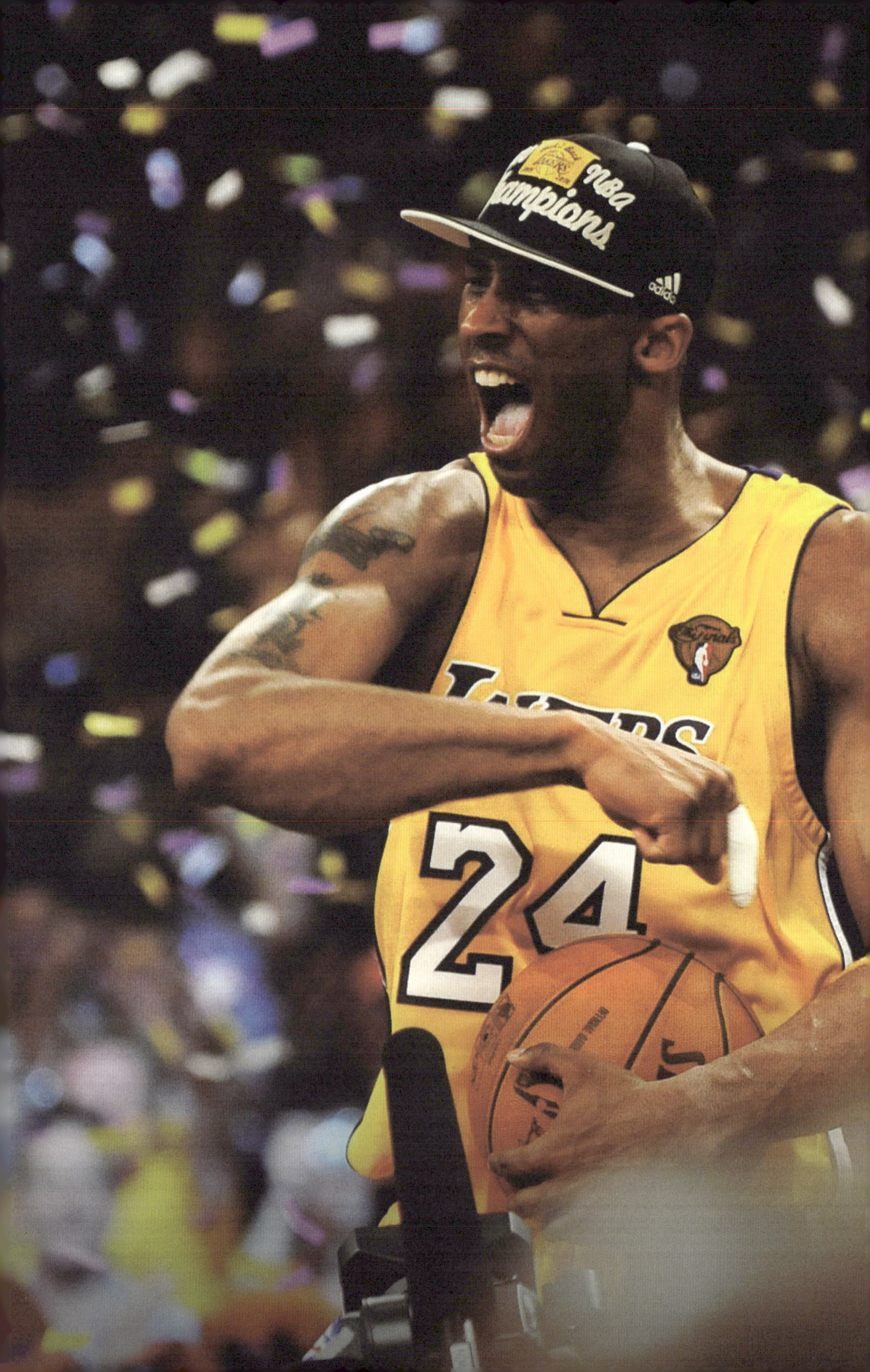
NBA Champions
adidas
24

CHAPTER 5
冠军

24 安德鲁·拜纳姆，以及科比的新目标

25 保罗·加索尔，以及 MVP

26 杀手的嗅觉

27 宿命的对决

28 重新开始

29 "双塔"

30 伏与起

31 61 分

32 最后的热身

33 湖人 VS 火箭，七战

34 西部决赛

35 自己的戒指

36 "越狱"

37 阿泰斯特到来的夏天

38 一个人的艰难开始

39 不败的幻觉与低谷

40 花园的绝杀

41 年将 32 岁的绝杀手指

42 重新开始的冠军征途

43 冲出西部

44 王朝的宿命

45 第五枚戒指

24 安德鲁·拜纳姆，以及科比的新目标

每年初夏，许多高大勇猛的孩子们亮出健壮的肌肉，头戴各篮球训练营的帽子，在全美国的各个角落晃荡。他们静听指挥，做出动作，一经默许就扣一个篮，然后转过头去看看场边，那些大学教练、NBA球探和其他神神秘秘的家伙。他们像罗马市场上的奴隶贩子般打量你，其中的某个人会给你打个电话，通知你入学了，或者给一个选秀保证。2005年5月，安德鲁·拜纳姆的理想就在于此。在他的网络空间MYSPACE上，写着：

"我是一个篮球运动员！很出色！明年要去康涅狄格大学打球了！我迫不及待想上大学！我迫不及待想结婚！长大想干什么？NBA球员！我不在乎女朋友眼睛的颜色，但要漂亮！不能在胳膊、脸和腿上有文身……"

很遗憾，罪恶的资本家没有让这个淳朴的孩子继续上学，他没能去康涅狄格。在他理应读大三、在校园里边听说唱乐边试图和姑娘搭讪的2007年圣诞节，他却在洛杉矶的斯台普斯球馆度过。他听到的不是说唱乐，而是两万人营造的噪声（齐呼他的名字）；他征服的对象也不是某个大学学妹，而是一个208厘米高的大汉。而且，在过道里，当那些姑娘试图跟他搭句话时，这个星球上最好的得分手科比·布莱恩特还拍了拍他的肩，让他别理这些丫头。

2007年圣诞节晚上，拜纳姆面对凤凰城太阳队，13投11中得到28分，抓到12个篮板——8个前场篮板，在上赛季联盟第一阵容中锋斯塔德迈尔头顶，抛出了几个弧月般的勾射，轰下了力拔千钧的空中接力。但是，回到家他依然得早早睡觉，好在第二天早起开着梅赛德斯S600杀到训练馆，等着NBA史上得分最多的巨星"天勾"贾巴尔，开始对他的训练。拜纳姆只能在漫长无聊的训练间隙，幻想着跑去吃鸡肉三明治和奶昔作为消遣。

就在几天之后，科比将对媒体说："如果拜纳姆能上场，我们将是总冠军的有力争夺者。"是的，说这话的是科比。2007年2月，科比还在质疑：湖人管理层为什么不用那小子去换杰森·基德？

曾经，这个孩子是导致科比生气的原因之一。但到了2007年秋天，他却是科比愿意留在洛杉矶的最大砝码。拜纳姆颇有"鲨鱼"之风地自称"大科技男"，自己组装电脑，琢磨成立计算机公司，而且在网上学习英语文学。当然，他不只向"鲨鱼"学习这种大大咧咧的作风。

他的体重达到了可怕的 125 千克，以前可以随意把他推出三秒区的家伙，如今有些麻烦了；他的勾手依然在进步，他的传球手感还在，他的弹跳没有因为体重的上升而显得滞涩。而且，相比于其他内线在球场上拖拉机般的移动，他跑起来就像辆小坦克车。

对他的使用依然谨慎，在赛季的前 9 场，他还是替补中锋。但是，当他在 30 分钟以下的出场时间里，对太阳砍下 14 分 13 个篮板、对马刺得到 11 分 12 个篮板、对公牛拿下 14 分 10 个篮板之后，再藏着他就显然暴殄天物了。他首发出阵，11 月 20 日，湖人对上步行者。在此之前，人们不断传扬步行者的小奥尼尔要奔赴湖人，相助科比一臂之力。

拜纳姆说："不用了。"

他整晚对垒小奥尼尔，6 投全中，他的勾手轻柔婉妙，屡屡越过小奥尼尔的指尖。他的紧贴让对方无法顺畅投篮。第四节，小奥尼尔一记出手，迎上了他的巴掌。下一回合，再来，再一次盖帽。拜纳姆 27 分钟内 17 分 10 个篮板，小奥尼尔 13 投 4 中，14 分 3 个篮板。

"我觉得，把我在场上放久一点就好；打的时间越长，我的贡献越大。"拜纳姆说。

2007 年 12 月，拜纳姆打出 6 场两双，包括 3 场 20 分 10 篮板以上级的表演，让人产生"'鲨鱼'归来"的幻觉。

湖人拥有全联盟前五的快速节奏，对于大多数 125 千克级的巨人中锋来说，这是苦差；但对拜纳姆来说，却驾轻就熟：他不知疲倦，在球场两端跑动，寻找位置，快速利用体重卡位，伸出长臂接球。无论左右手，他都可以完成勾射。他高达 218 厘米，重达 125 千克，却还能用细碎的、"天勾"式的娴熟步伐要位，于是你很难阻止他。

日渐增加的体重让他可以轻松要位，摘下篮板；他已经是个优秀的前场篮板手，而且，他的宽厚身躯也保证只要他夺到前场篮板，没人可以阻止他起跳扣篮。他以 64% 的命中率领衔联盟，能够轻松地在两侧转身要位，一旦在禁区内接球，你就只好祈祷他手指打结了。最后，他还保留着上赛季就有的那项本事：接球、传回、二次要位。只要他愿意，他就可以这样反复折磨对方内线。

他的防守比进攻更强大——每场不到 3 次犯规、10 个篮板和 2 个盖帽，这已经足证他的作用。他学会了用长臂大手干扰对方前进，他保护禁区、寸步不让。

于是，就连科比，与"鲨鱼"针锋相对的科比，都承认了拜纳姆：

"有了他，我们才像一支冠军球队。"

2007年冬天，就是靠着这个孩子，湖人甚至一度杀到西部榜首，简直出乎所有人意料。科比喜欢拜纳姆；他有"鲨鱼"的壮猛，"鲨鱼"的巨大，而且，当科比向内线吊球时，拜纳姆怪兽般的力量可以轻松完成空中接力；同时，他有"鲨鱼"等级的策应技巧，却并不贪于得分。他和科比之间的传递配合如此默契，这让湖人的内外线焕然一新。

"他仍在学习阶段，"费舍尔说，"他还得学习如何更好地利用身体打球。"

是的，他还只有125千克（会继续增长），持续提高弹跳力、背身技巧和经验，他还没获得足够多的机会表现自己，湖人对他的保护使他的进步会细水长流。而且，虽然可以依靠力量击倒联盟大多数中锋，他依然固执地热爱那已经绝迹的天勾。

而且他刚满20岁。

圣诞之战后，太阳主帅德安东尼被问道："您觉得，安德鲁·拜纳姆是个有前途的球员吗？"

德安东尼看了看28分12个篮板的数据，笑了笑说："我真希望他不是。"

另一方面，科比在做自己的事。

"禅师"反复跟科比说：

"乔丹在晚年才真正成为一个统治级球员。为什么呢？因为他甚至不需要进攻，就可以依靠防守来完全压倒对手。"

在他的反复劝导和激将下，科比确实有了变化。

他将球更多交给奥多姆、卢克·沃顿进行组织，而自己积极地做无球跑位，愿意旁观队友自己解决问题。他华尔兹舞步般的晃动越来越少，更多是走位，接球，快速调整，投篮。

化繁为简，甚至到了朴素的地步，这就是他的变化。

2007/2008赛季，随着拜纳姆的出现，科比已经越来越少在进攻端包揽太多的活。他把持球组织交给了奥多姆、费舍尔和沃顿，而满足于做一个三角进攻的连接点。

12年来，他被批评最多的便是他的投篮选择、组织能力、让队友融入球队的程度、对比赛的控制。而如今，科比开始谨慎了。他对自己的投篮选择近乎苛刻。与当年恣肆无忌的单打相比，如今他的投篮几乎谨慎小心到了保守的地步。

他把自己的精力全数放在了防守端，每场比赛的数据不会记录他的真实贡献：2007年11月，在凤凰城，拉加·贝尔被他防到8投1中，他的连续抢断使太阳被

2008/2009赛季开始，科比用包括了盖掉姚明、邓肯和"AK47"的那些令球迷抱头惊呼的镜头表达同一个意思："我想成为年度防守球员。"

湖人的快攻浪潮击溃；对爵士，他在篮筐旁起跳，迎着切入的基里连科，一个完美的封阻动作，让"AK47"经历有生以来最丢人的一次被盖；对黄蜂，皮特森和杰克逊被他统治。对森林狼，巴克纳完全找不到篮筐；在与火箭的第二次交手，麦蒂受伤下场前，被科比防得呼吸困难；然后是汉密尔顿、威尔金斯，以及艾弗森被压迫到3次失误。NBA没有一项数据能够详细记录一个人将他的对位者扼杀到了何种程度。我们只好满足于2007年11月的前半个月，他每场送出2.1次抢断、1.5次盖帽这样的数据——包括了盖掉姚明、邓肯和"AK47"的那些令球迷抱头惊呼的镜头。

他关于新赛季唯一的瞻望，是对记者说出："我想成为年度防守球员。"

你能够从他的变化中阅读出多少呢？像1967年开始放弃得分王的张伯伦、1991年得分不断下降的乔丹一样，用信任队友和惊人的防守，以及关键时刻的个人能力来取得胜利？如果他确实做此想法，这是否意味着29岁的他已经成熟？又或者，这只是他的又一次与世界赌气？毕竟，他一向与世界并不友好，而采取着"如果你想证明我不行，那么我就只好让你看看"的姿态。

有记者跑去，找领衔得分榜的勒布朗·詹姆斯："赛季末，勒布朗你能拿下得分王吗？"

勒布朗说了"不"。

"因为洛杉矶的那个人……他是不会让除了他之外的任何人，取下得分王的。"

2008年1月，拜纳姆受伤，湖人大厦忽然又要倾塌了：他们在西部第一刚坐了一天便被扫了下来。2008年1月14日，在西雅图，科比全场44次出手得到48分。

似乎，湖人即将迎来又一波"伤病作祟，科比独揽全局"的剧情了。

但这一次，湖人比上赛季幸运得多。

25 保罗·加索尔，以及 MVP

2008年2月5日，科比右手小指受伤。但他拒绝做手术。

随后，一个巨大新闻遮盖了科比的手指话题：西班牙巨人保罗·加索尔逃离孟菲斯，加盟湖人——而湖人付出的代价，仅仅是史上最烂状元夸梅·布朗。

这桩交易之荒诞，甚至让专事挖掘廉价天才的圣安东尼奥马刺主帅波波维奇暴跳如雷:"这交易太荒诞了!我们得有个交易监督委员会,来阻止这类不公平交易的发生!"在家养伤、闲得发慌的吉尔伯托·阿里纳斯也气急败坏:"湖人是小偷!这根本就是犯罪!这好比说,老子白送你100美元,只要你手里的一块钱硬币!"

不必怪波波维奇草木皆兵,只需要看看加索尔到来之后的蝴蝶效应。失去安德鲁·拜纳姆后,在1月下旬2胜4负、举步维艰的湖人,却在得到加索尔后,打出了一波11胜1负——而且,他们还处在艰难的东部连续九场客战的历程中。西部则人心惶惶,太阳立刻跟进了用马里昂交换奥尼尔的惊人交易。加索尔像第一副倒下的多米诺骨牌,促成了联盟的动荡。

作为这次地震的主角,洛杉矶最新的外来巨人加索尔对《马卡报》说:

"难以置信!这对我的影响太大了。明天晚上我就将是这支伟大球队的一员,这是一支在NBA拥有优秀传统,而且有能力赢得比赛的球队。我太需要一枚冠军戒指了。这是我职业生涯和人生的新起点,我非常高兴。"

这当然不是客套:保罗·加索尔,优秀的大个子,为西班牙拿下2006年世锦赛冠军的王牌,却在27岁的黄金年龄,苦于孟菲斯稀疏的观众、教练雅瓦罗尼的快攻打法、脚踝与背部的积年旧伤。忽然间,他被提到了NBA历史上最伟大的教练手下,与NBA个人能力最杰出的球员搭档,这不啻地狱到天堂的轮转。为湖人出赛的第一场,他就得到24分12个篮板。3天后,对阵魔术的德怀特·霍华德,他不断在挡拆后获得科比的传递,轻松中投,15投12中得到30分。

保罗·加索尔,1980年出生的西班牙人。父母阿古斯蒂和马利萨,曾经都是篮球运动员。他的弟弟马克·加索尔1985年出生,将在几年后成为NBA最好的中锋之一,但那是另一个话题了。保罗·加索尔13岁长到了183厘米,此前他一直是控球后卫,培养出了细腻华丽的技巧。1998年,他带领巴塞罗那青年队获得世界高中篮球邀请赛和欧洲青年锦标赛冠军后,2001年夏天,保罗·加索尔去到了美国,过程颇为惊险:NBA此前为买断其他欧洲球员所开的金额,最高一次不过35万美元,而巴塞罗那却喊了250万美元的天价。幸而,加索尔有个好经纪人:赫博·鲁杜埃。此人像个巫师一样骗得灰熊以高位摘取加索尔——位次甚至高于NCAA年度球员肖恩·巴蒂尔,这样他得以用高薪自掏腰包交了165万美元的毁约赔偿金。新秀年,加索尔场均17.6分8.9个篮板2.1个盖帽,以及数据之外,那些令NBA组织后卫们惊讶的绝妙传球。

三个NBA赛季结束之后,24岁,他已经是NBA年轻一代卓越的内线。2004年夏,他得到了6年8600万美元的合同。这桩合同是锐利的双刃剑:他的前程与地位如剑刃般明亮悦目，他所担负的责任却也如剑刃般缓慢绞杀他的身体。2005年夏，他开始留一个"灰熊亚当斯"式胡须。

来到湖人之前，他也在遭遇人生的十字路口：在灰熊，他陪伴一些少不更事的孩子打球、在凌乱的体系中消耗体力、独自扛起主攻的任务，伤病不断。

在湖人，一切都如此完美：作为NBA传球最好的巨人之一，他轻松融入了三角进攻。他全面的技巧，可以为球队提供优秀的高位策应、低位单打，他的聪明跑位与精准跳投，让他和科比的挡拆简捷有效。他绵密的横移脚步和快速移动，也让湖人曾经联盟最差的防挡拆能力，获得大幅度提升。

最重要的是，他不是"鲨鱼"那副霸王牌气，天生是优秀的副攻手和策应者，于是，他与科比接榫得严丝合缝。甚至连他西班牙式的安静脾气，都很合乎湖人更衣室的气氛：费舍尔老大哥的权威，科比的好胜成狂，这让他不必像在孟菲斯似的，明明性格沉静却被迫担任老大的角色。

他和科比几乎不必磨合便臻于完美。得到加索尔之后，科比在2月投篮命中率高达惊人的51%。湖人打出一波又一波的大胜：2月13日，25分破森林狼；全明星赛后第一场，29分斩老鹰。然后是在2月的最后五场：18分击败快船，20分削倒超音速，13分击败开拓者，18分扫灭热火。当加索尔和科比同时在场时，下半季湖人一共只输过4场球。有整整1/4的比赛，湖人在三节结束后便已把比赛推入垃圾时间。

与此同时，费舍尔在默默起着作用。

自从1996年入行之后，他便是科比最好的队友，也是湖人最无私的球员。2003/2004赛季，他自愿将首发让给加里·佩顿，让"禅师"感动不已。"鲨鱼"走后，他去勇士与爵士打球，2007年夏，他的女儿查出了眼疾，"禅师"于是跟费舍尔商量：

"回洛杉矶来吧，给孩子治病比较方便。"

费舍尔归来后，湖人多了一个更衣室老大。他是跟科比共患难的老将，却又深明角色球员的苦楚。于是费舍尔时不时跟科比交流：

"我们不能在万米高空领导球员。我们要跟他们贴在同一平面。"

费舍尔很得人心，能够安抚球员；他说的话，科比也爱听。于是湖人通同一气了。

2008年春天，湖人几乎恢复到了20世纪80年代"魔术师"时期的光荣风格。进攻若水银泻地，人人都可以自由运转。科比艰难地带队三年后，终于使这拨人马获得了足够的经验和默契。费舍尔、科比、奥多姆、射手拉德马诺维奇、小前锋沃顿、替补组织后卫乔丹·法玛尔和替补射手武贾西奇,都够灵巧,加上加索尔的高位策应和内线移动,湖人运转迅速快如闪电。2008年春天,他们时常依靠科比的外围压迫防守、快速攻防转换、加索尔高效率的策应、集体开花,一瞬间解决对手。

而这也使科比职业生涯以来,第一次成为常规赛 MVP 的首席竞选者。

每年3月,各大球馆都会有类似的场景。某个夜晚,某几个球员凤凰展翅、所向披靡,而后故作不经意的潇洒下场时,全场会山呼海啸:"MVP!MVP!MVP!"接受朝拜的人数或多或少,因实际而定。2008年3月,死敌国王主场的阿科球馆,在看到科比34分发挥后,球迷开始集体高呼"MVP"。这对科比来说是无上的光荣:他甚至已经让对手心服口服。

当然,喊话的观众们,并没有给 MVP 投票的机会。若不然,单凭 2006 年 81 分为典范的那一串得分表演,科比就会被球迷推选为 2005/2006 赛季的常规赛 MVP 了。

1955/1956 赛季,NBA 才开始有常规赛 MVP,由球员们投票产生,因此,统治了 NBA 第一个十年的乔治·麦肯,没有来得及等到 MVP 奖杯诞生。此后至今,每年暮春,一群电视评论员、体育记者之类,会被圈在一起投票选出当年的常规赛 MVP。

之所以每一季,MVP 的归属都会成为久炒不烂、人人爱嚼的话题,只因为 NBA 并不像 1999/2000 赛季的 CBA 一样,会挂出"常规赛前四名球队之外不予考虑"的官方准入证。NBA 历史又实在浩浩汤汤,横无际涯,有足够多的例子可以援引。于是,每季 3 月,各球员支持者——比如自家教练、球队死党——都不乏生动事例和甜美论调。苦恼之处在于,奥斯卡可以有无数奖项,而 MVP 只有一个:一家女儿许不得五六个郎。2006 年,ESPN 的比尔·西蒙斯玩笑般地列了六个 MVP 分奖项:"最令人激动的球员""在一支胜利之师中最有价值的球员""一支比预期中发挥好的球队里最让人满意的球员""战绩最佳球队中的最有价值球员""季尾狂飙球队中的最佳球员""最不可或缺球员"。

2008 年的常规赛 MVP 与以往类似——无数的候选人,每个候选人都有一堆理由:

勒布朗·詹姆斯的支持者可以说,他打出场均 30 分 7 篮板 7 助攻的恐怖数据。

克里斯·保罗的支持者会宣布,这个三年级的天才组织后卫,成为 NBA 助攻、抢断双料王者,是联盟历史上第八个完成"赛季场均 20 分 10 助攻"的人;而且,他把一支上赛季还平淡无奇的黄蜂,长期扛举在西部前三。

凯尔特人的球迷宣称,凯文·加内特应该得 MVP,他将要拿下年度防守球员,而且让上赛季还一塌糊涂的凯尔特人打出了常规赛 66 胜。

蒂姆·邓肯和史蒂夫·纳什，就像每年要出席的荣誉嘉宾一样，每年都一脸无所谓地被球迷们扛上候选榜；最后，科比·布莱恩特和麦蒂，各自率领球队所当无前。

如果确实像音乐节、电影节或者新年联欢会似的，有 6 个 MVP 奖项可以分享，当然皆大欢喜；但是，很可惜，僧多粥少。

最后，人们才发觉，科比居然没有得到过常规赛 MVP！论个人能力，此前两季，他打出了惊世骇俗的个人表现，已经取得了一致的认同；论资历，21 世纪以来他始终是联盟最好的后卫之一，没有一个评委会忘记他。在进攻端，他依然保持了联盟顶级的、随心所欲的得分能力，在需要时依然可以一节斩落 15 分、20 分；在防守端，他发挥出 2002 年以来最残暴的状态，数不清多少场比赛，他开场的惊人压迫不断让对手失误，然后湖人一波快攻提前使比赛进入垃圾时间。最后一个阻止他取得 MVP 的障碍——球队战绩，在 2 月获取加索尔之后，也已经不成问题。

于是，只可能是科比：2008 年 4 月，他带领湖人 7 胜 1 负，锁定西部第一后，没有任何因素可以阻碍他了。他就是 2007/2008 赛季的常规赛 MVP。即便数据并不如此前两季夺目，即便得分王被詹姆斯拿去，但科比让他的球队成为西部第一，即，在被质疑了 12 年后，他终于拥有了一支属于自己的队伍，拥有了一个可以用他自己来命名的年份。

甚至连他的竞争对手詹姆斯都预先承认了。2008 年 2 月，他对记者如是说：

"科比得到 MVP 前，我不可能有机会染指。"

"我不知道联盟中还有其他人更值得获得这个奖项，我也不知道联盟中有任何人会比他要更加努力。""禅师"说。

2008 年 5 月 7 日，常规赛 MVP 揭晓。毫无疑问，就是科比。这时候，他当然不再是那个黑翼的堕落天使，或者阴险的黑曼巴。他羽化成仙，回到了主流的经典形象。他风度翩翩地面对提问的记者，他把这个奖项称为是天赐的祝福和荣誉。

"这就像在好莱坞一样，就像电影里的情节一样。仅凭自己的力量我是无法获得这个奖项的。我都不知道怎么感谢我的队友了。他们是我的伙计，是我的兄弟。让我们一起为明天做好准备吧……我不知道这个奖项最后会颁发给我，我很惊讶，我过去几个赛季打得也不错，但我们的球队却没这样好过。事情就这样自然而然地发生了。"

你可以想象，这是那个在 2004 年夏天被曝出在更衣室里跟队友、教练吵架的

在获得 2007/2008 赛季常规赛 MVP 后，科比和家人分享这一荣誉带来的喜悦。

年轻人吗？是那个和马龙吵架、和"鲨鱼"斗嘴的年轻人吗？

曾经和"鲨鱼"、科比共事过的布莱恩·肖说：

"现在的他，比起过去三连冠时期，成为更好的队友，他变得更加成熟了。他过去的时候真的不是一个好队友，但没有任何人比他付出更多的努力，所以今天他做到了。过去他并不怎么和队友在场外打成一片，但据我所知，他现在总是和队友们共进晚餐。"

他，科比·布莱恩特，从来在技术上不存在缺憾。只是，篮球是一门如此深奥的学问。在球场上成为技艺最佳的个人，并不意味着一切心想事成。曾经，他的好胜、偏执和孤傲，把他带入了 2004 年的低谷，但也是他的好胜与偏执使他熬过了所有的打击。

无论是球队战绩、个人能力，抑或是数据表现，当他把争夺个人荣誉的努力放在争夺胜利上时，他的偏执使他成为好的领袖。他自己从天使变成了黑曼巴，然后在 2008 年夏天重新回归到高尚的巅峰形象。最后，他达到了篮球世界的巅峰，凭着一己之力。只是这一次，他不再对抗世界了——他和世界讲和了。

即便在拿到常规赛 MVP 后，依然有人会注意到科比的许多小细节：他会听着队友的笑话，发出夸张的笑声；队友投丢关键球，他还是会虎视眈眈凝视队友，一脸要吃掉他们的样子。射手武贾西奇倒很泰然：

"我知道听起来像是掩饰，但我们和科比的关系很好。外人无法了解家庭内部是怎样的，我们看到的可跟媒体上的不一样，"说着，他笑了笑，"毕竟我们自己处身于 NBA，而你们只是旁观者嘛！"

乔丹·法玛尔和沃顿都觉得湖人氛围很好："我们训练完，并不各回各家。我们一起吃饭，科比当然也一起去。"

奥多姆觉得，他很有功劳："我请了个夏威夷厨子，萨姆·乔伊，他是天下第一烹鸡高手！"

听来很夸张，但的确，当科比跟队友一起聊夏威夷风味的鸡好吃不好吃时……可以让全 NBA 都开始颤抖起来。

26 杀手的嗅觉

2008 年季后赛第一轮，与科比交战多年的两个大家伙，在西部第一轮相遇：

CHAPTER 5 冠军

马刺对太阳。这是邓肯的第十一次季后赛旅程,遇到"鲨鱼"则是第六次。

1999年以来,"鲨鱼"和邓肯,总有一个人进总决赛。除了2004年,每个总冠军都归"鲨鱼"或者邓肯:"鲨鱼"4个,邓肯3个。几乎可以说,那是他俩命名了这个时代。

邓肯、"鲨鱼"和纳什,包揽了过去8年的5个常规赛MVP和6个总决赛MVP。十年交锋,三年恩怨。

2008年,邓肯和"鲨鱼",两个统治时代的巨人再次相遇。但他们已经不是时代的主宰者了。

2008年,他们都老了。他们的相遇不再像1999年到2004年那么地动山摇。这也是他们最后的机会了:决一死战,结束整个十年的纷争。

然后,第一场就发生了传奇之战:斯塔德迈尔在被邓肯砍落40分后悻悻地祝福他32岁生日快乐,而"鲨鱼"在3月已经满了36岁。

这传奇般的一战常规时间48分钟打到末尾,马刺35岁的迈克尔·芬利穿越双重掩护,获得短暂空隙,射出了一记三分。93平,双方进入加时。第一个加时末尾,计时器还有3秒,马刺101比104落后。无人会料及这种结果:这两支雍容华贵得略显老态,四年来在王座周围盘旋的伟大球队,居然会在一场理应作为序幕的比赛中,战到白骨黄沙田、败马向天鸣的凄厉情景。邓肯在右翼45度外,双脚站在三分线外,抬头,出手。

三分球?邓肯?

球进了。104平。第二个加时。

那时,两队已各自灯尽油枯,像两头骆驼,争相为对方填最后一根稻草。斯塔德迈尔罚下,帕克罚下。"鲨鱼"、迪奥各5次犯规在身。纳什、希尔、奥尼尔和贝尔这四位平均34岁的首发有三位仍在红着眼睛血战。此前20投7中的吉诺比利像嗅到血腥的毒蛇,飞速穿越太阳防守群如蛇行草间。罚球,上篮。纳什左侧底角射中匪夷所思的远射,115平。暂停用完,喘息伴随着时间飞逝,圣安东尼奥全城的心脏跳动挽不住时钟的脚步。吉诺比利长途奔袭穿越全场,化身利刃一刀切入太阳心脏上篮得手。117比115。马刺终于取胜。两个起死回生的远射,参差交加的王牌对斩,一针见血的绝杀,斯塔德迈尔的33分和6次犯规,邓肯的40分15个篮板。你还能要求一场比赛给出更多的风情吗?

"要是太阳VS马刺系列赛里没发生些特别的事,那也就不算太阳VS马刺系列赛了。"太阳射手拉加·贝尔说。

这些特别的事,当然也包括"鲨鱼"这个36岁的150千克胖子飞扑到场外救球的镜头。

作为 NBA 史上最富娱乐性的胖子,"鲨鱼"的飞扑救球多少有向十年前丹尼斯·罗德曼致敬的味道。但是,蒂姆·邓肯当然知道,2008 年,这个飞扑救球的胖子已经不是十年前会赖在球迷堆里撒娇的大家伙了。第二个加时,"鲨鱼"身背 5 次犯规,神情严肃,动作谨慎。这一晚他只打了 30 分钟,对输球心有不甘。也许他是凤凰城最后一个放弃的家伙。他的飞扑和他的坚毅防守一样说明他的态度。

也只有邓肯或者能够明白,这个家伙有多认真。

贝尔这么评论邓肯那记三分球:"他命中注定是要投进那个球的。"

命运就是这么决定的。

第二场,"鲨鱼"19 分 14 篮板 4 封盖。第三场,11 投 5 中,而且经历了久违的"砍鲨",17 罚 9 中 19 分。第五场,"鲨鱼"只打了 23 分钟,14 分 12 篮板,太阳取回一阵。第五战,"鲨鱼"罚了足足 20 个球,13 分 9 篮板。

太阳被马刺击败了。至此,邓肯和"鲨鱼"的 6 次季后赛打成 3 比 3。就这样结束了邓肯与"鲨鱼"的漫长争霸。1999 年到 2007 年间各分享了四个总冠军,只让 2004 年一个戒指旁落给活塞的两位巨人,就此别过了。

在那两个垂老巨人解决其恩怨的时刻,科比则在首轮,和阿伦·艾弗森一了十二年前的恩怨。

湖人 VS 掘金。

对掘金系列赛第一场,乔治·卡尔教练使用肯扬·马丁去防科比。这位主打大前锋的 2000 年状元,在大学时便拥有可以防 3、4 号位的步伐和防守基本功,身高臂长也可以尽量干扰对手的投篮。当然,卡尔的巧妙安排还在于坎比在马丁身后的保护。科比相比巅峰期略有下降的速度无法完全甩开马丁,全新的防守布置又打乱了科比的投篮节奏。前 12 投,他仅有 2 中。

似乎掘金成功了?

但掘金的安东尼·卡特做了件很傻的事:在企图阻止科比扣篮时,他把科比推进了底线的摄影师人群里。

这世界上有些人是你永远不该激怒的。温和地杀死他,或者远离他。

科比开始叨咕垃圾话。和场外那个谦逊温雅的 MVP 不同,2008 年季后赛,场上的科比几乎是个魔鬼。他罚中了 3 球,然后,接下来 4 投 3 中。第三节过半,他在空中遭肯扬·马丁犯规,却依然投中。他始终没有停止对马丁的羞辱,他摇着头,说:

两个费城的儿子，96 黄金一代最耀眼的明星，在 2007/2008 赛季季后赛首轮相遇了。

"NO。"

第四节，当他的三分远射、他的切入、他的后仰跳投奏效时，他对 J.R. 史密斯摇头说"NO"。

他的后 14 投中了 7 次，全场 32 分，全场都在摇头，告诉掘金：千万别招惹黑曼巴。

然后，丹佛掘金的还债生涯依然没结束。

对掘金系列赛第二场，乔治·卡尔依然延续前一场的安排，由肯扬·马丁单防科比，然后，科比第一节得到 20 分，此后掘金再换人防为时已晚。丹佛并没有一个优秀的外围对位防守者，而在防跑动挡切系列进攻时亦非他们所长。湖人全场转移球迅速给出 33 次助攻，科比几乎没有在落位情况下强行单打。全场 49 分与其说是个人之勇，不如说是掘金的举措失当。

这一晚他没有说"NO"。他晃身突破 J.R. 史密斯，遭后者拉人犯规后，他盯了 J.R. 史密斯一眼，然后不断点头，说"YES"。

说了十次之多。

这就是他作为 MVP 的姿态：他在场上像黑曼巴一样凶残准确。他不会宽容或软弱，会一直朝对手打击，至死方休。他总是给自己找点对手，有时甚至是故意激怒自己。他需要进入那种"一个人对抗世界"的状态。他在寻找刺激和挑战的过程中乐此不疲。

他成为联盟外围最强攻击武器已非一年两年的事。对掘金，他完成了横扫，一个人毁掉了丹佛人所有的外线防守。除了第一场 26 投 9 中和第三场 8 投 1 中的三分外（三分线内则是 11 投 8 中），犹他和丹佛几乎没有给他造成过麻烦。

2008 年 8 月将满 30 岁，他的身体状态依然在巅峰。也许比起 2002 年速度略有下降，但他华丽的地板技巧，已经到了不需要和少年们拼爆发力的地步。自从 2006 年夏对太阳那七场大战以来，除了 2007 年 3 月球队伤病期那连续 50 分浪潮，他的投篮选择已经收敛许多。如今半场阵地战，他的蛮横跳投、急停三分之类相对见少。他的接球后不加调整的简洁跳投愈加进步，并且继续拥有着联盟摇摆人里最强之一的低位背身单打能力，以及全套面筐晃动技巧。一言以蔽之，除了更简洁外，他和那个揽有得分王的 8 号没有大的差别。

淘汰掘金的第四战是一个典型案例。比赛前 42 分钟他都状态不佳，罚球甚至 10 中 4 以及 6 次失误。坎比等内线球员很好地保护着禁区，直到最后 5 分半，科比忽然找到了感觉。利用无球跑动摆脱后接球，然后几乎一口气得了 14 分。

西部半决赛，对爵士的第一战，虽然在最后时刻失去手感，但他的突破和低位单打不断博得罚球；第二战，完全是在用娴熟的晃动戏耍罗尼·布鲁尔。他的得分技术全面到可以针对防守者改换策略：对上 206 厘米的基里连科，他可以翼侧突破；对上布鲁尔，背身单打或是假动作晃开后跳投。他已经很少像某几个以往赛季那样，在疯狂跑动后隔着三个人射出三分了，他变狡猾了：在对爵士的两战，他一共只射了 4 个三分球。

对手的难题是难以制约他：如今科比对自己的位置感格外在意（所以许多时候反而会失去好的攻击位置）。"禅师"的三角进攻所强调的空间和距离，就是为了避免被包夹和快速转移而设置。加索尔加入的当月科比射出高达 51% 的命中率：并不是加索尔像"鲨鱼"那样，有吸铁石似的引对手集体包夹的魄力，而是他的站位、掩护和低手传球可以使科比在翼侧获得更广泛的活动空间。令丹佛饮恨、让爵士头疼的是，科比偶尔满足于三角进攻中转移或牵制的角色，有时却又会虚实并用的发起攻击，他的进攻已不像 2005/2006 赛季那样声势浩大，但却招之即来，随时可以发动和结束。打有准备之仗，盐湖城的猛汉们并不怕；但完全无征兆的高命中率突然袭击，他们却全无解法。

比如，2008 年 5 月 9 日，在盐湖城。上半场他 5 投 1 中，湖人落后 9 分。然后，一如爵士主帅斯隆所说："我们都知道他下半场会干什么。"

科比接管了比赛：不断切入篮下，在人群里寻求上篮或者制造犯规。除了最后追分时刻，他好像都忘了三分球是怎么回事。在这种时刻，他多少像 2006 年总决赛的那个韦德：目标明确，而且直截了当。下半场他 15 投 9 中，罚中 8 个球，得到 26 分。包括了一个抛板后空中接力的动作。为了这个动作，赛后他甚至对记者开起了玩笑："算我一个助攻吗？"输球，他心情依然不坏，已经不再像当年一样，输球后冷对记者了。

在和爵士的系列赛中，科比场均获得 16 个罚球。这是爵士的无奈：除了拼命用犯规阻遏，爵士并无他法。4 比 2，湖人晋级。

2008 年西部决赛，马刺对阵湖人。邓肯和科比上一次碰面，还是 2004 年。这一次，科比刚拿到自己的常规赛 MVP。

用湖人助教布莱恩·肖的说法："科比真正成熟了。"

2008 年西部决赛第一场，上半场结束，马刺 51 比 43 领先，邓肯上半场 16 分 9 个篮板。科比上半场仅得 2 分，但并不全是鲍文的功劳：上半场，科比有 5 个助攻。

第三节一开始，马刺一波华丽的 14 比 2，65 比 45 领先到 20 分。洛杉矶斯台普斯球馆的 18997 名球迷一片哀号之声："常规赛 57 胜的那支湖人，只是个美丽的肥皂泡吗？"

忽然，情况变了。

3 分 5 秒内，湖人连得 14 分。科比自己得到 7 分，外加两个助攻。马刺的优势只有 6 分了。之后的比赛进入缠斗。比赛剩 8 分钟时，湖人只落后 3 分。鲍文一记三分球让马刺再领先 6 分，但湖人一口气连得 10 分。比赛剩 2 分 42 秒时，马刺反而 81 比 85 落后了。

马刺最后发起反击：吉诺比利的罚球和邓肯的补篮，让双方 85 平。比赛剩 41 秒。科比压着时间，突破，在离筐 3 米远起跳，中投，球进。湖人 87 比 85 领先。马刺进攻未遂，湖人锁定胜局：89 比 85。逆转 20 分，完成了反击。邓肯的 30 分 18 篮板也无从措手了。波波维奇看得明明白白，但是无可奈何：

"科比，他上半场信任自己的队友，所以他有 5 个助攻。他在耐心探测，看我们对他到底有多忌惮。下半场，他才开始攻击。"

这场逆转让马刺第二场无力再战，湖人 101 比 71 大胜。第三场，马刺 103 比 84 扳回，但第四场，湖人 93 比 91 险胜：布伦特·巴里错失绝杀三分球。第五场，马刺在洛杉矶以 63 比 64 落后一分进入第四节，但科比第四节得到 17 分，全场 39 分。比赛最后时刻，一次富有象征意义的对决：湖人 87 比 82 领先 5 分，时间剩 1 分 50 秒，科比在半场运球消磨时间，加索尔慢悠悠过去，给他做掩护，邓肯根本不管加索尔：他了解科比，知道这种时刻，科比不会想打挡拆，只会直扑篮筐，这就是科比和他的对决。

然后，科比向左运球，加速，邓肯做出了完美的防守：他跟着科比，预备封盖。但科比在完全没有角度的情况下，在人即将滑出底线的瞬间，展开身躯，将球从自己身侧托起，一个舞蹈般的擦板上篮。邓肯抬头，看着球滑入篮筐后，抿了一下嘴，低下头去。

那一下，基本功被天才击败了。

湖人 100 比 92 击败马刺，4 比 1 晋级总决赛。这也是 1998 年以来，第一次，总决赛没有邓肯或奥尼尔。那时，科比·布莱恩特，距离成为 2008 年完全的统治者，还差最后一步。

而他看起来，非常平静。

对马刺第一场下半场得到 25 分后，科比静静地陈述道：

"我随时可以得分。下半场，我就这么做了。"

科比的得分浪潮，总是来得突如其来。与他缠斗多年的老冤家布鲁斯·鲍文苦笑:"你是没法从他嚼口香糖的方式上猜到他要接管比赛的。"

但老队友德文·乔治倒认为,并不难:"当科比环视周围,开始怒气冲冲,那意思就是他要接管比赛了。"

10年前,科比的老教练德尔·哈里斯则说:

"科比决定要得分时,会做胯下运球。那会儿他就在盘算,怎么宰了你。"

第一场,他确实用自己的冷血摧毁了鲍文:长距离投篮、扭身上篮、翻身跳投,以及最后24秒锁定胜局的、科比招牌的急停跳投。这一场,某种程度上湖人摧伤了马刺的信心。第二场,湖人101比71血洗马刺。第三场,103比84。

凯尔特人的老后卫萨姆·卡塞尔并不认为这是所谓"杀手嗅觉",而是"那个乔丹也有的玩意儿"。但跟乔丹不同,科比无法卸下他的杀气。德文·乔治的说法:

"科比没法关掉他的杀手气质。他太渴望胜利了,他会让许多人误解他。"

布莱恩·肖,从科比11岁开始跟他单挑的肖,回忆说科比对一对一如何热爱。如果你不小心在训练时一对一赢了他,他会要求再来一次。"那,你刚才那个招式,再来一次!"德文·乔治说,更可怕的是,科比能随时给自己添加招式。大多数球员都是在训练中自己练熟了,而科比会在一天训练里用一个招式,第二天比赛里就使出来。

他爱篮球,是个篮球痴。2003年一次采访时,他跟记者大谈自己发明的一个新招:"接球,试探步让对方松懈,不收球,直接顺步突破。"说着,他就跟记者比画起来……他近乎狂野地雕琢一切招式。

著名训练师艾丹·拉文认为,所谓杀手本色,是这样的:热爱篮球、野心、强迫症、高傲自信、自私和自我问责,这些资质,科比一应俱全。

"他有时会选择不给别人传球,是因为他觉得,为什么要传给一个不如你努力、不如你厉害的家伙呢?"

科比强迫症到什么地步呢?2008年西部决赛期间一次训练末尾,全队罚球。科比罚丢了。当德里克·费舍尔要罚球时,科比忽然跳起,将球从篮筐上拨走了。奥多姆表示习以为常:"当然了,科比不愿意成为唯一罚丢球的人。"

这就是他。有时固执,有时孩子气,总是倔强又坚持不懈。根据科胡安·威尔金斯的说法,他会要求耐克给他的签名鞋削薄一点点:"可以让我的反应速度快百分之一秒。"他会觉得跟鲍文对决很有趣。他一直梦想,跟巅峰期的乔丹来一场单挑。温特老教练摇头:

"他俩那脾气,打到最后,一定会见血。"

实际上，2008 年总决赛，等待他的，就是个会让他见血的对手：东部冠军，波士顿凯尔特人。

27 宿命的对决

没人比 NBA 总裁大卫·斯特恩更满意了，一个完美无比的剧本。2008 年，凯尔特人 VS 湖人，这个词组本身就构成了一切。此前是史上最疯狂的春季、西部的惨烈厮杀，合计夺过 30 个冠军奖杯的两队在一个夏天后脱胎换骨到达顶峰，恍如梦幻。上一次这样的故事还要追溯到 1979 年：得到"魔术师"的湖人 60 胜，得到"大鸟"的凯尔特人 61 胜。同样神奇的复兴，但那几年"J 博士"和摩西·马龙不解风情，搅翻了这对冤家的鹊桥相会。这一次，没什么好遗憾的。宿命对决，众望所归。乐章一直向高亢处前进，最后是复古曲调，永不过时的保留节目。

21 年可以拿来干些什么？达达尼昂与三剑客的故事翻到下一个章节，华山论剑又隔过一轮，贾巴尔的一整个职业生涯，圣帕特里克教堂建成的时限。凯尔特人与湖人上一次总决赛重逢，"魔术师"用一个小天勾干掉了波士顿人。21 年足够凯尔特人逝去一位队长（刘易斯）、一位主教，伯德在酒吧里伤掉手，进一次东部决赛，而湖人经历一次王朝尾声（1987 年、1988 年）和一次王朝（2000 年到 2002 年）。这一次的相逢有 21 年前的遗风：一支纯粹的东部球队（坚韧防守、顽固、秩序、撕咬和挣扎中生存的能力，第七场）在东部季后赛经历一连串艰难、低比分的意志胜利，干掉一个 23 号和底特律活塞，对上一支典型的、一路爵士舞般展示技艺过关的西部球队（奔放、华丽、节奏、超卓的个人能力）。这是两个王朝山重水复之后的相逢，毫无疑问的大团圆结局。贝勒、韦斯特、两个琼斯、桑德斯、拉塞尔、西拉斯、哈夫里切克、塞尔维、海斯顿、张伯伦、贾巴尔、麦克海尔、沃顿、帕里什、兰比斯、格林、麦斯威尔、伯德、"魔术师"、沃西、莱利、"红衣主教"。那些 NBA 史上的著名口号："欢迎来到花园。""波士顿死了！""打倒湖人！" 30 面冠军旗，22 位 NBA 五十大球员。

而这其中又有别样的因素：凯尔特人的那几位和科比另有宿怨。2004 年季前赛，雷·阿伦公开质疑科比对球队的领导能力——许多看了 2004 年总决赛湖人败于活塞比赛的球员都有类似的言论，但从未说得如此直白，你可以想象科比的反应。科比给阿伦抛过去了一句："我要踢爆你的屁股。"随后，记者发布会上，科比甚至勃然大怒："以后别把我和那家伙相提并论。"

结果当年的 12 月 15 日，超音速击败了湖人。2005 年 4 月 8 日，湖人又击败了超音速。

同样，凯文·加内特也有笔账要和科比算。2003 年夏，明尼苏达的当家麦克海尔使足吃奶的劲为他调集了一套不错的阵容，34 岁的卡塞尔和 33 岁的斯普雷维尔——至少这两位都还有总决赛经验吧。加内特抖擞精神，进入他的最巅峰赛季。对国王一战，抓到职业生涯最高的 25 个篮板。时隔五年后重新出现的"双头怪"让森林狼所向披靡，压倒拥有 F4 的湖人和冠军马刺，以 58 胜夺下西部第一。2004 年夏，加内特得到常规赛 MVP——继摩西·马龙之后第一个高中生常规赛 MVP，不用说是森林狼史上最高个人成就了。然而，在季后赛中，萨姆·卡塞尔受伤，在杀到西部决赛后，加内特被 39 岁的马龙缠住了。森林狼败北，科比补了最后几刀，森林狼昙花一现，就此与冠军宝座挥别。另一个 21 号依然年复一年在顶峰处决战，而加内特则随着卡塞尔与斯普雷维尔的褪色而沉没。

而这复仇的背景，则是两支伟大球队的对决：包揽 60 年内 30 个冠军的他们，是 NBA 史上最伟大的球队。21 年后烂柯沉舟风雨划过，2007 年夏天，皮尔斯和科比还在以交易来威胁两支处于低谷中的球队，忽然之间，一年不到，他们分别复兴，然后戏剧性地相逢。

你只好相信，冥冥中或者自有安排。

2008 年第一和第二场，我们称之为凯尔特人式总决赛。

凯尔特人永远不玩行为艺术，奔放华丽与他们缘分浅淡。"红衣主教"在 20 世纪 60 年代的永恒台词是："传球，每个人都传球，分享球权！"而道格·里弗斯如今的口头禅是："合理投篮！别耍个人英雄主义！"

凯尔特人把用来对付勒布朗·詹姆斯的策略，应用在了科比身上。退防迅速，使湖人被迫磨阵地战；帕金斯、凯文·加内特和 P.J. 布朗的内线轮换，对禁区的保护和迅速横移补防，对科比放投不放突，始终保持在盯防科比的皮尔斯或波西的身后放一个补防者。在这样的阵线防守下，乔丹·法玛尔和沃顿等于什么都干不了。凯尔特人对球的转移反应如此之快，以至于除了费舍尔的直递、科比的横传外，其他时刻，传球都缺乏营养。而在强攻方面，除了科比，湖人并没有一个明显的对位优势点：他们赖以制胜的进攻打不透波士顿团队协作的丛林式密集防守。

但是，波士顿又离不开个人英雄主义，但这个英雄并非华丽舞者，而是一个坚韧、精确、冷血又好胜如狂的凯尔特人汉子。

比如第一场的保罗·皮尔斯。

总决赛第一场赛后采访,皮尔斯嗓音粗哑,听来像牛吼,情绪愤怒:一则因为他上气不接下气,汗流如浆;二则因为他所处的波士顿花园人声鼎沸,仿佛杀声震天的修罗场。

而这场暴风雨,是他自己搅起来的。

"我满脑子里念头纷杂。我当时想,不能这么结束了!"

他说的是总决赛第一场第三节剩 6 分 49 秒,皮尔斯倒在球场上。教练和队友迅速合围,也挡住所有球迷的视线。两分钟过去了,他还倒在地上。凯尔特人球迷快要绝望时,他们发现皮尔斯起来了。等等!他不是自己站起来的,布莱恩·斯卡拉布莱恩和托尼·阿伦各抱着他一条腿,皮尔斯的胳膊搂住他俩的脖子。

嗯,就像战场上拖走伤员似的。

那时节,整个波士顿花园觉得自己跌进了地狱。不对啊!不对啊!我们花了 21 年才等到又一次总决赛凯尔特人 VS 湖人!我们在上半场 46 比 51 落后,第三节刚刚有点起色,皮尔斯连得 8 分追平了比分,然后他就受伤了!

——在此之前,科比·布莱恩特做了他应该做的事。全场他在竭力寻找队友,或者寻求自己的攻击。说实话,他甚至过于谨慎。25 次出手,至少有一半,他是在没有寻求队友帮助的情况下做的。

凯尔特人赖以对付詹姆斯的策略,在对付湖人的时候颇为有用。除了第二节的某一会儿,其他时间退防迅速,湖人被迫磨阵地战;帕金斯、凯文·加内特和 P.J. 布朗(尤其是 P.J. 布朗)在对禁区的保护和迅速横移补防方面展示了过人的素质。

凯尔特人至少有一点是狡猾的:雷·阿伦开场的先声夺人,以及他大量的持球和策应。他的失误虽多,但在传球的时机把握上,比朗多的直性子显然奸猾得多。他在翼侧的活动拓开了湖人的阵形。防守端,他经常展示让人惊讶的侵略性。

但仅有这一点是不够的。凯尔特人 3 轮 20 场以来的经验:对上有速度的队伍,他们很难拉开阵线。进攻端远谈不上流畅。

然后就成了一场"典型的凯尔特人之战"。拖慢节奏,保持泥泞之战。

但是皮尔斯受伤了!怎么办呢?

五分钟后……球场入口处传来了喧腾声。保罗·皮尔斯回来了。球迷们看见了他,声浪一级一级攀升。他回来了!他腿没断!我们还活着!

然后,皮尔斯在 22 秒内连中两个三分球,波士顿花园的顶棚险些被掀翻。

——1970 年,湖人遭遇过类似的故事。总决赛,第五场,纽约队长威利

2008 年总决赛，湖人和凯尔特人上演王朝对决。而科比也迎来颇有宿怨的老对手的挑战，比如加内特和同为 96 黄金一代的雷·阿伦。

斯·里德受伤；第六场，张伯伦独砍 45 分；第七场赛前，里德腿上缠着堆乱七八糟的东西上了场。史上最伟大的王者归来。在纽约麦迪逊花园的狂野呼啸中，尼克斯拿到了他们队史第一个总冠军。

——38 年后，皮尔斯的王者归来和两个三分球，掐住了湖人的咽喉。

当然，胜利也属于其他人。P.J. 布朗无数次在禁区左侧迅速卡位，湖人的传球无数次陷于人堆里然后被断。42 对 31 的篮板，无数次滚倒在地的救球。每一次泥泞中纠缠滚打，球迷都齐声高呼。这是拉塞尔、麦克海尔和丹尼斯·约翰逊赢球的方式。第四节剩 2 分钟，凯文·加内特恶狠狠地补扣得分，锁定胜局。坚韧、热血和胆大包天这些非正常比赛范畴内的东西，是凯尔特人的气质。98 比 88，凯尔特人拿下第一场。

然后是第二场：108 比 102。凯尔特人再胜。2 比 0。

凯尔特人，如此前东部的 20 场鏖战所示，其实并没有过于快速流动的机械化进攻模式。纯粹依靠跑动进攻，最见效的纯跑动套路是：

1. 朗多在翼侧活动拉开阵线，阿伦在弱侧底角站位，然后由凯文·加内特在腰位策应，横传直切禁区的队友；

2. 经典的加内特-朗多挡拆二人转；

3. 加内特和皮尔斯底线交叉掩护之后的底线禁区强击。

对付这三套，湖人自有办法。法玛尔固然被朗多一晃即过，但费舍尔很懂得把朗多往边线逼迫——此时朗多就傻了一半；加索尔继续压迫加内特。

于是，凯尔特人只得肉搏对肉搏。

还好，湖人没有人可以防好皮尔斯。第二、三节，凯尔特人几乎每一次阵线突破、引发湖人轮转补位的，都来自皮尔斯的个人进攻。直到最后时刻科比前来单防之前，皮尔斯都把湖人搅得七荤八素。他和鲍维就是两个错位点，而凯尔特人所做无他：就是盯着这两点，打到死。

反过来，第一场已经证明，凯尔特人二人一线、前后呼应对付科比，煞是有效；这一场，前三节，科比都不甚琢磨突破的事。大量时间争取近距离要位，然后是小幅度运球摆脱后的跳投。

第一场，可以说，凯尔特人放投不放突的策略压制了科比的突破，而且让他在兼顾全局时很少专注个人攻击（许多进攻都较潦草）。第二场，当科比显然打算认真进行个人进攻时，湖人却无法将球舒服地传到他手上。射手群一字摆开固然视觉效果奇佳，但科比一个人在罚球线上下活动时，其他人的位置却总是堆积在另一侧——糟糕的是，球也在另一侧。结果是，科比全场 23 投 11 中，30 分。很不错，但不足以赢球。

湖人一度落后 23 分之多，他们有过两次追袭。第三节末，当科比一连串跳投把分差追到 9 分时，凯尔特人一个暂停。然后，皮尔斯的连续 4 分、阿伦的远射、鲍维气壮山河的扣篮。那一波 11 比 0 几乎提前葬送比赛悬念。比赛尾声，湖人排山倒海的三分雨，再次将分差逼近。如果不是波西的底角远射，如果不是皮尔斯最后在人群中博得罚球，胜负未可知也。

"湖人一度落后 24 分，最后一节一阵三分球反败为胜！"这本来是可以被吹嘘二十年的神奇之战。可惜，凯尔特人，如他们以前一样，不解风情，拒绝被逆转。

对湖人来说，"经典差点上演"。

对凯尔特人来说，"我们扼杀了多少经典了"？

重要的是，凯尔特人 2 比 0 领先。

"我们不满足于当下的 2 比 0，"加内特豪气冲天地说，"我们要去湖人的主场赢两场球！"

时隔四年，又一次来到总决赛，第一场，科比却仅有 26 投 9 中。而此前，在西部的征战中，他的命中率却高过 50%。

凯尔特人的策略是，由詹姆斯·波西等人轮流地换防科比，以及科比每一次持球时，内线对应地转移。真正对付科比的，不是波西或阿伦或任何一个球员，而是背后那个家伙：凯文·加内特或 P.J. 布朗。

在波士顿花园，身体接触的尺度大异于主场。凯尔特人施展招牌的局部三人夹击二人、弱侧二人轮转，合围之后，可以破坏科比的投篮节奏。

在 2004 年或更早的时期，每次进攻，科比都会进入自己习惯的进攻区域，用大幅度的华丽晃动来进行；但在 MVP 的赛季，许多次，他都不在自己喜欢的地方持球。在和爵士的第一场第三节，很好的例子：连续四到五次进攻，他在右翼耐心等候进攻完成阵形兑换，在两次弱侧跑位失败后他眼看时间将到，自己简单跳投出手了事。

但这样赢不了球。

第三场，湖人是这样做的：他们放弃了四个月以来最行之有效的策略——加索尔高位策应，而让大量的球员向底线渗透。加索尔扮演蓝领，在低位拖住了加内特，于是，科比有足够的空间在弧顶持球，一对一击倒对手。

代价则是，湖人的其他人失去了加索尔的策应和传球。湖人以所有人的低命中率，维护着科比的神勇。除了武贾西奇和法玛尔利用层层掩护寻找远射机会，其他湖人队员完全淹没在庸碌之中了。

这是一场绞肉机似的比赛。拉德马诺维奇的强硬身体接触迫使皮尔斯14投2中,科比在大量的身体接触下有18次罚球机会却只中11次,凯尔特人除了加内特外的四位首发合计16次犯规。直到最后5分钟,双方依然犬牙交错。

就在忽然之间,湖人变成了凯尔特人。

全场庸碌的奥多姆和加索尔找到了前场篮板,一波7比0。凯文·加内特和皮尔斯手感不佳,阿伦则在最后4分钟体力不济。湖人78比76领先时,科比运球到前场,凯文·加内特犯了他系列赛最大的错误:他跑向中线,双人包夹科比。湖人快速转移球,左翼武贾西奇射中空位三分。81比76。此后的凯尔特人再也无力追赶。他们也已无法限制科比在最后2分钟连续一对一完成跳投。连续第二场,湖人在第四节压倒凯尔特人。科比全场20投12中,36分。

凯尔特人有问题吗?雷·阿伦不这么认为。

"即便打得这么差,我们不还是有机会吗?"他说。

雷·阿伦没想到的是,他们还有打得更差的时候。

第四场,"禅师"还是出了手。他派出了长手长脚的小前锋阿里扎:这小子在第一节和第二节的8分钟璀璨发挥,足以和鲍维并列本系列赛两大奇兵。湖人提前把每场最后3分钟的强力对球压迫施展开来,于是凯尔特人第一节几乎被摧毁。

加索尔不再沉于低位。他的自由活动和科比与他的轮转,使湖人的进攻在第一节如水银泻地般:加内特早早两次犯规提前下场休息,科比前5投1中却送出6次助攻,加索尔提至上线,底线阿里扎的三分,奥多姆随意空切。湖人总决赛四场以来首次打出令他们快乐的节奏。首节35比14领先21分。

之前的纪录是1970年总决赛第六场:威利斯·里德受伤,湖人首节36比16领先。当然,那晚湖人赢了——张伯伦45分27个篮板。

但这次,首节的21分优势只是神话的序幕。

凯尔特人开始了顽强的追击。他们有足够的牌可以打。凯文·加内特、帕金斯和P.J.布朗继续让科比远离禁区。皮尔斯则组织全局。豪斯、波西投出利刃般的远射。第三节,凯尔特人重复了第一场的汹涌攻势:一波31比15的高潮。

当然有过波折。凯尔特人一度追至只差13分时又被拉开。在濒临绝望的时刻,永远的幸运儿老萨姆·卡塞尔和凯文·加内特的怒吼让球队继续保持着斗志。加内特打出了系列赛最强硬的姿态:他不再用简洁优雅的后仰跳投,他多次在右翼持球,左手运球切入,和西班牙人肩抗肩地碰撞,高手位跳投。在第四节,皮尔斯和科比玩起了一对一,就像东部半决赛他和詹姆斯对决一样。当科比对他射中跳投时,他回以跳投。当科比满脸紧张时,他却在微笑。

凯尔特人以总比分 4 比 2 击败湖人夺得总冠军，科比在对方欢庆的人群里黯然退场。

就是在这样诡异的气氛下，凯尔特人在第四节居然反超了。他们最多时落后24分，单节落后21分，却在他们并不擅长的第四节让打手机订酒店的洛杉矶球迷们鸦雀无声。他们的朗多、帕金斯和皮尔斯带着伤，波西身背5次犯规。可他们似乎满不在乎：老头子P.J.布朗甚至对着镜头抛媚眼，每一次犯规后都第一时间送上一个蔑视的表情。

但他们的确可以赢球。

加内特因为首节过早犯规，提前下场，结果首节，湖人取下35分。

但后三节，加内特几乎没再休息，结果湖人后三节得到56分，下半场33分。

这一切，仿佛只是为了又一次证明凯文·加内特是21世纪最实至名归的年度防守球员。奥多姆上半场空切、晃动随心所欲，7投全中，但在下半场消失了；湖人在第三、四节每次进入禁区，都要挑战加内特和P.J.布朗高举的四臂。

加内特记得他自己的誓言。他要在洛杉矶赢球。于是当奥多姆来防他时，他坚决亮出獠牙单打；在对上加索尔时，他没有简洁地用后仰跳投来结束进攻。他会在右翼持球，转身，垫步试探，左手运球切入，肩膀对抗中起跳，高手位跳投。

这是加内特系列赛以来最强硬的进攻姿态。

本系列赛的"矛与盾"主题：迫使科比不断跳投的不是波西或皮尔斯，而是加内特。在防守端，很大程度上，是他和科比在隔着一个防守者进行一对一。只是这一晚，除了用移动控制湖人对内线的解剖外，在进攻端，他露出了系列赛以来最亮的獠牙。

皮尔斯继续凶猛。最后湖人只能用科比防他，因为换其他人，他都可以根据防守者的不同，采取对应的攻击策略，而且聪明地骗取犯规。第四节，科比对皮尔斯发起挑战时，皮尔斯还以漂亮的弧顶横移跳投，外加弧顶若即若离的销魂晃动，寸步不让。

凯尔特人97比91，逆转了首节21分的巨大落差。这是NBA历史上，最伟大的总决赛逆转，没有之一。老奸巨猾如菲尔·杰克逊，也只得哑口无言。在决定性的第三节，史上最狡猾的主帅什么都没做。

"还没结束呢。还没结束呢。系列赛还没结束呢。"

他只是反复地如是说。但是事实是：凯尔特人3比1领先湖人了。

湖人当然不希望在主场看凯尔特人欢庆。

但是，第五场，他们的确没什么可做。老把戏：猛烈的压迫式赌博防守，加内特两次犯规提前下场，湖人又是首节以39比22领先。

但这次逆转却来得更快。

第二节，凯尔特人还了一个 30 比 16。加索尔不在，皮尔斯独自击溃了湖人所有防守。在利用底线跑动拉开内线后，他的切入无往不利。"禅师"换回主力阵容为时已晚：湖人防守端掩护乱作一团，听任阿伦、皮尔斯不断远射，重新回到同一起跑线。

湖人在下半场彻底放弃了三角进攻。科比在第一节用远射独得 14 分后手感尽失。他们在"双塔"高低落位和高位挡拆的套路中与凯尔特人消磨时光。他们听任皮尔斯不断摧残湖人内线。第三节，整整大半节，在湖人其他人进攻委顿不堪时，我们可以看看科比做了什么：在若干个集体不跑动的回合，科比利用掩护切入，一次塞给底角让费舍尔神奇地跳投打三分，有两次在使对手阵形松动后回传给费舍尔，由他助攻底角三分；最后，快攻时，看准加索尔背对朗多，他迅速吊传，制造了加内特第 4 次犯规。

科比在手感不佳的情况下，找加索尔打挡拆，不断试图突破，在第二节助攻了法玛尔的三分，在第三节，科比突破分球，回传给费舍尔。比赛最后时刻，科比断下保罗·皮尔斯的球，快攻，扣篮。湖人扳回一城。

就像突然吐出一口气，八百骑望见了星斗，辨明方向，破汉营而出。

"我们之前赢过客场比赛，"在谈及第六场时，科比如是说，"我们能适应环境。"

但他还是低估了波士顿花园。

第六场，双方进攻端花样已经技穷。凯尔特人使的是不厌其烦的底线双掩护交叉、加内特右翼 45 度单打和偶尔的拉链战术，外加高位掩护所衍生的套路；湖人则受制于凯尔特人内线的快速协防，几乎已不再执行三角进攻战术，只是一再重复主打高低落位后的挡拆。

湖人依然在第一节采取强势压迫，以及科比在攻防转换或机遇战中果决地远射。第一节，科比又是一口气 11 分。在防守端，他们放弃了朗多，听任他前 5 投 1 中。前 6 分钟，凯尔特人一度 13 投 2 中。而湖人则一边倒地用上线掩护让科比单人攻击。

但在暂停后，里弗斯没有如前两场一样换下朗多。

因为这是波士顿花园，是主场。在这里，年轻的朗多也许不是个有效的得分手，但他是燎原烈火。前场篮板、后场抢断、快速推进、侵略性。

阿伦的远射和运球让凯尔特人略醒，加内特则极具侵略性。湖人从正面利用身高保护篮筐，让皮尔斯无从得手，但凯尔特人却屡屡从底角利用空切渗透。当科比没有三分手感时，湖人开始军心涣散。

湖人以进攻立队，凯尔特人则依靠防守。后者在淘汰老鹰的生死战已经知道了如何处理问题。命中率不高？那么就在其他环节击溃对手。前场篮板，抢断，强势压迫。当波西上场后，科比的手感才开始真正丧失。每次试图摆脱波西，科比总免不了其手上的纠缠动作，于是其投篮节奏感和平衡被破坏。比赛在连续的前场篮板、长传中开始倒向。

当波西和豪斯连续命中底角三分后，湖人骤然崩溃。

凯尔特人球迷最早领会到了这一点。他们开始了20世纪80年代那经典的"打倒湖人"的怒吼。波士顿人又回忆到那万众一心对抗湖人的年代。就像当初麦克海尔撂倒兰比斯后他们挥舞拳头示威，板凳席后的那几个人对贾巴尔不断地语言骚扰，以及伯德在击倒1981年的"J博士"后愤怒扔毛巾时，全场球迷恨不能扑进场来把他举上天空。他们的助威使湖人的崩溃加速。科比的急躁传球被阿伦断下，加内特空中滑行的得分加罚，以及此后的怒吼。分差闪烁：18分，20分，23分。

58比35。大局已定。

还有悬念吗？湖人曾在第二场险些追回23分之差。但这一次，凯尔特人没给他们机会。防守立队，前车之鉴；老头子们耐心地应对湖人的施压，传球找到空当，稳稳地射中空位球。第三节过半，分差远远奔30分而去。

余下的意义就是波士顿花园的表演了。1965年哈夫利切克被撕扯到只剩内裤，1984年人潮奔涌入场，2006年挑剔地嘲骂皮尔斯的球迷，在最后时刻展示了他们的天才——他们开始对湖人高唱："Hey hey hey, Goodbye！"

比赛结束前5分钟，皮尔斯、加内特和阿伦下场。加内特依然盯着记分牌。他开始流泪。皮尔斯则将一桶饮料泼向了道格·里弗斯。湖人无暇他顾，他们正在竭力避免打破总决赛史上最大负分纪录。

131比92，洛杉矶湖人大比分2比4落败。

凯尔特人拿下了队史第17个总冠军。

科比·布莱恩特，在场下仰头望着大屏幕。分差在40分上下不断闪动。凯尔特人的总冠军正在倒计时。这是和2006年被太阳31分血洗淘汰差不多的故事，只是这次更为惨烈。

"对于我们来说，总决赛是个不错的系列赛，"科比如是说，"我们学到了许多东西，明年这时候，湖人会更强大。"

28 重新开始

2007/2008 赛季，科比·布莱恩特的命运在天堂地狱之间戏剧性地巡游了一整年。

2004 年夏，"鲨鱼"东奔。自那之后，科比独自支撑洛杉矶这座城市。2005/2006 赛季的 81 分，2006/2007 赛季蝉联得分王，以及连续第二年止步于第一轮。西部历史第一的湖人陷入历史低谷。与此同时，宿敌波士顿凯尔特人的 2006/2007 赛季，创下队史最差战绩。

2007 年夏天，忽然之间，世界颠倒了。

2007/2008 赛季开赛之际，科比还身陷交易流言中。芝加哥人已经 PS 了他身穿公牛 24 号球衣的照片，他的半只脚已离开洛杉矶。可是，他决定留在湖人。然后，安德鲁·拜纳姆神奇崛起，2008 年 1 月湖人蹿升到西部第一；命运否极泰来之际忽然变脸，让拜纳姆受伤，然后，一悲之后忽来一喜，湖人依靠史上最神奇的交易之一，获得了保罗·加索尔，就此一飞冲天。西部常规赛第一，科比第一个常规赛 MVP。破掘金，斩爵士，克马刺，直逼总决赛。

然后，2 比 4 败给了同样一年间神速崛起的王朝宿敌凯尔特人，包括总决赛第四场被 24 分逆转，以及最后一场 39 分惨败。

以及，"鲨鱼"落井下石，出了首曲子——"嘿，科比，我的屁股滋味如何？"

这就是科比跌宕起伏的一季：以半绝望到要求交易的命运低谷为始，以骤然崛起、巨人受伤、新王牌来临为终悲喜交加的过程，以常规赛 MVP 为人生顶峰。

2004 年与"鲨鱼"分手后，他一直处于黑暗中。世界的非议、偏见与指责构成的栏杆封锁着他。他需要一座冠军奖杯的光辉，来驱散这一切，但上帝仿佛刻意给他恶作剧一下：先眷顾了他，然后，当科比登顶世界之巅的前夜，却在波士顿遭遇了宿命的滑铁卢，被凯尔特人耻辱性地击败，重新打入地狱。

2008 年 8 月 23 日，他即将满 30 岁。

对大多数人来说，30 岁是个难于定位的年纪。年少早达的才俊或者已度过高峰，开始其中年期；持重老成的智者磨砺完成，正要开始其辉煌生涯。好坏高下难有定论，唯一确定的是，30 岁都不算年轻了。

最初的炽烈和嚣桀都被时间磨洗过了一遭。有些人就此磨去锋锐平和了，也有些人淬尽烈火开始崭露锋芒。30 岁和 20 岁的最大区别是，30 岁的人更懂得张弛有度、游刃有余。

30 岁的乔丹完成了三连冠，厌倦了作为"篮球之神"的地位，转而去打棒球；30 岁的张伯伦放弃了此前连续垄断七年的得分王，成为一个无私的领袖，然后截断了凯尔特人的八连冠，取下自己的第一枚戒指；30 岁的"大梦"奥拉朱旺拿下了自己的第一个常规赛 MVP、自己的第一个总决赛 MVP，成为乔丹退役后的第一个夺冠巨星。

科比的 30 岁生日，却在中国度过了。

那来源于他更早的一个决定：2007 年 7 月，他的名字列在了美国男篮名单里。

美国人从来不重视国际大赛。曾经，他们只是派出大学生来为美国征战奥运会、世锦赛，因为美国篮协和 NBA 永远钩心斗角，站在"业余"与"职业"的立场上互不相让。如果不是 1988 年汉城奥运会美国人败得太惨，而大卫·斯特恩又打算向世界推广 NBA，1992 年那支神话般的队伍根本就不会出现。

1992 年参加巴塞罗那奥运会的那支美国队，几乎可以被称为史上最强队伍。除了还在杜克大学读书的雷特纳外，其他球员都是当打之年，年纪最小的是时年 27 岁的大卫·罗宾逊及斯科蒂·皮蓬，其他的队员如乔丹、斯托克顿、巴克利、穆林、尤因等都已年过三十，而"魔术师"和"大鸟"伯德更都是 33 岁以上的老将。这一队伍包揽了当时 NBA 的超级巨星，包括了 10 名入选 NBA 五十大球员的名将。以至于"魔术师"在大赛前便玩笑说："若是无法拿到冠军，便全队自杀。"虽然在选拔球员的过程中依然有争议，但并不妨碍他们每场横扫对手 44 分夺取 1992 年巴塞罗那奥运会冠军。"梦一队"场均能够获得接近 60% 的命中率，同时将对手命中率压至 36%，每场胜出 44 分，最少的一场亦赢了 32 分。他们每场比赛最忙碌的时刻非在场上，而在场下：对手们无不以赛前与他们合影为荣。

但此后，伟大的传统消失了。NBA 与世界融合得过于紧密，以至于世界各队的追逐近在耳边。自 2002 年之后的美国队再未获得世界大赛冠军。一则由于篮球世界列强的崛起；二则由于 FIBA 的规则不利于 NBA 巨星们发挥；三则，也是最重要的，再也没有超级巨星会牺牲夏天为美国而战。

但 2006 年世锦赛败北后，美国动真格的了。

科比的加入是一种象征：顶级巨星不再拒绝奥运会。美国队打算铆足全力来展示威风。2007 年美洲杯暨奥运会男篮预选赛，他加入了美国队，选择了 10 号球衣，然后，在训练开始那天，他便展示了对这支球队的最大作用。他跑去对美国主教练老 K 说：

"教练，我准备好了，每场比赛我都想对付对手最好的球员。"

2008 年，科比代表国家队参加了北京奥运会，夺得了奥运金牌。拿到金牌的那天，他 30 岁了。

2008年奥运会半决赛，美国对阿根廷。科比带头防守阿根廷王牌、马刺名将吉诺比利。

2008年8月23日，恰逢北京奥运会男篮决赛。关于美国队的前景，科比回答得圆滑无痕："没有领袖……如果真要找一个领袖的话，我想应该是基德，他的国际比赛经验最丰富。"但既然勒布朗·詹姆斯都承认他愿意做科比的副手，则科比在队中的地位昭然：在进攻端，他也许依然甘做牺牲，但在防守端，他是当然的领袖和头号王牌。

从某种意义上说，即便将到30岁，即便形象几经变化，即便一路而来的成败见证了他性情的转变，但某些本性总是不变的……30岁了，但有些东西却伴随着他，仿佛从来没有离开过意大利，或是费城，或是他曾经涉足过的天涯海角。他总是相信一些最基本的道理：拼命地训练可以获得成绩，寻找挑战和刺激可以增强战斗力。30岁的他和5岁的他，区别只是在于，如今他在洛杉矶的球馆中投篮，而5岁时的他在意大利的阳光下投篮。他始终没有很好的朋友，但他相信队友，相信可以一起取得胜利的人。而胜利，是他生活唯一的目的。

他要重新上路了。

2008年8月，北京。科比身穿美国队球衣征战之余，酷爱在各场馆溜达：他去看了美国男足和女足的比赛，去看沙滩排球。奥运会期间最遗憾的是——"错过了花样游泳！"他如是说，然后瞪起了眼睛，"你们以为我在开玩笑？那是我所见过世界上最难的运动！"

可是西班牙人相信，世界上最难的运动是防守科比。奥运会决赛最后2分25秒，西班牙前锋吉梅内斯一记三分球得手后，西班牙只以104比108落后4分。于是，一切噩梦似乎要重现了：2000年后，美国再未获得过大赛冠军；美国篮球已经失去了对世界篮球的统治地位；全主力出动的美国队是否会再次被美国之外的世界掀翻？

科比将这一切扼杀了。

一记滞空的三分球，被犯规，依然投中。三分，加罚。科比将左手食指轻轻竖在嘴唇上："嘘。"

黑曼巴的毒蛇一击，美国让西班牙断送梦想的一击。

"每个人都在说NBA球员自私傲慢。今天你看到的，是球队团结的表现。"赛后，科比说。那天，他满30岁了。

2007年他加入了美国队。因为美国在国际大赛输得太多，斯特恩需要塑造NBA的权威了。科比也的确做到了：奥运会，他是美国得分第三，外加高质量的外围防守，以及诸如此类的关键阵地战单挑。2008年，他的第一个奥运会冠军头衔。他的那记打四分和"嘘"，仿佛在证明他依然是这个星球上最卓越的个人攻击手。

在充满荣耀与失落的2008年季后赛后，他在夏天平复了心情，重新品尝了胜利的感觉，收获了一个奥运会冠军。然后他回到洛杉矶，开始了30岁的人生。

2008年夏，而立之年，一切从零开始。

29 "双塔"

2008年总决赛，218厘米的安德鲁·拜纳姆坐在湖人的板凳尽头，零距离目睹了湖人败北过程。

"我看见那些波士顿人突破篮下，在禁区为所欲为，我想我的存在会制造些不同。我应该在那里，把投篮盖飞，让他们突破前三思而后行。"

"如果2008年夏天，湖人拥有安德鲁·拜纳姆，故事会怎样发展？"

你可以想象有了拜纳姆之后，P.J.布朗很难再绽放他邪恶的微笑，莱昂·鲍维不会在总决赛第二场14分钟内席卷20分，保罗·加索尔不必在内线形单影只地与帕金斯、加内特、鲍维等人肉搏……

自从2008年2月，科比与加索尔不断推进湖人的连胜脚步时，这个题目就已被未雨绸缪过许多次：拜纳姆，1987年生、2007年圣诞节在斯塔德迈尔头顶得到28分12个篮板的拜纳姆，帮助湖人在2008年1月就领衔西部的拜纳姆，如果他和加索尔组成"双塔"，会是一个怎样的局面？

这也是2008/2009赛季开始时，湖人的信念所在：2008年总决赛，灵秀聪慧的加索尔和矫健全面的奥多姆，面对凯尔特人的刚硬绿墙，显得过于轻逸。而解开2008年总决赛噩梦的钥匙，是218厘米、128千克的拜纳姆：一个地道的巨人。2008年1月受伤后，他一直在积极训练：恢复膝盖，每天练500到1500个跳投。

对科比来说，2008年夏天的休息也很必要。2008年季后赛，手指受伤缠胶布的他三分命中率仅有30%，包括对掘金第三场的8投1中，对爵士第三场的10投1中。整个季后赛，他从来没有确切找到远射的手感。

现在他把胶布摘了。

于是2008/2009赛季，湖人开局很美妙：赛季前两周，湖人七战全胜。如果这还无法体现他们的统治力，你必须追加一句：第一场，湖人胜开拓者20分；第二场，湖人胜快船38分；第四场，湖人胜快船18分；第五场，湖人胜火箭29分。11月14日，他们主场败给底特律活塞，赛季首败。但这一场败北道像小伤，没击倒他们，却让他们愤怒，于是又一波七连胜来了。2008年11月结束，湖人14胜1负。

对全联盟来说，湖人太巨大了：首发阵容，加索尔和拜纳姆的"双塔"参天而立；年薪1428万美元的奥多姆被发配去替补席，领导一群年轻替补——薪水合计还不如他多——做第二套阵容。

湖人并未因两位巨人的首发便放慢步伐。2008/2009赛季第一个月，他们的节奏快到联盟前五。得分联盟最高，失分联盟最少，篮板领先联盟，抢断、盖帽、远射及其他所有你能看到的指标，几乎都是前三之列。甚至，他们的巨人前场还使得对手场均失误联盟第三多。

他们是怎么做到的？

菲尔·杰克逊的防守思路有其一贯性。从公牛到湖人，他都酷爱两个战略：一是依靠外围压迫，将对手逼进翼侧的陷阱，施压，对手仓促传球，失误，于是获得快攻反击机会；二是尽量填塞内线，堵对手跳投不中，抓长篮板反击。有了"双塔"外加奥多姆这套高度、速度、技巧俱全的内线，湖人的防守根基极佳。就在29分击败火箭的比赛中，湖人在第二节靠翼侧多人围堵断球一口气逆转了一度13分的差距；与快船交手，第三节结束时湖人仅以72比68领先，但在第四节，湖人忽然发力，一波22比0。

湖人"双塔"的可怕在于：他们不仅高，而且快。加索尔和奥多姆都能够跟进快攻、高位策应，拜纳姆则有年轻优势。联盟最高的他们，也几乎已是联盟中最快的球队了。用10月底菲尔·杰克逊的话："我们打得不够强硬……因此我们需要快一点。"

这就是湖人屡屡在第三节就解决比赛的秘密：翼侧防守陷阱，内线压迫，快攻，对方信心崩溃，替补球员上场投远射，给对手盖上棺。湖人的高度不仅是"双塔"而已，每个位置，菲尔·杰克逊都准备了足够高的家伙：三位小前锋中，两位（奥多姆、拉德曼诺维奇）都高达208厘米，阿里扎203厘米而且具有惊人的臂长。这些高大的3、4号位摇摆人保证了湖人防守陷阱的高质量。

何况，他们还有科比。

2008年秋，"禅师"行走江湖二十年来的商标"三角战术"，出现在他嘴边的次数越来越少了。

很简单，三角战术需要一个低位进攻点，以及群体的流畅移动，对防守的解读，其核心是空间和距离。无论是强边的三角接应还是弱边的二人攻击，一切都以空间为主题。湖人并不再大量抖开三角进攻，但其核心精神——空间、移动、距离——依然存在。科比每场有七成以上的攻击采用高位的跳投，他在罚球线以上活动频繁，偶尔的罚球线以下移动也是迅速横移后的投篮。很显然，减少翼侧活动和禁区活动后，他为"双塔"留出了移动空间，也为阿里扎、奥多姆的空切腾开了地方。

这就是科比做出的牺牲。他迁就着"双塔"，减少自己的个人突破，尽量用简洁的跳投解决问题；他将精力集于防守端，负责将对手压入陷阱，制造队友抢断反击的机会。

——以前他拧着性子不肯迁就"鲨鱼"，如今他主动开始迁就拜纳姆了。

当然，这并不代表他真的清心寡欲了。

如果湖人的对手通过了重重的危机——"双塔"领衔的防守、抢断热潮、湖人的快攻——能够和湖人熬到最后，湖人会发给你个奖品：恭喜你，你能看到科比的真面目了。

2008/2009赛季开幕战，开拓者在第三节曾经逼近湖人；11月10日，火箭在第三节和湖人胶着；11月2日，丹佛甚至在第三节结束还和湖人76平。

然后，一如奥运会最后那一记打四分，黑曼巴露出毒牙了。

对开拓者的第三节，科比"玩弄"了奥特洛；对火箭的第三节，他摧毁了麦蒂；"双塔"的支撑，年轻厚实的板凳，这些只是让科比不必每时每刻接管比赛，让他把体力留到了需要的时刻。对掘金，第四节他取下14分解决比赛，赛后他说：

"我们身处于泥淖中时，我得负责让球队向前推进。"

30 伏与起

2009年12月2日，湖人输了2008/2009赛季第二场球。

本来，科比应该是比赛的主角：比赛之中，他成为历史上最年轻的22000分球员。第二节，他个人砍下11分。比赛最后时刻115比116落后时，他射进反超的跳投。唯一美中不足：他本有机会在比赛最后时刻彻底杀死步行者，但那记跳投偏出了，留给了步行者12秒。

12秒并不长，但足够丹尼尔斯做一次切入，足够湖人内线漏给步行者全场第19个前场篮板，足够印第安纳球迷见证一次绝杀。

那本来是湖人的戏码：第四节，湖人猫捉老鼠地让对手把分差追近，似乎柳暗花明；然后铁锹当头一挥，对手再度掉入坑里，深感弹尽粮绝之际困于雄关之下的哀痛，最后崩溃。而这一晚，乾坤倒置：步行者完成了绝杀。

这场比赛，湖人进攻最为流畅的时刻，集中于两个节尾：第二节末，科比接管比赛；第三节末，阿里扎等人的奔袭。这暗示着一个问题：当然，如果湖人愿意，他们的半场进攻还是可以很漂亮——科比和加索尔的二人小组战，奥多姆的空切，全队花团锦簇的传球。但是，拜纳姆和加索尔并不足以以个人之力，击破内斯特洛维奇等人的内线森林。而当对手内线不肯收缩时，湖人的外围也失去火力。最后，只余下科比日渐减少的个人突破，以及球队华丽的空切。

最后，湖人还是要靠抢断、后场篮板，外加防守反击制胜。阵地战，一旦"双塔"打不开局面，依然要靠科比。

而湖人最大的防守漏洞也出现了。这一晚，联盟最快的闪电后卫之一T.J.福特，让湖人的两个组织后卫——费舍尔和法玛尔——应付为难。第四节，湖人没有能够发动一次成功的反击快攻，被迫和步行者一一磨分。在这种磨砺之中，湖人没挺到最后。

"禅师"赛后说："当然有点运气因素，但如果你不用心，就是这么个结果……他们很有活力，我们却缺乏这一点。"

科比总结："他们在前场篮板上做得非常好，而且投了很多三分球。"

步行者演示了如何击败湖人：19个前场篮板，快速转移后果断地远射，第四节低失误，磨分。这一切指向湖人的弱点：不断的胜利使他们骄傲。于是，或者不出力于防守，或者急于直接以断球或压迫终结防守。放松外围防守，不注重卡位。于是，被步行者的前场篮板和远射摧毁了。

步行者开了头。然后，湖人就迎来了艰难时期：对联盟最弱的奇才，106比104侥幸获胜；12月9日在萨克拉门托，被对手疯狂的快攻摧毁。科比苦笑："我找不到节奏，我可能有点怀念（2002年的）牛铃和食物中毒了……"12月16日在纽约，科比在第四节最后7分半得到全场28分中的9分，但湖人只以116比114赢了2分。尼克斯教练迈克·德安东尼给足了面子："别搞得一副很紧张的样子，他们21胜3负，而不是11胜13负！"

但是，最艰难的时刻，还是如期而至：对迈阿密，韦德的突破绞杀了湖人，湖人87比89败北。第二天在奥兰多，103比106，湖人赛季首次两连败。

败北奥兰多之夜，科比得了41分。魔术主教练斯坦·范甘迪只好苦笑："ESPN的杂志曾经做个专题说如何防守詹姆斯，可是没人教我怎么防科比。我们防不住他，只好争取赢比赛，不然我就得被解雇了。"

实际上，魔术做得够好了。如科比所说："下半场，每次拿球，他们就三人围来。"

除了科比的41分，魔术还放任费舍尔得了27分。湖人全场103分中，68分来自首发双后场。但是，他们赖以为生的内线垮了：拜纳姆被奥兰多神兽德怀特·霍华德轰垮，加索尔苦撑了42分钟，奥多姆被刘易斯遏止。三大内线合计只得了18分。而对面，贾马尔·尼尔森针对费舍尔这个弧顶漏洞，16投11中27分。

湖人的连败，是他们11月华美风格的负面效应。他们的风格一贯如此：纵横奢靡，奔流铄金。但结果就是，他们太注重进攻端的华美，却越来越放弃防守端所应有的坚韧与紧张。

两连败后，奥多姆认为，湖人与曾经的太阳有太多相似。"我们的节奏打得太快，我们得回到现实。我们得重新把精力投入比赛。"

12月，湖人的输球方式如出一辙：他们过于骄傲，漏外围远射，漏后场篮板，矜持着优雅着不愿发出全力，当陷入泥淖中时，又急于一棍子解决对手。高傲浮躁，于是总被勤奋精确的对手干掉。

"禅师"在努力喝止球队内部的抢断数据竞赛，因为他深知，类似的轻慢大意只会使球队懈怠；科比在12月末开始发威，但如你所知，当湖人需要科比发挥个人能力时，便意味着他们重新跌入了困境。

新的打击随后到来：替补控卫乔丹·法玛尔半月板撕裂，必须手术。对湖人本已捉襟见肘的组织后卫位置，屋漏偏逢连夜雨。

科比不允许湖人三连败。

败给魔术后，12月23日，科比在孟菲斯统治了灰熊。最后3分钟，湖人还以88比93落后，然后湖人一口气打出17比3，科比独得10分。最后时刻，他一记扣篮让灰熊绝望。全场36分。当然，赢球又是依靠他的个人能力。

就在这最艰难的时节，2008年圣诞节，湖人回到主场，迎战凯尔特人。

2008年总决赛重演，宿命之战。

奥多姆在劝诫队友多防守，费舍尔在警告球队必须多加努力，科比要求所有人找回胜利感觉……他们依然是西部第一，但这显然不仅仅是湖人的目标。他们真正的对手气势汹汹而来，带着队史最长的19连胜纪录，联盟历史最佳开局。

刚出低潮的湖人，逆流而上，遇到了正在高潮的凯尔特人。

第一节，双方你来我往，分差从未达到 3 分开外。第一节结束，24 比 23；第二节，科比和武贾西奇合计 14 分一波高潮拉开分数，一度 39 比 29 领先。半场结束，湖人领先 6 分。下半场，双方继续纠结，直到最后 2 分 48 秒，双方 81 平，加索尔一记跳投让湖人领先，随即科比助攻加索尔再中一球，领先 4 分，全场 18997 名球迷疯狂。全场 14 投 11 中的凯文·加内特投中自己的最后一球，但加索尔打三分成功、盖掉阿伦的一记远射，然后助攻阿里扎扣篮。科比投中最后一球，锁定胜局。

科比全场 27 分 9 篮板 5 助攻，加索尔 20 分，最后 3 分钟得到 7 分。湖人 92 比 83 击败了凯尔特人，结束了他们的 19 连胜。

"我们等候这机会很久了……我们赢了。"武贾西奇说，"很多人说我们软，没关系。我们知道自己可以干什么。"

每个人都找到了自己：加索尔挽回了 2008 年总决赛的软蛋形象，科比投中湖人的最后一球，湖人在最后时刻，打出了伟大至极的防守。

"我们打得很强硬。事实证明，我们可以打败任何人。"

最大的主角，是菲尔·杰克逊：仿佛他是特意为了把这场胜利，留到这一天。圣诞节，击败凯尔特人，而且是他的第一千场胜利。"禅师"赞美了湖人的第四节防守，对他成为千胜教练则似乎没大所谓。

这就是湖人，永远充满戏剧性。当所有人以为他们会高视阔步时，他们却会展现奢贵的懒散；在硬朗的对手面前，他们巴洛克式奢华总会显示出对新英格兰冷峻现实作风的劣势。但是，当所有人低看他们一眼时，他们又充满戏剧性地复苏，在巨大的舞台上给出风华绝代的表演。

他们总嫌自己一路一帆风顺过于无趣，于是会给你一个最起伏、最曲折、最波澜壮阔的结尾。

但武贾西奇并不认为这是结尾："去年我们输了，今年……今年是属于我们的。"

将时光向后推半年，当湖人站在 2009 年总决赛舞台上时，回望 2008 年圣诞大战，你会发觉，一切真的是从这里开始的。

有了"双塔"的辅佐，科比统领华美的湖人开始威慑全联盟。

31 61 分

以圣诞大战为分水岭，湖人度过了危机。2009 年 1 月，湖人稳稳地把持着西部第一的位置。他们偶尔输球，例如，败给黄蜂、被马刺绝杀、被魔术干掉，但大体上，巨大的起伏没有出现。

痼疾依然存在：败北黄蜂之战，克里斯·保罗 32 分 15 助攻，大卫·韦斯特中投神准得到 40 分，湖人靠科比前三节的 37 分撑局，但第四节科比被包夹，只得 4 分；败北马刺，湖人放任对手三分球 20 投 10 中，包括最后被梅森绝杀；再次败北魔术，又是尼尔森的 28 分、德怀特·霍华德的 25 分 20 篮板，这一外一内，外加全队 28 投 12 中的三分球。

这是湖人输球的方式：被对方优秀控卫突刺，被对方的中远投击倒。但是，大多数夜晚，"双塔" + 科比可以稳稳地击倒对手。主场遇到步行者，科比以 36 分 13 助攻报了 12 月被绝杀的一箭之仇。比赛最后 3 秒，科比一记后仰跳投完成了绝杀，121 比 119。

他依然是那条好胜、记仇的黑曼巴。

但是，1 月最后一战，湖人出了点意外。他们 115 比 98 轻取了灰熊，但中途出了点事。科比第一节不小心碰到了中锋拜纳姆，然后，上一年的噩梦重现——拜纳姆受伤出场。赛后的消息：拜纳姆休息起码两个月。

两天后，在纽约麦迪逊花园，科比爆发了。

第一节，科比以一记三分球结束 18 分的表演。他在场上一声不吭，像沉默的蛇。纽约的大卫·李赛后承认："他不和任何人说话。但是看到他投进那两个三分时，你能看到他企图干什么。"

第二节归来，他在 1 分 15 秒内连得 9 分。上半场结束，他已经 34 分。第三节中段，他得到第 40 分。麦迪逊花园沸腾。纽约球迷预感到他要干什么了。他们集体倒戈，开始高唱："MVP！MVP！"

科比在比赛结束前 4 分钟得到 60 分，打破了麦迪逊花园的纪录。最后，他的分数定在 61 分。这是 2008/2009 赛季 NBA 单场个人最高得分，是麦迪逊花园 40 年的最高得分纪录。

从此开始，科比的 2 月屠杀开始了。

2005 年至 2008 年，每年初春，科比都有一波得分潮。观者习以为常，但每次情况都不大一样。

2005/2006 赛季，得分潮几乎贯穿全季，但过程推演比较羞羞答答。开赛季头三周，做低位三角轴心，一步不往三分线外挪。经历一波 1 胜 5 负后，拿西雅图开了杀戒，从此进入自由进攻套路。圣诞节始一波五连败，新年缺阵两场，攒足怒气，之后的三连胜合计 143 分。从此进入不可阻挡的 1 月。直到 1 月 22 日，81 分。

2006/2007 赛季，因为与太阳七番战的教训，科比只在适当的时候发威：破爵士 26 投得 52 分、战火箭加时 53 分时，都是如此。当时湖人一度西部前四。2007 年 3 月一个七连败，尤其是主场被小牛砍 36 分、客场被掘金血洗 29 分后，大怒。于是四场 50+ 出现，就此挥剑决浮云诸侯尽西来，一扫球队颓势。此后直到赛季结束，不到一个月，又三个 50+，两个 40+。

2007/2008 赛季，前车之鉴俱在，不踏进同一条河流了。开始是平稳的，直到 2008 年 1 月，只有一场过 40 分——还是开幕战交易流言未定、芝加哥蠢蠢欲动那时。此后喊了两个月年度防守球员口号，给拜纳姆吊了两个月空接。2008 年 1 月拜纳姆受伤之后，不假思索地给了超音速一个 44 投 21 中 48 分外加绝杀。半个月内，3 次 40+。包括 2 月 1 日以一场 46 分迎接加索尔的到来。

而 2009 年 2 月，同样的故事：拜纳姆受伤之后，他立刻出阵，亲手"屠杀"，抖擞全队。

但这也不是真正的原因。

拜纳姆之后，球队再没有一个会让球队心安理得走半场进攻的大个子。球队的两套班子不再用不同的节奏打球，虽然让对手少点冰火两重天的考验，但对身处其中的人们，显然就少了调整的程序。湖人在 2 月开始提速。

失去拜纳姆的确令湖人内线空虚了些。但 61 分之战，科比得以下半场不断压到中距离腰位，后仰跳投、跑投、急停跳投。相比起与"双塔"配合时，他在罚球线以上的谨慎打法，显然要自由得多。巨人的消失也许让外围空间稍微压缩了点，但快节奏可以弥补。

拜纳姆不在，其实有利于科比的个人发挥：他不用再规行矩步在上线游弋。三秒区忽然加宽一倍，内线就此海阔天空，随你奔逸绝尘、燕燕于飞。

2009 年 2 月，科比场均 31 分。61 分之后两天，在多伦多，他 36 分。"禅师"承认："上半场他看上去手感火热，我让他休息了会儿，他重上场时，状态依然如故。他好像随时可以调整到需要的状态。"

就在没有拜纳姆的半低谷下，湖人再次遭遇了凯尔特人。比起圣诞节，这次更危险：作战地是湖人的噩梦之城，波士顿花园。2008年6月17日，湖人在这里92比131被血洗，耻辱地目送对手夺冠。而这一晚，凯尔特人带着十二连胜而来。

又是持续一整场的死斗。科比全场手感冰冷，第三节和朗多纠缠各被吹了技术犯规。但是到第四节，他如期醒来，三记三分球，将凯尔特人的优势逐渐蚕食。当加内特第四节后半段被罚出后，湖人占据主动。科比第四节最后一记三分球让湖人101比100首次领先，但皮尔斯罚中球追平比分。加时赛，科比没再找到手感，但加索尔帮湖人压住了比分。湖人加时110比109获胜。科比26分10篮板，加索尔24分。

"走过波士顿的街，在同一家酒店住下，我昨晚一直在想这场比赛。好像一切都回到了那时。足够了，我们已经可以和凯尔特人对抗了。"科比说。

没有了拜纳姆，但整个2月，湖人只输了两场球。他稳稳地驾驭着球队在西部第一的位置坐着，进入全明星周末。全明星赛前最后一战，科比37分，但湖人依然在盐湖城败给了爵士。德隆·威廉姆斯解释："我们知道科比会投中许多球，但我们只要继续拼斗，总有希望。"而科比则很不高兴："我们防守很差，不够努力，打得太懒，内线失分太多了。"

他当然也知道，那是拜纳姆缺阵的结果。

带着这腔怨气，他去参加了2009年全明星赛。

2009年全明星周末在凤凰城，"鲨鱼"作为全明星替补出场了。他兴头十足。第一节，6分3篮板3助攻。全场比赛只打了11分钟，9投8中17分5篮板。

他像一个大顽童，忙于证明自己还是个明星，还是个MVP。他在明星堆里大摇大摆地来回奔跑。他投丢了第一球，但此后8投全中。第三节，"鲨鱼"向全场观众展示了老一代球员的表演能力。他扣了一个让球馆颤抖的篮。他跑到外围去，接球、摇头摆尾、装模作样地玩胯下运球，招呼德怀特·霍华德出来和他单挑。秀完了运球，他又和莫·威廉姆斯玩了一个传跑配合。

只有科比对这一切处变不惊。10年前，他就习惯了。

"我看见过这些。他以前就爱玩这个。"

最后，"鲨鱼"和科比共同举起了他们各自的第三次全明星MVP。

仇人？冤家？哥们？

"鲨鱼"说：

"我们是大传奇兄弟！他很够哥们，他让我把这奖杯带回去给孩子们看！"

他俩似乎一笑泯恩仇了？天晓得。

2009年2月2日，科比在麦迪逊花园得到61分，是这个场馆40年的最高得分纪录。也从此开始，科比的2月"屠杀"开始了。

32 最后的热身

2009年初，拜纳姆受伤前，湖人的阵容一贯是：

费舍尔、科比后场，拜纳姆、加索尔"双塔"，小前锋位置则时不时换手。偶尔208厘米的塞黑射手拉德马诺维奇，偶尔203厘米的白人卢克·沃顿。

替补方面，奥多姆领衔第六人，乔丹·法玛尔、香农·布朗双后卫随后，配上特雷沃·阿里扎的闪电手。

总体而言，主力阵容因"双塔"而尚稳，替补阵容因阿里扎的抢断快下、奥多姆的灵活机动而尚快。沉稳干练 + 闪电奔袭，大致如此。

但是，在拉德马诺维奇和沃顿之间，"禅师"始终举棋不定。拉德马诺维奇更高，射术更好，然而和奥多姆一样，偏于3、4号位摇摆，灵活性欠佳。卢克·沃顿是名门之后，名校出身，篮球智商优秀，传、投、空切、运都能上得台面，但哪样都不是顶尖。赛季中期，拉德马诺维奇被交易，沃顿坐稳了首发。但是3月初，湖人在凤凰城败北。沃顿27分钟内6投2中，只得4分。科比独得49分，但太阳依靠"鲨鱼"的33分获胜。科比赛后认为：

"我们打到了这个阶段，每个人都有些累了。我们必须挣扎出来。"

一周后，湖人在波特兰玫瑰花园败北，而且很惨：94比111败北。客场三连败。赛后，他什么都没说就离开了。

下一场，湖人变阵：203厘米、长手长脚的阿里扎升任湖人首发小前锋。

在休斯敦，科比前三节射落19分。第四节还余半节，他归来时，湖人只以75比72领先，然后他就和防守他的顽石阿泰斯特扭成一团，各吃了一个技术犯规。

"很有趣。"科比赛后说，"我就在等这个，他真是个竞争者。"

科比投中跳投让湖人领先，从阿泰斯特手中断球，突破打三分，然后让过阿泰斯特的抢断手，射中三分。湖人85比80领先。火箭靠布鲁克斯、阿泰斯特、韦弗的连续攻击取回领先。科比再次突破姚明上篮，随后又一个超级后仰跳投。然后，他朝着火箭板凳摇了摇手指——那是火箭替补中锋，史上最伟大防守中锋之一迪肯贝·穆托姆博招牌的手势。

休斯敦球迷对此很不满，而阿泰斯特倒无所谓："这是比赛的一部分。说垃圾话，这才有趣。"

最后，科比在比赛余 38 秒时一记投篮，解决了问题。

全场比赛，科比 37 分，第四节 18 分，又是一场属于他的比赛。但是真正的功劳是湖人的外围防守：火箭三分线内命中率达到惊人的 48 投 34 中，而三分球则是 28 投 5 中，失误多达 23 次。阿里扎 8 分 6 篮板 2 抢断。

就这样，阿里扎成了首发。他的抢断、防守和运动能力，为湖人的首发增加了一些闪电因素。菲尔·杰克逊就这样下了决心：这就是湖人的阵容了。

赛季接近尾声，各类奖项悬念重起。作为前一个赛季常规赛 MVP，科比自然是热门人选。实际上，在赛季初，他的确是这个奖的大热门：赛季第一个月潇洒写意，犹如 1985/1986 赛季的拉里·伯德一样闲庭信步。在拜纳姆受伤之后，立刻以 37 分钟内 61 分破掉麦迪逊花园历史得分纪录，回击了所有"经过 900 场常规赛后，他总该累了吧"的猜疑，随后 2009 年 2 月血雨腥风的场均 31 分。在常规赛那些可能成为分区决赛或总决赛预演的场次，诸如对阵凯尔特人、骑士、马刺之时，从不放过投进关键球、加深对手心理阴影的机会。依然是联盟最难以防守的得分手、最好的二号位对位防守者。最后，可能依然是联盟技术瑕疵最少的球员。

他把原本就擅长的后仰撤步中投和假动作晃动后交叉步跳投继续练到炉火纯青。让他可以时常如 3 月 11 日对付火箭般，下半场用无数的跳投得到 31 分。

但是……

1999 年以来最少的个人上场时间（场均 36 分钟），2005 年以来最低的个人得分（场均 26.8 分），21 世纪以来最少的个人罚球次数（6.9 次），这些给他扣了不少分。湖人很强大，科比不必像骑士的詹姆斯或热火的韦德那样，独自包办一切。他入选了赛季第一阵容、第一防守阵容，但是，常规赛 MVP 归詹姆斯所有。

当然，科比在意的是别的。他需要总冠军。这是他的唯一目标。4 月拜纳姆复出后，湖人重归完整。以下就是 2009 年季后赛的征途了。

首轮，湖人对阵爵士。前一个赛季，湖人 4 比 2 击败爵士，而 2009 年，双方趋势相背而行。湖人多了个中锋拜纳姆，爵士则因土耳其中锋奥库受伤少了重要内线。

湖人轻松赢了第一局：上半场，湖人就轰下了 62 分，全场 113 比 100。科比 24 分，阿里扎 21 分，加索尔 20 分。全场比赛用科比的话形容就是："他们不断敲门，我们没让他们进来。"爵士全场命中率低至 39%。第二场，爵士凶猛得多：德隆·威廉姆斯觑准湖人的控卫破绽，35 分 9 助攻 4 抢断。但是科比不断找到内线队友，送出 9 次助攻，另得 26 分。在他的传球引导下，加索尔和奥多姆合计 20 投 17 中，轰到 41 分。科比承认，第四节一度被爵士追分，是因为：

"我们有些想超前了，在琢磨第三场。"

第三场，科比的发挥非常糟糕。盐湖城的嘘声偷走了他全部投篮手感。面对三年级防守者罗尼·布鲁尔的长臂，科比 24 投仅 5 中。靠着罚球，他才得到 18 分。"我就是投不中球；他们的防守结合得好，我无法占便宜。"爵士扳回一城，1 比 2。

"禅师"说："科比今晚诸事不顺，但这种事，每个人都会经历。"

如你所知，科比是个记仇的人。

2006 年，科比初次遇到布鲁尔时，18 投 9 中。赛后大家都拍拍布鲁尔："小子，还不错。"但布鲁尔第二次遇到科比，即 2006 年 11 月 30 日，他目瞪口呆地看着科比得了 52 分。

两天后的盐湖城，24 号黑曼巴不出意料地施以报复：他取下了湖人前 11 分，从此开始不断啃咬布鲁尔。第三节只打了 4 分钟，他已经 34 分。全场，他 24 投 16 中，仅有 5 次罚球，只在三分线外出手 2 次。他只是一遍一遍用同一种方法惩罚罗尼·布鲁尔：接球，试探步晃动，跳投。

这是他最新的杀招：本赛季，科比场均罚球不到 7 次，21 世纪以来的新低。但他依然场均 26.8 分联盟第三。秘诀在于，他正在减少 21 世纪初的华丽大幅度拉球突破、2005 年到 2007 年强势的运球摆脱跳投。他把原地后仰撤步中投和假动作晃动后交叉步跳投，练到了炉火纯青的地步。因此，即便速度已经不及 25 岁时犀利，他依然对抗时间，让人忘记他即将 31 岁、打了超过 1000 场职业比赛的事实。

"上一场那么差之后，打这么场比赛，感觉真好。"科比说。

很多人都明白他要干什么。一旦他打算开始"屠杀"，就像 2 月 1 日在纽约的 61 分一样，是有些预兆的。德隆说："你从一开始就发现他来者不善。"

科比全场 38 分，湖人取下了第四场。然后是第五场：湖人不打算拖了。科比半场结束前后仰跳投，让湖人 56 比 43 领先；第三节后半段，科比上篮、三分球、助攻加索尔扣篮，湖人领先到 80 比 58。湖人场边，诸位好莱坞巨星一派歌舞升平：达斯汀·霍夫曼、杰克·尼克尔森等影帝们喜笑颜开。

爵士做了最后的挣扎：他们一度将分差追至 86 比 93。爵士越近，欢声越小，直到科比用一记转身跳投，斯台普斯球馆才终于嘘了口气——他们知道不会输了。

但是科比不满意：

"我们防守端得继续努力，不要让对手轻易得分。我们需要纠正许多许多东西。"

他知道冠军需要什么。依靠他第五场的 31 分，湖人 106 比 97 击败爵士，4 比 1 淘汰对手。对湖人来说，一个不坏的开始：

阿里扎、拜纳姆、加索尔、科比、费舍尔，这套首发证明，他们可以在季后赛运作自如，并且赢球。奥多姆作为第六人，在淘汰爵士之战中有仅次于科比的发挥。击败爵士并不艰难。对冠军队来说，这更像是热身。

而接下来的对手，则是休斯敦火箭。

33 湖人 VS 火箭，七战

2009 年 3 月 11 日的常规赛对决，湖人和火箭已经结了仇。阿泰斯特的推搡，科比的摇手指，第四节 18 分。

但是比起悠长历史来，这真的不过九牛一毛。

麦肯、张伯伦、贾巴尔、"鲨鱼"——湖人是历史上出产伟大中锋最多的队伍，但进入 20 世纪 80 年代，火箭的巨人质量并不逊色。妙在火箭的每位伟大内线，都曾经完成过至少一次以弱克强的故事，而背景却总是湖人。

1980/1981 赛季，上赛季冠军湖人首轮对上常规赛仅 40 胜的火箭。篮板大师摩西·马龙带着一队残兵败将，首轮居然 2 比 1 过关，顺便跌跌撞撞，钻进了总决赛。虽然只是凯尔特人及拉里·伯德的夺冠配角，但这一幕足以令湖人咬碎钢牙。

1985/1986 赛季，摩西·马龙已经走人，火箭凑足奥拉朱旺、拉尔夫·桑普森的"双塔"，浩浩荡荡杀奔决赛，再遇湖人。对面呼啦啦抖开一串"62 胜西部第一""冠军"的旗帜，火箭初生牛犊不怕虎，只顾一头撞去。39 岁的"天勾"不敌火箭"双塔"，4 比 1 遭淘汰。

1996 年，火箭 48 胜结束常规赛，首轮对上 53 胜的湖人。当赛季的湖人正处于复兴期。可惜，"大梦"非常不给面子：梦幻舞步统治内线，4 场比赛平均 27 分解决湖人。于是，杰里·韦斯特开始运作当年夏天 7 年 1.2 亿美元引渡"鲨鱼"的伟大计划。

但从那之后，湖人开始报复火箭了。

1999 年，湖人第一轮对上火箭。科比防住了老迈的皮蓬，"鲨鱼"在 36 岁的"大梦"头顶耀武扬威。湖人 3 比 1 解决了火箭，顺便把"大梦"和巴克利最后的梦境击碎。奥拉朱旺时代的火箭就此熄灭。2004年，姚明二年级，经历了休斯敦火箭21世纪首次季后赛，遭遇F4列阵的湖人，火箭1比4败北，顺便结束了长达5年的"弗朗西斯—莫布利"时代，开始了姚明与麦蒂的组合，开始了火箭5年内4次常规赛50胜的复兴。

2009年的相遇，是姚明与保罗·加索尔FIBA第一内线之争，是阿泰斯特+巴蒂尔两大防守大师与科比的矛盾之战，是阿德尔曼和菲尔·杰克逊1992年总决赛、2002年西部决赛之后的对决。新仇旧恨，一朝了结。

第一场，斯台普斯。

湖人的风度是优雅的。开场对姚明既不包夹又不绕前。湖人出了名的喜欢玩猫捉耗子，开场先让拜纳姆与姚明对耗。他们有足够的信心：等候时机，挑个时间把火箭刺死了事。

火箭打法则追求强韧：当科比拉空突破时，姚明便出现了，补防，干扰。弱侧已经扎好营寨，斯科拉在底线逡巡，等着湖人做强弱侧转移。

当湖人在翼侧转移球时，火箭施展那让开拓者头疼的翼侧包夹，控制传球路线。大体上，火箭是深屯禁区，高筑墙，广积粮，缓称王。

气氛变化，是第二节：巴蒂尔被撞伤，眼角出血。这仿佛激起了双方的斗志。查克·海耶斯卡住了加索尔：本来按身高对比，这是天大的错位，好比蛤蟆去对仙鹤。但这一晚火箭防守犹如泥潭，仙鹤总被蛤蟆绊脚。于是火箭占上风了：火箭迅速换防，不断延阻，湖人半场进攻滞涩了。

内线被缠住后，湖人开始急躁。本来湖人气度娴雅，犹如头戴纶巾，身着湖色棉袍，足登粉底缎靴。只是粉底靴被火箭防守黏烂了。湖人常规赛用力过度的毛病发作，扑得过甚，不断漏空。而湖人内线受阻，只有靠科比一个接一个跳投。第三节，科比习惯性地抖擞神威，而火箭发现了费舍尔的防守破绽：阿隆·布鲁克斯胆大包天，在湖人内线穿梭。

双方第二节、第三节打平，火箭领先三分进入第四节。科比开始改变轨迹：他发现自己每到翼侧时姚明便会干扰，于是下半场大量从弧顶及正面进攻，或远距离跳投一对一，或直接切入找犯规。毕竟，巴蒂尔和阿泰斯特都跟不上他的速度。

直到转折点出现：

前三节，姚明很耐心地翻身勾手、后仰跳投，尤其是大量翻向底线方向的跳投。避免了身体接触，手感也就保持平稳。但在第四节，湖人经典的对球施压来了之后，他也没法轻巧写意了。上罚球线时，以手按膝：始终没休息，他也累了。

2009年季后赛湖人和火箭的相遇,是姚明与加索尔FIBA第一内线之争,是阿泰斯特+巴蒂尔两大防守大师与科比的矛盾之战,是阿德尔曼和菲尔·杰克逊1992年总决赛、2002年西部决赛之后的对决。新仇旧恨,一朝了结。

然后就是那一刻的到来：姚明与科比对了一下膝，倒了。姚明被扶出了球场。在过道里，姚明拒绝了回更衣室。他一瘸一拐回到了球场。

这不是湖人第一次看到类似场面。1970年总决赛第七场，威利斯·里德一瘸一拐穿过麦迪逊花园过道出场，走向张伯伦时，全场山呼海啸。"全场都狂野了！"这是当时纽约解说员喊给自己听的，他后来承认自己根本听不见；2008年总决赛第一场，保罗·皮尔斯走出过道，花园球馆又是山呼海啸。

姚明回来了，得到了8分。一记跳投，6个罚球。加上巴蒂尔眼角的伤，湖人被火箭的鲜血震慑了。科比全场32分，但是加索尔、拜纳姆和奥多姆三大内线合计33分，比起姚明一个人的28分来黯然失色。火箭赢下第一场，取下主场优势。

这是姚明篮球生涯最辉煌的瞬间，真正的孤胆英雄。

"我们队今晚打得很好。"姚明说，"每个人都很好。阿泰斯特和巴蒂尔防科比已经很出色。每个人都很无私。"

"我没问题。"科比说，"我们只是错失了一些关键时刻。"

冠军级队伍不会踏进同一个陷阱。首场败北，湖人的问题在于：完全对付不了姚明；上半场科比被限制；外围防守未能贯彻始终；加索尔和拜纳姆进攻端的不习惯。

第二战，奥多姆替下拜纳姆首发，加索尔主防姚明。加索尔对姚明采取绕前防守。加上湖人的翼侧紧逼+三线协防抢断这道出名的陷阱，湖人的防守端认真多了。而科比从一开始就采取了第一战后半段的策略：弧顶、罚球线左右不断跳投，欺负姚明防不出去。于是，湖人第一节便39比25大比分领先。火箭在第二节打了壮丽的32比18，扳平比分。查克·海耶斯在防守端无所不能，换防延阻，卡位，后场篮板，地板球，抢断。整个第二节，他像万能胶一样使火箭禁区的防守变稠。卡尔·兰德里则打出职业生涯最好的一节球。从地板到3米高，任何球他都能够摸到，然后匪夷所思地从一个诡异的角度把球擦板投进。

但是，第三节中段姚明犯规太多被迫下场后，湖人重掌局面，再未落后。加索尔、拜纳姆合计25个篮板5次封盖。当然，最大的功臣是科比：27投16中，40分。肖恩·巴蒂尔对科比的防守没什么瑕疵可挑——良好的脚步移动，压低重心，不吃假动作，及时举手干扰，这些有利于控制科比的切入杀伤。但科比很聪明：进入中距离，用敏捷的脚步摆脱出空间后迅速投篮。既不试图强突也不太多远投，就在中距离击杀巴蒂尔。

"我们反击过了。"姚明说，"每人都打得很硬，试图控制节奏。"

"这是季后赛。"科比回答,"这个理由就够了。"

火箭的肖恩·巴蒂尔,并不是一个压迫性的防守者。作为小前锋,他的身高、速度和反应,都不过中人之资。他靠意识来防守:研究对手,解读对手的偏好。比赛中,他逼迫对手往协防陷阱里走,让对手投篮时面前总有只手在。在对手外围活动时阻断传球线路,逼迫对手到不舒服的地方接球。他的身体接触,是当对手到内线时才进行的。因此,他的打法总是很干净。在长达48分钟的比赛里,巴蒂尔是NBA最好的粘贴者之一。他将防守当作一门科学来解剖。

第一场,巴蒂尔完美执行了防守计划:他尽量让科比左手突破,陷入夹击陷阱,不让科比进罚球线,用遮脸防守干扰科比的视线,尽量让科比投长距离的跳投。结果科比第一场面对巴蒂尔时22投8中,全场用了31次投篮才得到32分。

但第二场,科比得了40分。

开场第一球,科比右翼要位,巴蒂尔伸手阻绝球。奥多姆和费舍尔先后传球给左翼阿里扎;巴蒂尔侧头看着阿里扎。就在巴蒂尔侧头瞬间,科比突然启动,巴蒂尔慢了一步;姚明横移,挡科比突破路线,巴蒂尔跟随。然而科比一个小跳步接球,起手直接跳投。姚明的补位提前到了,巴蒂尔的跟防并无问题,甚至也手遮眼了。科比接球起跳时两脚尖还朝左。在极小的缝隙中,科比滞空调整,抬右脚维持平衡,出手:得手了。

之后,科比又一次右翼横移罚球线拿球:巴蒂尔站科比右侧,预备他左手突破。

科比坚持走右手,一个大幅度横移,直接跳投得手。

之后,湖人推反击,奥多姆给科比掩护,方便科比左手突破中路。然而科比直接变速,右手突破底线,一口气穿过巴蒂尔和姚明,左手上篮。

之后巴蒂尔放科比左手,科比左手运球突破一步,急停小跳步,迎着巴蒂尔遮眼强投。

科比开场左右开弓,无球走、持球急停、持球右突、左突急停跳投。开局5投4中,独得8分,湖人16比8领先,打停火箭。

之后,科比追身面对巴蒂尔的遮眼,射中三分球,个人第13分:湖人29比16领先。

之后科比叫个掩护,面对海耶斯,招牌的起跳后扭身后仰踢右腿保持平衡投篮,压哨得手,第一节39比25。

第二节火箭打出 32 比 15 的高潮一度反超 3 分，半场结束前 8 秒，科比右翼接球，一个横摇牵住巴蒂尔重心，直接迎着巴蒂尔一个三分球。57 平。

下半场，科比右翼接球，若有若无的假动作，一个右试探步。立刻连交叉步，左手突破。这个左—右—左的重心摇摆，巴蒂尔也被晃了一步；科比直扑罚球线，巴蒂尔转胯跟随，架左手想挡科比变线突破，重心下沉，科比已经急停跳投，出手点比平时高。巴蒂尔阻挡但慢了一步，犯规被打三分；巴蒂尔每一步防守都是对的，但就是没防住。

之后科比左翼接球，连续胯下运球后低重心右手突破中路，急停起手中投。巴蒂尔放弃遮眼了，直接干扰投篮。而科比出手时，右手有稍微调整角度伸直手臂，以躲过巴蒂尔的追盖。再次命中。

之后是科比右侧运球，右手突底线，轻靠巴蒂尔后借力抛射，恰好没让海耶斯干扰到。

再之后，科比左腰横切，接传球后又是空中扭身中投。

然后就是全场最精妙的一球：科比右翼面对巴蒂尔，转身假动作被识破。至此是巴蒂尔防守完美。

于是科比别扭地抛球打板，立刻连一个别扭的跨步起跳，自投自抢，在姚明头顶点中一球。

赛后，萨姆·辛基看着科比 27 投 16 中 40 分的数据，摇摇头：
"科比得了 40 分，这么说有点难为情……但巴蒂尔今晚的防守真的很好。"

巴蒂尔全场跟科比斗智斗勇。没哪次防守没跟到位，没哪次防守脑抽失误。他的确给科比制造足够多麻烦。

这才是诡异的地方：巴蒂尔没犯错。但科比还是 27 投 16 中得了 40 分。

每个球员都有他擅长的攻击手段，但科比不同。他的突破有 49% 是右侧，51% 是左侧，几乎均等。他的各项技术，诸如：切出接球、绕掩护接球投篮、定点投篮、背身单打、一对一单打、挡拆和反击，全都是联盟前列的效率。布莱恩·肖，曾经每天在训练里面对科比的前队友，如今的湖人助教，只好摇头：

"科比的进攻没有弱点。"

对阵火箭的系列赛，科比直面联盟顶级防守大师巴蒂尔的看防，但依然发挥出色。

对许多人而言，科比的那种跳投是不合理投篮；但对他而言，那些球是正常的。马刺伟大的投篮教练奇普·英格兰德说："科比是我们时代最伟大的跳投手之一。"

巴蒂尔分析过，科比的弧顶三分球命中率只有25%，可以考虑让他多投这种球，但并不如愿。肖补充说："科比有时会让对手产生错觉，以为科比真的被他引诱着做了其他动作了，然后，科比会将计就计，攻击对手最薄弱的点。"

科比根本不在乎巴蒂尔这种"手指会戳到我眼睛吗"的防守法。于是，巴蒂尔承认："有时我偶尔犯规，因为许多射手们不喜欢身体接触，我会让他们心乱，让他们失去节奏，让他们猜。"

但科比最可怕的一点，他的老对手、马刺的布鲁斯·鲍文说过了："科比一旦手热起来，就不可阻挡。所以每当我下场，看见其他人去防科比，我会大叫。我可不想上场时，面对一个手感滚烫的科比。"

科比手感滚烫是怎样的呢？

第一场，巴蒂尔头两节只让科比跳投，科比12投4中；第三节，阿泰斯特防科比，科比利用阿泰斯特的抢断失位，突破打三分。找到手感之后，科比在第三节剩下的时间中9投6中，无法阻挡。

科比在第三场得了33分。28投11中的命中率不算高，但是第三节，他在10米开外一记三分锁定胜局，却让整个休斯敦丰田中心的球迷心头一冷，如遇刀刺。

第三场，巴蒂尔试图更逼近科比。但是科比看清了这一切：他在第三场连续和加索尔打挡拆，然后分球。同时，科比自己投了极多的三分球：三分球6投4中，共得33分。并且，利用火箭对他的重视，不断将球转移到外围。湖人全场三分球20投11中。

这场比赛后，姚明承认他撑不住了。对湖人第一战的伤让他左脚发疼，他不声不响，带伤撑了两战。

"我实在很想继续打。明天的健康测试会得出结果的。我想继续打。"

但他没法继续打了。

第四场，姚明缺阵，并就此开始他漫长的休假，直接缺阵了接下来的2009/2010赛季。但火箭并未屈服。巴蒂尔说：

"我想，每个人都认为我们没有姚明就不行了——除了我们自己。"

火箭推出惊人的速度，一路狂奔。29比16结束第一节，再未落后。分差一度拉开到了29分。布鲁克斯轰垮了费舍尔，20投12中得到34分。巴蒂尔三分球

10投5中，23分。火箭99比87击败湖人，取下第四阵。2比2。

当然，危机激发出的活力，并不能抵消内线劣势。

第五场第二节，科比一个打三分，让湖人领先到29分。用了三节，科比就得到了26分。火箭以78比118惨败，40分的差距平了火箭队史纪录。湖人3比2领先。科比赛后对火箭加以赞许：

"我们集中注意力。我们知道周四那种松懈程度是不够的。因为我知道，我们不是在对阵一支鱼腩球队。我不管别人怎么说，他们是支非常强韧的队伍。他们有无数拼命打球的人物。"

这支"鱼腩球队"没让他失望。

第六场，休斯敦丰田中心。开头的仪式格外漫长。湖人还差一场胜利就晋级，这场猫捉老鼠的游戏似乎到了结尾。火箭几已无牌可用。于是，一开场，哀兵出征，六军缟素的气势。

火箭以斯科拉的单打开始。勾射、罚中、假动作后投篮、背打奥多姆、背打加索尔。加上布鲁克斯和阿泰斯特的攻击，火箭一口气17比1领先。

科比遭遇了巴蒂尔的严防和斯科拉的补位。当科比中路突进时，火箭五人一起收缩内线弥补。这种全队优势，令科比前6投1中。

湖人始终没能找回状态。第二节，奥多姆一度控制篮板，但斯科拉骗到他犯规下场。湖人36比52半场落后。第三节开始，湖人摆出冠军级防守。对球攻击，翼侧紧逼，切断传球线路，反击扣篮。锦囊中法宝全抖出来，火箭一溃千里。16比2的高潮，一度追到52比54。可惜，火箭撑住了：兰德里的打三分，巴蒂尔的前场篮板，阿泰斯特跌跌撞撞助攻了布鲁克斯的三分球。狼狈、难看、脚步蹒跚，但火箭又站稳了。

科比全场27投11中32分，但湖人除了他、加索尔和法玛尔外，全部被火箭震慑住了。科比赛后再次赞美了火箭：

"他们全都有惊人的心理素质，他们拼斗到底，逼我们到了这个地步，他们始终不后退。第七场会非常令人激动。"

第七场，火箭终于到此为止。科比没有太多个人进攻，他只是利用主场优势，尽量让加索尔、拜纳姆两大内线进攻。湖人第一节22比12领先，半场51比31锁定胜局。加索尔和拜纳姆合计26投16中，24个篮板球。

"我想我们学会了，如果每晚都这么努力，从防守端开始，我们才有机会赢球。我们会把这经验带进下一轮。无论如何，我们都要继续。"

对科比来说，这是一个漫长而艰辛的系列赛。他和联盟最聪慧的防守者巴蒂尔、联盟最强悍的防守者阿泰斯特，死战了一整个系列赛。前三场之后，他显得有些疲倦。毕竟每夜和巴蒂尔斗智、和阿泰斯特斗力、和自己的跳投手感对决，是件疲倦的事。但是，这个系列赛让他的身体紧张了起来。

如加索尔所说，科比已经能习惯高密度的作战了。

科比觉得这个系列赛很有意义，火箭让湖人紧张起来，不再那么自满了。

"去年众人说我们无懈可击，结果我们被对手蹂躏；我只想笑到最后，不想被对手高估。"

于是，下一轮开局第一场，他就得了40分。

34 西部决赛

西部决赛的对手是丹佛掘金："甜瓜"卡梅罗·安东尼在常规赛平了当时NBA历史纪录的单节33分；领袖昌西·比卢普斯则是2004年总决赛科比的旧敌。而在第一战前，科比的手指出了问题：2009年1月，他的右手无名指曾经受伤；打完火箭后，他发现伤势复发了。于是，他得将手指固定起来打球。

他用敏捷的移动轻松骗到对手邓台·琼斯犯规，然后用连续的中投惩罚掘金。虽然"甜瓜"在球场另一端折磨阿里扎，但科比依然随心所欲：从巴蒂尔和阿泰斯特的防守地狱中钻过来后，他不会再惧怕任何防守了。

掘金第一节一度领先13分，但上半场射丢9个罚球让他们落后。第三节末，掘金以高潮结束，76比74领先进入第四节。但是科比解决了第四节；比赛还余30秒，他两罚得手，湖人101比99领先。然后，被"甜瓜"轰了39分的阿里扎终于醒了一下。

只有一瞬间，但够了。

"安东尼·卡特扔球太慢了，我有足够的时间判断。"阿里扎说。

他断到了球，掐死了掘金的希望。湖人105比103获胜。

"甜瓜"39分，但科比28投13中40分。"禅师"承认：

"我们打得艰涩，但科比自己冲开了血路。"

第二场，科比依然随心所欲。邓台·琼斯尽了力：阻绝接球，站好身位，保持身体接触。只是比起巴蒂尔，他的动作不够精准，于是像提线木偶，被科比牵着走，整个防守节奏就失败了。

所以，掘金派了"甜瓜"来防科比。他的策略，其实也无非敌不动我不动。不为科比假动作所骗，看科比投篮便试图去遮眼，然后看运气。这一度奏效了。可是，当最后时刻科比醒来时，面对"甜瓜"的遮眼依然两记超级三分球，于是掘金再换人：比卢普斯和内内的的协防，担负了最后时刻掘金对科比的防守。

科比第二场 20 投 10 中 32 分，但"甜瓜"继续轰垮阿里扎，34 分。重要的是，老辣的比卢普斯和布鲁克斯一样，力压了湖人的组织后卫。比卢普斯得到 27 分，用自己的步伐制造无数罚球。为了对付比卢普斯和 J.R. 史密斯，湖人的防守杯弓蛇影。此外，湖人对肯扬·马丁和克雷扎过于放松了：前者在内线捡漏 10 投 7 中，后者三分 7 投 4 中 16 分 8 篮板。掘金 106 比 103 获胜，1 比 1。

"现在他们有主场优势了。"科比说，"可是别忘了，我们是联盟客场成绩最好的球队。"

虽然丹佛在高原，但掘金的风格却像一条低洼的淤泥河。唯一坚硬的礁石是巴西中锋内内，其他人都像淤泥一样难于摆脱。第三场第二节，马丁向科比展示了掘金多么缠人：防守湖人进攻时，全队逼出禁区攻击球，科比摆脱"甜瓜"的绕前，摆脱后接球，用假动作晃飞"甜瓜"。当他准备再起手投篮时，原本空无一人的禁区忽然多了 6 条臂膀。

这就是掘金的惊人轮转。他们有并不够高但足够敏捷的锋线群，有一群敦实不惧对抗的外线。他们的轮转迅速而富有默契。如果你想快马而过，注定会陷入泥中。

湖人有多艰难，只需参考他们对开拓者和火箭小个阵容时的窘境。他们的传切配合遇到掘金的淤泥，就像马蹄被泥包裹。而且，踩进淤泥河，你还不能挣扎：越用力，陷得越深。整场比赛，湖人投进 33 球仅 15 次助攻。

于是，在 41 分钟时间中，科比被迫翻来覆去做一对一进攻。

回忆第一场"禅师"的说法："我们打得艰涩，但科比自己冲开了血路。"

这就是湖人的战术：湖人余众困于丹佛的淤泥河中泥足深陷，只有科比一人白马银枪独往独来，七进七出。过于复杂的战术配合，例如费舍尔经双掩护杀奔篮下人多处，只有被造进攻犯规的份。于是，第二节，科比个人对安东尼·卡特的一对一；第四节，科比对 J.R. 史密斯的一对一。

但湖人至少做到了两点：他们守住了"甜瓜"；加索尔站了出来。

下半场，双方的防守都硬朗坚韧。阿里扎的抢断、加索尔的强打，终于将时间拖到最后时刻。湖人暂停。费舍尔说话了：

"这是我们确定自己地位的一刻！这一刻，你站出来，就能确定自己的地位！"

科比一言不发。暂停之后,他在翼侧面对 J.R. 史密斯。湖人 93 比 95 落后,科比看了看篮筐。

然后,双脚在三分线外,起手,投篮,出手。

"这类事情,科比做了一遍又一遍又一遍又一遍又一遍……"奥多姆说到自己喘不上气了才停住,"那是他的固定剧目。"

三分命中。湖人 96 比 95 反超。

阿里扎再次完成抢断锁死掘金进攻,科比罚球锁定胜局。科比系列赛三场中第二次得到 40+,24 投 12 中 17 罚 15 中 41 分,而加索尔 20 分 11 篮板。湖人 2 比 1,取回主场优势。当湖人可以在逆境中打出丑陋、硬朗并僵持的半场且赢球时,他们比那支水银泻地、奔放明丽的湖人还要可怕。

第三场后,马丁和比卢普斯都谈到了这话题:掘金太容易被百事中心的球迷煽动情绪了。比卢普斯总结说:

"我们乱七八糟投了太多三分球,没有好好把握机会,'捅匕首'要稳准狠才行。"

当然,需要稳准狠的方面不只是投篮。系列赛到第四场,彼此的弱点一目了然。费舍尔、阿里扎防比卢普斯和"甜瓜"有巨大问题,而科比可以随意屠杀邓台·琼斯;湖人无法用传切扯开丹佛的淤泥河体系,因此他们需要三分球、拉开单打和高速攻防转换。而掘金所要做的就是把握这一切弱点,将匕首捅进心脏,一剑无血。

第四场,"甜瓜"直到第二节才投进第一球,前 11 投 1 中。但是,比卢普斯在第三节引领反击:他自己打三分得手,随后内内、安德森连续补进前场篮板。第三节结束,掘金篮板球以 47 比 29 领先。科比整个第三节被压制到只中一球。第四节初,比卢普斯再打三分,随后一记三分球,湖人 70 比 83 落后。科比在第四节连续强攻、三分,但来不及了。

连续第二场,湖人只靠科比和加索尔解决问题。掘金控制了篮板,比卢普斯推起了快节奏,拼得 49 次罚球。科比 26 投 10 中 34 分,但掘金全场轰下了 120 分。大比分 2 比 2。

第五场,科比只投了 13 个球。他将自己做成了诱饵,让掘金的补防朝他涌来。结果:奥多姆 19 分 14 篮板,加索尔 14 分 10 篮板。

"有点儿赌博。"科比说,"但我想改变比赛的方式。我发现掘金对防守我真的很在意,所以,我想尽力把机会给队友。"

科比送出 8 次助攻,湖人第四节发威,104 比 93 击败掘金。大比分 3 比 2,

第六场在丹佛。科比已经预感会发生什么了：

"那地方一定像摇滚乐现场一样激昂。我们得冷静点，冷血点，好好控制自己。"

西部决赛前五场，掘金防守的看家法宝，是绊马索淤泥河般的包夹和轮转。系列赛前四场，湖人的艰难正在于此。空间拥挤，人多手杂，禁区附近遭遇马丁、"甜瓜"和内内的包夹，被迫传球，仓促远射不进，被反击。因此，前四场，传跑扯不开，于是湖人几乎靠着科比和加索尔的单打撑过了比赛。

而第六场，不大一样。

科比和加索尔依往常惯例跑位，然后不等掘金包夹成型，就开始传球。湖人上半场打出教科书般的内外传递。失误不少，但掘金却来不及抓住重点。湖人射手群在外围空当早早热身完毕，于是，第二节开始，掘金不敢轻易放开外围射手去干扰传球路线了。

湖人的良性循环：从一开始就多转移球，破解掘金预备好的包夹；外围射手热身完毕，阿里扎尤其手感不错，于是掘金不敢赌博放弃外围。于是，掘金的轮转钳子就被动了，加索尔和科比获得空间。

因此，上半场是湖人阅读掘金防守所获得的胜利，也得益于掘金轮转不力的失误。科比和加索尔没有让比赛陷入泥淖。拉开空间，内外传递，路线简洁清晰。掘金的防守由一张网变成了几个孤岛。第二节后半段，科比得以自由进攻接管比赛，一举拉开比分。

"冷血、控制"，这就是科比的方式。

湖人上半场以主力阵容为主打慢节奏拼防守，冷却掘金的手感，拉开分差；下半场则以快攻部队和掘金拼进攻耗比分。

细节上，科比和加索尔开场的转移球和大量助攻，吓住了掘金的包夹轮换；科比随即进入得分节奏，一对一摆平掘金。湖人在上半场打出线路清晰的内外传递，第三节加一个沃顿—加索尔连线，继续以转移球剖解掘金的防守。第四节乱战玩耍已无所谓了。

科比如黑曼巴般精准，20投12中，9罚9中，35分外加10次助攻。加索尔20分12篮板6助攻。奥多姆从中获益，20分8篮板。湖人119比92血洗了掘金。4比2淘汰丹佛。

连续第二年，湖人挺进总决赛。但是，对手并不是凯尔特人。

35 自己的戒指

2009年夏天，奥兰多魔术是支布阵奇怪的队伍。年度防守球员、联盟第一怪兽德怀特·霍华德在禁区虎视眈眈，闲人免进，然后是刘易斯和特科格鲁这对高而瘦的摇摆前锋——打着小前锋位置、长着大前锋身高的家伙。篮球专家凯文·佩尔顿说："反正霍华德会给刘易斯补位，他可以控制篮板和封盖……"一头巨兽蹲于禁区，两个快腿蜘蛛侠四处游弋，弧顶配两个灵活型后场。霍华德的残暴凶恶，令小股敌军不敢擅入京师心脏，而边塞作乱，又有刘易斯、特科格鲁等人长臂拍死。如果敌军企图在弧顶作乱，那么，魔术会施展他们最可怕的东西：信赖和合作。此外，他们是联盟第一三分球队。他们的指挥官是小前锋土耳其人特科格鲁。除了霍华德独霸禁区，他们人人能投三分球。

就是这样一支球队，击败了缺少加内特的凯尔特人，击败了联盟常规赛第一骑士，来到了总决赛。

常规赛他们两克湖人，是因为霍华德抵消了湖人的"双塔"优势，而贾马尔·尼尔森这个控卫用自己凌厉的投篮火力射飞了费舍尔。对湖人来说，好消息是：尼尔森受伤状态下跌，退出了主力阵容；常规赛对魔术两战，科比一场41分，一场三双，当者披靡。

谁都没想到的局面是……

总决赛第一场上半场，还余3分半。科比离篮筐10米远，他的表情像戴了面具般铁硬。他向魔术后卫迈克尔·皮特鲁斯运球走去，然后，变向、转身、再变向，一记后仰跳投划出彩虹般的弧线。然后，斯台普斯中心一片尖叫：又中了。

科比全场34投16中8罚8中40分。刨去开头9投3中和末尾11投4中，也就是说，在真正决胜负的第二、三节这段，他是匪夷所思的14投9中。在中间的16分钟内，他得了30分。

开头，康特尼·李模仿巴蒂尔照方抓药：不让科比突破，干扰他投篮，科比没找到感觉，前9投3中。但第二节皮特鲁斯来防，科比开始了。皮特鲁斯的心思，是和科比全面一对一。魔术第二节一度以33比28领先，然后湖人一个6比0反超，接着科比接管比赛。

整个第二、三节，科比就是在魔术三分线皮肉与禁区大骨头之间，游刃有余地

在总决赛赛场，23岁的霍华德率领的魔术三军用命也难以限制科比。

剔魔术。除了第三节开始一个底线跳投单挑了一下霍华德，其他时间，就在中距离游刃有余。对皮特鲁斯是背身后用移动晃开，对李是主打背身强投。第三节后半段，他开始和加索尔玩二人转。

与此同时，湖人也利用着魔术的劣势：他们一大四小极尽灵活，但只有霍华德这一个纯内线。卢克·沃顿和奥多姆，不断抓住魔术禁区的漏洞偷分。中距离、弱侧突袭，湖人就这么简单地咬死了魔术。科比在中距离的打法简洁干净，精确毒辣，咬住一点不放松。湖人以100比75完成"血洗"。

"我很想要冠军。"科比说，"就这么简单。我太想要这个冠军了。"

霍华德的评价则是："我们甚至都不能阻止科比得40分。"

第二场，魔术调整了策略。翼侧阻绝球少了，中距离开始布防，以遏止科比的中投。第一节末，戈塔特和霍华德"双塔"出阵；第二节初，巴蒂+戈塔特又坐镇禁区。魔术很罕见地摆了长时间的二大三小，保持对整个禁区的控制。大体上，魔术的防守是放弃了阿里扎，弱侧收缩，弧顶随时准备关门防科比，霍华德负责底线。

但是，既然已经决定收缩，如果依然用李来对位，很容易被科比一阵扫射打到灰飞烟灭。所以，第四节往后，特科格鲁和皮特鲁斯轮番来防科比。以身高干扰科比远射，以收缩来限制他的突破。至于湖人其他远射手，那就随便了。

相比而言，湖人在一开场就重拾压迫型防守，直接扰乱魔术的传球路线；虽然刘易斯全场得分风生水起，但湖人始终把防守重点放在特科格鲁身上。收缩内线限制他的上篮，第四节更是一等特科格鲁挡拆就包夹，费舍尔、科比等外线适时收缩协防。

所以比赛进入第三节，就进入了肉搏模式：双方底牌翻尽，招数变完，就靠赤手空拳硬打。彼此策略也心知肚明：收缩控制内线，魔术困科比，湖人夹特科格鲁。

所以，第四节有无数扼人咽喉的好球。特科格鲁进的每个球都是见血封喉，但奥多姆的上篮和科比的罚球线中投，道高一尺魔高一丈地把压力垒高。最后，比赛结束前0.6秒，双方88平。斯坦·范甘迪布置了一个边线战术，观察，再一个暂停，第二次布置战术。康特尼·李腾空而起，在空中接球，低手把球托过加索尔的手指。

——可惜，那个球没进。双方88平，进入加时。

J.J.雷迪克在加时错失了关键三分，一次被断球。湖人101比96赢球。2比0。

第二场，科比22投10中，29分。更重要的是，湖人开始展示出自己赢球的第二件秘密武器了。

湖人助理教练布莱恩·肖说:"我们阻止了霍华德轰击篮筐。"东部的一位球探承认:"虽然湖人'双塔'和霍华德不同,但他们显然做好了准备。"

第一场,霍华德任何时候接球,湖人都有一人封阻,一人来包夹。第一场,霍华德6投仅1中,16次罚球10次得手。第二场,他17分,10投5中,但有7次失误。

很简单,湖人知道霍华德的弱点。他没有"鲨鱼"那样的体格,没有柔和的手感。他们用勤奋的包夹和强硬的接触,破坏霍华德的感觉。每次魔术持球,湖人"双塔"就急退篮下,同时湖人其他球员尽量阻拦,不让霍华德有快攻机会。一旦霍华德左翼禁区边拿球,湖人的包夹方式多种多样,让霍华德必须分辨"我得把球传给谁"。加索尔解释:

"我们尽量让他不知所措,让他失去节奏。"

然后,每当魔术外围投篮,湖人总有一个人放弃篮板,只顾死死卡住霍华德。加索尔承认:"我们肯定跳不过他。"所以,牺牲一堵肉墙,不让霍华德起跳才是关键。最后,加索尔还发现了一个秘诀:"尽量逼霍华德朝底线突破,然后就可以骗他进攻犯规了。"

所以,第一场,拜纳姆22分钟内9分9篮板,加索尔16分8篮板,奥多姆11分14篮板;第二场,拜纳姆5分1篮板,加索尔24分10篮板,奥多姆19分8篮板。数据上来说,奥多姆数据更好,但其实他是额外的得益者:加索尔和拜纳姆的拼死卡位为他抢来了得篮板的机会。拜纳姆和加索尔这"双塔"才是湖人真正的优势所在。加上科比,就构成了湖人赢球的理由。哪怕刘易斯在第二场34分,但魔术内线打不开。

第三场,魔术很紧张。开场半节,他们被湖人完全屠杀。科比早早开启火力:晃过李,撤步离开霍华德的控制范围,中投;弧顶量了一下,三分球;右翼突破向外围滑动后仰跳投。托尼·巴蒂盖掉科比一个球后,下一回合直接在皮特鲁斯头顶一记三分球加罚。第一节,他就得了17分。

直到斯坦·范甘迪的那个暂停:

"控制篮板!!紧一点!!!活力!!!"

然后魔术醒来了。上半场,他们32投24中。阿里扎的话:"他们投进了所有的球!!"

除了开场给刘易斯和霍华德的两记强打,魔术几乎再没吊球给霍华德。前两场湖人的包夹分别让霍华德6投1中和7次失误,魔术决定变花样。他们开始把霍华德拉出禁区，挡拆，霍华德内切吸引，然后在运动中接球。

魔术第二节以32比23让湖人狼狈，逼迫湖人变换防守。而他们自己则堵死内线，不给湖人机会。科比三分9投4中，并且不断分球到弱侧让阿里扎得分，同时加索尔不断中投得手。魔术执意收缩弱侧：哪怕湖人第四节前8投8中，魔术就是不放出内线来。

于是，进入本场最后时刻：

皮特鲁斯补扣得手，科比左翼射失三分球。101平时，刘易斯远射得手。104比101。皮特鲁斯再罚中球，锁定胜局。

魔术是不是投得太准了些？

"为什么不呢？"特科格鲁说，"我们相信彼此，我们有一整套体系。我们应该投得准。为什么不呢？"

第四场，科比打了48分52秒，31投11中得32分。同时，针对魔术对他的防守，他不断找到弱侧三分线外的阿里扎及其他队友，送出了8次助攻。阿里扎14投6中，三分4投3中，16分。

但是，主角却不是他俩。

比赛最后一分钟，魔术87比82领先；湖人追回2分，87比84。最后一回合，湖人开球。魔术全队都在跟着科比。然后，老将德里克·费舍尔后场运球，朝魔术三分线跑去。

那一瞬间，特科格鲁有没有想起2004年，他在马刺时，曾经遭遇过费舍尔的"0.4秒"绝杀？

费舍尔起手，三分命中。87平。加时。

还没完！

加时赛最后时刻，科比突破，尼尔森包夹，科比回传给费舍尔。又一次远射。94比91，湖人领先。下一回合，加索尔扣中，锁定胜局。

你可以说，这是德里克·费舍尔一生最伟大的夜晚。一记三分锁定加时，一记三分埋葬魔术。湖人上一次类似的表演是2006年第一轮，科比对太阳的双绝杀——但这一次，舞台是总决赛。这是历史上最伟大的角色球员刺客谋杀故事之一。99比91，湖人3比1。

第五场来了。

因为是赛季最后一个主场，也很可能是赛季最后一场，奥兰多的气氛格外悲壮。魔术第一节用一连串转换进攻打出了尊严，但湖人对他们的切入并无所谓。封锁三分球，放任突破，拜纳姆单节9投2中，科比早早接管比赛。湖人第一节

比尔·拉塞尔将总决赛MVP奖杯递给了科比。这是他的第四个冠军,但这座奖杯,前三次都给了"鲨鱼"。他终于拿到一枚属于他自己的总冠军戒指。

用一堆前场篮板搞灭了魔术。湖人的前场篮板来得很轻松：因为每当他们出手时，魔术外围已经预备快下了。

湖人表现的气质，像极了对火箭第三场、对掘金第六场。他们耐心地防守，积极冲抢篮板，等候魔术的手感熄灭。第二节中段，决定比赛的时刻到来。阿里扎两记断球，科比两记助攻，阿里扎两记三分，科比一记中投。16比0的高潮，比赛至此锁定一半。而另一半，则是第三节。湖人打出窒息防守，逼迫魔术前14投3中。奥多姆两记三分球之后，其实一切已经结束了。

你很难去责怪德怀特·霍华德什么，毕竟他只有23岁。刘易斯和特科格鲁一直在战斗。阿尔斯通和J.J.雷迪克都拿出了看家法宝。但当阿里扎、奥多姆分别打出系列赛最佳表现时，湖人就几乎不可战胜了。

在比赛结束前一分钟的那次暂停时，科比坐在板凳上左顾右盼。这晚他23投10中得到30分，早早锁定了胜利。有两次，他两手捂嘴偷笑，精力过剩一样迫不及待地摇摆身体。余下半分钟的那次暂停，斯坦·范甘迪拿着纸条给队员们讲战术，科比已经在和武贾西奇、费舍尔等队友拥抱。

然后，2008/2009赛季最后一场比赛结束了。99比86，湖人击败魔术。4比1，夺得2009年NBA总冠军。

保罗·加索尔成为第一个戴上总冠军戒指的西班牙人。拜纳姆成为历史上第四个高中生总冠军——之前的三位：摩西、加内特和科比。科比拥抱得最久的人，是德里克·费舍尔。他们甩开托尼·帕克和吉诺比利，成为彼时冠军戒指最多的后场组合了。

当然，这一晚的主角是另一个人。

比尔·拉塞尔将总决赛MVP奖杯递给了科比。这是科比的第四个冠军，但这座奖杯，前三次都给了"鲨鱼"。他终于得到一枚属于他自己的总冠军戒指，距离上一枚戒指已有七年之久。

2005/2006赛季，科比证明了他是这个时代攻防两端最好的个体球员。2006/2007赛季，他用半个赛季证明了自己可以成为团队成员，用一个月（3月）证明了他还是这个时代技艺最完整的得分手。2007/2008赛季，他证明了他可以适应几种不同侧重的球队风格，并且把球队带进总决赛。2008/2009赛季，他证明了他可以带领一支球队夺冠。

"我再也，再也不用听那弱智的批评了。那实在很恼人。"科比托着总决赛MVP奖杯说，"有一小段时间，我都觉得自己快发疯了。然后，我开始狂喜，就像，一个孩子进了糖果店。"

36 "越狱"

从 2004 年开始，科比就仿佛进了一个监狱。监狱栏杆外面，是 2004 年夏的杰里·巴斯，那张高兴时眉毛依然耸起、皮笑肉不笑的脸："'鲨鱼'走定了，我不愿付那么多钱给他。"话音刚落，他便消失在监狱的走廊上。沙克·奥尼尔身穿狱警的服装，嘴角带着诡秘的微笑，推开了狱门："那，认识一下你的新狱友……查基·阿特金斯、布莱恩·库克、萨沙·武贾西奇、斯马什·帕克、夸梅·布朗……你们多亲近亲近。"然后，"鲨鱼"甩脱警服，从裤兜里亮出一个话筒："我爱迈阿密，我爱德文·韦德！热火是他的球队，我是来帮助他的！"

是的，从那时起，科比独自坐在牢笼中心，看着那些无能的队友们发闷。他努力寻找着牢笼的弱点。栏杆？墙壁？地板？查尔斯·巴克利在 TNT（特纳电视网）直播间冷笑："啊，他得了 81 分，可只有 2 次助攻……我难以想象这种事！"他看见了自己儿时的偶像，在意大利身穿 8 号的迈克·德安东尼，正坐在太阳教练席上对他微笑，2006 年 4 月，2007 年 4 月，湖人两次被太阳淘汰。拉加·贝尔说："科比？他没什么可怕的，我要做的就是尽力限制他。"德安东尼依然在微笑。巴克利在他身旁指手画脚："你看，在生死战的下半场放弃投篮？他只是为了怕别人说他自私而已！"

忽然之间，他发现这个牢笼坚不可摧，而黑暗又深浓如墨。"鲨鱼"在迈阿密炫耀他的 2006 年总冠军戒指。2007 年年初，队医对他摇了摇头："沃顿和奥多姆可能需要很久才能回来。"他回过头来，就看见夸梅·布朗麻木不仁的微笑。

他曾经看着安德鲁·拜纳姆开始有一点像"鲨鱼"的模样，然后在 2008 年 1 月躺上病床。他觉得自己快麻木了。杰里·巴斯慌慌张张敲开了狱门时，他眼都不抬。

"科比，我给你弄来个帮手。"

"嗯？"

保罗·加索尔来到他身边。他们夜以继日地努力，度过了 2008 年的春夏，小心翼翼地避开了命运的种种障碍——直到一镐敲上了绿色的幕墙。然后是 2008 年总决赛的败北，是 24 分被逆转，是 39 分被血洗。那时，他和加索尔在黑暗中面面相觑。他在黑暗中已度过了太久太久。他都 30 岁了。

所以……

2009年6月14日这天，他"越狱"成功。他救赎了自己。"这就像把一个巨大的包袱甩脱。"他说，"在这一刻，想到整个赛季你艰难走过的一切，现在都值得了。"

第四枚戒指，第一个总决赛MVP，以及去年的常规赛MVP，六次总决赛之旅。这些足以把科比垒到高过伟大的杰里·韦斯特。

而这还不止。

他用职业生涯的前六年拿了三枚戒指，取下了足够的团队成就；之后的七年，得齐了自己的个人荣誉。到此为止，就像贾巴尔的翻版（职业生涯前十一年，六个常规赛MVP，后九年，五个戒指）。

无论是团队成就还是个人荣誉，现在，你都可以这样说了。30岁零10个月，经历了职业生涯最长的一个赛季（常规赛加季后赛合计105场比赛），科比·布莱恩特拿到了自己的第四枚戒指和第一个总决赛MVP，就此超过了韦斯特，超过了"大O"，超过了库西、沙曼、萨姆·琼斯和"刺客"。他现在是NBA历史上前三的后卫了。在他前方，只有乔丹和"魔术师"。

最重要的是，他等来了他想要的消息。当天，他的冤家"鲨鱼"在自己的Twitter（推特）上说：

"恭喜你，科比，这是你应得的。你打得很好。享受这个冠军吧，哥们。"

37 阿泰斯特到来的夏天

2009年夏天，奥多姆与名媛卡戴珊成婚。趁着结婚喜庆，他开始和湖人谈判——大合同到期了，需要份新的。年将而立，他也需要份养老合同。湖人有些为难：作为一个替补，你不能再给他千万年薪了。但是，他又的确是湖人内线不可或缺的人才。最后，4年3280万美元。

加上科比超过2400万美元、加索尔接近1800万美元、拜纳姆接近1400万美元的年薪，湖人无力再购置新人了。他们也无所谓：冠军不换阵。

可是，阿里扎合同到期了。

2008/2009赛季冠军征途上，阿里扎是湖人主力小前锋，他为湖人提供了许多闪光时刻：对魔术总决赛最后两场，他的弱侧三分投篮；对掘金的关键时刻，他的快手抢断。他运动能力非凡，而且年仅 24 岁。

湖人没有留他。

很奇妙的一个交换：湖人让阿里扎去了火箭，签了 5 年 3395 万美元的合同，却接了火箭那边的自由球员阿泰斯特，同样 5 年 3395 万美元。

阿里扎的特长在于以身高臂长封锁传球路线、抢断、弱侧协防、后场篮板、干扰传球路线、敏捷、运动能力。总体而言，阿里扎长于无球的破坏性防守，而阿泰斯特则如磐石，是可怕的单对单防守怪物。

在进攻端，他们的功能又大不相同。阿泰斯特更笨重，定点远射、略显笨拙的强攻，偶尔的背身单打。阿里扎则有极好的空切、弱侧奔袭，以及空位三分。

当然，阿泰斯特很欢乐：他是个有点愣头愣脑的直性子人，他为来到洛杉矶而快乐。他的薪水并不高，但是，"我是来为湖人夺冠的"！

当然也有人质疑，小牛老板马克·库班在 2009 年秋阴阳怪气地说："我说啥来着，现在他们搞到阿泰斯特了，我再想不到更好的事了。哈哈，你能想象吗？阿泰斯特拿了球，科比站一边儿，说：'把球传我，谢谢，罗恩·阿泰斯特。'"

当然，整体而言，这是个小小的赌博。长期以来，阿泰斯特就希望为一支标准的强队打球。2005 年他要求离开印第安纳时说过，他想和詹姆斯、科比一起打球，宁肯跑去当他们的替补。如你所知，他想要个冠军机会。在此之前，菲尔·杰克逊有过类似的例子——"用冠军机会当糖果，骗坏孩子们好好打球"。1996 年到 1998 年，他就是这样驯服了丹尼斯·罗德曼。

科比没有闲着。2009 年夏天，他去拜访了篮球历史上步伐最超绝的巨人"大梦"奥拉朱旺，跟着他训练篮下步伐。他很清楚：2009 年 8 月他就 31 岁了。他已经不再是 2001 年那个飞奔如电的 8 号科比，他必须用更收敛、从容、聪慧的方式打球，以静制动。

2009 年 10 月，湖人季前赛。拜纳姆有很好的表现：他的下肢力量恢复了；他可以补防切入后卫了；他在禁区里的发力弹速上升了。而科比展示了左勾手、翼侧背身靠打等一系列新花招。

湖人在 2009 年秋天，提前上紧了弦。阿泰斯特到来是一小部分原因：他为湖人添上奥多姆、沃顿和法玛尔遗忘的那部分注意力，以及取胜欲望。

但是，2009/2010 赛季开始，湖人必须面对的问题却很明白：他们得度过一段没有保罗·加索尔的时光。

38 一个人的艰难开始

2009/2010 赛季揭幕战，湖人对快船。赛前，洛杉矶球迷欢天喜地观赏了 2009 年总冠军戒指颁布仪式。然而，之后的比赛，湖人并无冠军之气。第三节打完，一贯给湖人做配角跑龙套的快船，仅以 75 比 76 落后湖人。而且，他们新选的状元布雷克·格里芬还没上场。最后，湖人依靠第四节发力，99 比 92 取胜。

"那类仪式之后打比赛本来就很累。""禅师"一边抚弄着自己第十枚戒指一边经验老到地说，一副炫耀自己有过多次经验的模样，"注意力会流失的嘛！"

三天后，湖人主场输给了小牛，80 比 94。"禅师"赛后生气了："我们简直开枪打自己的脚！我们得考虑给球迷退票钱！"

赛季第三场，湖人 118 比 110 胜了老鹰。在第三节，他们还一度落后。科比承认："一切从 37 号阿泰斯特开始。是他的努力防守改变了比赛进程。"

11 月 3 日，湖人在俄克拉荷马赢了比赛，101 比 98 险胜。第二天在休斯敦，湖人加时击败了火箭，103 比 102 赢了一分。又两天后，湖人终于赢了场舒服的：114 比 98 击败灰熊。

5 胜 1 负的战绩。看来轻松吗？一点也不。

加索尔养伤期间，湖人被迫靠科比一人独撑。对快船之夜，科比 26 投 11 中，33 分 8 篮板 4 抢断。对老鹰，他 29 投 15 中，41 分 8 篮板 5 抢断 3 助攻。第三节，他用一记扣篮引领了进攻浪潮，单节 19 分。赛后拜纳姆认为，激发科比的"罪魁祸首"是上半场发挥神勇的老鹰王牌乔·约翰逊："他把科比惹火了。"

对雷霆，科比发烧初愈仍取得 31 分。比赛还余 2 分 29 秒时湖人还与对手 97 平，他的一记转身跳投让湖人领先。阿泰斯特说："科比渴望赢球，这太美妙了。"对火箭，科比 30 投 15 中得 41 分。加时最后 1 分半，他关键的打三分让湖人 100 比 98 领先。阿泰斯特得意扬扬："我唯一期待的就是站旁边，看科比得 50 分！"

对灰熊之战的 30 投 19 中得 41 分，是科比开赛季六场中第三场 41 分，职业生涯第 99 场 40 分。他成为史上最年轻的 24000 分球员。赛后他终于聊到了自己近来的得分感觉："看来很容易？因为我尽量在低位找好位置再得分。我今年夏天休息得很好，有更多体力来继续。"

自从 2005/2006 赛季初后，科比的背身单打相当罕见。2009/2010 赛季初，

新赛季，湖人保留了夺冠的主力阵容。科比身边唯一的变化是阿里扎变成了阿泰斯特。

这一切重现了：中距离靠底线，背身要球，单打对手。经过夏季跟随"大梦"的苦练后，他的背身步伐圆转如意，无愧于联盟背筐进攻最好选手的名号。按他原有的投篮、步伐和全面技巧，本来就不需要手把手教，"大梦"所做的，无非是稍微给了一点意见和指导。

此前两个赛季，他已经习惯于静态的中距离原地试探步了。如今他又结合了背身要位、撤步和底线翻身等花招。他打得越来越简洁流畅，举重若轻。

反过来，他的面筐投篮却似乎始终没找到感觉。毕竟已经 31 岁，他的速度已不如当年。他开始更多依赖技巧、节奏、晃动和手感，不再像当年电光爆发般突破了。

11 月 12 日，他率领湖人轻取了太阳。湖人全队在内线得了 78 分，三分球 16 投 8 中几乎全是空位出手。科比打得很简洁：禁区底线附近要位，测一下距离，脚步晃开理查德森的盯防，直接跳投。太阳一旦包夹，科比立刻分球，奥多姆、拜纳姆正面切进，随心所欲暴虐篮筐。科比的路数越发接近 1996 年到 1998 年的乔丹，举重若轻，大巧不工。

但是，这终究不是长久之策。而且在 11 月 8 日的比赛中，他还伤了腹股沟。

11 月 13 日，湖人做客丹佛，遭遇了"血洗"。科比开场两次背筐单打阿弗拉罗，出手太急没找到手感，之后找到节奏，一口气 6 投 5 中，包括第一节最后两记匪夷所思的中距离后仰跳投。于是掘金开始包夹，科比随即不断分到空位的奥多姆和阿泰斯特。上半场，科比 19 分。

可是，第三节开始，掘金不再包夹科比的持球，而在他接球之前开始干扰。阿弗拉罗、肯扬·马丁等人拉起铁丝网，拒绝湖人给科比吊球。科比在内线接不到球，被迫到外围来面筐进攻。于是，湖人的进攻运转不起来。

湖人 79 比 105 惨败掘金，两天后又 91 比 101 败给了火箭。然后科比发怒了：11 月 18 日对活塞，科比拒绝三连败。赛后，奥多姆指了指科比更衣室的衣柜门：

"避免三连败？原因就是他。"

科比得了 40 分，第二节过半就已 27 分。他在内线随心所欲背身调戏矮他半头的本·戈登，但赛后他却在讨论防守：

"我们要集中注意力于防守端！"

这是他开赛季三周内第四场 40+。然后，他的 40+ 浪潮暂时偃旗息鼓了。

加索尔回来了。

39 不败的幻觉与低谷

2009年11月19日,湖人对公牛,加索尔复出。湖人108比93轻取。随后是一连串大胜：101比85破雷霆,100比90胜纽约,130比97血洗勇士,106比87破篮网,110比99击倒黄蜂。对太阳赢20分,对爵士赢24分,一路随心所欲。

当然,他们也有艰难的时刻：12月4日主场对迈阿密热火,湖人被热火撑到了最后,靠科比一记匪夷所思的三分绝杀才以108比107赢球。12月16日在密尔沃基,又是类似戏码：最后一分钟,雄鹿罚球失准,科比一记后仰跳投,绝杀了雄鹿。湖人一直赢到了12月25日圣诞大战,对垒克利夫兰骑士：骑士23胜8负,湖人23胜5负。

然后,在主场,湖人输了自己当赛季第六场球。

科比得了35分10篮板8助攻,但33投仅有11中。阿泰斯特防得骑士的王牌勒布朗·詹姆斯19投9中26分4篮板9助攻,问题并不大。但真正的问题是,骑士的莫·威廉姆斯屠杀了费舍尔,13投8中28分；湖人的"双塔"被骑士的"鲨鱼"、大Z和瓦莱乔淹没了。加索尔、拜纳姆和奥多姆三大内线合计仅有21分13个篮板。

圣诞大战后,湖人步入低谷。对国王,他们打了两个加时才赢球,科比38分,关键时刻的三分球救了湖人；12月28日,科比34分,湖人依然败给太阳。12月29日,科比用受伤的手指取下44分11助攻,湖人124比118艰难赢下勇士。"禅师"感叹：

"我们亏欠了他。这实在是他一个人努力赢下的比赛。"

2010年1月1日,湖人主场险胜国王,又是靠科比的39分及最后的绝杀。然后是胜败相杂的时刻：连败给快船、开拓者,败给马刺,败给骑士,败给猛龙。2010年1月,湖人一口气输了五场球。

问题何在？

招来阿泰斯特后,湖人的攻防体系都略做微调。毕竟阿泰斯特和阿里扎有熊与鸵鸟之别,不能简单套用。防守端,以往湖人招牌的翼侧陷阱,是科比负责单防,阿里扎负责截球；如今换阿泰斯特为主单防挖陷阱,科比担负起了阿里扎的断球工作。进攻端,阿泰斯特比较安分,三角进攻的弧顶给球任务,偶尔突破,定点远射，诸如此类。

但是，湖人并没就此成为 2009 年冠军升级版。

开赛季 11 场，湖人 8 胜 3 负，但加索尔因伤休战，参考价值有限。倒是此期间拜纳姆一度打出场均 21 分 11 篮板的数据，隐隐有直冲西部全明星首发之势。加索尔复出后，湖人一口气打出 16 胜 1 负。然后，自圣诞大战之后一波 3 胜 2 负。实际上，早在 12 月初，湖人的艰难已见端倪。

客场赢活塞之战，末节湖人全上替补，被活塞替补卷了个七荤八素。现实状况是：奥多姆签完大合同外带结婚后，表现极为不稳。

替补控卫乔丹·法玛尔远射不加考虑，突破十次有七次是失误，而且完全不懂得给内线"双塔"传球。

武贾西奇和亚当·莫里森两大替补几乎完全废了。

如此这般，2008/2009 赛季，湖人那套急风火电的板凳阵容，手握冠军戒指后，养了一身大爷毛病。卢克·沃顿受伤后，湖人替补能稳定做贡献的只余下一个半：一个是香农·布朗，半个是奥多姆。

替补变差，湖人没了以往第二节和第四节一波速攻拉开分数的利器，顺便给主力加了不少压力。阿泰斯特始终没太融入进攻端，基本满足于投投定点三分，偶尔弧顶突破一下，或是给加索尔、科比和拜纳姆吊吊外传内，做做强弱侧转移，找找奥多姆。功勋幸运星费舍尔，定魂远射和造进攻犯规的本事还在，但每场只有那么一小会儿显灵，而且，他的防守实在让湖人球迷血压升高。

本来，湖人优势在于"双塔"和科比。而这几位都需要外线的火力支持，以便拉开空间。可是，费舍尔、法玛尔和武贾西奇集体呈半游魂状态，给湖人造了巨大麻烦。三角进攻最讲究拉开空间。而湖人，三位后场远射失准，阿泰斯特又是个半吊子射手，湖人的对手都敢于收缩内线。拜纳姆和加索尔这"双塔"在内线本就拥挤，遇到外围不争气，对手咬牙狠心收缩时，进攻更打不开。没有稳定射手——对手敢于收缩——进攻跑不出来，于是 12 月后半段，湖人的进攻就是科比一次又一次单挑，以及"双塔"一次次冲前场篮板之后的补进。

对阵热火、雄鹿和骑士的比赛，之所以艰难，就在于湖人的"双塔"被对方的内线们缠住后，湖人进攻不开。反过来，湖人的中距离防守有破绽：

拜纳姆防不出来，奥多姆轮转意识时有时无，阿泰斯特擅长对球防守不善补位，费舍尔被后卫们当桩子绕着玩。于是湖人中距离空当变大了。此外，拜纳姆宣称自己怀念去了森林狼执教的兰比斯。实际上，以往湖人负责教导防守和一些细务的就是他。

因此，2009/2010 赛季的湖人，比上赛季更笨重。进攻靠内线、科比和外围时灵时不灵的三分手，防守则堵禁区、单防对方王牌，漏空中距离放对手投篮。湖人还能赢球，只是靠以下几点：他们依然是联盟中最善于打硬仗的球队，或者干脆点，科比是全联盟最擅长处理生死时刻的球员。他们反败为胜到绝杀甚至已成惯例，所有比分接近的比赛全都可以顺利拿下。

他们毕竟是冠军球队。

40 花园的绝杀

2010 年 1 月 21 日，湖人开始一个漫长的八连客。败北骑士、输给猛龙之后，1 月 31 日，他们来到波士顿花园。

凯尔特人和湖人，旷世冤家都没在最佳状态。前者自圣诞节后 4 胜 7 负，后者在东部溜达了一圈急着回家。他们像一对憔悴怨偶相遇在寒风凛冽的早上，时令季节气候氛围都不大对，彼此道个早安然后各自回家睡觉才是正途。

可是他们毕竟是凯尔特人和湖人：他们不需要动员，看着彼此就能够打出好球来。仇人相见，分外眼红。

第一节，帕金斯早早因犯规下场。拜纳姆于是随心所欲，统治了凯尔特人内线。第一节后半段，科比跑去防年轻迅疾的凯尔特人控卫朗多，以避免他继续折磨费舍尔：于是凯尔特人眼睁睁看着湖人绝尘而去，第一节 19 比 30 落后。

可是第二节，湖人替补的毛病来了。奥多姆带着替补群游山玩水般拱手送分，把第一阵容辛苦取来的优势刷飞，直到第二节过了 2/3，"禅师"才想到换人。已经晚了，第二节凯尔特人得到的 33 分里，有 27 分和朗多有关，因为第二节科比没在防他。

下半场，"禅师"几乎做了一个断送湖人的决策：他将加索尔和奥多姆的组合长期放在场上，好像忘了这对组合 2008 年夏天在花园球馆的所作所为。实际上，除了郁郁寡欢的拉希德，加索尔在凯尔特人的任何人身上都没揩到油。

无数次，科比跑去翼侧接球，无数次凯尔特人闪电包夹，无数次科比回传球后，凯尔特人乾坤大挪移完成了轮转补位。直到最后 4 分钟，湖人才换上拜纳姆，局势才开始倒转。

然后比赛进入最后一分钟：只有终场前 27 秒，皮尔斯做了全场唯一的错事。他的左手动作多了一点点，于是 120 千克的阿泰斯特直接跌进了观众席。漂亮的夸张动作，骗到了皮尔斯的进攻犯规。于是，湖人来得及进入最后时刻。88 比 89 落后。

在此之前，科比 19 投 7 中。

他全场都没太多机会展示背身—撤步面筐—原地一对一的戏码，每次他背身接球，都引来包夹。所以他只能面筐一对一摆脱后跳投。上半场，他落地时小心翼翼，脚踝似乎并不顺溜。全场比赛，他都在和自己的手感做挣扎。

弧顶，科比出手。余 7.3 秒，跳投沉入篮筐，整个波士顿花园静了一瞬间。湖人 90 比 89 领先。

"我没有说多给我一次机会，我说把球给我。我不想给他们任何机会。"科比说。

继 2008/2009 赛季后，他再一次报了仇，刺激了波士顿花园的球迷。这场比赛可总结的有很多，主要包括：

科比是湖人唯一能防守朗多的人。

19 分 11 篮板的拜纳姆是唯一能克制凯尔特人内线的人。

阿泰斯特让凯尔特人第一单打王牌保罗·皮尔斯 11 投 4 中，15 分。

那时，他们当然谁都不知道，这个球馆会在四个多月后见证伟大的时刻。世界只来得及记住一件事：

这已是科比单赛季第四次绝杀。

41 年将 32 岁的绝杀手指

2009 年 12 月，科比的右手食指尖端两次撕裂。12 月 12 日，接乔丹·法玛尔传球时，他的伤势加剧，只得缠上绷带。队医说，科比的食指韧带处出现了碎骨。然后，他拒绝了手术和 6 周休养。等他的无名指中部关节开始发炎时，他反而无所谓了。他尽量改用大拇指和中指控球，调整投篮手形。对寻常球员来说，投篮手形是终身不变的。但对他，只是稍微一点调整而已。

比起手指，左脚踝、右膝盖、背部痉挛、腹股沟等伤情，他都已不放在眼内了。伤痛对他来说简直成了习惯。

2010年1月31日，对阵凯尔特人的比赛中，科比完成了单赛季第四次绝杀。整个赛季，他伤痕累累，拖着3根受伤的手指完成了6次绝杀。

就在这样只能自由运动 7 根手指的情况下……

2009 年 12 月 4 日，斯台普斯球馆。最后 3.2 秒，湖人 105 比 107 落后。科比三分线外接球，转身试图摆脱，韦德紧追不舍。科比被压到三分线外一步，角度已被封死。时间即将走完，科比侧向跳起，身体扭曲，完全来不及摆出投篮姿势，几乎是横身一甩，球飞了出去，然后擦板而入。三分球。零秒绝杀。108 比 107，湖人获胜。

12 月 16 日，密尔沃基。科比在下半场到加时已经得了 25 分。105 比 106 落后，湖人还有最后一次进攻机会。科比运球沿球场左侧向前进。常规时间，他刚投丢了个绝杀。

"我用平常的手势投了那个球，没进，所以我换了一下手势。"他谈论着他那布满碎骨的右食指，像在说一支无生命的枪。"我很高兴我投进了，不然就白费了我的训练。"

他是这样投进的：他背靠着雄鹿的查理·贝尔运到前场，然后一记翻身后仰跳投。然后，他冷静地高举双手庆祝。107 比 106，他绝杀了雄鹿。

2010 年 1 月 1 日，斯台普斯球馆。一度落后 20 分的湖人，追到仅以 106 比 108 落后于国王，还余 4 秒。"禅师"叫了个暂停，安排了三分战术。

"国王守了联防，边线无人防守。"科比说，"所以，菲尔就要求把球传到我这儿，然后投进。"

在此之前，科比已经得了 36 分，三分 6 投 4 中。国王忘了这一点。球快速传到左路，科比用极快的手法出手，出手哨响。三分穿网而过，109 比 108。然后，就是科比又一次高举双手的庆祝。

2010 年 2 月 24 日，孟菲斯。科比因休养踝伤缺阵五场后归来。余 54 秒时，他一记三分球让湖人追至 96 平。然后，终场前 4 秒，他一记三分球得到自己第 32 分。湖人 99 比 98 解决了灰熊。

"他持续不断投进这类球。"灰熊主教练霍林斯摇着头，"伟大的球员制造伟大的演出。很伤人，可是你得赞美他。"

会厌倦这感觉吗？

"每次绝杀，都像是第一次。"24 号黑曼巴微笑着说。

"这种感觉像好莱坞。有趣极了。关键时刻打出好球是我的责任。我爱这事。"

2010 年 3 月 9 日，斯台普斯球馆。刚刚三连败的湖人，被多伦多猛龙逼到了最后时刻。克里斯·波什一记三分将分数追到 107 平，给科比留了 9.5 秒。两天前在奥兰多，科比刚投失一记绝杀。

这一次？

"我的责任就是这个，终结比赛。"科比耸肩。

他运球到边角，面对猛龙防守，一记投篮划过对手指尖。个人全场第 32 分，第四节第 14 分。湖人 109 比 107 解决猛龙。

加上 1 月 31 日在波士顿花园的制胜球，这就是 2009/2010 赛季常规赛科比·布莱恩特的战绩。他的绝杀直接给湖人带来了 6 场胜利——而且，只能动用 7 根手指。

他伤痕累累，但他坚决拒绝手术或休息。这种做派其实颇不理智，但有老派球员的遗风。历史上的伟大硬汉，例如"微笑刺客"、拉里·伯德、1987 年整支凯尔特人、乔丹这些人物，也与科比的选择类似。对这些习惯带病或者带伤强行作战的人来说，情绪大概可以这么归结：他们了解自己的卓越，他们自信自己一路走来，经历过远比对手更多更艰辛的时刻，他们压抑得比谁都深，所以他们随时随地都能够愤怒起来，一个球就能让他们的情绪爆发。他们早已经过了为钱打球的年纪，他们用常人难以想象的努力去容忍了无数痛苦，来捍卫自己的荣耀，因此，他们不会允许身体垮掉，来侮辱他们的尊严。

2010 年 3 月，在《体育画报》杂志的球员评选中，科比被评为第五"脏"的球员。理由是他的胳膊肘，他的强硬对抗，他的垃圾话。本来这些是老式学院派的特征，但在这个年代越发少见了。用洛杉矶媒体的话，这从侧面证明，科比打得非常硬朗。的确，2009/2010 赛季，科比已经给人制造了这样一种幻觉："你的最后一攻最好不要失手，否则我就能绝杀你。"实际上，他也这么做了。

42 重新开始的冠军征途

2010 年 4 月，科比只打了三场比赛。他开始提前休息，为季后赛蓄力。湖人取下了 57 胜 25 负的常规赛战绩，西部第一。对湖人来说，这就够了。

常规赛第十四个赛季，科比场均 27 分 5.4 篮板 5 助攻。他的手指连累了远投，不到 33% 的三分命中率是 2004 年以来的新低。但是，他依然入选了联盟第一阵容和第一防守阵容。加索尔入选了联盟第三阵容。

西部季后赛第一轮，湖人对阵年轻的俄克拉荷马城雷霆。

一开始看来，这似乎是组无悬念对决。雷霆有联盟历史上最年轻的得分王、21岁的凯文·杜兰特，有勤奋团结的青年才俊杰夫·格林、威斯布鲁克等人，有联盟前十的防守，有联盟第二防守阵容的瑞士人萨博·索夫罗萨。但他们唯一够档次在季后赛肉搏的纯内线是伊巴卡，而他还不过是个以灵活见称的大前锋。比起湖人庞大的内线群，他们过于年轻瘦弱。三年级的杜兰特和格林，二年级的威斯布鲁克和一年级的詹姆斯·哈登第一次踏上季后赛舞台，就对阵六次总决赛四度总冠军的科比——乍行小驹和识途老马的差距。

但是，过程却相当出人意料。

湖人艰难地赢了第一场，87比79。科比在瑞士人索夫罗萨的照顾下，19投仅6中。雷霆的闪电后卫威斯布鲁克16投10中24分，硬生生羞辱了费舍尔。湖人赢球，靠的是拜纳姆和加索尔合计32分25个篮板的内线优势。科比赛后认为，他的手指还是感觉不对。

"我有些不知道怎么调整这玩意。"他说。

虽说第一场败北湖人，但场面上，雷霆并不难看。对球施压、遏止节奏、逼迫湖人与他们打半场拼防守，目的多少达到了。只是，内线劣势实在太大。杜兰特与科比分别被控制，湖人靠"双塔"对内线的压迫力决胜。

于是，第二场，雷霆打得更拼命。反客为主，拼身体，强对抗，塞禁区，奋战到底。

第二节，雷霆开始赌博：内线们拼死绕前，卡住湖人"双塔"；有机会就执行反击，快攻条理清晰。于是，湖人只能靠外围远射，以及科比的单打。科比在第二节几次突破，企图造犯规，然而雷霆身体接触凶猛但精确。硬碰硬之下，湖人命中率大跌。

下半场，湖人转变战略。科比和加索尔清出场地，开始玩2008年的撒手锏：挡拆。雷霆的防守依然是退守禁区为主。上半场16投6中的科比，下半场冷静下来之后，效率剧增。当然，他还是期待先把全队进攻唤醒。怎奈多次挡拆吸引包夹后分球，费舍尔和阿泰斯特却只顾左一个右一个将大空位三分球投丢。于是分差紧咬。

第四节极富戏剧性：开场科比突破，遭遇包夹，被索夫罗萨盖下，大怒之下，科比领到第四次犯规暂时下场。彼时湖人情势危急：内线被堵死，外围无人可用。但是，雷霆自己的进攻出了大问题。科比第四节再度归来后，接管比赛：连续两个跳投外加罚球连得5分，对面杜兰特右底角强投拉回分差；科比晃开格林得到个人第30分，右翼强投再拉开到84比80，杜兰特还一个强投将分差再拉到2分。

88 平后，科比绕一个掩护跳投直接 90 比 88 领先，之后罚球锁定胜局。

全场科比 28 投 12 中 15 罚 13 中 39 分，而杜兰特摆脱了阿泰斯特的纠缠，26 投 12 中 32 分。湖人除了科比外，只有加索尔的 25 分满了两位数。地道的双人比赛。

虽然赢球，但湖人的问题暴露了：一旦雷霆紧守禁区，"双塔"就失灵；而湖人外围三分火力贫弱，难以轰开对手。关键时刻，只有靠"双塔"死守禁区和科比在进攻端的经验解决问题。

于是，第三场移师俄城后，雷霆开始反击了。

第三场一开始，湖人占尽上风。阿泰斯特开场不断绕前阻挡杜兰特接球，湖人收缩两翼控制禁区，费舍尔与科比在弧顶正面对球施压。雷霆连续失误，被反击。落到阵地战后，加索尔和拜纳姆一左一右强攻内线，外加费舍尔等人三分如雨，雷霆无能为力。

可是，湖人的替补又出问题。

第二节初，法玛尔和香农·布朗组织的低效进攻，让湖人"双塔"瘫痪，雷霆开始轰分。加索尔在第三节往后成为湖人进攻的发动轴心，但他也发动不了；科比在第二节找到三分手感，但雷霆青年们不吃他的投篮假动作，宁肯让他中投。

湖人进攻瘫痪，雷霆却开始发挥了。

瑞士人三分球，伊巴卡中投，前两节半 15 投 3 中的杜兰特在第三节发威。快攻中急停 25 尺三分球，将分数追到 74 平。自这记投篮开始，他后 9 投 5 中。一节半内，取下 20 分。最后，他全场 29 分，19 个篮板。

以及，第四节和科比一对一，给了科比一记盖帽。

当然，还有威斯布鲁克继续"血洗"费舍尔，21 投 11 中的 27 分。

雷霆 101 比 96 击败湖人，科比赛后承认，第四节高他 10 厘米的杜兰特来防他，让他吃惊不小。"这个对位让我惊讶。他做得很好。"

这场赛后，"禅师"发出了警告。对 29 投 10 中的科比，他说：

"要么投少一点，要么投聪明点。"

第四场，科比一改往日习惯。前 9 分钟无一次出手，每次投篮选择都很谨慎。不断耐心地指挥队友落位，分球，突破寻找包夹，分球向弱侧。

在他的传球下，加索尔第一节 6 投 4 中，拜纳姆上半场 11 投 7 中。

可是，湖人却没赢球。

他们防不住雷霆的快攻。威斯布鲁克 18 分，杜兰特 22 分，哈登 15 分。雷霆拼命加速，而湖人外围三分只有可怜的 22 投 4 中。第三节，分差就已到了 20 分开外。湖人 89 比 110 败北。雷霆和湖人意外地打成 2 比 2。

赛后，所有的矛头都指向科比——他是故意不投篮吗？

"我在尽量策划好一切。不幸的是，比赛没随我们的意思走。他们打得太快。我没法像我惯常的一样来结束比赛。"科比说。

问题其实只有一个：如何遏止雷霆的反击快攻？

科比给出了答案。

第五场，雷霆的反击推动器威斯布鲁克 13 投 4 中，8 次失误。雷霆上半场就以 34 比 55 落后。理由很简单：科比主动要求去防守他。

"我喜欢挑战。我可不想输球后再去琢磨我当初做错了什么。所以，我接受了挑战。"

第六场，湖人绝杀了。只不过，操作的不是科比而已。

科比在第六场 25 投 12 中，32 分。最后时刻，前 10 投 3 中只得 7 分的加索尔，点进了前场篮板。95 比 94，湖人获胜。4 比 2 淘汰雷霆，直逼半决赛。

真正的隐藏功臣是阿泰斯特。最后一场，他防到杜兰特 23 投 5 中。整个系列赛，他让杜兰特场均 25 分，但命中率只有 35%。阿泰斯特感觉相当不错：

"每个人都觉得我们应该快刀斩乱麻，但我们没做到。对我们来说，这经历很好，因为我们已经紧张起来了。我们知道该怎么好好打。"

西部半决赛，湖人将连续第三年遇到老冤家犹他爵士。

"我们会准备好的。"科比说。

威斯布鲁克在前四场 58 投 32 中得到 87 分。之后第五场和第六场面对科比，他合计 33 投 11 中。这是又一次，"得分后卫科比防组织后卫"获得了成功。

43　冲出西部

2009 年西部决赛，丹佛掘金曾和湖人大战六场。

2010 年西部第一轮，掘金被爵士 4 比 2 淘汰了。

2010 年西部半决赛，湖人将如何面对爵士？

结果出人意料。

科比喜欢和爵士这样的学院派硬骨头球队对抗，因为"他们很硬朗。硬朗的球队特别容易让我找到感觉"。

2009/2010赛季，湖人季后赛第一轮对阵雷霆，三少的青春风暴给科比和湖人施加了很大压力。

爵士第四节一度领先 4 分，但科比一口气连得 7 分，包括最后 23 秒一记上篮，挽回了分数。湖人 104 比 99 赢下第一场。全场科比 19 投 12 中得 31 分，11 分来自第四节。

第二场，科比打得更沉稳。如果说第一场他注重进攻，第二场的聪明则在于：背身进攻时，他并不忙于得分。每次背身持球，他都眼观六路；队友弱侧空切，便直传篮下助攻；爵士包夹过来，他便快速分空位。第一节过半，他已有 6 次助攻。

湖人稳稳地把持着优势，上半场即以 58 比 46 领先，爵士始终未有机会追近。科比全场 30 分 5 篮板 8 助攻。加索尔 22 分 15 篮板，拜纳姆 17 分 14 篮板，奥多姆补了 15 个篮板。湖人内线得分达到 64 之多。科比赞美了自己的大个子们：

"他们打得极其出色。加索尔和拜纳姆今天控制了篮板。连奥多姆替补出场都 15 个篮板，简直不可思议。我们的大个子完全控制了内线。"

回到盐湖城主场，爵士不愿再倒在内线。第三场一开始，爵士对内线的保护就鲜明了：湖人让科比和拜纳姆两侧背打时，弱侧游弋做包夹状；一旦球到禁区，爵士全体立刻放弃三分线集体收缩。湖人面筐进攻时，提前堵塞住中路突破，逼迫湖人外围走底线，随后弱侧压迫集体保护篮筐。

而湖人的防守策略，或曰"禅师"的风格，一向是收缩保护内线为主。于是，双方内线群都遇到了障碍。

内线互废，接下来就看外线了。湖人投出近期罕见的高水准：全场三分球 29 投 13 中。对面爵士丝毫不让，22 投 10 中。但是，到了最后，爵士无论派马修斯还是迈尔斯，都无法挡科比锋芒。科比本场做得最妙的，是他的投篮选择：24 投 13 中得 35 分，极少陷入包夹；7 次助攻是他聪明分球的体现，打得耐心、精确而简洁。最后时刻，他和费舍尔连续三分，锁定了胜局。湖人 111 比 110 险胜，3 比 0。

于是大势去矣，第四场了无悬念。湖人第四场上半段即以 58 比 41 领先，之后无非将分差保持到最后。加索尔 18 投 12 中 33 分，科比 23 投 11 中 32 分。湖人 111 比 96 轻取爵士，完成了 4 比 0 的横扫。科比赛后只好这么表示：

"我们挺注意细节的。"

平心而论，爵士实力在雷霆之上，然而雷霆拖了湖人六场，爵士却挨了横扫。爵士所欠缺的无非以下三点：长人锋线群，反击速度，翼侧防守专家。

雷霆能多拖湖人两场，也就是靠这三点。

与湖人的系列赛，爵士不可谓不拼命，但迈尔斯、马修斯、米尔萨普浴血奋战，终究还是攻不下湖人内线群林立高塔。第三战爵士豪赌收缩限制湖人内线，遭了费舍尔、阿泰斯特等外线一通远射轰击；第四场科比、加索尔两人的低位单打，直接绞杀了爵士。

最可怕的是，科比已经找回了手感。第一轮对雷霆，他的命中率仅有41%；可是对爵士四战，他场均32分，命中率50%。他确实已找回了随心所欲的得分感觉。

而且，正越来越热。

西部决赛，湖人的对手是老对手凤凰城太阳。2006、2007这两年的季后赛，科比的湖人都倒在太阳手下。时光荏苒，1996届最好的组织后卫纳什与最好的得分后卫科比再度相遇了。只是，这次科比身边多了些帮手。

第一场赛前，科比去抽掉了膝盖积水。然后，他开始发威。面对曾经同样身背"乔丹接班人"名号的格兰特·希尔防守，科比前8分50秒内2投0中，只靠罚球得到2分。希尔搬出了杜克大学同门巴蒂尔前一年的防守法则：站位，不轻易吃假动作，追求队友补防，控制距离，遮脸封投篮。总之，不对科比施压，只是靠老到的意识让科比每次投篮都艰难。可是8分50秒时他两次犯规下场，太阳派上了杜德利，年轻人遇老江湖，交了无数学费：科比在第一节余下的3分10秒内随心所欲，狂揽11分。

第二节，希尔归来。科比5投1中，合计3分。半场结束，科比14分。

第三节前几分钟，科比跳投扫落11分。希尔第四次犯规下场。

然后，科比开始了：

在科比连得11分的过程中，希尔也没有失位。科比的接球后仰、科比的右翼强投，纯靠逆天的投篮手感。杜德利上场之后，不到10分钟内，科比再卷落15分。

上半场科比没发威前，太阳一度有机会领先。但是，他们错信了弗莱的三分球。湖人展现内线优势压住比分，到下半场科比开始奔驰，太阳崩溃。科比全场23投13中12罚11中轰下40分，湖人128比107大胜。

"只是打得有点侵略性，打我自己的比赛。投进球，上篮。"科比说。

第二场他变了个花样，不再疯狂得分，改玩传球。全场他只得了21分，但送出13次助攻。但是，他的传球让拜纳姆5投5中13分，加索尔19投11中29分，奥多姆10投7中17分。湖人内线彻底轰碎了太阳。124比112，湖人取胜，2比0。

"加索尔在内线接我的传球得分，让比赛变得特别容易。我们特别擅长对付来包夹的球队，就这样。"科比说。

第三场，太阳施展出了雷霆的绝招：对付湖人"双塔"+科比时，收缩内线赌湖人三分不进+反击，这招已经是大众秘诀。太阳使出了联防，克死了湖人内线。科比24投13中36分9篮板11助攻，但湖人内线不开，防守则挡不住斯塔德迈尔的面筐进攻。斯塔德迈尔42分，太阳118比109赢回一阵。1比2。第四场，科比再取38分10助攻，但太阳继续联防。106比115，湖人再败。2比2了。

第五场，湖人回到主场。

太阳变了点方略：不再站联防，而用三个锋线站区域，后卫们在弧顶守盯人。科比首节提早两次犯规下场，湖人被内线堆积，分数落后。"禅师"派上费舍尔突击，湖人扳回。科比归来，第二节连续取分重新领先。

这场比赛，科比非常疲倦：他要负责外围投篮，要给奥多姆送空切传球，要保护后场篮板。比赛最后时刻，他和纳什作为双方领袖，开始华丽对决。全场比赛，他30分11篮板9助攻。

但是，最后时刻解决问题的却不是他。

101战平，湖人边线开球。科比右翼强投三分，球来不及沾到筐。然后，一双大手捡到了球，将球点进篮筐——罗恩·阿泰斯特。

103比101，继加索尔前场篮板补进绝杀雷霆后，湖人季后赛第二次绝杀。

"这对他而言意味着很多。"科比说。

"我一开始打得很不好。"阿泰斯特承认（的确，在补篮之前，他一共8投1中），"下半场，我稍微找到点感觉了，传好球，抢断，抓点篮板。然后我猜，打狠一点，所以我就抓到那个篮板啦！"

好运气跟着阿泰斯特到了第六场：他16投10中，三分7投4中，25分。湖人上半场65比53领先，再未落后。当然，首席依然是科比：他得了37分。奥多姆说："他这家伙实在是太棒了。他让那些不可思议的事变得寻常了。"

湖人111比103击败太阳，4比2淘汰对手，连续第三年进总决赛。

"我们能看看我们多成熟。"科比说，"总决赛对手以前挑战过我们。如今，我们可以看看自己成长了多少。"

因为对手是2008年的宿敌，波士顿凯尔特人。

44　王朝的宿命

总冠军 17 对 15，总决赛相遇 11 次。NBA 六十多年历史，一半是他们在招摇。麦肯刚统治完 20 世纪 50 年代前期，凯尔特人就接过来一路辉煌到 60 年代末尾，70 年代湖人刚打出 69 胜夺冠，凯尔特人立刻再揽两个冠军。80 年代你来我往，90 年代一起沉寂。湖人三连冠，凯尔特人 2008 年夺一个，湖人立刻 2009 年夺一个。公牛、费城、马刺、活塞这些公侯世代固然辉煌，可是历史主旋律还是一半深绿一半紫金（当然，60 年代前期湖人还穿过蓝色）。

凯尔特人 VS 湖人。NBA 永远的主旋律。

帝国时代的好处在于，他们不会跟小豪门一样随风而倒，今天打巨星战略，明天玩铁血防守，后天又快打旋风去了。王者之师有自己的宗旨。凯尔特人有阶梯般的传承（1975 年韦斯特法尔说："每个凯尔特人首发都要经历我这样从第七第八人开始磨炼的旅途。"），无私的团队传统（队史有助攻王无得分王，最高单场不过是伯德的 60 分），硬朗防守纯爷们（拉塞尔、考文斯、麦克海尔到加内特），话痨高傲全能王（伯德到皮尔斯），教科书射手（萨姆·琼斯、魏德曼、雷·阿伦）。湖人有冠绝当时逸伦超群足以为联盟标志性人物的天才后卫（韦斯特、"魔术师"、科比），以及大个子（麦肯、张伯伦、"天勾"、奥尼尔，以及如今的内线群），外加联盟顶尖的观赏性。

凯尔特人 VS 湖人，你每次总能看到最坚韧、扎实、硬朗、强悍，如亚寒带针叶林般整肃的军队，对上最华丽、天才、奔放、挥洒、流畅，如艺术大师般的演出。

这次也不例外。

2010 年，凯尔特人踏过了常规赛第一（骑士）和第二（魔术），击败了东部最强的三个人（韦德、詹姆斯、霍华德）。他们没有一个全联盟前三阵容的球员，团队几无破绽。他们有两位三分王（阿伦、皮尔斯）、抢断王（朗多）以及联盟历史上活动范围最大的蜘蛛补防怪物（加内特）。湖人拥有让整个联盟无从抗手的超级内线群，外加季后赛迄今最耀眼的内外线单兵人物（科比和加索尔）。

凯尔特人和湖人的对局，不需要 2006 年小牛对热火、2007 年马刺对骑士那样刻意找卖点。把镜头向穹顶扫一扫，看看那合计 32 面冠军旗，历史的氛围就够了。整个 20 世纪 60 年代湖人被压制的往昔，1984 年总决赛麦克海尔对兰比斯的晾衣

2009/2010赛季西部决赛，科比的湖人遇到老对手纳什的太阳。而两位"乔丹接班人"科比和格兰特·希尔的对位成为比赛的一大看点。

绳犯规和第七场的花园之战，1985 年总决赛第一场的纪念日大屠杀，1987 年"魔术师"在凯尔特人三大锋线头顶的小勾手——把这些都忽略掉好了，因为，就在两年前，就在这批人的记忆里，上演了 2008 年总决赛第四场的超级大逆转和第六场的大屠杀，甚至今年科比在花园球馆的绝杀表演。甚至新加入的人也可以聊出一堆恩仇史——拉希德·华莱士的开拓者岁月最痛苦的瞬间，就是 2000 年西部决赛被湖人击倒，而他一生的巅峰，就是 2004 年在活塞击败湖人夺冠。

他们最著名的对决，发生在 1969 年。1968 年夏，张伯伦去到湖人，和同样被凯尔特人压制多年的埃尔金·贝勒、韦斯特站队，组成史上最华丽的三巨头，打算和拉塞尔一决胜负。1969 年，凯尔特人筋老力衰，东部第四进季后赛，可是一到季后赛便耳聪目明，一路蹿到总决赛。那时拉塞尔和萨姆·琼斯已基本确定退役。似乎支撑他们的念头就是：对面湖人那些旧冤家，在等他们。

回到 1969 年那一次：那时拉塞尔、琼斯、张伯伦、贝勒和韦斯特都老了。对湖人三将来说，再不报仇，就再没机会了。类似的：科比将满 32 岁，加内特 34 岁，皮尔斯 33 岁，阿伦 35 岁。他们都要老了。朗多还有久远的未来，但老一代的恩怨则需要尽快解决。

2010 年，难得冤家聚齐，来一次了结吧。

45 第五枚戒指

2010 年夏天，科比面对的挑战，全都来自历史。

本季常规赛，他成为湖人队史得分王。出场时间、投篮次数、抢断、罚球、罚中数、三分球出手及投中数、出场时间及次数、投篮出手及次数，这一切，他都在逼近湖人的历史之巅。他正逐渐接近洛杉矶湖人——联盟历史上最伟大的两支球队之一——历史上最伟大的球员。

在此之前，他需要一些东西：

与"天勾""魔术师"平起平坐的第五枚戒指；在三连冠后尝试卫冕一次（"魔术师"只做到过一次）。他每多得一枚戒指，"鲨鱼"给他职业生涯投下的阴影就淡一点。

他的舞台很完美：

他的对手是凯尔特人。远有 1959 年至今 11 次总决赛血案，背后有凯尔特人总冠军 17 比 15 领先湖人的故事，近到 2008 年夏天，他被 24 分逆转、39 分血洗的伤痕犹在隐隐作痛。凯文·加内特、保罗·皮尔斯和雷·阿伦合计102岁，未必再有机会来到总决赛。对科比来说，这是最后的、最好的机会：旧恨新仇，王霸雄图，一朝解决。

比起2008年，科比老了两岁。黑曼巴已不再那么迅疾，但敏锐、精准和狠辣则有过之。

总决赛第一场，他庖丁解牛般卸开了凯尔特人，有步骤，有计划，牵着整个凯尔特人走。具体步骤如下：

他知道凯尔特人对湖人"双塔"的忌惮，知道凯尔特人开场会选择堆积篮下，于是他连续对雷·阿伦施展突破。他巧妙地寻找身体接触，等裁判的哨子把雷·阿伦赶出了场。凯尔特人的攻防计划全部崩溃了。科比回头看看德里克·费舍尔：好了，他们后场没有远射威胁了，你放心了？

当凯尔特人内线群被迫压出，外围来补位他的突破时，科比的水蛇腰传球发动了。凯尔特人内线压出阵去，发现科比的球不再朝篮筐飞去，而是传到篮下。第一节，加索尔7分；第二节，拜纳姆连续扣篮。凯尔特人内线成了尴尬的夹心：外科比，内"双塔"，中间是科比的传球连线。你防哪一个？

凯尔特人策略再变：一个人专堵科比，一个人死站篮下。一外一内，但罚球线一带被迫放空。于是科比继续玩弄魔术——他和加索尔的灵犀暗通开始了。加索尔站回罚球线启动中轴功能，科比开始和他搭档，串起2008年横行天下的"科比—加索尔二人转"。至此凯尔特人防守策略全面瘫痪——科比点中破绽，凯尔特人变招；再点，再破。科比如影随形，成为凯尔特人背上的芒刺、喉中的鱼骨。

顺便，他看死了朗多：他像个经验丰富的老保姆，哄着朗多进入湖人的陷阱，上半场就让"双塔"送了朗多三次封盖。雷·阿伦不在，科比可以自由自在地扮演上赛季阿里扎的角色，不必担心去补费舍尔的缺。

于是湖人完成了第一场的大胜。科比有条不紊地在自己的长弓短匕之间选择，偶尔扛起"双塔"做长兵器，将凯尔特人的坚韧防守瓦解。胜利不是来自2006年到2008年那让人感叹"完全无法防守"的超逸能力，而是节奏、把握与老谋深算。30分6篮板7助攻，他给了凯尔特人狠狠的一刀。

可是凯尔特人这丛巨大绿色植物的生命力，五十年如一日地坚强。

第二场，科比的想法很直接：主场优势，内线优势。第一节他5投1中，但是送出了5次助攻。他将球不断倾洒到内线，让"双塔"去居高临下，轰击凯尔特人。

可是湖人很不幸，赶上了总决赛历史上最伟大的三分演出。

雷·阿伦半场创纪录的 7 记三分球全中，让凯尔特人领先。内线被湖人"双塔"脚踏实地地轰击，命运全悬在那一个个划空而过的三分球上，凯尔特人硬撑住了。实际上，从第二节开始，科比已在展开进攻：他的连续跳投催起了湖人的大反击。尤其是，半场结束，凯尔特人疏失了一点点——科比抢断，射进半场压哨三分球，凯尔特人一度 12 分的领先，到半场已变成咫尺之遥的 6 分。这是又一课：永远永远，不要给黑曼巴反咬一口的机会。

幸好，下半场的他，也的确没获得多少机会。

科比上半场防雷·阿伦时被吹第三次犯规，第三节边线与朗多身体接触被吹第四次犯规，第四节一开始被吹进攻犯规。他的出场时间被切割得支离破碎。裁判的哨声在暗示他：这场比赛，你得不到什么东西。

2010 年的总决赛，是科比挑战第五枚总冠军戒指的时刻，也是湖人和凯尔特人王朝对峙多年后的恩怨了结时刻。

于是，他的进攻只延续到比赛结束前 4 分钟。一次打三分后，他再未能左右大局。全场打平 11 次、交替领先 22 次的战局，在最后杀到了血肉模糊的惨烈境地。科比小心翼翼地躲避着犯规，这让他没法倾尽全力。于是湖人输了：朗多最后时刻狠辣的出击解决了一切。

接下来，就是洛杉矶整个赛季最艰难的旅途。

1985 年，"红衣主教"和大卫·斯特恩商定了总决赛 2-3-2 的赛制。理由是：主教大人不喜欢"总决赛期间还经常飞来飞去"。说来是为队员们着想，免他们长途劳顿，也是好事。但实际上，这是个巨大的陷阱。2004 年的活塞和 2006 年的热火获益匪浅。

连续三个主场，这意味着胜负优劣的变化。2004 年总决赛，湖人甚至没来得及打最后两个主场：他们以 1 比 1 踏去底特律，然后倒在了钢铁绞肉机下，来不及喘息。2006 年，热火以 0 比 2 回到主场，然后依靠主场优势，将韦德的突破功能最大化了，一举扭转了局势。

在波士顿三战，湖人所有角色球员的表现都会打对折。因此，科比反而需要比在洛杉矶付出更多。

自 1985 年以来，以 1 比 1 进入第三场的总决赛案例凡十次，赢第三场者全部夺冠。这是提早的天王山，提早的决战，科比当然知道。

和第二场一样，雷·阿伦没有犯错误。他的防守与进攻一样精致、细密、准确。科比第一节 4 投 1 中。幸而帕金斯早早下场，而凯尔特人被连吹掩护犯规。于是，科比不断突破。他打得很快，不希望过多停留。他知道慢下来一步，凯尔特人就会开始围补。

波士顿花园的防守掐死了阿泰斯特，于是双方进入了单挑之战。下半场，凯尔特人的防守抖出了 2008 年的特质：

雷·阿伦和托尼·阿伦上一步贴防，勒住了三分线，逼科比朝左突破；大个子们塞住禁区，不再让科比深入篮下。在这两重枷锁之间，只有一线蓝天：罚球线一带的中距离。二分球跳投，这是篮球场上最不合算、最古典的一种进攻方式。

整个第三节，就是科比的单打演出。单调的、枯燥的、高难度的表演：他一次次杀过三分线，急停，在中距离摆动，一线空间出现，跳投。在第三节的对峙时刻，他 7 投 3 中。他撑住了湖人的第三节。然后，他没有体力了。第三节末尾到比赛结束的最后 9 投，他只中 2 球。

但也幸好，他撑住了前三节。

到比赛最后时刻，双方都已灯尽油枯。科比和加内特为首的单打，都到了难以为继的时刻。结果，费舍尔出现了。他读到了凯尔特人防科比的破绽。连续 4 次绕掩护后的中投，4 投 4 中，外加一次反击。第四节他独得 11 分。凯尔特人的防守没来得及回应：他们防了整三节的科比，拖垮了他，没想到湖人还能站出一位持鱼肠剑的刺客。

可是第四和第五场，他就没这么幸运了。

科比在第四场取下了 33 分，在第五场取下了 38 分。第四场，他三分 11 投 6 中；第五场他三分 10 投 4 中。他有令人惊艳的远射表演，雷·阿伦只能勒住他的突破，跟到他，无法每个动作都若合符节地跟住他。

可是第四场，拜纳姆只打了 12 分钟就出场，奥多姆和加索尔的内线被凯尔特人的绿色浪潮完全淹没了。到下半场，比赛进入这样的景象：科比在这一侧用无数华丽技艺摆脱投进一个跳投，凯尔特人就在另一边强突、吊传、前场篮板摘下完成一个篮下进攻。哪一个更持久，实在是一目了然。

实际上，从第二场起，湖人招牌的科比—加索尔挡拆基本消失了。因为，无论是雷·阿伦还是托尼，都从三分线开始压迫科比；在这么远的距离，一旦加索尔来掩护，凯尔特人可以完全无视他的跳投，径直包夹科比。

第五场，科比想了点主意：继续和加索尔只挡不拆，突破吸引凯尔特人内线的注意，然后吊传给内线的拜纳姆。

但这招也就是在一开始起了点作用。

从第二节起，凯尔特人的防守宗旨，基本可以用下半场里弗斯暂停时的喊话表达：让科比得他的，看死别人。凯尔特人放出了三分线，密集空间，瘫痪湖人的前场大个子们。外围三分，随你去吧。

第二节余 4 分 23 秒，直到第三节余 2 分 16 秒。这漫长的 14 分钟，是 2010 年总决赛最绝望的单人秀时间。科比一次次地无球切出。如你所知，在这招上，雷·阿伦当世无双。居然要靠阿伦的看家绝技对付阿伦，不说有李广面前秀弓箭的嫌疑，只能说凯尔特人密集内线后，湖人进攻真没办法施展了。上半场，还能靠科比的突分拉一些空间，但下半场科比体力下降，他只好如此来寻找空位。

整整 14 分钟，科比连得 23 分。第三节过半时，他已经得到单节 19 分。整个第三节前 10 分钟，湖人万马齐喑，没有人出来接手。你甚至怀疑科比将打破总决赛单节得分纪录——1988 年第六场，"微笑刺客"的 25 分，可是这其实相当悲哀。

科比简直回到了 2008 年。在那组对他而言如噩梦般的总决赛中，第五、六场的悲剧是这样的：科比总是在第一节连续面筐进攻，依靠三分球敲开局面，但此后三节就虎头蛇尾。因为他已经没有体力了。

以第四、五场合计得到71分迎来两场败北，以2比3落后回到主场，退一步就是深渊。成王败寇，没有路可走了。

说这是科比职业生涯最关键的两场比赛，并不为过。

第六场，科比打得很果决：第二到第五场，他一直在用投篮假动作、转身来制造摆脱机会，但在生死之际，他没有这些多余招式。一开场他便坚决地面筐进攻，和拜纳姆、加索尔连续做挡拆后强突篮下。第一节，他发动湖人绝大多数进攻。假动作减少后，他早早进入投篮节奏，第一节7投5中11分。下半场，他即便背身接球，也是第一时间转到面筐进攻。全场比赛，他都充满侵略性，26分。而且，他全场抓到11个篮板，完成4次抢断。他似乎已经明白：在波士顿的四、五战，他21投10中的三分球也没能挽救球队；球队需要内线优势，他必须冲锋在前。

湖人挽回第六场，而且终于等来了最幸运的时刻：萨姆·帕金斯受伤了。

如果说，湖人在第一场的大胜是因为科比的有条不紊和老谋深算，那么第六场则是靠咬牙死拼而来。从一开场，湖人就从各种侵略性方面表现出了你死我活的态度，而且咬牙持续全场，始终不肯给凯尔特人一点机会。帕金斯的下场让湖人的硬度优势更明显。背城借一的时刻，湖人爆发出了他们理应爆出的战斗力。至此，优势重新回到湖人这一边，然后是：第七场，主场，更健全的阵容。

只有一点点不利因素：1962、1966、1969、1984——这些年份，凯尔特人VS湖人都打到了第七场，凯尔特人全部获胜。1962年塞尔维投失绝杀，1969年唐·尼尔森神奇的弹筐入球，1984年马斯维尔的神奇发挥，凯尔特人对湖人有着可怕的第七场魔咒。

而且，从第七场上半场来看，这魔咒的确有效。

科比打了他职业生涯进攻端最差的季后赛场次之一。可怕的不只是他半场14投3中、第三节6投2中、第四节4投1中的低命中率，也不是他的4次失误，抑或是他前9次罚球弹飞4次的表现，而是他的投篮态度。他似乎被魔咒所困，回到了2003年之前的那个科比：独断专行的个人英雄主义。他一次又一次地强行投篮，没有丝毫配合的意思。

你可以说他想当英雄。这是他一生最大的舞台。湖人VS凯尔特人，总决赛第七场，第五枚戒指和第二座总决赛MVP奖杯正在前面闪光，他从2007年开始的无私老辣，在这一晚被好胜和偏执取代了。前三节结束时，他20投5中，湖人以53比57落后4分。解说员马克·杰克逊提了个名字：

"科比这表现，犹如约翰·斯塔克斯。"

你知道，1994 年总决赛第七场，斯塔克斯 18 投 2 中，包括三分 11 投 0 中，彻底葬送了纽约尼克斯。这是他一生的污点。这一夜，科比似乎也将背上他的污点。如果湖人败北，世界会如何描述？"在一生最大的舞台上，科比用职业生涯最糟的表现葬送了湖人？"

第三节中段，"禅师"出手了。他不再稳坐钓鱼台，而是连叫两次暂停。

"科比，不要太勉强自己。要相信球队的进攻，等球队的进攻找到你！"

第四节，科比只投中一球：罚球线摆脱阿伦，跳投得分。但这是湖人反超的一球：66 比 64。此前，费舍尔的三分球扳平了比分。之后，他突破篮下，罚球。68 比 64。局势开始扭转。

第四节，科比只做了两件事：罚球，抢篮板。这也是他全场做好的、仅有的两件事。

但是，够了。

15 个篮板，23 分。历史不会去记住他第七场的 24 投 6 中，而会记住：继 1985 年湖人首次赢下凯尔特人，25 年后，湖人第一次在第七场赢下了凯尔特人。科比在第三节开始前还可能是千古罪人，但在一节之后，戴上了自己的第五枚戒指，成为乔丹、"大梦"、奥尼尔之后，又一位蝉联总决赛 MVP 的球员。

整个总决赛，科比并不像前一年那般潇洒。场均 28.6 分 8 篮板 5.5 助攻 2.1 抢断，但命中率 40.5% 和三分命中率 32% 则有些尴尬。他得分最高的两场（第四、五场），湖人并未取胜；在第七场的 24 投 6 中更被波士顿球迷念叨着："我们明明防住了科比……"

但是，如你所知，你无法剥夺掉一个人的特质来谈论他。科比的偏执、好胜成狂甚至偶尔小气，是人们一直诟病他的原因，但也是逼迫他一直走到如今的动力。在 2 比 3 落后的绝境之中，他用两场合计 26 个篮板的死拼取下了胜利。他领衔着湖人，用防守、肉搏和拼争完成了逆转。

他不是神，有人的各种缺点。但也正是凭着这些缺点带给他的倔强，他度过了职业生涯最大的危机，用一场惨烈的胜利赢下了最大的舞台，将锁在湖人头顶的宿命枷锁敲碎，而且追平了"魔术师"与"天勾"五枚戒指的地位。他拿到了属于自己的两个戒指。科比·布莱恩特，将满 32 岁时，也许还没踏上神坛，但是，毫无疑问，他是人中之王。

赛后，当被问到这个冠军对他意味着什么，科比流露出了邪恶的微笑。

"我比'鲨鱼'多一个冠军了，我可以把这个戒指存到银行去了。你们了解我是什么样的人，我什么都没忘记。"

"鲨鱼"在推特上说：

"祝贺你科比，你配得上这个冠军。你打得很好。享受吧，哥们，享受吧。我知道你正在说'鲨鱼，我的屁股滋味如何'呢。"

站在2010年，回看2004年以来的湖人：

2004年"鲨鱼"东游，湖人开始重建。

"鲨鱼"换来了热火的卡隆·巴特勒、布莱恩·格兰特和奥多姆，以及一个选秀权。

卡隆被湖人拿去奇才，交换了夸梅·布朗，自己在华盛顿搭配阿里纳斯，进了两届全明星。格兰特被湖人裁掉，奥多姆留用。

2004/2005赛季湖人重建大失败。2005年夏天"禅师"回归。湖人用选秀权第十位，摘了高中生中锋拜纳姆。

2005/2006赛季湖人主轮换：

科比、奥多姆＋夸梅（"鲨鱼"换来的）、米姆、库克、沃顿、德文·乔治、武贾西奇、斯马什·帕克、图里亚夫。科比场均35.4分拿到得分王，包括三节62分、单场81分，硬扛湖人。

湖人45胜，季后赛首轮，一度3比1领先54胜的太阳，靠的是内线；之后七场惜败，但球队慢慢磨出来了。

2006/2007赛季科比蝉联得分王，湖人42胜，季后赛被太阳淘汰。但赛季前两个月，湖人一度打出了模样，19胜11负。

卢克·沃顿练出来了，拜纳姆能上场了。2006年选秀大会还用送"鲨鱼"的选秀权，摘来了乔丹·法玛尔，后场凑合可以用了。

直到进入2007年，湖人一波伤病，才逼出了科比2007年3月的连续四场50+。

2007/2008赛季，拜纳姆练出来了，费舍尔回归了，加上法玛尔，1号位填上了。沃顿、阿里扎和拉德马诺维奇填了小前锋位置。

2008 年加索尔来之前，湖人已经一度常规赛西部第一：是此前两年，艰难磨合出来的底子。

终于湖人把夸梅·布朗连同马克·加索尔（当时被选中了，但还没来 NBA 打球），一起拿去交换了保罗·加索尔。加索尔为湖人出场前，湖人也是 31 胜 16 负。加索尔到湖人后，湖人一波 26 胜 9 负结束赛季，科比荣膺常规赛 MVP——在他快要 30 岁的年纪。

如果回头看，2004 年"鲨鱼"换来的奥多姆 + 巴特勒 + 2016 年选秀权，最后湖人兑成了：奥多姆 + 加索尔 + 法玛尔。

"鲨鱼"的确在迈阿密拿了他第四个冠军，但湖人、"禅师"和科比，把"鲨鱼"换来的资源，磨出了一支冠军队班底。加上选来的拜纳姆，遂成为 2009 和 2010 两个冠军的中流砥柱。

2009 年，湖人靠着三塔，压住了德怀特·霍华德的魔术；2009/2010 赛季常规赛湖人进攻平平，全靠三塔的防守，加上科比单季六次绝杀熬过常规赛；但总决赛，是靠内线优势压住了凯尔特人。

所以湖人的 2009 年和 2010 年两个冠军，就是这样：湖人用"鲨鱼"换来的筹码，花了三个半赛季，慢慢兑现为奥多姆 + 加索尔 + 法玛尔。

2005 年选了拜纳姆，慢慢培养了两个赛季，到终于能打了。

费舍尔出走又回归。科比用两个得分王，熬过了重建赛季。

科比与加索尔是天作之合，但底子，尤其是奥多姆、拜纳姆、法玛尔和沃顿等球员，是此前重建期慢慢打磨出来的。

2008 年到 2010 年那三年，科比常规赛场均 27 分，真实命中率 56%。季后赛场均 30 分，真实命中率 57%。

如果科比想，那三年他都可以冲击常规赛得分王，但他都留到了季后赛。

2009 年和 2010 两个冠军是果。而此前，是 2004 年到 2008 年的漫长耕耘。

2010年6月17日，科比跨入了人生的巅峰。

率队拿下 2009/2010 赛季总冠军，追平了"魔术师"与"天勾"五枚戒指的地位。现在，你可以用科比的名字来命名 2009、2010 这两个年份了。

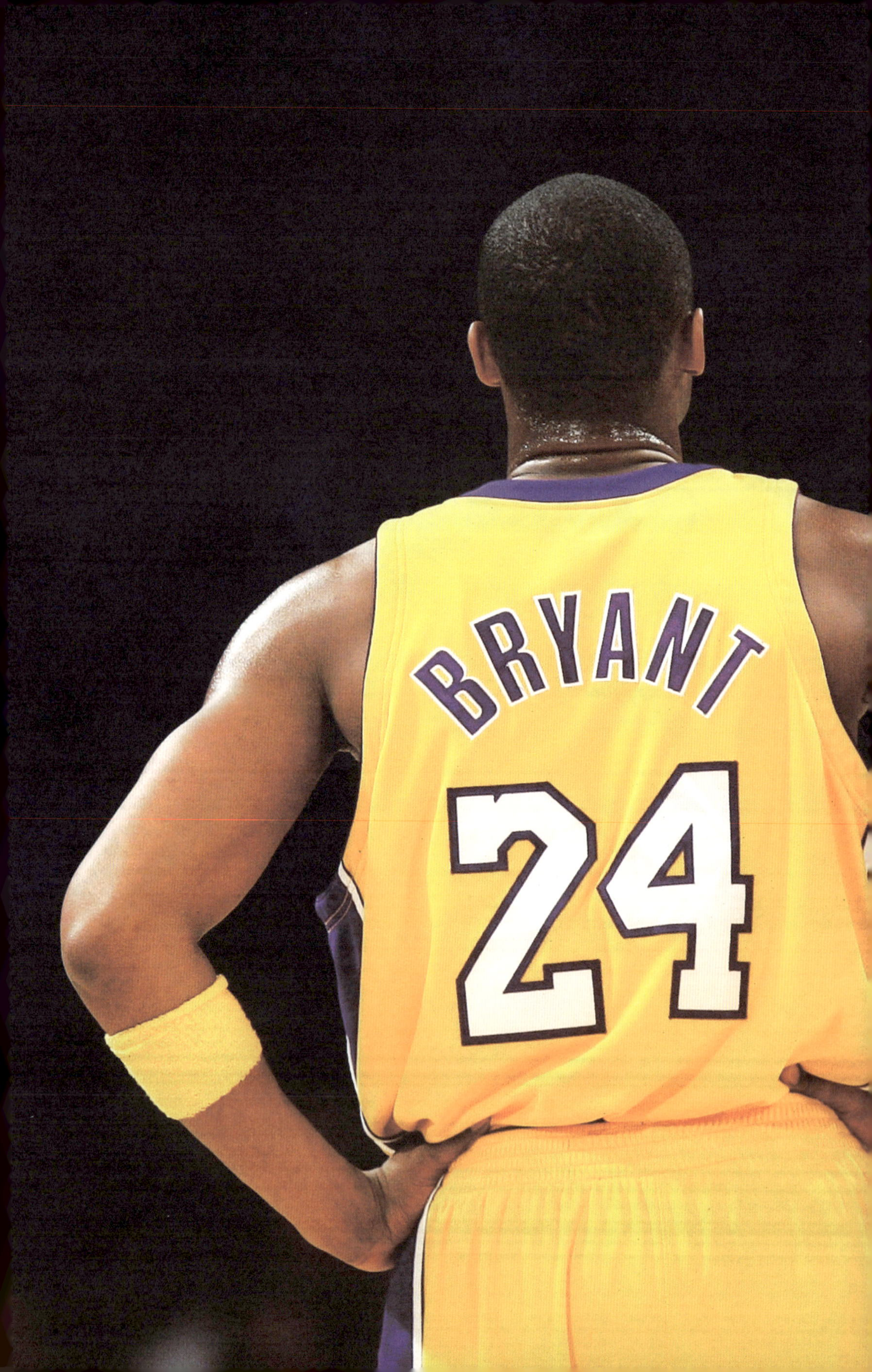
BRYANT
24

CHAPTER 6
夕阳西下

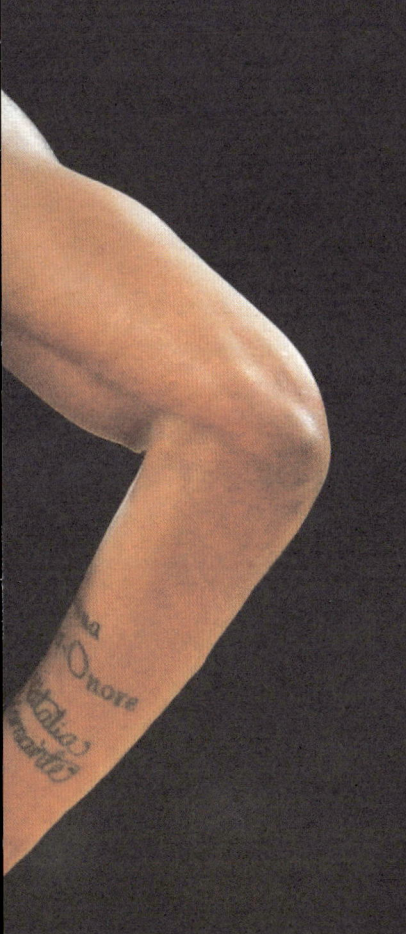

46
结束

47
厄运

48
"四巨头"的幻影

49
宫廷斗争

50
倒下

51
归来

52
日暮途远

53
告别

46 结束

2010年夏天，科比给右膝做了手术。上赛季中，膝盖的伤痛一直在牵绊他的移动。西部决赛前，他甚至得去抽膝盖积水。总决赛期间，他觉得自己是靠一条左腿在打球。2010年9月底，准备训练营时，他的膝盖还没法自如运动。"当膝盖准备好时，我会去打球。我不想给出时间表。我只觉得膝盖比以前强壮了。"

为什么不急呢？因为"我不想进入那个轮回——别人急着喊你打球，于是你就一头冲出去了。如果你一直赶时间急匆匆，你会开始走下坡路"。

之所以他能如此镇定，也许是因为从右手食指上得到了启示。夏天，医生诊断，他右手食指的关节炎已经严重到了这个程度：单靠一个关节镜手术或休息治疗，已经没法解决了。慢性病、长期疲劳、日积月累，以及过度使用。他的NBA生涯投篮超过两万次，还不算罚球加上百倍、千倍于此的训练量。

他也许终于承认了：自己32岁了。接下来所做的，不是挑战身体的极限，而是让这副身体还能多打几年球。所以，他觉得自己不必匆忙。

但他显然也明白了，人生必须有取有舍。

"禅师"在2010年拿到自己第十一个NBA冠军戒指后，对继续执教有些犹豫。但湖人老板巴斯挽留他，科比和费舍尔则不断给他发短信："我们再来拿个三连冠吧！"于是，"禅师"签了一年合同，回来了。

与2003/2004赛季一样，这又是他的"最后一舞"。

2010/2011赛季，湖人开季八连胜，但在11月底，遭遇了第一次四连败。圣诞节前后，又是一个三连败。"禅师"稍后表达了他的苦恼：

球队失去了武贾西奇和法玛尔，失去了姆本加和鲍威尔。当然，费舍尔、科比、阿泰斯特、加索尔、拜纳姆、奥多姆这些王牌依然在，但他们都不年轻了。因为失去了那些年轻的热血青年，湖人被迫和对手打规规矩矩的半场阵地战，这可不是什么好事。

科比在11月成为NBA历史上得到26000分的最年轻的球员。2011年1月30日，他得到自己第27000分，依然是历史上最年轻。实际上，整个赛季，科比从NBA历史得分第十二蹿到第六，连续翻越诸位巨星。这像是他的丰收之年。但事实上，他开始跟球队脱节了。

科比的右膝软骨，几乎已经磨损殆尽。医生的说法是科比的右膝，基本是骨头在磨骨头。"禅师"不得不让科比减少训练量，于是多多少少，科比与球队开始割裂了。

2011年全明星前，湖人赛季第三次三连败。输给山猫之后，"禅师"说："我就觉得我们队太丢面子了。谢谢。"

败北骑士的一战第三节，"禅师"叫暂停后怒吼：

"就现在，这一切必须停止！"

他将这话吼了三遍，湖人全队静默。对"禅师"来说，这表现太失态了。

阿泰斯特是问题的核心。他是湖人专门拿来对付凯尔特人的季后赛纯爷们，但他依然没融入湖人进攻。有他在，湖人能拼赢硬仗（比如三连败前啃赢了凯尔特人），但总是磕磕绊绊。这么一个更像秘密武器的球员，做常备军？进攻太不顺。让他打替补？冲他的脾气，湖人不敢。交易？没什么人敢要。

阿泰斯特的连带效应是：由于他的钝和慢，湖人被迫打慢节奏的、笨重的篮球，于是湖人总是鼓不起热情，无法推速度。

而2010年，恰好是个NBA都在推速度的年头。湖人的老对手圣安东尼奥马刺与达拉斯小牛，都开始提速了。

2010/2011赛季常规赛结束，湖人57胜25负西部第二，科比场均25.3分5.1篮板4.1助攻，再一次NBA年度第一阵容、年度第一防守阵容。季后赛首轮，湖人4比2干掉了新奥尔良黄蜂。

但在系列赛中间，发生了一件可怕的事：湖人经理库普切克通知全队，除了训练师加里·维迪，其他助理教练、训练师、按摩师、营养师们，都不会在2011年夏天续约湖人了。本来，这是在2011年秋天NBA停摆前，提前通知诸位，好让他们找新工作，但这个宣布消息的时机，极为糟糕。

"禅师"无暇多想了：他自己被检查出了前列腺癌，已经决定赛季后做手术了。

季后赛首轮，加索尔状态低迷。究其原因，他与拜纳姆搭档，彼此进攻依然不顺，加之湖人空切过少，无从发挥他的策应本领。因为将内线让给拜纳姆，逼得加索尔得去三分线附近围观。一向喜欢打流畅轻快的加索尔，在如今这沉滞的湖人体系里，心情可以想见。

湖人的外围老化了。阿泰斯特还在努力做着尴尬的空切，费舍尔也在拼老命突破上篮投三分，但球队的活力实在是欠奉了。

助理教练查克·佩森说服"禅师"，用一套全新的防守体系，解决湖人防挡拆的老大难问题。

就是在这片诡异的氛围中，湖人迎来了达拉斯小牛。

2010/2011赛季的达拉斯小牛，是一支这样的球队：用大量换防和联防，制约对手的转移球。

科比的老冤家杰森·基德，是球队的大脑，负责指挥反击。

阵地战80%的套路，都围绕着德克·诺维茨基——围绕他的高位挡拆，或是背身要球。

很少人在意的细节是德克成为背身大师。一如科比2009年夏天，经过"大梦"的训练完成转型似的。德克也完成了背身单打的进化，完全成了小牛的战术中轴和灵魂，他得在三分线、高位、低位到处作为小牛的进攻启动点。由于他的存在，小牛得以在阵地战，完成无数高质量的挡拆、转移球和定点远射。

联防+快攻+挡拆+投篮+无球移动……耳熟吗？看看小牛的阵营：波多黎各人、德国人、塞黑人……小牛从打法到人员，都很国际。

湖人与小牛首战，第三节一度领先16分。但忽然之间，小牛用特里、佩贾·斯托贾科维奇与巴里亚开始追击湖人。小牛的灵活与速度，让湖人显得笨重，第四节声势尽失。最后时刻，湖人落后1分，还剩5秒。科比试图摆脱杰森·基德的防守，但38岁的老基德防住了他，科比接球失误。

本来，他还有最后一个机会，但三分不中，湖人94比96败北。

比输球更可怕的是，直到一年后，"禅师"提起这场比赛，依然不知道发生了什么。第二场，小牛知道怎么对付湖人了。180厘米的波多黎各人巴里亚独得12分，一个人顶掉湖人整条板凳，德克面对加索尔得到24分。雪上加霜的是，阿泰斯特又犯了老毛病，对巴里亚一次恶意犯规，被处以一场停赛。

第三场，"禅师"用奥多姆打小前锋，全队不断将球吊到内线，比赛剩5分钟时，湖人还领先7分。但此后，小牛的三分球再次发威：特里和佩贾火力十足，德克在最后时刻也随心所欲，小牛98比92取胜，3比0。

NBA历史上，从未有球队从0比3扳回来过。

发生了什么呢？

小牛并不比湖人年轻，但他们有足够多的射手，足够灵活。第一场的特里、佩贾和巴里亚，第二场的史蒂文森和巴里亚，第三场的特里和佩贾，火力开足，数量、质量皆优，硬用远射把湖人投死了。反过来，湖人的三分球很糟糕：第一场，除了科比外，湖人三分球10投1中；第二场，湖人三分球20投2中；第三场，湖人三分球13投3中。

第四场，什么都无法改变。小牛全队命中率 60%，三分命中率是残忍的 63%。杰森·特里射中 9 个三分球，独得 32 分，佩贾三分球 6 投 6 中，巴里亚 22 分。湖人半场 39 比 63 落后，全场 86 比 122，湖人 0 比 4 被淘汰。

某种程度上，一切都结束了。

湖人的 2010/2011 赛季结束了。他们以西部第二杀入季后赛，西部第一马刺被灰熊首轮淘汰后，他们本是最大热门，却终于就此崩溃。"禅师"不相信他的战术有问题，认为一切都在于疲惫。过去三年，湖人三次闯进总决赛，他们打了太多比赛，他们老了，他们不再有 2008 年总决赛败北后的复仇热血了。

2011 年夏天，小牛最终夺冠。"禅师"退休，离开了湖人。然后，因为劳资纠纷和停摆，漫长的夏天到来了。

47 厄运

2011/2012 赛季开始前，ESPN 给出个列表：33 岁的科比·布莱恩特，是 NBA 排名第七的球员。

当然，你可以说，33 岁，科比已经不在巅峰期了。

自从 2008 年之后，科比在有意识地减缓进攻。一方面，他更多融入体系去打球，增加移动、空切和定点投篮，这是他越打越合理的体现；另一方面，他的面筐进攻少了。他开始更多的利用挡拆，而不再强横地一对一。他的体前拉球变向越来越稀少。

2008/2009 赛季开始，科比有一个突出的变化：他越来越注重大巧不工的原地动作。背身接球，撤步面筐，试探步，中投。他越来越依赖炉火纯青的中距离跳投了。2009 年夏天他去跟"大梦"练了一个假期，之后，投篮假动作 + 后转身成了他的新招牌。

2009 年秋天，科比开始大量用背身单打。经过夏季跟随"大梦"的苦练后，他的背身步伐圆转如意，无愧于联盟背筐进攻最好的选手。本来，按他原有的投篮、步伐和全面技巧，他不需要手把手教，"大梦"所做的，无非是稍微给了一点意见和指导。此前两个赛季，他已经习惯于静态的中距离原地试探步了。如今他又结合了背身要位、撤步和底线翻身等花招。他打得越来越简洁流畅，举重若轻。

但是，反过来，他的面筐投篮却似乎始终没找到感觉。毕竟已经 31 岁，他的速度已不如当年。他开始更多依赖技巧、节奏、晃动和手感。他的远射稳定性开始退步了。

以往全方位的攻击手科比，在 32 岁时成为一个精纯的中距离大师。他在中距离可以予取予求，但是破坏禁区和三分杀伤这两方面，他稍微退化了。与此同时，他的游动、破坏、空切功能逐渐减少了。他还是那条黑曼巴——精确、迅疾、突然，但巅峰期那种恣肆的破坏力已经远去了。

实际上，这也不是他的问题。他的巅峰期其实在 2008 年就已慢慢过去，之后的他一直在用勤奋、技巧和聪慧来弥补伤病削夺他的跑跳能力。

科比开始不爽了。

2011 年夏天，湖人雇来了迈克·布朗做主教练。这位 2008/2009 赛季年度最佳教练，前克利夫兰骑士主帅，出了名的不会教进攻，但以防守见长，很会给队员留面子。待上待下，一团和气，能调集球员的积极性，对抗逆境，拼防守，熬到底。当然，临场应变、排定轮换时，他就优柔寡断了。

科比遭遇了其他坏消息：

"禅师"走了。奥多姆也走了。

湖人本来已经搞定了联盟第一组织后卫克里斯·保罗，但被 NBA 以"篮球原因"给取消了。

科比去德国休养自己的膝盖，但也没得消停：美国这里，他得打离婚官司了——瓦妮莎要跟他分家。

带着愤怒，科比重新回到了篮球场了。2012 年 1 月 10 日，33 岁又 141 天的科比·布莱恩特，在凤凰城头顶取下了 48 分。

"对 ESPN 认为的联盟第七球员而言，不错呀！"科比没忘了嘲讽 ESPN。一天后，在盐湖城，科比 40 分。然后是对骑士和快船，科比各得 42 分。

这时的湖人，开始让人忧虑了。

因为整个 2010/2011 赛季，科比最高得分不过 42 分。而在 2011/2012 赛季前 15 场，科比已经有三场超过 42 分。

实际上，前一次科比类似的飙分潮，已是 2009 年 11 月初那开始四场：41、31、41、41。众所周知，那时加索尔受伤，于是科比端出夏天刚跟"大梦"练的背身步伐来了。

再往前推，就得数 2007 年 3 月那连续四场 65、50、60、50 了。众所周知，那时他还在泥淖中挣扎。

事实证明，迈克·布朗教练，的确爱压榨巨星能力，让角色球员们围观帮衬。33 岁的科比，被迫为了几场常规赛胜利，出场单挑，大包大揽，仿佛老将军扔了令旗，披甲跨马，亲自陷阵：对斯台普斯的死忠球迷，这固然有种快感，仿佛转型文艺片演员的老电影明星，又回来拍打戏了，但科比 33 岁了。

而且，对本赛季这个得了 48 分的科比，你没法说"科比还没老"。实际上，你看得出岁月流逝的痕迹，他的打法大不一样了。

迈克·布朗的战术是：尽量保持四外一内或三外二内，拉开空间。弱侧底角永远有射手埋伏。

利用加索尔的高位掩护策应，和内线的拜纳姆形成高低位连线。科比利用高低"双塔"走位，接球单挑。

主攻点两个：拜纳姆在内线要位，四人散开，尽量给他塞球；科比游弋走位，面筐或中距离单打为主。加索尔支应着他们二位。

而科比的得分方式，则有了巨大的变化。

十年前被"鲨鱼"痛恨的"一个人运球不给我投篮"，被"禅师"诟病的"拉空后一个人持球晃动然后强行跳投"，都稀有了。科比的三分球，从 2009 年就有点退化，但中距离日益炉火纯青。现在，科比不想多持球了。他不断游走，借着拜纳姆的掩护，借着加索尔的走位牵制，甚至和布雷克打起了挡拆，总之，靠走位和背身，进入自己的攻击区域。底线，两翼腰位，接到球后，他假动作，晃动，后撤步，强行拔起投篮、后仰投篮。他很少起飞了，纯粹在用自己娴熟如流的地板技巧玩对手。

以前的科比着力于强突，现在的他就是一系列的假动作、后仰、后撤步。持球少了，面筐少了，不及以前那么锋锐繁华了。到了科比这个年龄，已经懒得再拼速度、面筐、爆发力之类的筋骨之勇。他的篮球套路，越来越像是脑力和技巧的猜谜语游戏。

好在，他还在乎着周围如何谈论他。他愿意表露出自己还在乎这一切。他的好胜心，他的报复欲，他想赢球的心，一如 2010 年夺冠之后，他说"鲨鱼"那句"我什么都会记得"，这些是黑曼巴毒牙上真正的锋芒。

到 2012 年 2 月 5 日，湖人 14 胜 11 负，之后，湖人打出 9 胜 3 负，回到西部第三。当然，问题依然繁重：防守尚可，进攻沉钝。拜纳姆铁锤砸低位，加索尔高位接应穿针引线。费舍尔和慈世平（2011/2012 赛季开始前，阿泰斯特改名为"慈善·世界·和平",简称"慈世平")已经没有空位移动了。

科比在3月份,戴上了铁面具打球。湖人尝试提速,并试图用年轻后卫塞申斯首发。塞申斯首发之初,科比喜滋滋地说:"我终于可以去打2号位了。"之前,湖人得靠33岁的他去穿针引线。

但湖人的问题,依然存在:

拜纳姆成了西部最凶猛的低位怪物之一,但他依然不会策应传球。加索尔依然打得不算愉快。慈世平在球队越来越尴尬。湖人依然没法跟对手拼速度。

湖人想要年轻化,于是2012年3月,他们做了个决定:交易德里克·费舍尔,送去火箭,换来了乔丹·希尔。你可以想象,对科比而言,这是个多么巨大的打击。

迈克·布朗教练在赛季最后一个月,朝令夕改地做各种试验。而一切试验,都是以"科比、加索尔,你俩就迁就着球队来吧"为前提的。不妨想象一下此时科比与加索尔的心情。对灰熊,科比一度连打14分钟,然后被按在板凳上,度过了第四节最后时段;下一场,对勇士,拜纳姆投了个三分球,然后被迈克·布朗按在板凳上,算是惩罚。此前,迈克·布朗宣布古德洛克退出轮换,更像是在哄好塞申斯和布雷克;麦克罗伯茨对媒体公开宣布,说不知道自己的角色为何,布朗没有加以回应;默菲和麦克罗伯茨轮流被选用弃用,最后在季后赛,几乎完全被放弃。迈克·布朗显然一直在尽量哄好老将,但问题是,他似乎在慢慢失去湖人更衣室的控制权。

3月中旬湖人一度有传言要调回三角进攻,就是个证据:球队已经没有方向了。

2011/2012赛季常规赛,湖人41胜25负。科比打了58场比赛,场均打到38.5分钟,得到2008年以来最高的场均27.9分。值得一提的是:他每场投篮23次,职业生涯第三多。

显然,不是什么让人愉快的数据。

湖人在西部季后赛首轮,花了7场才干掉丹佛掘金。在对掘金第七战前,"魔术师"公开出来说话:"如果湖人被淘汰,布朗会立刻被炒。"

一个主帅被公开谈论被炒,你可以想象此后是怎样了。

没有意外。湖人次轮1比4被雷霆席卷。两年前与湖人争锋的幼虎,已经长成了。

湖人被雷霆淘汰,过程并没比分那么惨烈。实际上,如果湖人把握住第二和第四场的胜局，他们本可以在 4 场之后 3 比 1 领先雷霆。平心而论，除了第一场被雷霆风卷残云打出十万八千里外，湖人的二到四场打得不坏：紧守禁区，内线延阻，把雷霆硬生生逼成了跳投队。但是第二场最后两分钟领先 7 分，被雷霆强行逆转；第四场最后湖人失误，杜兰特一记寒冰三分定了局。平白无故送给雷霆两场，运气实在欠佳。当然，你可以说：迈克·布朗进攻战术贫乏，导致湖人最后就是靠科比翻来覆去的单挑。对雷霆后三场，科比合计投篮 86 发，得到 116 分，完全是昔日重来。

但历史告诉我们，当湖人只能依靠科比独自接管比赛时，他们是无法夺冠的。

48 "四巨头"的幻影

2012 年 7 月，两届 NBA 常规赛 MVP、五届助攻王、过去十年最好的控卫之一史蒂夫·纳什，签约洛杉矶湖人，与科比·布莱恩特组成下赛季湖人后场。

如你所知，NBA 历史漫长，获得过常规赛 MVP 的后卫一共不过八人——乔丹、"魔术师"、鲍勃·库西、奥斯卡·罗伯逊、科比、纳什、阿伦·艾弗森、德里克·罗斯，而他们之间，从来没在同一队效力过。现在，科比 + 纳什，MVP 级的后卫累加，历史上第一次。

华丽吗？还没结束呢。

2012 年 8 月，一波三折的肥皂剧结束，奥兰多魔术放了手，把过去五年雄居联盟第一中锋、三届年度防守球员、四届篮板王、两届盖帽王的"魔兽"德怀特·霍华德，让到了湖人。就在这交易宣布一天后，湖人王牌科比和二当家保罗·加索尔分别代表美国和西班牙，在奥运会上演巅峰决赛。

也就是说：

乔丹和"魔术师"外，联盟史上最好的后卫科比 +NBA 目下第一中锋霍华德 +FIBA 第一内线加索尔 + 过去十年最好的组织后卫纳什——2012/2013 赛季的湖人，光这些名字就足以闪花人眼。

这次交易，自然有别的参与者。丹佛掘金插了一脚，得到了费城 76 人能飞善跑的伊格达拉，可以继续贯彻他们的闪电战套路，把血液当汽油烧干为止。费城 76 人得到了洛杉矶的巨人中锋拜纳姆，只要躲开伤病，再微调费城的小快灵体系，76 人大可以让东部诸位头疼。魔术在这单生意里的作为则很怪异。他们出掉了德

2012/2013赛季，湖人聚拢了由科比、纳什、霍华德和加索尔组成的"四巨头"阵容。一时风光无限。

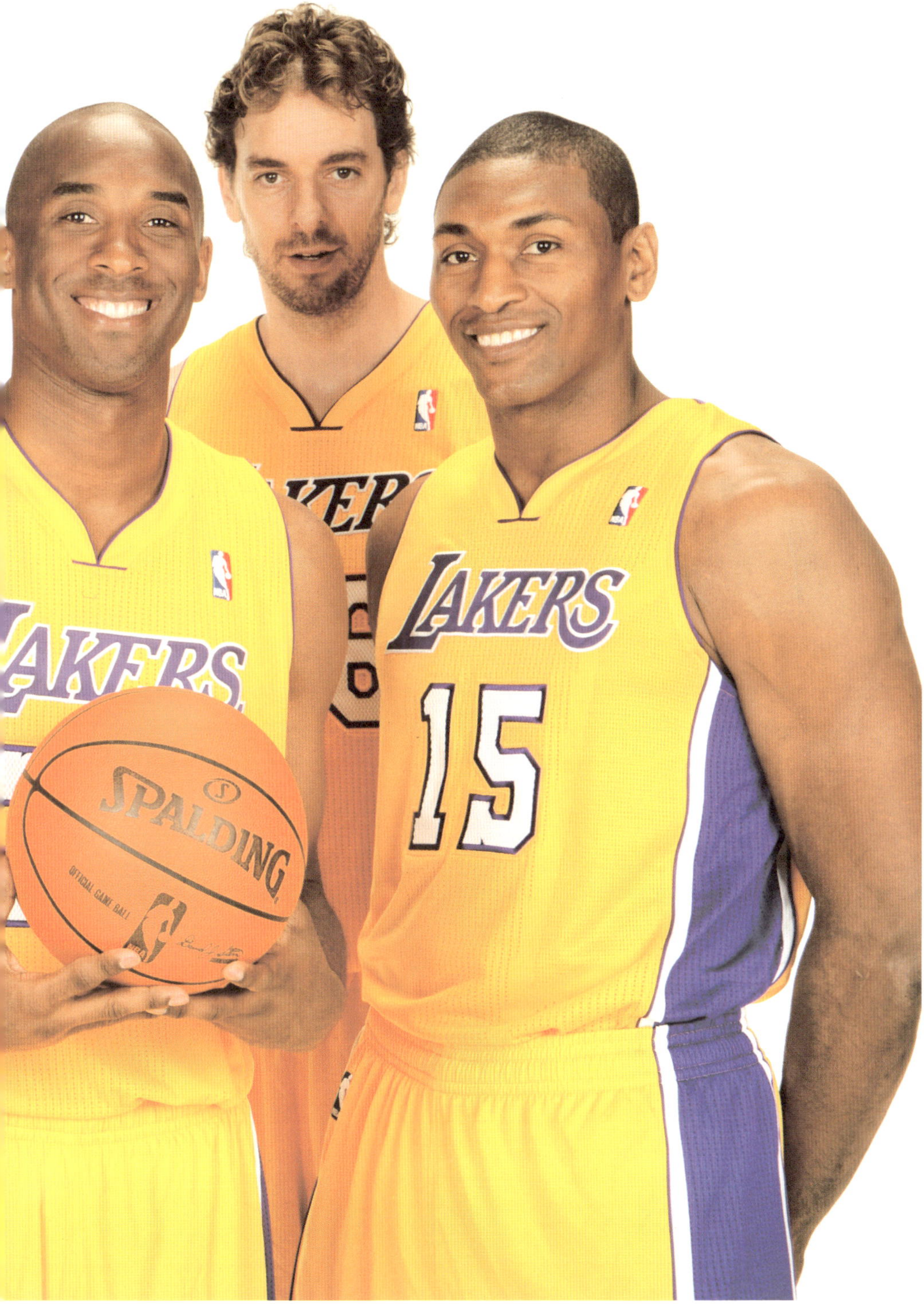
LAKERS
15
SPALDING

怀特·霍华德，也送走了克里斯·杜洪、厄尔·克拉克、杰森·理查德森，但他们所得甚微：阿弗拉罗、哈林顿都是不错的球员，但合同偏长；麦克罗伯茨、艾恩加和武切维奇都是替补资质；哈克利斯是个有前途的前锋，但仅此而已；三个选秀权也不是什么了不起的事，总而言之，魔术的算盘打得零零碎碎。

但在新闻价值上，这一切都无法和湖人相比。

德怀特·霍华德的到来，对湖人来说，更像是传统的延续……列出历史上伟大中锋的名字吧：乔治·麦肯、比尔·拉塞尔、威尔特·张伯伦、贾巴尔、沙克·奥尼尔。他们是各自时代毫无疑问的内线霸主，都可以宰割天下，分裂山河，左右冠军的去向，在各自的时代里所向无敌。如果需要列 NBA 历史上十大中锋，他们会毫无疑问地占据前五位，而其中三人的球衣，都高悬在湖人主场的上空——至于奥尼尔，那自然是迟早间事。这是洛杉矶的伟大传统：他们悉心培养出了 NBA 历史上最恐怖的几台外围得分机器——总决赛单场 61 分纪录的保持者埃尔金·贝勒、单次系列赛场均 46 分的纪录保持者杰里·韦斯特，以及不必多加介绍的科比·布莱恩特。除了得分怪物，他们还抚育了 NBA 历史上最伟大的组织后卫"魔术师"。同时，他们总能妙手豪取，从别处弄来当世最伟大的中锋——这些巨人，他们匆匆西来，穿过走廊，低头钻进更衣室，和队友一一握手，作为一个外来者介绍自己，然后开始征服世界……这是麦肯、张伯伦、贾巴尔、奥尼尔、加索尔，以及如今霍华德即将面对的命运。

1947 年，乔治·麦肯从芝加哥来到明尼阿波利斯时，戴着厚达 6 毫米的镜片，披挂的是老式风雪大衣和卷边帽。队上的王牌、20 世纪 50 年代的飞人吉姆·波拉德暗想："23 岁的人怎么这么老？"湖人给他的记忆有一个黑色的开头：他的前五场比赛全败。由于他在内线的垄断，湖人前王牌吉姆·波拉德没有了突破空间，湖人的进攻陷于困顿。此后，性格慈和得甚至常被误会为中庸的教练约翰·昆德为他俩量身定做了"J&G"挡拆战术，而且，在各个场合缓和这对球星的关系。于是，湖人开始了第一王朝：麦肯为湖人拿到了五个总冠军，而且统治了 24 秒限时出现之前的 NBA。因为他，NBA 将三秒区扩大，设置 24 秒限时，这可以看作一种绝望的投降：因为其他手段已无法阻止他的垄断。

1965 年，NBA 第二次扩大了三秒区，依然没能阻止张伯伦连续第七年摘下得分王。所以 1968 年夏天，当时的史上第一得分机器张伯伦通过一换四的大交易转投湖人，身边还伴有史上第二得分怪贝勒和第三得分魔王韦斯特时，你可以想象联盟多么恐慌。湖人时期的张伯伦已非 1962 年单场得 100 分的霸王，但他专心于防守、篮板和传球，成为球队沉默的领袖。当人们质疑他是否廉颇老矣时，他可以在 1970 年总决赛第六场砍下 45 分 27 个篮板，可以在 1972 年总决赛决胜战十指僵硬地抓下 24 分 29 个篮板，并且不时像直升机般垂直起跳，将对手的一个上篮笔直盖落。这种团队至上的球风使他的老去不露痕迹：在湖人的五年间，他四次进入总决赛，在 1972 年用常规赛 69 胜破了自己在费城创造的历史纪录，拿下了自己的第二枚戒指。

1969 年"天勾"贾巴尔作为大学篮球历史最伟大球员进入 NBA——那时他还叫作卢·阿尔辛多，第二年就代表雄鹿拿下总冠军，到 1974 年，他已拿下三个常规赛 MVP。1975 年，与张伯伦类似的大交易后，他来到洛杉矶。在 1975 年到 1980 年的五年间，他又包揽了三个常规赛 MVP，成为史上常规赛 MVP 第一人。1979 年夏天，湖人得到了"魔术师"，然后就是那尽人皆知的传奇：1980 年到 1988 年，"魔术师"和"天勾"搭档，让湖人得到五座冠军奖杯。"天勾"在晚年接受了"魔术师"和帕特·莱利的快打作风，并修习瑜伽和武术，保持身材与身体的柔韧性，38 岁那年夏天，他可以在总决赛里倒地争抢出界的篮板，在凯尔特人群狼围撕下场均 25 分拿下 1985 年总决赛 MVP，而且一直打球到 42 岁退役。

1996 年夏天，湖人以创纪录的七年 1.2 亿美元哄到"鲨鱼"西游，同时以老中锋迪瓦茨换到第 13 号选秀权，选到了劳尔梅里恩高中的科比·布莱恩特。后来的一切众所周知：1999 年，随着"禅师"菲尔·杰克逊来到洛杉矶后，奥尼尔忽然变成了一个在内线呼风唤雨、随意劈碎无数人包围的破坏者，一个恐怖电影中的外星生物。但与此同时，他也和野心日益成长的科比开始了漫长喜剧：他们是史上最无坚不摧的组合，在 2001 年到 2004 年期间每场可以合力贡献 50 分；他们也是史上最爱吵架的搭档，漫长的十年，他们一直在媒体上互相扯皮，中间顺便拿了 2000 年到 2002 年的三连冠……但无论如何，"鲨鱼"的雄伟身躯、天赐神力和纵跃如飞的能力，让任何一场球赛都像重量级拳击手对上中量级挑战者。湖人时期的他是历史上最有统治力的怪物之一，也是乔丹之外，NBA 历史上仅有的总决赛 MVP 三连冠选手。

2008 年 2 月，湖人用夸梅·布朗换来了保罗·加索尔，然后是三年内三晋总决赛，两次夺冠。加索尔没有麦肯、张伯伦、贾巴尔、"鲨鱼"那样不朽，他在 FIBA 规则下是最伟大的内线之一，而在 NBA 则是一个灵秀聪慧技艺精纯的长人。但这不妨碍他辅佐科比，拿到了 2009、2010 这两年的总冠军。

而 2012 年呢？

2012年5月，湖人还是一支老迈、缓慢、依赖科比、举步沉钝的队伍。忽然间，他们变了模样。纳什+科比+加索尔+霍华德，这可以变多少花样？

纳什是史上最好的挡拆后卫之一，而霍华德是当今最有爆炸力的挡拆怪物；纳什的防守有些纰漏，但霍华德的封盖和篮板可以覆盖整个禁区；霍华德需要外围传球，而纳什、加索尔都是外传内的大师；湖人需要速度，霍华德恰好是超人+魔兽般的怪物；有了纳什和霍华德，科比不必每次进攻都强行承担，可以把体力留到第四节，展露他的黑曼巴毒牙。实际上，科比和"鲨鱼"搭档过，知道如何陪巨人打球；科比身边从来没有过纳什这样伟大的组织者，你可以想象他如今可以打到多么得心应手。简单说吧，有了霍华德和纳什后，湖人从一支"有技巧，但老，但慢的半场队"变成了"快攻、半场、高位挡拆、低位单打、高低位连线、连续掩护挡切……天哪，他们现在可以打一切你可以想到的战术了"！

但是……我们还是要说一声："但是！"

2010年，勒布朗·詹姆斯刚去迈阿密热火时，世界有个理所当然的思维模式："詹姆斯独自带群平民球员，都能把骑士带成60胜开外的队伍；把他的队友换成韦德和波什，那不就是个自动冠军吗？"事实没那么简单，2011年，热火败给了小牛这更出色的团队，之后一年，热火的"三巨头"也是卧薪尝胆才得回冠军。湖人如今拥有历史级的豪华阵容，但历史已经证明了，湖人有个"中锋+后卫=成功"的魔咒：

麦肯需要波拉德的配合，张伯伦需要和韦斯特勾兑好，贾巴尔和"魔术师"情义相投，"鲨鱼"和科比再有冤仇关键时也得齐心。而现在，同样的道理，霍华德必须和科比同心协力，才能成就霸业。

仅论攻防两端对比赛的综合影响，全NBA可能只有詹姆斯能和霍华德相比。但已有匿名的"魔术前队友"发表评论，认为霍华德有个大孩子一样的脾气，科比未必喜欢。事实是，比起科比、加索尔、纳什这些好胜如狂的老疯子们，霍华德还是个乐乐呵呵大男孩。而且，洛杉矶是一个如此纸醉金迷的城市，下赛季的湖人一定会变成世界媒体的焦点。而湖人的主教练迈克·布朗，众所周知，又不是一个善于平衡明星的教练。假设以厨艺做比喻，布朗擅长炒的是一样名贵食材+大量普通配料的菜，比如翠盖鱼翅、蜜蒸火方；但遇到两样以上名贵食材，比如同时撞见鹿脯海参、熊掌排翅，他就会愣神。而他现在，得一口气面对四道珍贵食材——他真能调得好吗？

2003年，湖人拥有"鲨鱼"和科比，同时得到卡尔·马龙和加里·佩顿时，其奢华并不下2012年的湖人，但最后，这支明星阵容并没得到冠军——2004年，他们被一支毫无明星、纯粹蓝领气质的活塞干掉了。那是历史上最伟大的"团队战胜明星"的战例之一。2012年，湖人当然不想重蹈覆辙，但迈克·布朗真能把这四位超级大牌捏合起来吗？

等着瞧吧。

2012/2013赛季NBA常规赛刚打了五场，洛杉矶湖人，夏天揽尽世界话题的洛杉矶湖人，就换帅了。迈克·布朗灰溜溜下课，迈克·德安东尼走马上任。

远远看去，这调整顺理成章。下课的迈克·布朗，姑且不提他2005年到2010年间在克利夫兰骑士不痛不痒的战绩，不提他那比眼镜款式还少的进攻战术套路，不提他上赛季后半段已开始失却湖人军心，只说本赛季——湖人得到了过去十年最好的组织后卫、两届常规赛MVP、五届助攻王史蒂夫·纳什，招来了当下联盟第一中锋、三届年度防守球员、四届篮板王两届盖帽王德怀特·霍华德，加上科比依然宝刀不老、加索尔依然是FIBA规则下第一球员，如此历史级的华丽阵容，居然被布朗带出了1胜4负的开局。而且在败北爵士那场，明眼人都看得见：科比坐在场边时，眼神如刀锋般阴冷，已经把布朗戳到千疮百孔。如果那时你来个画外音，或者像漫画似的配个对话框，你可以听见科比的心声："我要杀了这家伙！"

而新上任的迈克·德安东尼，于湖人也算良配。众所周知，他是过去七年NBA最擅长调教进攻的主教练。2004年纳什到太阳之前，不过是个年届而立、进过两次全明星的组织后卫。但和德安东尼相遇后，两人天雷勾动地火。2004/2005赛季、2005/2006赛季纳什蝉联常规赛MVP，而德安东尼荣膺2004/2005赛季年度最佳教练；究竟是纳什成全了德安东尼的7秒快攻，还是德安东尼的进攻体系扶起了纳什，这是NBA史上最无解的谜题之一。但无论如何，德安东尼的进攻体系，能够让所有控卫凤翼天翔、自在飞舞。继捧起纳什后，他又让克里斯·杜洪这样碌碌无为的控卫、大卫·李这样优缺点明显的白人前锋，都打出了明星数据；最新的故事是，2012年2月，他的进攻体系，把林书豪从一个板凳球员扶成了联盟瞩目的传奇。毫无疑问，如果世上还有个教练能用好纳什，那也就是他了。至于他和科比的关系，则更颇具渊源。2008年科比随美国队出征北京奥运会时，德安东尼正是助理教练。甚至更早一点，德安东尼年轻时当球员，在意大利联赛打球时，少年时的科比——那时，他随他爸爸乔·布莱恩特住在意大利——是他的拥趸，传说科比初进NBA时选8号，也是因为德安东尼在意大利时穿过8号。似乎一切都天造地设，煞是完美。

但是，在布朗下台、德安东尼上任之前这一周，主角却不是他们中的任何一人，甚至，也不是科比、纳什、加索尔或德怀特·霍华德。实际上，就在德安东尼上任前后，全世界都在咀嚼这么个绯闻：菲尔·杰克逊，老谋深算的"禅师"，可能要出山重掌湖人帅印了。德安东尼的上任结束了这段谣言，但这一周，围绕这些莫须有的绯闻，却可以理出一整段漫长史话。

49 宫廷斗争

众所周知，"禅师"是 NBA 历史上最成功的主教练。他手上有 11 枚总冠军戒指，NBA 历史上最多——旷世枭雄"红衣主教"则在 1956 年到 1966 年带领凯尔特人十年里拿到过九枚冠军戒指，但那是另一个故事了。众所周知，"禅师"尤其善于调教明星、塑造王朝。1991 年到 1993 年、1996 年到 1998 年，他带领公牛完成两个三连冠，创立公牛王朝；2000 年到 2002 年，他让"鲨鱼"和科比这对欢喜冤家边吵架边夺冠，拿了三连冠；2009 年到 2010 年，他又带领湖人拿了两冠，让科比达到人生巅峰。以他战无不胜的履历，请他出山带湖人这明星球队，简直是顺理成章。

但是，为什么不请他出来呢？

另一组背景：

当我们聊到洛杉矶湖人，很容易想到"魔术师"、科比、"天勾"、韦斯特、"鲨鱼"这些伟大的名字。但实际上，球队并不归球员所有。真正掌握洛杉矶湖人的，是巴斯家族。

老掌门人杰里·巴斯，在 2013 年已经 78 岁了。

老巴斯也算一代天骄，24 岁就拿了博士学位，之后经营家族企业有法，除了湖人，还掌握洛杉矶多支职业球队。老人家平时还玩德州扑克，赢过世界锦标赛，精明之极，但毕竟上了年纪，如今垂帘听政。

有两个关键人物：大女儿珍妮，家族里的交际花，是"禅师"的女朋友，所以"禅师"基本可以算老巴斯的女婿；次子吉姆·巴斯，如今主管湖人日常事务——接位未久，根基还未固。

一种传说是，湖人拿到第五个冠军的 2010 年，"禅师"与吉姆·巴斯彼此间没说过一句话。2010/2011 赛季被小牛 4 比 0 横扫，难说不是上下交征之祸。"禅师"走后，吉姆·巴斯做主，找来迈克·布朗继任，并长期力保他。实际上，就在迈克·布朗下课前，吉姆·巴斯还在呼吁：

"多给他五场比赛的时间，让他试试看！"实际上，布朗当时已失人心，吉姆还在竭力挽回，可以这么理解：他真的非常不希望"禅师"回来。

吉姆·巴斯和"禅师"，究竟血海深仇到了什么地步呢？

媒体捕风捉影，说"禅师"曾经提出苛刻无比的条件：要他回来执教，得年薪过千万、对球队事务有话语权。钱和权，一样都不能少。但这不过江湖谣传。事实是，吉姆·巴斯并不太想给"禅师"机会。

菲尔·杰克逊，NBA历史上最成功的主教练，并不像UCLA的约翰·伍登或前爵士的杰里·斯隆那样，是令人敬佩的学院型名宿。实际上，总有人在念叨。赞美他的人认为他是伟大的教练，冠军和王朝就是证据；厌恶他的人认为他是投机者、抱大腿、江湖骗子："他总是看准了有乔丹、'鲨鱼'和科比这些巨星的球队，才去执教！"

"禅师"喜欢跟球员保持距离。比如，送点书让队员自己琢磨，比如，比赛中长时间不暂停。用1993年公牛一个球员的话："我们刚开始习惯某种生活，他就会逼迫我们做些改动。总而言之，他就是希望我们人人都提心吊胆，不知道他的所作所为是什么意思，最后只好一切听命于他。"

"禅师"喜欢让球员和管理层之间有隔膜，比如，1994年助理教练巴赫偷偷告诉乔丹"你用不着三角战术"，立刻被"禅师"解雇。

他是个善于玩弄人心的枭雄，知道如何扩大自己的权威。而且，他还是珍妮的男朋友。而这就是吉姆·巴斯最忌惮处："禅师"如果归来，可能以巴斯家族女婿的身份，掌握更多东西。而他，巴斯家族的太子，话语权会被削弱。

要知道，"禅师"善得球员人心，完全可以用球迷和球员做筹码——实际上，当年在公牛，他就利用了乔丹的威信，在媒体面前把公牛管理层描述成一群小丑。

比之于德安东尼，"禅师"可能是更优的选择，但老巴斯也明白："禅师"如果归来，他和珍妮这一对，会和吉姆·巴斯水火不容。巴斯家族内部，无论谁胜谁败，都不是什么好事。所以，老巴斯做了个最平衡的选择：开掉迈克·布朗，的确很削吉姆·巴斯的面子，但请来德安东尼，也算把潜在的内乱给平了。

显然，在德州扑克老玩家巴斯爷爷的眼里，他不一定要最好的牌，但一定要最安全的牌。他选了最妥帖、风险最小的一张牌。哪怕德安东尼无法为湖人带来成功，至少，他为自己和儿子吉姆·巴斯赢得了时间。

因为换帅风波虽过，可是围绕湖人、巴斯家族的这场宫廷权力斗争，还远未到结束的时候。

德安东尼接任教练后，湖人还是解决不了防守问题。2012年12月11日赛季第13败时，湖人任由骑士的天才后卫2011年状元凯利·欧文得到28分11助攻，还被对手的巴西蓝领内线瓦莱乔得到20分。当晚，无数次发生以下情景：欧文接传球弧顶起速，此时湖人5个人里有4个在底线处发呆；欧文逛马路一样杀到禁区，面对霍华德补防，顺手传球给瓦莱乔上篮。那场比赛里，湖人的问题纤毫毕现：散、慢、乱。

事实是：加索尔伤后，湖人进攻愈滞涩。新来的前锋贾米森，进攻端技艺娴熟，很合德安东尼教练的口味，但防守稀薄如空气；长人乔丹·希尔，有肌肉够努力肯防守，但他和霍华德站在禁区，湖人进攻就像下班高峰期，市中心平地出来两个喷水池，拥挤不堪。只好失误，然后就是退防不力，挨对手反击。

事实是：自打阿里扎走、慈世平来，湖人就是这么个格局——"双塔"出不了禁区，而慈世平就像个石狮子，可以活吃一切企图单挑他的对手，但没法游走巡逻。如是，湖人全队都显得笨重而迟钝。12月13日，湖人在麦迪逊花园被纽约干掉当晚，问题暴露得淋漓尽致：第一节就被纽约轰了41分；科比全场31分10篮板6助攻、霍华德11投8中高效率的20分、慈世平泼命般得到23分，可是挡不住对面尼克斯命中率53%、三分球25投12中、"甜瓜"30分的个人表现。最要紧的是：那晚纽约仅有6次失误——湖人防守，就这么柔弱无力。那时节，纽约在东部第一，湖人在西部底层。

2012年圣诞大战前，久违的纳什归来了。12月25日，圣诞大战，湖人主场再战尼克斯。

首节湖人25比23压倒尼克斯，次节慈世平从板凳上站起，疯狂得分，湖人半场以51比49领先；第三节湖人一度昏了头，落后8分，但节末科比和加索尔连续发挥让湖人追到77比78进入第四节。末节，湖人打出凶恶防守，让尼克斯只得16分，湖人完成逆转，100比94取胜。独得34分却依然无法挽救尼克斯的"甜瓜"说：

"那些家伙知道怎么打球。他们一直在等的其实就是这个：史蒂夫·纳什归来，和科比、加索尔一起打球。"

赛后媒体忙于收集一些细节。比如，本场34分后，科比以圣诞大战累计得到383分成为NBA历史圣诞节得分王；比如，湖人本赛季第二次达到了50%胜率；比如，科比连续第九场得到30分以上；比如，这是尼克斯队史第47次出现在圣诞大战之上，NBA最多，而湖人第38次，史上第二……

但对湖人来说，真正的意义在于：

2012年末，德安东尼入主湖人成为主教练。对于科比而言，他和自己儿时的偶像聚合了。

在纳什归来之前，湖人用无数的败局作为学费，终于确定了轮换，为了保证灵活性把科比推上小前锋，让慈世平主宰板凳，湖人疑似找到了他们应该有的样子，那是从8月以来，世界一直幻想的样子——每个人各安其位，打出统治级的篮球。

处在湖人最中心的科比，最明白发生了什么。赢下圣诞之战后，他没有得意扬扬讨论击败尼克斯。他讨论的是：

"如果你整个赛季都很烂，但赢了总决赛，人们就不会在意那之前发生了什么。只有你在总决赛里所做的才有意义。你周一做了什么、周二做什么都没关系，只有你在总决赛里的发挥才有关系。"

50%胜率的湖人队，34岁的科比·布莱恩特，还在考虑2013年总决赛呢。

50 倒下

进入2013年，科比又转型了。1月25日之后，湖人5胜1负。

微妙的是，5胜1负期间，科比投篮出手数：10、12、12、17、13、20；得分14、21、14、17、17、18；助攻则是14、14、11、9、8、5。

不知者看这数据，会以为纳什和科比各自元神出窍、换过了躯壳。

这是科比开赛季之后，第四种形态了。

开季时节，迈克·布朗短命的主政期，科比融进了普林斯顿体系，是一个游走的得分手：侧翼启动、无球走位、空切袭筐。头四场，他分别14投11中、20投10中、23投14中、10投5中，持球少，效率高，如黑曼巴，狠而且准。证据之一：对爵士虽然败阵，他靠空切袭筐博得了17次罚球。

布朗下课，比克斯塔夫接任过渡，又逢纳什受伤，科比遂进入第二形态：担当主控，持球攻击，兼分球。那四场，科比得到32次助攻，湖人4胜1负。

然后，迈克·德安东尼到来，科比进入第三形态。

科比的第三形态，可以简单归纳为：无条件、全方位、随心所欲、自由攻击。最初，他还保留些普林斯顿体系遗风，多空切，多袭筐；持球进攻时，多叫掩护，然后或中投，或跨步上篮；他也更聪明地躲在弱侧，利用无球走位摆脱，然后袭筐。整个12月，科比只有两场得分低过30。但湖人战绩，除了圣诞节前后略振之外，并无起色。

进入2013年，经历了交易谣言、加索尔放归板凳、霍华德抱怨等一系列故事后，科比进入第四形态。数据上，很明显的——投篮少，助攻多。套路上，则有许多变化。

科比进入第四形态的这六场，湖人常规战术，可以如是归纳：

科比罚球线右翼持球，眼观六路，寻找空切抄后门的队友，喂球。

德安东尼体系下招牌的"V字进攻"，科比和加索尔高位挡拆，加索尔如果接球，就想法子转移弱侧。

科比和霍华德的边线挡拆，加索尔弱侧高位接应，科比和加索尔合力寻机，给霍华德低位传球。

其他零星战术，比如慈世平左翼单挑、加索尔高位接应；比如米克斯和杜洪的二人转。

然而好景不长。德怀特·霍华德和科比处不来。一种事后说法是，科比认为自己该教导霍华德，如何成为一个冠军球员，但霍华德觉得科比太严格了。

这是又一次沟通失败。科比习惯残忍地对待队友和自己，也希望每个队友都搏命；而霍华德，28岁的大男孩，希望有一个更宽和的氛围。他俩彼此不相容，于是湖人也就继续起起伏伏，徘徊在西部季后赛边缘。

2013年2月18日，湖人老板杰里·巴斯逝世。遗命将自己掌握的66%湖人股份均分给六个子女。珍妮·巴斯成了湖人主席，吉姆·巴斯继续担当湖人的篮球事务主管。仿佛命运还嫌给湖人的厄运不够，2013年4月12日，对阵金州勇士时，科比倒下了。

倒下前三秒，科比企图摆脱巴恩斯，突破篮下：他用身体倚着对手，突破前拉开架势，迈左腿，右脚蹬地。动作幅度大，他显然想过得干净些。然后，左脚掌落地之前，右脚软了一下，科比倒了。

没有碰撞，没有踩在哪里崴了脚。那一下，更像是他的右脚到了极限，保持不了平衡，倒下去了，左脚掌落地，被拉到，于是跟腱撕裂。仿佛稻草放上了骆驼背，成了帕里斯的箭，射中阿喀琉斯的脚。

科比伤了跟腱，也就是阿喀琉斯腱。

阿喀琉斯腱很容易发炎，负荷过大就会出事。科比的阿喀琉斯腱终于撕裂，便不只是负荷过大的问题。赛后，科比在社交网络上，说他做这动作都一百万次了。

实际上，如果需要理由，看这些事实即可：

受伤前两天，科比在波特兰打了48分钟，27投14中18罚18中47分。

此前，对黄蜂，41分钟；对快船，科比全场歇了40秒；对灰熊，科比打了42分半；对达拉斯，科比歇了56秒；对国王，歇了23秒。

对阵勇士这场，在受伤前，他一分钟都没歇。即，此前七场比赛，科比一共歇了17分钟。受伤前，整个赛季，科比一共打了3013分钟，联盟第三多；每场38.6分钟，联盟第二。

这是他第十七个赛季，常规赛到季后赛，他打了超过53000分钟。

于是，就此结束了科比职业生涯最诡异的赛季。

前一年夏天，纳什和霍华德到来时，湖人俨然要创造历史。但开赛季之后，纳什受伤、霍华德缺阵、换帅、换打法、加索尔的交易流言、宫廷斗争、老巴斯的过世、球队纵横跌宕，起落无常，到最后，科比以这么惊人的大伤为结束。这感觉像《死神来了》似的：

当周围许多事都出了问题，你会情不自禁怀疑：

"科比被厄运盯上了吗？哪里出了问题呢？"

在受伤前，科比场均27+6+6，2008/2009赛季以来最漂亮的数据，个人进攻端表现，也是2008/2009赛季以来的最好。科比说他受伤简直莫名其妙，用了这个词：frustrated（令人沮丧）。拿这词归纳他本季，其实也不坏：

出问题无所谓，但他不知道问题出在哪儿。

最后还糊里糊涂，把自己累到重伤。

整个赛季，科比都处在争议中。他是黑曼巴，历史上最好的得分手之一，而且能凭其全面技术，兼做些别的——只要球队能赢球就成。整个赛季，他频繁转型，到处奔走，就像个急着进门的人拿一串钥匙挨个试锁洞，但每次都吃力不讨好。

他显然明白，以湖人的糟糕状态，哪怕进了2013年季后赛，前途也不甚光明。所以，科比七场歇了17分钟，为常规赛拼命，简直过于执着。更进一步，他在为什么而战呢？

他有五枚戒指，荣也够了，辱也够了，但在这门将开未开、冲过去也未必上天堂、跌下去未必下地狱的两可之际，他还是一踩油门冲过去。一个季后赛席位？相当渺茫的冠军指望？还是说，为了他那偏执的好胜心，他完美主义的尊严？

古希腊英雄阿喀琉斯和科比有一点相似：无从屈折、到死都要逞英雄、深蕴戾气的勇猛。这是他们的优点与缺点混一之处。阿喀琉斯的愤怒，开启了《伊利亚特》：他和阿伽门农的私怨，几乎断送了希腊人；但随后，当他决意为帕特罗克洛斯复仇时，可以几乎不假外力，干掉河神，单挑赫克托耳；最后，他去到特洛伊之前，早知道命中注定自己将死在那里，但他和奥德修斯的选择不同——奥德修斯愿意装疯来逃避命运，而阿喀琉斯迎着命运去了。

2013年4月12日，湖人对阵金州勇士，对位巴恩斯的这次突破中，科比跟腱撕裂，遭遇了职业生涯最严重的一次伤病。

科比人生中的主要转折——他和"鲨鱼"的矛盾、他在 2007 年低谷中的崛起、世界一边赞美他无所不能的进攻招式一边腹诽他的投篮选择，直到这次挣命受伤——都来自这点：他的偏执好胜。有困难要克服，没困难制造困难也要克服。刚则易折，盈不可久，但科比就是这样，盛而且烈，现在，和阿喀琉斯一样：脚踵上中了命运的一箭。

性格即命运。科比的性格——执拗，神经质，杀意弥天，热爱敌围千重，孤骑破军而出的姿态，心怀戾气，偏执好胜。他在顺时遂意时，就是 2008/2009 赛季、2009/2010 赛季的两连冠；遭遇逆流湍乱，就是 2005/2006、2006/2007 两个赛季的单骑横行，以及 2013 年的惨烈收局。为了湖人的西部第八，科比能拿出一副夺冠军的架势去争取，最后终于受伤。这可以说是鲁莽，也可以说是勇决。

这是他长久以来的性格，你可以说成是偏执狭戾，也可以说是好胜如狂。

科比在赛后接受采访时，被问到脚的状况。他摆了个很常见的姿势——舌头在嘴角左右划拉，然后说他当时在场上"能走，能走""只要不对脚跟发力"。

"禅师"说过，科比和乔丹有一点是类似的："你拿根竿子，横在七英尺半高处，问他们跳不跳得过；他们一定说能，然后，不管实际上能不能，他们都会去拼命尝试的。"

"有一天，一段新职业生涯的开端会呈现，但那不是今天。"

"'如果你看到我和熊对打，为熊祈祷吧。'我喜欢这个。那就是'曼巴精神'，我们不后退，我们不退缩，我们不逃走。我们坚持，然后征服。"

科比在社交网络上留了这段话，其实并不让人意外。对他性格稍有了解的人，都明白他不会就此退出。

他迅速放出这段话，不只是为了向球迷表达自己的热血斗志，顺便给湖人一个信号：他断绝了退役的可能性。

受伤之后，他是坚持独自走回更衣室的。当时他在想什么呢？他一定已经明白，他的时代将要过去了，这次大伤仿佛是一切的终点。

但他的第一反应依然是："我不要退役。"

51 归来

从来没跟职业体育搭过边的圣迭戈 28 岁的居民西蒙·布拉德利，在 2013 年 12 月初成了美国媒体的宠儿：他取消了原定在加州滨海村举办的婚礼，辜负了 60 位预备出席的宾客，跟未婚妻梅利萨允诺"会在未来重新确定个日子"，只为了不错过科比·布莱恩特的 2013/2014 赛季出场式。

当然，反响可以想见——所有转载了这条新闻的网页下面，评论无一例外是以下三种口吻：

"哥们，我猜你没机会重新确定日子了……"

"其实他是想找个借口悔婚对吧？"

"我们要看新娘的照片！这一定为了抛弃新娘设的借口！"

话说回来，科比的归来，有多大的诱惑力，令布拉德利先生视科比为手足、妻子如衣服？

在他漫长的 17 年职业生涯里，虽然时遭伤病，虽然在 2003/2004 赛季还时时要跑去科罗拉多州出庭，但科比·布莱恩特，总会赶上湖人的赛季揭幕战，除了 1999/2000 赛季——那是整整 13 年前的事了。2013/2014 赛季，湖人已经开赛 6 周，科比才第一次出阵。

对洛杉矶乃至全加州人民而言，这胃口吊得太足了。

更何况，在此之前，科比刚经历了他人生至今最恐怖的一次大伤。

那之后，整个一周，世界在怀疑他的伟大生涯是否到此结束。他面对的不利因素如下：

他快 35 岁了，打过了 17 个赛季。在许多理论中，专家都相信，职业篮球手打到 40000 分钟后就会退步，而科比已经打了 53000 分钟比赛。

寻常的跟腱恢复需要 6—9 个月，而且，1998 年到 2011 年，18 位跟腱断裂的球员里，只有 8 位在复出后，还在 NBA 继续打满一年以上。

2013 年 12 月 9 日，科比复出了：在洛杉矶主场斯台普斯，在洛杉矶湖人 VS 多伦多猛龙的这一晚。

了解科比的人，会立刻感受到他的寓意——2006 年 1 月 22 日，科比就是面对多伦多猛龙，拿下了他传奇的 81 分。

这一晚，斯台普斯满座，云集了不知道多少推迟了婚期，放弃了休息，跑来看科比的人。当播音员念到"24号，6英尺6英寸身高，来自劳尔梅里恩的……"全场已经欢声沸腾，全然淹没了之后的"……科比·布莱恩特"。科比走了出来，神情严肃，和每个队友击掌。

他胖了一点：如今他102千克，比受伤前重了4千克；但没什么可指责的。他睽违球场达8个月之久，在伤病中度过了35岁生日，在他而言，这是从未有过的经历。

而且，比赛从一开始就很不寻常。

第一个回合，科比就在左底角持球；已经没有传球空位，是个非常标准的单打机会，但科比，篮球历史上最热衷于单挑的球员，选择了投篮假动作——然后直传，塞给篮下的队友萨克雷，助攻得手。

自那以后，你可以看到一个全然不同的科比。

防守端，他的移动积极而细心，就像个怕犯错误的新秀；开场不久，他就在右底角压迫对方，造成一次抢断。他一度负责盯防对方射手诺瓦克，但因为时刻注意球的动向，预备补防，所以起码两次漏掉诺瓦克招牌的底线无球跑位；但他发觉之后，便立刻扑出去补位了。因为注意了补防对手突破，外加移动积极，虽然整个人的移动还显得滞重带锈，但他的防守端大致过关——甚至还抓了8个篮板。

但进攻端，他却打得非常不同。

开场第一球，科比跳投假动作后助攻萨克雷上篮；此后，他每次持球，都是绕过掩护、切出接球，然后找保罗·加索尔打挡拆，然后试图给加索尔传球。当不跟加索尔挡拆时，他会试图送出一些中长传，意图拓宽球队套路。直到送出两次助攻后，他才尝试了一次投篮——一个斜向切出，接球，施展一记他平时罕用的勾手投篮，结果三不沾。

他的得分机会很快就来了：队友韦斯利·约翰逊长传，科比前场接球，面对空篮，背后猛龙补防已经跟来。科比考虑了一下——在以往，他有一百种方法把这球投进，他可以随意选择来一记滑翔扣篮、一记招牌反身扭腰上篮，或是一记晃飞对手后的急停中投——但这一次，他运了一步球，感觉到对手的退防正飞扑而来，于是没选择起飞。他把球反手递给了后插上的队友布雷克，布雷克助攻韦斯利·约翰逊，一记霹雳火爆的扣篮。

这个球很无私——简直有点太无私了。在此之后，他面对兰德里·菲尔兹，招牌的变向运球突破篮下，在所有人都觉得他要上篮之时，科比低手把球传给了加索尔。斯台普斯的球迷们依然欢声雷动，虽然有点不及开场时。在科比一个底线

2013年12月9日,洛杉矶湖人VS多伦多猛龙的这一晚,科比沐浴着斯台普斯全体球迷的掌声复出了。

突破造犯规后，球迷们一度欢闹了一阵，但他第一球罚丢时，全场一片唏嘘之声。

但在第二节，斯台普斯球馆简直要爆炸了：科比终于决意进攻。他左翼游动，让过一个防守者，来到一个区域：那是他惯常得分的所在，这里他理所应当该以一记急停中投解决进攻，但科比停顿了。他做了一个投篮假动作，然后是第二次，最后，对手开始合围，科比才快速地左手投篮，一记擦板得分。他复出后正式投中的第一球。全场爆炸了。解说员大嚷："科比这才是正式复出了！"

几回合后，科比右翼背身要球，撤步到面筐；前一个球给了他信心，于是他先做了左手突破假动作，再连右侧试探步，然后，强行起跳，射出一记强拔跳投，再度得手——全场的欢呼声，就像他进了总决赛绝杀似的。

但这就是他全场所有投中的球了。

下半场，科比继续给加索尔送挡拆传球，射丢了若干记后仰三分，猛龙把握住了他的心思，开始专注对付他的传球，导致他连续失误。他靠突破造了 5 个罚球，进了 4 个；全场比赛，有若干次失误。全场比赛，他 9 投 2 中得 9 分，外加 8 篮板 4 助攻 8 失误。而且，猛龙赢了湖人。

多伦多猛龙上一次在洛杉矶赢球？那是 2001 年 12 月 28 日的事了——都快 12 年了。

科比一生最风光的下半场，是 2006 年 1 月单场 81 分时，半场独得 55 分；而一生中最郁闷的下半场，便是这一天下半场只靠罚球得 4 分——这两场，都担待在猛龙身上了。

"我打得很悲惨。"科比说，"要打分吗？我给自己这场的表现打 F。"

他承认，8 个月的休假是太长了点，"我上一次 8 个月不打球？那时我还在子宫里呢。"所以他认为自己的节奏"完全脱轨，从传球到投篮都如此"。所以赛后，他迫不及待地宣布："我要去重看录像，我要开始挑剔每个细节了。"

湖人教父韦斯特所言："这种伤病是很吓人，但世上若还有一个人能征服这伤病，那就是科比了。"

对科比这种好胜如狂的偏执者，对这种有困难克服困难，没困难自己制造困难来克服的怪物，这一晚回到球场，他已经赢了。

52 日暮途远

2013年12月，复出打了4场后，35岁的科比·布莱恩特，就像个开上新汽车、行驶在陌生城市街道上的老司机。

他知道关于开车的一切秘诀，了解一切加速、刹车、漂移的技艺，但他不熟悉的，是这辆车（他的身体）和这个街道的规则（这整支湖人的样子）。

12月9日：湖人主场败给猛龙，科比28分钟9投2中7罚5中9分8篮板4助攻8失误2抢断——我们已经知道了。

12月10日，湖人主场败给太阳，科比29分钟内11投6中8罚8中20分2篮板3助攻2失误。

这一晚，科比不在外围玩挡拆了。赛前他自称会得到20分，说到做到：他移进了内线，开始施展2009年后惯用的背身单打技。他的移动变好了，爆发力也在恢复——居然还玩了个底线突破扣篮。

开场，他先助攻布雷克底角三分，之后突破被盖，于是他进入了招牌的背身模式：腰位接球，撤步面筐，底线突破扣篮。之后，他和加索尔一个二人转接球完成上篮得分，再用招牌的投篮假动作骗到罚球。之后，他射丢了一个背身后仰投篮，但仿佛在两腰的步伐移动让他找到了手感，之后的撤步面筐跳投他毫不犹豫——半场下来，他已经得到了10分。

下半场，他开始敢玩多一些花样了，比如一开始的翻身强行后仰投篮，虽然略短，却是他复出以后第一次尝试复杂的进攻单挑。之后他再次尝试背身接球+面筐撤步+中投擦板得手，这招过于好用，以至于他之后连续靠这招骗罚球；然后又是腰位背身接球后翻身跳投。等太阳开始紧张起来，意识到"科比在腰位简直无所不能"，开始试图包夹后，他很果断的一个背身跳投假动作，传球给加索尔造了罚球。之后他用上篮结束了全场得分。当然，一记三不沾的翻身三分球，显示他还没找到远程手感。

跟第一场比起来，科比进入了另一个模式。如果说第一场的科比前所未见地谨慎，不断尝试组织，那这一场的科比姑且可以叫作"2009年后的科比"：极少面筐运球，大量背身要位，撤步面筐，用简洁的试探步+中投解决问题——高效率的得分模式。

12月13日，湖人客场败给雷霆，科比23分钟内6投2中得4分，送出13次助攻 2 抢断，7 次失误。

法玛尔和布雷克都缺阵，所以科比出任了组织后卫，结果就是他简直进入了基德模式：全然不找得分机会，一味传球，三节送出 13 次助攻。

他做了什么呢？一个乱军里掉球的场合，他捡到了，助攻乔丹·希尔扣篮；一个长传挥给米克斯，制造了罚球；击地传球助攻给内切的加索尔上篮。自己快攻完成上篮。背身单挑老队友费舍尔，轻松地绕过，然后助攻加索尔扣篮。尝到了甜头，他再次去背身挑费舍尔，然后助攻弱侧切过的肖恩·威廉姆斯，完成上篮，然后又是挡拆之后的击地，让加索尔完成中投。加索尔投桃报李，还他一个递手传球，科比上篮——这就是他全场所有得分了。

但雷霆不笨，已经发现了科比的意图：今晚他只想传球，还只想传给加索尔，于是抄截来了。连续两个失误后，科比半场 7 助攻 5 失误。

于是下半场，科比换了法子：他突破分球给米克斯，一记三分球；他快攻中找到韦斯利·约翰逊，助攻上篮；他助攻乔丹·希尔上篮，再一传送给亨利一个扣篮。但他和加索尔的半场攻防二人转连线基本被掐断了，下半场的助攻大多来自守转攻。雷霆也利用了他的失误，大举反击，于是第四节，科比没再打。

这场比赛是他多年以来，最为异常的一场，甚至比猛龙一战还要异常：在他所有不是中途受伤或其他原因离开比赛的情况下，投篮少于 6 次，那还是 20 世纪的事；13 次助攻则离他职业生涯最高的单场 15 次助攻相去毫厘，实际上，他得 15 次助攻那晚是 11 年前，对阵当时在奇才的乔丹，花了 43 分钟才打出来的。比数据更异常的是他的表现：他传球分享，无私得仿佛基德和卢比奥。复出以来的三场，他换了三种不同心态。

12 月 14 日，湖人客场击败山猫，科比 32 分钟 15 投 8 中三分 5 投 2 中 3 罚 3 中 21 分 7 篮板 8 助攻 7 失误。

这场比赛，科比像把之前的三场比赛模式，都切换了一遍。

开场，他照例和加索尔走二人转：找机会射进了中投，也助攻了加索尔的挡拆内切。第二节，他还是孜孜不倦地寻找加索尔，中间也照顾了韦斯利·约翰逊；妙在他除了跟加索尔玩二人转，也能融入其他队友的传球路线了，比如，他跟约翰逊就有几次漂亮的跑传配合。

第三节，科比再次进入传球模式，于是山猫也看明白了。亨德森和泰勒预判准确，连续断掉科比的传球，于是科比跟加索尔不玩内切了，改玩挡拆外切，自己也时不时进入内线去背身单挑。第四节最后半节，科比挽救了比赛：虽然缺乏杀气，但他一记中投、助攻尼克·杨三分球、一记上篮、一记假动作造罚球后得手，解决了比赛,尤其是那记右翼突破上篮和那两记罚球,是为湖人锁定胜局之战。

但是,这场比赛依然有其奇妙的所在。

四场比赛,科比换了四种不同形态。

第一场锈迹斑斑,于是竭力传球给队友,但时常犹豫不决,就像一个老司机刚开上新车进一个新城市,对交规、车况都没把握,略踩油门,立刻刹车,走走停停,左顾右盼。

第二场,他进入了背身刷分模式,全场都在中速行驶。

第三场,他改打组织后卫,于是一反常态,疯狂传球,有机会就传,没机会制造机会也要传,好比司机开始飙车,都不顾红绿灯的样子。

而第四场,他像是把前四场的元素,来了个大打包:

他依然不断试图传球给加索尔,依然会进入第三场的挡拆模式。他会积极地移动,去把握后场篮板。他经常在"背身要位进入单打得分模式"和"挡拆启动组织进攻模式"之间犹豫不决。只有到比赛最后时刻,他像是终于把这一切理清了。比赛末尾,他的右翼突破不算快,但步伐、时机和空间感绝妙无比;最后时刻,假动作骗犯规也是他的老绝招了。

但他前四场真正的元素是什么呢?摇摆。

他在各类打法间摇摆,有时背打得分,有时组织,但大多数时候是在犹豫。

但问题在于:洛杉矶湖人,已经不复从前了。

吉姆·巴斯在 2013/2014 赛季中与科比续了两年 4800 万美元的巨大合同,但并未给科比添什么帮手。这意思似乎一目了然:

湖人知道洛杉矶球迷的威力,也知道科比的价值。只要科比还能打球,巴斯家族绝对不会公开摆出"我们不管科比,直接重建了"的架势,或者"湖人已经不是科比的球队了"之类言论。吉姆·巴斯签约科比,也算是为自己赢得了球迷的赞同。

但是,又打了两场比赛后,科比重新退下了,他需要更多时间康复。2013 年 12 月 17 日,科比在孟菲斯打完了一场比赛后,再次停下了脚步。

2013/2014 赛季,科比出赛了 6 场。湖人队史第二差的 27 胜 55 负。

又是一个夏天过去了。

2014/2015 赛季开始,科比如期出现。36 岁的他在 2014 年 10 月 28 日对阵火箭拿下 19 分。一天后,在凤凰城,科比 31 分。又 5 天后,对阵太阳,科比 37 投

14中，39分。

可是，湖人开季至此，五连败。

2014/2015赛季打完13场后，科比场均得分26.7联盟第一。以及，每晚出手24次。即便在他辉煌的职业生涯，这也是他的第二纪录了。此前，只有2005/2006赛季，每晚出手27次的他，比此时凶猛。众所周知，那就是他场均35.4分、单场81分的末日狂奔赛季，8年前的故事了。

34岁跟腱断裂，受伤一年之后复出，还能有这样冠绝联盟的体力——投篮是个力气活，尤其科比的投篮几乎没有舒适的定点空位投篮——这本身都算个小奇迹了。

实际上，这并不像是教练的决定。开赛季一周，拜伦·斯科特教练就说了："我得提醒科比，不要常去接球，就让那些人自己打，因为有时你得让他们自己犯错误。他有时太多尝试让队友走出窘境了，这是他的习惯，他得改，虽然很难，他是那种'不行的话我来自己干'的人，因为他是个天生斗士……"

翻译："科比，你不要经常去接球，你要让他们自己打啊！"

那么，支撑科比的动力是什么？ESPN提醒大家说，科比的总得分，快要超过乔丹了。

科比很忙。他一边每晚投篮24次，一边陈述着他的想法——他认为顶尖巨星就是不应该薪水打折（因为全世界都在谈论他在湖人拿的超高额合同）；他还挂念着ESPN给他的排名；他说他不会离开湖人，不会去纽约尼克斯。

事实是，他自己也知道，自己的职业生涯去日无多；他终生都想为冠军而战，但2014/2015赛季的湖人，离冠军的距离着实不近。他和湖人像一对表面相敬如宾，但彼此心知肚明的老夫妻。

只是，科比没得选择了：这不是2004年或2007年，他可以威胁要走了。他已经成为湖人的一部分。所以他只能承当下这一切。

但恰好是这一切的逆境，成了他的动力，成了他每晚奋斗的动力。比起那些为了冠军，必须强制压抑自己强烈个性的岁月，现在的科比，更像是回到了自己。似乎是知道时日无多，所以，他多少有些日暮途穷，故倒行而逆施。周折了一辈子，科比不忍耐了，就在最能激发他热血的逆境里，一路砍击着巨人般的风车。

就像一个把世界当作敌人的骑士一样。

2014年12月14日，对阵森林狼的比赛，科比的总得分超过乔丹的32292分，达到NBA第三。一周后，科比打了自己本赛季第27场比赛，神奇地场均35.4分钟，投篮22.4次，得到26.4分。你不知道他哪里来的体力。但这时，湖人主帅拜伦·斯科特让他休息了。因为科比说，他的膝盖、手指、背和腿都在酸痛。

休息一周后，科比复出，但情况并未好转。

2015年1月21日，科比在对阵新奥尔良鹈鹕一战中双手扣篮，结果右肩受伤。他用左手罚完两个球后下场，然后做了手术。他的2014/2015赛季，就此结束了。

湖人在2014/2015赛季，队史最差的21胜61负。

他倔强挣扎的生涯结尾，既是自己的，也是湖人历史的最低谷。

53 告别

2015年11月8日，科比·布莱恩特在喧嚣的麦迪逊花园左侧伸手要位，"甜瓜"巨大的身躯覆盖在他之前。盘旋几遭后，科比选择去右翼，但"甜瓜"亦步亦趋。最后，科比都没沾到球。回防前，科比拍了拍"甜瓜"的屁股。带点恼，带点赞美。

在他那里，这是"防得好"的意思。

洛杉矶湖人依然90比89领先。球场另一边，科比压低重心，对位"甜瓜"。但尼克斯的传球找到了加洛维，三分球得手，麦迪逊花园沸腾。"甜瓜"和科比继续形影不离地跑到前场。科比在右翼，启动，绕过掩护接球，在"甜瓜"赶到之前抢投远射。出手太快，弧度太平，球砸了篮脖子。

这是他连续投丢了的第三球，接下来还将投丢两个。全场比赛，他19投6中，18分。湖人将以95比99败北。

比赛剩一分钟时，科比在左翼，无所事事地，看着克拉克森跳投。然后，他会去争夺地板球，去跟拉脱维亚的瘦长精灵波尔津吉斯倒成一片。如你所知：科比第一次打全明星那年，波尔津吉斯才一岁半。

这就是科比·布莱恩特最后一次花园之旅了。纽约球迷大概记得，就在六年前，他在这里得了创花园纪录的61分。

全世界都知道，2015/2016赛季将是科比的最后一个赛季了。

2015/2016赛季七场比赛，37岁的科比场均29分钟投篮16次得到17分4篮板3助攻，命中率32%，三分率21%。细化的话，真实命中率44%，每场多达

50%的投篮是三分球。

客观地说，他也在进行着改变呢。

这是个一切都数字化的时代了。科比、麦蒂、艾弗森、卡特、阿里纳斯等人那个"晃过对手空位投篮"的时代结束了。这是个"一切投篮最好是禁区或者三分球，中投和背身只担当惩罚性武器"的时代了。现在的豪强，是建立在无数三分火力支持、无数挡拆掩护纵横的工业时代了。

而科比是冷兵器时代的单骑英雄。

结果是，职业生涯最后一个赛季，科比在尽力打得符合这个时代的潮流。他投更多的三分球，中距离投篮比例由上季的48%减少到36%，他每场背身单打只有两次，不算多了。他现在的打法，并不比巅峰期更任性，投篮甚至比当年合理得多。

只是，当年的他神英天纵，而在最后一个赛季，他投不进球了。

甚至他的投篮方式，也改变了。

10年之前，场均35分、单场81分的科比，有着一望即知的投篮姿势：双脚分开、膝盖并拢、起跳、绷紧、朝后送球、右肩前左肩后、右臂弯曲、左臂绷直勒住球，到最高点，右手食指送球。招牌的"双动投篮"（two-motion-shooting）。

皮尔斯有类似的高出手点，但起跳高度更低，而且会用hop（单足跳跃）来跳步蓄力。

麦蒂有那传奇的直拨跳投，火箭般的离地速度和高度，但双肘不会抬得太夸张。

科比的投篮姿势，独一无二。出手未必是最快，但有滞空时间，带后仰，不易封盖，是天生用来投高难度投篮的。但这点很累人。他右手突破急停跳投和左手突破急停跳投，动作甚至全然不同——左手突破急停跳投比较顺势，收球即可；右手突破急停跳投时，他通常会从双脚平行起跳，空中扭转到右肩靠前（还经常要踢右腿保持平衡）。在2009年，他招牌的是"连续抬肘投篮假动作，然后强行侧扭身中投"。那是他的力量与协调性并作的结果。

然后呢？2011年后，他开始用hop跳步了。那是早年皮尔斯和中期杜兰特爱用的招式。以前，科比是不会用hop步的。

2015年，科比的三分球越来越近于单动投篮(one-motion-shooting)了。他不再滞空、扭身了，抬肘送球，很快，但换个角度讲：他确实没法再保证"压低重心、急停、左脚落地右脚到位就地急起空中扭身调整到右肩靠前出手"的稳定性了。

这种感觉很奇怪。曾经那么倔强、偏执、残忍，喜欢和世界为敌的人，在试图打得合理。投更多三分球、做更多无球走位、让年轻人投篮、给年轻人发界外球，这不太像他。他是应该用繁复华丽的动作，完成高难度投篮，熄灭全场争议，然后抿嘴龇牙的黑曼巴才是。本来我们以为，他在最后一年，会老夫聊发少年狂，但似乎，科比比我们想象中安静得多。近两年，他的无球选位、分球和防守，都在尽力变化，但他骨子里，还是个古典的中距离球员。那个适合他的时代已经过去了，但他还在继续打 NBA。身为每天浸淫在篮球里的篮球狂魔，他一定比我们更明白，适合他的时代已经过去了。

而他最后要做的，就是保持尊严走到最后一刻。

"如果这是我们最后一次交手，我会怀念他。""甜瓜"如是说。

以往，科比是不需要怜悯与怀念的，他喜爱对手畏惧他。实际上，就像被"甜瓜"防住后，他拍了拍"甜瓜"屁股那样的动作，老去的尊严，依然在的。

他想要保持尊严，以一个传奇的姿态走到最后一刻。

2015 年 11 月 29 日，科比宣布了：他会在赛季末退役。
以及一首诗——《致亲爱的篮球》，中间有这样的句子：
自从那一刻
我开始卷起父亲的长筒袜
在西部大论坛球场
射出想象中的
制胜投篮
我就确知了一件事
我爱上你了
如此深挚的爱，以至于我为你付出所有
从我的身心到我的灵魂

六岁的少年
深爱着你
我从未看到过这隧道的尽头
我只看到自己一路飞奔

我在每个球场奔跑不休
追逐着每个球
你要我拼命奔逐
我给你我的心
因为我明白,你将回报我更多

我挺过了汗水与伤痛
并非因为挑战在召唤我
而是你在召唤我
我为你尽一切努力
因为是你我才会如此
而拥有了你,我的生命才如此鲜活

你给了一个六岁少年,关于湖人的梦想
至今我依然沉醉其中
但我不能再为你痴迷下去了
这最后的赛季,是我仅剩能献给你的
我的心能忍受打击
我的灵魂能被撕裂
但我的身体却明白,说再见的时候到了

好吧
我准备让你走了
只想让你知道
剩下那些彼此还能相处的时刻
不论好的坏的
都是我们相处的一部分
是我们共有的

我们都明白
接下来的旅途,无论如何
我都仍将是那个卷着长筒袜

CHAPTER 6 夕阳西下

瞄准角落的垃圾桶

假装比赛还有 5 秒钟

手里拿着篮球的孩子

5 秒、4 秒、3 秒、2 秒、1 秒……

永远爱你的

科比

即：37 岁的科比·布莱恩特，终于承认他本赛季结束后，便要退役了。经历过那伤病的两年后，这一切并不令人意外。

很多年以前——

1953/1954 赛季，32 岁的乔治·法尔克斯在费城勇士混替补，61 场比赛，投篮命中率 27%。他的工作包括，每场平均投 4 个篮，投进其中 1 个，劝架，无聊地摆弄自己的鞋子和腿，给球迷签名（他在板凳上的时间太多了）。

1958/1959 赛季，29 岁的内尔·约翰斯顿在费城勇士发呆。以往他在禁区里随心所欲的技巧，如今只能给大量涌入 NBA 的高大球员噼里啪啦送盖帽。还好他有一双大手和篮板嗅觉，还能当个蓝领混口饭吃。每场打一节，6 分 5 篮板。剩下的时间，他为前搭档保罗·阿里津摇旗呐喊，然后不厌其烦地回答媒体提问："不，被比尔·拉塞尔盖掉并没有挫伤我的信心……"

1983/1984 赛季，38 岁的埃尔文·海耶斯身披火箭 44 号，听着观众怀念摩西·马龙的名字，准备着替换拉尔夫·桑普森。每次站起时，假装没注意到观众席稀稀拉拉的嘘声。从进 NBA 的那一天起，他就不招人喜欢。队友讨厌他，因为他是不传球的黑洞；球队讨厌他，因为伺候他就像"受水刑一样"让人想一死了之。休斯敦人尤其讨厌他，因为他背叛过这座城市。但他还是坚挺地打了 81 场比赛，场均老老实实得到 5 分。

同一个赛季，35 岁的阿奇巴尔德在密尔沃基打了 46 场比赛。6 年之前他 29 岁时，全联盟都把他当成人渣、混蛋，严禁他进球队，生怕他一进更衣室就惹是生非。他在凯尔特人做着比别人多一倍的训练，死撑了下来，直到 1983 年被凯尔特人送出门外。在密尔沃基，他名义上是首发，可是每到关键时刻，蒙克利夫和布里吉曼就会接管后场，留他在板凳上眼巴巴地数绵羊：一个场均 7.4 分的老头子，首发地位更像是照顾和讽刺。

1985/1986 赛季，34 岁的鲍勃·麦卡杜成为费城的第六人。从 20 世纪 80 年代开始，他就已经忘了首发的滋味了——自从离开底特律六年，他一共只打过一场首发。这个老奸巨猾的第六人依然有一手奶油蛋糕一样柔滑的跳投。每场 21 分钟时间，他还可以得 10 分。但是比起同队的巴克利，他就像台一动就会发出响声的老机器了。

同一个赛季，33 岁的乔治·格文离开了效力 8 年的圣安东尼奥，在芝加哥过了 1 年。走时没有鲜花铺地，只有菲茨西蒙斯教练的怒吼"他非走不可"。他去芝加哥是为了代替脚骨折的二年级巨星迈克尔·乔丹。他老人家每场还能撇着那对细长眼角，25 分钟内得 16 分。只是，乔丹季末复出后，他老人家只好去蹲了替补。整个季后赛三战，他一共打了 11 分钟。下一年春天，他已远在罗马，开始自己打球、混业余联赛的哀伤循环。

1998 年夏天，多米尼克·威尔金斯踌躇满志。他 35 岁离开 NBA，纵横欧洲，37 岁归来，成为马刺的救世之主，场均 18 分。39 岁，他自信依然可以支撑起一支球队，天地宽广任翱翔。可是在奥兰多，他一共只有两场首发机会。27 场比赛，他得了 135 分。唯一的欣慰：他拿了 100 万美元。比起欧洲球会来，这毕竟是笔不菲的收入。

在乔治·麦肯出现前，乔治·法尔克斯就是篮球世界的首席攻击手。他的跳投使他成为 NBA 头两届得分王。

在鲍勃·佩蒂、张伯伦出现之前，内尔·约翰斯顿是 20 世纪 50 年代前半期的进攻机器。虽然世界归麦肯统治，但 1952/1953 到 1954/1955 赛季三届得分王却归约翰斯顿名下。

那个 38 岁在火箭混事的 44 号埃尔文·海耶斯，在自己的新秀赛季就拿下了得分王。

那个在密尔沃基成为联盟最惨首发控卫的阿奇巴尔德，曾经在 1973 年成为 NBA 历史上空前绝后的一位同年包揽得分王 + 助攻王的人物。

鲍勃·麦卡杜，那个 20 世纪 80 年代之后只首发过一场的费城第六人，在自己的二年级成为得分王，三年级成为常规赛 MVP，四年级达成得分王三连冠时年不过 24 岁。

那个被马刺扫地出门用来顶替乔丹的老头儿乔治·格文，曾拥有 NBA 单节 33 分的历史纪录（2015 年才被克雷·汤普森破掉），和仅次于乔丹与张伯伦的 4 次得分王头衔。

那个在奥兰多骗钱的 39 岁老头子威尔金斯，是 1985/1986 赛季的得分王，是

鼻
2012年全明星赛
在一次暴扣时导致鼻梁骨折

右肩
2002年12月客场挑战勇士
右肩被撞脱臼，
且此后多次被撞

右肘
2000 / 2001赛季
肘关节滑囊炎

右手手掌
1999 / 2000赛季
季前赛对奇才
右手第四掌骨骨折

右手小指
2008年2月对阵篮网
右手小指被打伤，
赛后诊断为韧带部分撕裂

右手无名指
2009年1月战骑士
防守詹姆斯时右手
无名指严重挫伤

右膝
通过手术治伤
次数最多的部位

右腿
1998 / 1999赛季
右腿骨有极轻微的骨裂现象

右脚踝
2005年1月13日-2月13日
因右脚踝严重扭伤休战1个月

背
2008年西部半决赛
湖人对爵士第四战
在一次强行转身
跳投时背部严重拉伤

右手腕
2011-2012赛季季前赛
右手腕三角韧带撕裂

腰
2001年12月客场对阵灰熊时
被撞到腰部，并留下了
髋关节损伤的"后遗症"

2008年季后赛打爵士
被诊断出腰部
某根小骨移位

右手食指
2009年12月迎战森林狼
右手食指被误伤，
食指关节间隆突骨折

左膝胫骨
2013年12月17日对阵灰熊
在与托尼·阿伦对抗时，
造成膝盖过度拉伸，
且坚持留在场上，
结果导致骨折

左脚跟腱
2013年4月12日
对勇士比赛终场前
遭遇严重伤病退场。
第二天，湖人称
科比左脚跟腱撕裂

左脚踝
2013年3月14日对阵老鹰
跳投落地，左脚踝严重受伤

NBA联盟征战20载，经历无数大小伤病的科比似乎终于要歇一歇了。全世界都知道，2015/2016赛季将是科比的最后一个赛季了。

文斯·卡特出现之前，篮球历史上毫无争议的暴力美学的扣篮第一人。

比起他们来，科比其实只挣扎了三年。2012/2013 赛季跟腱断裂前，他还是个有尊严的明星球员。

只是，三年也够长了。

亲眼看着 NBA 史上最好的得分手之一，科比·布莱恩特，曾经那些随心所欲都能得手的投篮，如今却挣扎着不肯往篮筐去，很容易让人觉得：他确实老了。

科比到底经历过多少身份呢？

1978 年，他是乔·布莱恩特的第三个儿子。他在费城出生，在南加州阳光下成长到三岁。那时他不知道，多年后的自己，会成为南加州的宠儿。

1992 年，他在法国目睹了父亲的退役。他是个口音里带意大利腔的美国男孩儿。他对意大利的记忆是一个 8 号球员迈克·德安东尼，以及周围的欧洲孩子对沉默的他流露出的好奇。

1994 年，他是劳尔梅里恩高中的明星高中生。校队教练格雷格·道纳跟他玩了次一对一，输了。暑假里他每天骑一小时自行车去拉萨利大学球馆，练一整天。

1996 年夏天，他是宾夕法尼亚州冠军队的王牌，是高中 4 年 2883 分纪录的拥有者，是 NBA 选秀大会上第 13 号新秀，是洛杉矶湖人的一员。杰里·韦斯特从黄蜂要来了他，不知道这个孩子会代替自己，成为湖人队史得分最多的人。

1997 年，他是全明星周末的扣篮王，是一个天才高中生，笑容甜美如加州阳光，让"鲨鱼"都忍不住嚷叫"你这个爱出风头的小家伙"。他是一个能跑能跳的高中生，但是德尔·哈里斯总是皱眉抱怨："他还没适应防守。"

1998 年，他是湖人的王牌第六人，却进了全明星首发。他会在常规赛和乔丹对局时被乔丹轰下 36 分，但也能在乔丹眼皮底下攻到 33 分；他敢拒绝埃迪·琼斯的协防，他敢在全明星赛上让卡尔·马龙让开，独自去寻找和乔丹单挑的机会。

1999 年，他是湖人的第二得分手，他已经开始盛气凌人地接管比赛，开始和"鲨鱼"在训练时对垒。那也是第一次，他让世界看到他性格中好胜的戾气。

2000 年夏，他变成了拉里·布朗所谓"年轻一代的榜样"，以及"如今他不再单是个花式扣篮手了，他是个扎实的 NBA 球员"。他在 21 岁时就成为 NBA 最好的外围防守者之一。他开始透露自己的野心，"如果'鲨鱼'跑来告诉我：'科比，我不想一个人每晚独撑比赛，你会帮我吗？'我会说我准备好了。"他真的准备好了。2000 年总决赛第四场，他带伤打了一场属于自己的传奇。

2001年，他是NBA最桀骜的存在。他花了一夏天用来操练每天2000个跳投。他急不可耐地想展示这一切。他企图挑战刚坐上宝座的、NBA历史上屈指可数的霸王。他是争议制造者，是西部最凶恶的得分手，是西部攻防两端最贪婪的球员。然后，他在萨克拉门托的48分16篮板证明了，他已经不是"鲨鱼"的小弟弟，而是西部最残忍的杀手之一。他正式站到了"鲨鱼"的旁边，虽然还矮那么一点点。

2003年，他是一个毁誉参半的人。他23岁时就拥有了三枚冠军戒指，联盟最好的球员之一，最像乔丹的人。他花费2002年夏天的时间用来增加7千克肌肉和练习背身单打，然后用这一切继续挑战发胖的、变慢的"鲨鱼"。可是场均30分的他迎来了湖人王朝的流逝，2003年夏在鹰郡他遭遇了职业生涯的转折。一夜之间，他从天之骄子，变成了强奸嫌疑犯、不忠者，一个给老婆送上钻石戒指挽救婚姻的人。2004年，他拥有了湖人，但几乎失去了一切。"鲨鱼"和"禅师"离去时将他塑造成了一个自私、贪婪、狭隘、冲动的青年。

如果到此为止，这就是一个步步登天的少年，最后堕入魔道、一无所有的故事。

2006年，他是黑曼巴。海报上他的背后长有堕落天使的翅膀。他不言不笑紧抿嘴唇脸露毒蛇般的凶光，他身后是三节62分、单场81分、场均35.4分的全联盟血淋淋战绩，以及查尔斯·巴克利的念叨："单场81分只有2次助攻？"他是史上两位仅有的单场得满80分的人，当然另一个人已经去了天堂。他是这个星球上最后的、挣扎的天煞孤星。2007年他成了黑天使。他宣布要求交易，因为仿佛命运在暗示他：他可以在个人的世界为所欲为——连续50分、得分王、年度防守第一阵容、81分，但是总冠军远在他掌握之外。

如果到此为止，2004年到2007年的他在重复那些伟大而孤单得分王的行径——格文、伯纳德·金、麦卡杜，甚至麦蒂。也许他更锐利，但也更凄绝。但是……

2007年秋，他还是个等待被交易的半流放者；2008年春，他却成为常规赛MVP，随后是夏天，他败给了同样一年间神速崛起的王朝宿敌凯尔特人，包括总决赛第四场被24分逆转，以及最后一场39分惨败。自我放逐者——MVP——惨败者，一年之间。

然后呢？

2008年秋而立之年，他成为奥运会冠军。一年之后，他站在了世界之巅。那是他的第四个总冠军，第一个总决赛MVP，也是离开"鲨鱼"后的第一个总冠军——一个真正属于科比的总冠军。30岁那年,他终于站在了"鲨鱼"2000年、邓肯1999年、"大梦"1994年、乔丹1991年所站在的地方。他从对冠军鞭长莫及的阴影中脱狱而出。

2010年,他成了联盟历史上最可怕的杀手之一——常规赛的六记绝杀为证。他举起了自己离开"鲨鱼"之后的第二座总冠军。他的2009/2010年蝉联冠军,是1994—1995年"大梦"式的伟业。

而他开始有些老了。

2010年,他已不复有2000年那华丽的体前变向、大步突破,或是2005年的强行急停三分。2009年春天,他采用最多的是绕加索尔的掩护跳投,或是原地试探步后的跳投。2010年他开始无限依赖他的背身单打。32岁时,他像1995年到1998年的乔丹,靠精纯之极的技巧、手感、记忆、心脏打球。他说他怀念20世纪80年代——老派的、硬朗的球风。

科比·布莱恩特经历过多少角色?孤僻的天才少年,扣篮王,得分王;年度防守阵容,低谷,非议,负面新闻,振作,奋起,81分,常规赛MVP,总决赛MVP;哈夫利切克式的常青树;拉里·伯德式的自我技术完美化倾向;韦斯特式的关键先生;桀骜不驯的青年;好胜欲狂的领袖;青年的飞翔;中年的老辣;最年轻全明星;最耐久的湖人;8号和24号。

一言难尽。

然后是2011年被小牛横扫,"禅师"的离去,生涯末期的拼争。

2013年,科比跟腱断裂。复出,受伤,复出,受伤,复出,受伤。

有困难就克服困难,没有困难就想法子制造困难。这一切的逆境,成了他每晚奋斗的动力。

他一直不接受"我就这么泰然自若地老去,当个配角算了"的剧情。

如果科比早三年退役,他会走得更体面、更有尊严吗?

也许会,那样我们就不必看到他如今的挣扎了。

但那样做,就不是科比了。

我们只能接受一个人的全部,不可能只看他的片面。

比如,科比投得进高难度的球,与此同时,他也会因此而显得投篮选择不合理。

科比是NBA史上最乐于挑战难度的杀手,与此同时,他也势必不会是一个完美的队友——至少对"鲨鱼"而言。

同样,他的辉煌和落寞,都是偏执得来的。

稍微了解科比过去的人，都知道"禅师"说过的那个故事：在高中时，科比并不介意让劳尔梅里恩高中在前三节比分落后，然后，他在第四节独挽狂澜。这是他一生爱好的缩影。2000年总决赛第四场，"鲨鱼"下场，刚伤愈复出的科比接管了比赛，干掉了步行者。2000/2001赛季，他开始和"鲨鱼"抢出手。2002/2003赛季，他取代"鲨鱼"成为湖人首席攻击手。2003/2004赛季，在去鹰郡出庭之后，他还赶回来打比赛，完成了绝杀。"鲨鱼"东奔迈阿密后，科比在2005/2006赛季场均35分，是1987年乔丹场均37分以来的单季纪录。2007年春天湖人连败时，科比连续4场打出50分，包括两场60分。2010年，他只有7根手指可以用，然后常规赛完成7个绝杀，季后赛对太阳之战前他抽了膝盖积水，然后完全统治了凤凰城。

2013年跟腱断裂后，他本来可以就此退役了。但他回来了。在已经颓唐的湖人，打着日暮途穷、不合时代潮流的篮球。

他一直独力奋战，你随时都觉得他负载着许多。他复杂的技术动作，他凶狠的比赛态度，他总是背负着许多。

2016年2月，科比打了他最后一场全明星。3月，他最后一次对阵克利夫兰骑士，得到26分。赛后，勒布朗·詹姆斯说：

"我们热爱聚光灯，我们热爱大舞台，我希望我每晚都可以跟他对决。"

但科比知道自己老了。

就在他宣布退役的那天，他说：

"我知道我打得跟狗屎一样。但我在努力让自己打得不那么糟糕。我真的尽我所能了。我觉得还挺好的。"

——以他这样的完美主义者，看到自己这样的比赛，心情会怎样呢？

然后，时光终于走向结尾。2016年4月14日，科比·布莱恩特迎来了他职业生涯最后一场比赛。

尾声

2016 年 4 月 14 日,斯台普斯球馆。洛杉矶湖人 VS 犹他爵士。

科比·布莱恩特最后一场 NBA 比赛。

科比左翼三分线第一次持球时,全场开始欢呼。

科比右翼切出,接球,中投,全场再次欢呼——球砸前筐不中。

科比右翼面对双人翼蔽,垫步翻身突破,击地传给希伯特。

——他刚打 NBA 那个时代,这种一个半人对位,算非法防守。

弧顶接球,交叉步拉球突破,跳步上篮,滑筐。

后场持球,晃动后右手运球跨步突破,被打掉。

借掩护运球到罚球弧顶,面对海沃德,起手晃动,未遂,投篮,不中。

前 5 投,0 中。

科比在防守端,左手完成职业生涯最后一次封盖。

反击中到篮下,投篮假动作晃起海沃德,一个高弧度后仰投篮,本场第一球。

6 比 6。

左手运球 in-and-out,到罚球线前一步后仰跳投,第二球。

右翼三分线外接球,试探步后跨步突破篮下,招牌的跳步翻身展腹上篮,打三分。

5 投 0 中之后 3 投 3 中,斯台普斯球馆在喊 MVP。

——这时候,有点科比巅峰期的意思了:他一旦手热起来,是无可阻挡的。

翼侧切向右侧底线,接球,脚踩三分线投篮。

再次反击中右翼三分线外接球,起手三分。16 比 14,点燃全场后——任性地来了一个长距离三分球。

中场接球,传到右翼,自己卷切去到右侧要位,下腰后强行投篮,要到罚球。

左侧三分线外接球强投三分不中。

弧顶接球,空中屈腿发力三分球不中。

第一节结束,13 投 5 中,15 分。

第二节打到 6 分半,科比从板凳上起身时,全场欢呼。

左翼底角持球,试探步后起手三分打前筐不中。

比赛间隙,去和"鲨鱼"击掌。

尾声

右翼试探步后,重心变化底线突破,一个十年前科比可以扣篮的动作,改成了双手放篮:15 投 6 中,第 17 分。

左翼要位,突破到底线,投篮假动作后,要到罚球。

左翼三分线外接球,投篮假动作晃飞对手后,三分线外起手命中,第 21 分。

于是立刻任性地,23 英尺外一个远射,没中。之后是一个弧顶大幅度拉球,突破,小角度抛篮,不中。

右手运球突破翻身后仰,砸前筐。这时看得出来,体力已经有些下去了。

半场结束,科比 20 投 7 中,22 分。

下半场,科比拉球突破,左手上篮;右翼突破向中路,后仰;弧顶大跨步突破,放篮。

稍微喘过了一口气,便连得 6 分。于是暂停。

一个三分不中后,是左腰拉球到中路,后仰跳投不中。至此,26 投 10 中。

然后是第 27 次投篮:一个右翼三不沾。接着一个左翼三分压秒抢投,还是三不沾。

然后,手感又回来了。

左翼突破后滞空抛篮,第 30 分。

华丽的连续翻身步伐,底线后仰跳投,30 投 12 中,第 32 分。

底线试探步后三分球,31 投 13 中,第 35 分。

右翼试探步后三分不中,接着是左翼突破后左手上篮,33 投 14 中,37 分。

第四节了,科比还在场上。全场比赛,他只有第二节初休息了一会儿。

毕竟,他的职业生涯,打一分钟少一分钟了。

第四节初,是一波低谷:左底角接球投篮,不中。拉球突破后急停中投,不中。反击中右腰靠住,翻身中路,起手投篮时被盖。

到此时,37 投 14 中。

从这时候开始,比赛真正进入了科比节奏。

所谓科比节奏,即是说,进入 NBA 历史上几乎绝无仅有的"我知道这不是投篮好机会,但我就是手起刀落投得中"。

追身三分得手,第 40 分。全场开始喊科比。一如过去的十九年一样。大概是这歌声,振奋了他,激发了他最后一点热血。

弧顶急停三分,39 投 16 中 43 分。

右翼急停出手敲篮筐后沿后,再补上两次投篮。得到第 45 分。

之后,进入黑曼巴状态。

弧顶变向后中投，第 43 投，第 17 中，45 分。

左翼投篮打板不中、反击上篮滑筐不中后，是一个翻身突破篮下：46 投 18 中，个人第 47 分。

——十年前，他得 81 分那场，是 46 投 28 中。

两个罚球得到 49 分后，一条龙突破，抛射打板，47 投 19 中，第 51 分。

——十四年前，面对皮尔斯，在波士顿花园，他 47 投 17 中，是个人投篮最多。

从此开始，都是历史了。

分数逼近后，科比嗅到了血腥味。运球突破穿越两人，急停中投，53 分。

左翼急停强投，56 分。湖人 95 比 96 落后。

需要他投关键球的时候，到了。

——十九年前，西部半决赛第五场，也是洛杉矶湖人 VS 犹他爵士。比赛还剩 1 分 46 秒时，"鲨鱼"对"邮差"犯规，被罚下场，湖人领先，然而军中无大将，全队都紧张得不敢投篮。于是，双方 89 平，科比在乱军之中捡到球，终止了爵士的进攻。还剩 11 秒。比赛最后时刻双方打平。哈里斯教练决定：

"科比，你投这个球！"

18 岁的新人科比·布莱恩特，运球过半场，面对爵士的拜伦·拉塞尔，原地运球，右手持球顺步突破，加速，急停，晃开了拉塞尔——但他重心收的幅度太大，起跳投篮时已经把握不住，球出手，太低了。三不沾。48 分钟比赛结束，双方进入加时。哈里斯教练抿了抿嘴，拍了拍手。

加时赛一开始，科比左翼三分，又是三不沾。

三分钟后，科比右翼华丽地大幅变向，突破篮下，抛射打板得分，湖人 93 比 94 落后 1 分。

比赛剩 40 秒，湖人 93 比 96，科比再次三分球——三不沾。

又一次三分不中后，爵士 98 比 93 取胜，就此 4 比 1 淘汰湖人。

这是第一次，科比在"鲨鱼"倒下后企图接管比赛，当一回英雄，未遂。

虽则如此，哈里斯教练给了科比足够的信任，"鲨鱼"也对科比的勇气很是推许：

"那阵子，科比是唯一有胆子、站出来投篮的家伙！"

十九年过去了。"邮差"和"鲨鱼"都与他恩怨流离过了。当时的故人全部消失了。他从一个高中生，变成了一个 NBA 最老的传说。

科比运球到前场，高位掩护，进三分线后一步，中投，50 投 22 中，第 58 分，

终场前14.8秒,科比罚中两球,得到职业生涯的最后两分,以单场60分神迹告别NBA。

湖人 97 比 96 反超。

两个罚球，60 分。

职业生涯最后一场比赛。三十年来 NBA 单场最多的 50 次投篮，得手 22 次，职业生涯第六场 60 分。

最后下场时，科比用右手捶打左胸心口。十年前对小牛三节 62 分时，也是这个动作。

就这样结束了。以犹他爵士为结束，仿佛一个轮回。

也许他早就已经走了。只是这一晚，他又回来了一次。

这一天是 2016 年 4 月 14 日。整整三年前零一天，他跟腱断裂，倒下。然后是至今的三年。

我们都知道：如果不是这样的执拗性格，也许他早就在巅峰期退役了，但同样，如果不是这个执拗性格，他根本无法在 NBA 鏖战这么久，将自己的技艺超拔到如此精纯。

他此时的处境，他的光荣，他的低谷，他的辉煌与幽暗，甚至他的苦境，都是自己找来的。求仁得仁，如此而已。

他回来了。这三年间，他伤，复出，伤，复出，不断投丢他曾经投得进的球。终于一点点让我们意识到："科比的确回不来了。"

这跟腱断裂的三年，这多出来的三年，是他跟自己的告别，是他跟篮球的漫长告别。

毕竟迄今为止，他的人生有超过一半的时间在 NBA 度过。要离开 NBA 了，他自身承受的痛苦，远远胜过旁观的任何人。他总得一次，再一次，再一次确认，自己确实不行了，才肯罢休。

他每投丢一个球，便是一次告别，曾经纵横无敌的科比形象便死去一点点。

一如他自己所说的：

"我的心能忍受打击，我的灵魂能被撕裂，但我的身体却明白，说再见的时候到了。"

就在 4 月 13 日，科比退役前一天，陪伴了乔丹与科比的训练师蒂姆·格拉弗说，科比已经走了（already gone）。

的确，那个恶狠狠咬牙切齿的科比，那个杀人如麻的科比，那个逆天而行的科比，在 2013 年那次跟腱断裂后，就多少消失了。这三年，他与伤病做斗争，很顽

尾声

强，很坚韧，但那不是真正的科比。

真正的科比，是 2006 年对猛龙 81 分的科比，是对小牛三节 62 分的科比，是 2007 年连续 4 场 50 分的科比，是 2001 年对国王 48 分的科比，是 2009 年总决赛随意屠戮魔术的科比，是黑曼巴，是对手球迷都会慑服的家伙，是充满以下元素的科比——热爱篮球，有野心和强迫症、高傲自信、自私，并时常自我问责。在他的最后一场比赛，我们最后一次瞥见了科比的真面目。在最后，他选择老夫聊发少年狂。

2004 年，"禅师"曾如是说科比：

"有时他将自己提升到球队利益之上，但他也知道他有时得牺牲一点自我……他知道自己在对抗篮球的基本规律，他知道……我得相信，事实是，他知道这一切。他想完成伟大纪录和伟大数据，然后到要争冠时，决定来打一点合理的篮球。"

某些时候，他独力压倒了现实，某些时候，他被时间沉埋。这就是执拗，是青春。他其实懂得一切。但是，他不相信凭自己的努力，对付不了时间和现实。他明白有些事情无可改变，但他总试图去挑战这一切。或者说，他在挑战自己，看自己能够在不可逆转的一切之前，坚持到什么地步。

所以对许多人来说，就是如此。只要科比不退役，那么，好像青春就还没有结束。

他这三年，是为自己，也算是为他的许多球迷，续了三年青春。也许这三年，许多人并没怎么看他的球，但他还在，就似乎有点什么念想，没有结束。

科比是 NBA 历史上，最极端的存在。他是美国黑人，却又成长在意大利。他技艺如此早熟纯粹，心志却又桀骜到底。他当过天使，也当过恶魔，很得意地自诩黑曼巴。他的技艺华丽轻盈，作风却狠辣凶恶。他的人生有过大幸和大不幸。他有过最强的搭档，又经历过众叛亲离。他经历过最惨痛的失败，又经历过最辉煌的胜利。他是最年轻的巨星，却又是最老的湖人。他的人生一如他的风格，到最后，他用一场最科比式的比赛，当作最美好的告别赠礼。他老了，不如以前快了，不如以前准了，但还能榨出最后的激情，打 42 分钟，投 50 个篮，得 60 分，还能逆转比赛。

也许在另一个平行时空，科比·布莱恩特已经在 2013 年那次重伤后，就退役了。是他的执拗，他对篮球那近于扭曲的爱，以及球迷对他的感情，"扭曲"了现实。就像是一个早已结束，但又被凭空延长了三年的梦，最后还有这么一个，仿佛梦回 10 年前的结局。

"我还能说什么呢？"科比说，"曼巴走了。"

的确不用了。最后这场 60 分取胜，不算是最完美的结尾——他自己说"最完美的结尾是一个冠军"——但一定是最科比的结尾。

如果不是这样的执拗性格，也许他早就在巅峰期退役了；但同样，如果不是这个执拗性格，他根本无法在 NBA 鏖战这么久，将个人技艺提升到如此精纯的地步。

所以他现在的处境，他的光荣，他的低谷，他的辉煌与幽暗，甚至他的苦境，都是自己找来的。求仁得仁，如此而已。

直到最后，在被时光、命运、伤痛摧折到最后，他还是倔强又偏执地，做了最后一次璀璨夺目的演出，最后一个美丽的幻觉：

他已经走了，然而，这一夜，仿佛时光始终没有走，他还一直像当年的黑曼巴一样。

2020 年 1 月 26 日，41 岁的科比·布莱恩特搭乘私人直升机，从橘郡飞往洛杉矶的途中，和他的二女儿吉安娜、大学棒球教练约翰·阿尔托贝利等共九人，于卡拉巴萨斯郊外山坡坠机遇难。

在经历了好胜如狂、倔强勤奋、灿烂辉煌的职业生涯后，科比本来正享受着美好的退役生活，然而天不假年，不幸就此降临。

与科比纠葛多年的"鲨鱼"，在 2 月的访谈节目中流泪说道，他说自己和科比有些像约翰·列侬和保罗·麦卡特尼，一对创造力十足的家伙，将音乐推到巅峰——我们都知道，披头士那二位风格不同，分手后也各走各路，但的确是，在一起辉煌，分开后也各有所长。

一点私人故事。

我本人的一位好朋友——并非科比球迷，甚至 2009 年科比拿到第四枚戒指之日，他还不太高兴呢——得知消息后，对我说：

"世界不会好了！随便吧！我都觉得这世界莫名其妙！即使他是我最不喜欢的球员，我也只能说，别那么残酷好吗！"

是的，太残酷了，太不公平了。

无论是否喜欢科比，看过他打球的人大概都肯承认，科比·布莱恩特是个奋斗不息、超越极限、偏执好胜的球员。2007 年 1 月 13 日，他在波士顿花园得了

尾声

43分8篮板8助攻。那场比赛，波士顿花园的球迷从嘘他，到笑他，到寂然无声地看他投中球。到他扣中当场最后一球后，波士顿球迷齐声喊MVP。科比并不招所有人喜欢，但他经常用那并不算最合理的打法，用他推倒一世之智勇的技巧与努力，让对手佩服。即便他一直跟命运硬碰硬，他也不该遭遇这种厄运。

我想象过一百种科比的结局，从他当教练到他当球队老板到他当娱乐业巨头到他当意大利葡萄酒业巨子，还虚构过他2046年会和艾弗森一起出席NBA一百周年。

没有一种结局是这样的。

2018年加盟洛杉矶湖人的勒布朗·詹姆斯，在从费城飞往洛杉矶的旅途中得知了科比的不幸，之后的新闻发布会上，詹姆斯红着眼眶说：

"兄弟，我发誓，你的传奇会延续。"

2020年西部决赛，洛杉矶湖人对战丹佛掘金。第二场最后时刻，湖人102比103。安东尼·戴维斯左翼接到底线球球，起手远射，直落篮筐，湖人105比103绝杀逆转。投中这球后，戴维斯一路冲向替补席，与队友拥抱，一路咆哮："科比！"

而湖人主帅弗兰克·沃格尔赛后说，掘金最后让戴维斯有出手的机会，冥冥中自有天意：

"曼巴（科比的绰号）就在那里。"

科比逝世第260天，洛杉矶湖人拿到2020年NBA总冠军。赛后颁奖时，戴维斯与湖人当家珍妮·巴斯都提到，是逝去的科比，在激励着他们作战。的确，这漫长的赛季，每次湖人喊赛前口号，都是那一句：

"1、2、3，曼巴！"

2024年2月8日，科比的雕像在湖人主场揭幕：8和24是他的球衣号码，2号是他女儿Gigi的球衣号码。

如此漫长的告别。

科比已不再老去，但对每个走过洛杉矶湖人主场的球迷而言，就是如此：

"曼巴就在那里。"

科比与吉安娜因坠机遇难后，球迷自发聚集在湖人主场外，悼念科比和吉安娜。

在科比母校的劳尔梅里恩高中，球迷留下篮球、鲜花、信件和球衣，以此缅怀科比。

2020年1月31日，湖人队在主场对阵开拓者队的比赛前，举行了科比和吉安娜的悼念仪式。

科比的影响力不限于篮球领域，在圣西罗球场进行意大利杯四分之一决赛前，AC 米兰俱乐部向科比致敬。

2020 年 2 月 2 日，第 54 届超级碗赛前，旧金山 49 人队与堪萨斯城酋长队为科比和吉安娜默哀。

以"生命的礼赞"为主题的追思会,现场无数 NBA 名宿和球星到场寄托哀思,一起来送别科比。图为乔丹发表演讲,"飞人"泪流满面。

2020 年 NBA 全明星举行了多项缅怀科比和吉安娜的活动,图为"魔术师"约翰逊发表纪念科比的讲话。

2021年5月15日，科比入选2020年奈·史密斯篮球名人堂，瓦妮莎与女儿一同出席仪式。

科比的大女儿娜塔莉亚代表父亲穿上名人堂夹克，并与母亲合影。

科比去世二周年，球迷前往遇难地点进行悼念。

意大利城镇雷焦·艾米利亚一条以科比和吉安娜命名的街道上，人们以不同方式纪念科比去世三周年。

2024 年，湖人队为科比举行雕像揭幕仪式，这座雕像造型选取了科比"81 分之夜"单手指天的经典动作。

2025 年 2 月，东契奇加盟湖人队之后，洛杉矶街头出现了东契奇与科比握手的壁画。

"What can I say? Mamba out."